RELAÇÕES AMOROSAS, TERAPIA DE CASAIS E ANÁLISE DO COMPORTAMENTO

Editora Appris Ltda.
1.ª Edição - Copyright© 2025 dos autores
Direitos de Edição Reservados à Editora Appris Ltda.

Nenhuma parte desta obra poderá ser utilizada indevidamente, sem estar de acordo com a Lei n°
9.610/98. Se incorreções forem encontradas, serão de exclusiva responsabilidade de seus organizadores. Foi realizado o Depósito Legal na Fundação Biblioteca Nacional, de acordo com as Leis nᵒˢ
10.994, de 14/12/2004, e 12.192, de 14/01/2010.

Catalogação na Fonte
Elaborado por: Dayanne Leal Souza
Bibliotecária CRB 9/2162

R382r 2025	Relações amorosas, terapia de casais e análise do comportamento / Lorena Bezerra Nery, Marianna Braga de Oliveira Borges (orgs.). – 1. ed. – Curitiba: Appris, 2025. 459 p. : il. ; 23 cm. – (Coleção Clínicas). Vários autores. Inclui referências. ISBN 978-65-250-6470-3 1. Relações amorosas. 2. Terapia de casais. 3. Psicoterapia. 4. Análise do comportamento. I. Nery, Lorena Bezerra. II. Borges, Marianna Braga de Oliveira. III. Título. IV. Série. <div align="right">CDD – 158.1</div>

Livro de acordo com a normalização técnica da ABNT

Appris
editora

Editora e Livraria Appris Ltda.
Av. Manoel Ribas, 2265 – Mercês
Curitiba/PR – CEP: 80810-002
Tel. (41) 3156 - 4731
www.editoraappris.com.br

Printed in Brazil
Impresso no Brasil

Lorena Bezerra Nery
Marianna Braga de Oliveira Borges
(org.)

RELAÇÕES AMOROSAS, TERAPIA DE CASAIS E ANÁLISE DO COMPORTAMENTO

Appris *editora*

Curitiba, PR
2025

FICHA TÉCNICA

EDITORIAL	Augusto Coelho
	Sara C. de Andrade Coelho

COMITÊ EDITORIAL

Ana El Achkar (Universo/RJ)
Andréa Barbosa Gouveia (UFPR)
Antonio Evangelista de Souza Netto (PUC-SP)
Belinda Cunha (UFPB)
Délton Winter de Carvalho (FMP)
Edson da Silva (UFVJM)
Eliete Correia dos Santos (UEPB)
Erineu Foerste (Ufes)
Fabiano Santos (UERJ-IESP)
Francinete Fernandes de Sousa (UEPB)
Francisco Carlos Duarte (PUCPR)
Francisco de Assis (Fiam-Faam-SP-Brasil)
Gláucia Figueiredo (UNIPAMPA/ UDELAR)
Jacques de Lima Ferreira (UNOESC)
Jean Carlos Gonçalves (UFPR)
José Wálter Nunes (UnB)
Junia de Vilhena (PUC-RIO)

Lucas Mesquita (UNILA)
Márcia Gonçalves (Unitau)
Maria Aparecida Barbosa (USP)
Maria Margarida de Andrade (Umack)
Marilda A. Behrens (PUCPR)
Marília Andrade Torales Campos (UFPR)
Marli Caetano
Patrícia L. Torres (PUCPR)
Paula Costa Mosca Macedo (UNIFESP)
Ramon Blanco (UNILA)
Roberta Ecleide Kelly (NEPE)
Roque Ismael da Costa Güllich (UFFS)
Sergio Gomes (UFRJ)
Tiago Gagliano Pinto Alberto (PUCPR)
Toni Reis (UP)
Valdomiro de Oliveira (UFPR)

SUPERVISORA EDITORIAL	Renata C. Lopes
PRODUÇÃO EDITORIAL	Adrielli Almeida
REVISÃO	Camila Dias Manoel
DIAGRAMAÇÃO	Andrezza Libel
CAPA	Carlos Pereira
REVISÃO DE PROVA	Bruna Santos

COMITÊ CIENTÍFICO DA COLEÇÃO SAÚDE MENTAL

DIREÇÃO CIENTÍFICA	Roberta Ecleide Kelly (NEPE)
CONSULTORES	Alessandra Moreno Maestrelli (Território Lacaniano Riopretense)
	Ana Luiza Gonçalves dos Santos (UNIRIO)
	Antônio Cesar Frasseto (UNESP, São José do Rio Preto)
	Felipe Lessa (LASAMEC - FSP/USP)
	Gustavo Henrique Dionísio (UNESP, Assis - SP)
	Heloísa Marcon (APPOA, RS)
	Leandro de Lajonquière (USP, SP/ Université Paris Ouest, FR)
	Marcelo Amorim Checchia (IIEPAE)
	Maria Luiza Andreozzi (PUC-SP)
	Michele Kamers (Hospital Santa Catarina, Blumenau)
	Norida Teotônio de Castro (Unifenas, Minas Gerais)
	Márcio Fernandes (Unicentro-PR-Brasil)
	Maria Aparecida Baccega (ESPM-SP-Brasil)
	Fauston Negreiros (UFPI)

A quem, ao cruzar nossos caminhos, enriqueceu nosso olhar sobre o amor como ação comprometida de cuidado. E a quem contribui(u) para que a nossa luta inspire mais e mais pessoas a se juntarem a nós por um mundo em que sejam respeitadas (e celebradas!) as mais diversas formas de amar.

Lorena e Marianna

À minha querida filha Giovanna, que, com sua gentileza e autenticidade, me ensina todos os dias novas nuances de amar. Você é minha inspiração maior no exercício ativo de buscar fazer acontecer - em mim, entre nós e no mundo - o compomisso com uma postura de cuidado, amor e respeito.

Lorena

AGRADECIMENTOS

Nosso mais profundo agradecimento a cada uma/um das/dos autoras/autores que colaboraram para a realização desse projeto, há tanto tempo sonhado por nós. Este livro é o resultado de um trabalho conjunto que não apenas enriqueceu nossa empreitada, mas também tocou nossos corações.

Cada capítulo trouxe uma perspectiva única, e o entrelaçamento dos temas formou um todo incrível! O carinho, a dedicação e a expertise que cada uma/um de vocês investiu neste livro são verdadeiramente valiosos para nós.

Esperamos que o livro traga tanto prazer e aprendizado a quem o lê quanto tivemos ao trabalhar com vocês.

Não poderíamos deixar de expressar toda a nossa gratidão também ao querido Fábio Prado, que, com sua criatividade e suas habilidades tecnológicas, nos ajudou com grande empenho na criação de uma capa que representasse a proposta deste livro, que celebra o amor, com todo o seu colorido e sua pluralidade.

Abraços carinhosos,

Lorena e Marianna.

PREFÁCIO

A gramática e a práxis do amor

Somos todos capazes de amar? Como podemos agir de forma amorosa nas nossas relações? Como podemos ter uma cultura amorosa e uma sociedade justa e igualitária? Como podemos fomentar uma terapia amorosa, uma psicologia amorosa e, mais especificamente, uma análise do comportamento amorosa?

Ao suscitar e explorar questões complexas como essas, este livro insurge-se contra a resignação às práticas de desamor de nossa sociedade e a desesperança apocalíptica quanto à possibilidade de construirmos modos de vida em que o respeito, o cuidado, a solidariedade e a confiança prevaleçam. A visada contracultural deste livro ganha mais proeminência no esforço de enfrentar uma questão fundamental, sem a qual as demais perguntas dificilmente poderiam ser discernidas: O que é o amor?

Discutir o conceito de amor é imprescindível, pois, se quisermos viver o amor, precisamos saber o que é o amor. Dessa forma, este livro traz também uma importante contribuição conceitual: usa a linguagem do comportamento e não do sentimento para definir amor.

Na linguagem do sentimento, o amor é geralmente entendido como uma coisa valorada como prazerosa ou agradável que as pessoas possuem, ou que fica nelas armazenado. Dessa perspectiva, "ter" amor é ter dentro de si esse sentimento de prazer ou benquerer por alguém ou algo. Diferentemente, o comportamento não é uma coisa, mas é o que as pessoas fazem (lembram, pensam, falam, veem, sentem) no mundo; em poucas palavras, comportamento é ação em contexto.

Na gramática comportamentalista, usamos mais verbos e menos substantivos, por isso, em vez de focarmos em nomes ou estruturas, o mais apropriado é darmos ênfase aos verbos ou processos. Na linguagem comportamentalista do amor, amor é ação. O amor não seria aquela coisa ou algo diferente e independente da ação. O descolamento do amor da ação tornaria aceitável, por exemplo, alguém dizer que tem ou sente amor e, ao mesmo tempo, agir de forma violenta com o outro. Na linguagem do comportamento, "amor" não estaria dentro de nós, mas *nas* nossas ações. Amar é agir de forma amorosa com o outro. Essa mudança discursiva é significativa, pois as perguntas que fazemos para coisas e processos são distintas e nos levam a encontrar as respostas em domínios diferentes. Se o amor é uma coisa, somos levados a perguntar: onde está o amor? Se amor é um verbo, a indagação que fazemos é outra: como é uma ação amorosa?

Sem a pretensão de esgotar essa problemática, as reflexões promovidas pelas(os) autoras e autores desta obra tornam mais nítidas as diferenças entre desamor e amor. Des-amar o outro envolve agredir fisicamente e verbalmente, silenciar, desrespeitar, impor, excluir, humilhar, invalidar, desprezar, isolar, exaurir, depreciar, alienar, enganar, tratar como coisa, objeto ou propriedade. Racismo, sexismo, lgbtfobia, etarismo são expressões de desamor. Em contraste, amar o outro é ouvir e dizer; valorizar e repreender com respeito; compartilhar e estabelecer limites; reivindicar e ceder; validar; cuidar; perdoar e pedir perdão. Em última instância, amar é humanizar o outro; é agir e ser um contexto para que o outro, independentemente de gênero, raça, idade, identidade e orientação sexual, acesse, maneje, usufrua e desfrute, de forma justa e igualitária, das condições materiais e simbólicas necessárias para uma existência significativa, digna e prazerosa. Por isso, movimentos sociais feministas, antirracistas e LGBTQIA[+] nos ensinam muito sobre o que é amar.

Em uma cultura de desamor, na qual indivíduos e instituições fomentam diferentes formas de opressão, amar não é fácil. Para que ações amorosas sejam aprendidas, mantidas e perpetuadas precisamos de ambientes enfraquecedores de desamor e ambientes nutridores de amor. Este livro também mostra, com análises reflexivas e relatos de experiência profissional, como a psicoterapia, de um modo geral, e a terapia de casais, em particular, podem ser ambientes estratégicos para se aprender a amar.

Na terapia, por exemplo, podem ser explicitadas e modificadas contingências verbais responsáveis por aprendermos a nomear como "amor" comportamentos e práticas que são conciliáveis com violência, desrespeito, subjugação e exclusão. No contexto terapêutico, podem ser desenvolvidos repertórios comportamentais que: favoreçam o entrelaçamento entre erotismo, amizade e humanidade na relação com parceiros(as) íntimos(as); permitam a exposição a diferentes formas de relações afetivo-sexuais que não deem guarida às assimetrias e violências das relações de desamor patriarcais; auxiliem no alargamento de ações amorosas de afeto e cuidado para os filhos de nossos parceiros ou parceiras; levem ao fortalecimento da rede de apoio, do autocontrole e do contracontrole daqueles e daquelas que estão sendo punidos por tentar estabelecer relações genuínas de amor.

Para que esse potencial emancipatório da prática terapêutica seja realizado, é preciso que a formação de psicólogos e psicólogas coadune a competência científica e a expertise técnica com valores humanistas capazes de erigir uma sociedade justa. Este livro entende, portanto, que a ciência pode e deve estar a serviço do amor.

Este livro, por outro lado, também reconhece os limites da psicologia e da psicoterapia na constituição e difusão de relações amorosas. É fato que um indivíduo não é capaz de produzir sozinho uma sociedade amorosa. No entanto, sem transformar esse limite em um obstáculo, ou em pretexto para desistir de amar, este livro propõe que enredemos a relação dialética entre indivíduo e sociedade em um circuito virtuoso entre comportamentos e práticas amorosas. Não é também verdade que uma prática amorosa só ganha vida *no* comportamento e que, portanto, sem indivíduos uma sociedade não se torna amorosa?

Na linguagem comportamentalista, amar é agir de forma comprometida com a humanidade do outro; é uma gramática que só faz sentido na práxis.

Que este livro nos ajude a jogar esse jogo de linguagem!

Carolina Laurenti
Universidade Estadual de Maringá
Universidade Estadual de Londrina

SUMÁRIO

INTRODUÇÃO..17

1

A PERSPECTIVA DE GÊNERO NA TERAPIA ANALÍTICO-
COMPORTAMENTAL: A IMPORTÂNCIA DO OLHAR GENDRADO SOBRE
DIFERENTES CONTINGÊNCIAS E APRENDIZAGENS SOCIAIS 27
Aline Picoli
Natalia M. Aggio
Valeska Zanello

2

CONFLITOS ENTRE CONTINGÊNCIAS PATRIARCAIS E O
CONTRACONTROLE FEMINISTA NOS RELACIONAMENTOS AFETIVOS:
UMA DISCUSSÃO ILUSTRADA POR CASOS CLÍNICOS 47
Amanda Oliveira de Morais
Carolina Laurenti

3

RACISMO E PATRIARCADO: VARIÁVEIS CULTURAIS E SUA INFLUÊNCIA NA
PRÁTICA PSICOLÓGICA NO CONTEXTO DE RELAÇÕES AMOROSAS 79
Táhcita Medrado Mizael
Luana Karina dos Santos Pereira

4

OS HOMENS AMAM? UM OLHAR ANALÍTICO-COMPORTAMENTAL
SOBRE MASCULINIDADES E OS COMPORTAMENTOS DOS HOMENS EM
RELACIONAMENTOS AMOROSOS HETEROAFETIVOS 97
João Mendes Gomes Brasil de Holanda
Danrley Pereira de Castro

5

ATENDENDO CASAIS LGBTQIAPN+ 119
Allana Lara Lopes
Lorena Bezerra Nery

6

MODELOS MIDIÁTICOS E SEUS POSSÍVEIS IMPACTOS NAS RELAÇÕES AMOROSAS 167

Lorena Bezerra Nery

Ana Karina Crurado Rangel de Farias

7

MONOGAMIA E NÃO MONOGAMIA: UM CONVITE A UMA NOVA PRÁXIS PSICOLÓGICA 221

Marina Rangel de Lima

João Gabriel Carvalho Araújo Mello de Oliveira

8

AMOR EM TEMPOS DE TINDER: COMO A TECNOLOGIA MUDOU OS RELACIONAMENTOS AMOROSOS 243

Patrícia Luque Carreiro

9

A PSICOTERAPIA DA MADRASTA 259

Marianna Braga de Oliveira Borges

10

CONTRIBUIÇÕES DA PSICOTERAPIA COMPORTAMENTAL PRAGMÁTICA NA COMPREENSÃO DAS RELAÇÕES AMOROSAS A PARTIR DO O CONTROLE CULTURAL NO COMPORTAMENTO 293

Carlos Augusto de Medeiros

11

RELAÇÃO CONJUGAL E AS MUDANÇAS COM A CHEGADA DO FILHO: UMA PERSPECTIVA ANALÍTICO-COMPORTAMENTAL 315

Karen Vargas de Araújo

12

AFETIVIDADE E SEXUALIDADE DURANTE O ENVELHECIMENTO 335

Anna Laura Leal Freire

Amanda Landi de Brito

Isadora Carneiro Ávila

Renata Bellato Menezes

13

DIFERENCIANDO RELAÇÕES RESPEITOSAS E DESRESPEITOSAS: ALGUMAS CONTRIBUIÇÕES PARA A IDENTIFICAÇÃO DO DESRESPEITO/ DA VIOLÊNCIA E O FORTALECIMENTO DO RESPEITO EM RELAÇÕES AMOROSAS... 355
Alexandre Santos de Oliveira
Bruna Maciel de Alencar
Lorena Bezerra Nery

14

O PERDÃO NA TERAPIA DE CASAL... 395
Patrícia Luque Carreiro

15

A IMPORTÂNCIA DA COMUNICAÇÃO NA DINÂMICA CONJUGAL: COMO HARMONIZAR O DIZER E O FAZER? 419
Edhen Laura Torquato de A. Lima Velloso

16

GÊNERO E COMUNICAÇÃO NAS RELAÇÕES AMOROSAS 433
Amanda Rafaela Lima Silveira

SOBRE OS AUTORES.. 451

INTRODUÇÃO

O amor é mais do que um sentimento – é uma ação capaz de transformar o niilismo, a ganância e a obsessão pelo poder que dominam nossa cultura. É por meio da construção de uma ética amorosa que seremos capazes de edificar uma sociedade verdadeiramente igualitária, fundamentada na justiça e no compromisso com o bem-estar coletivo.
(bell hooks)

Skinner sonhou com uma sociedade justa, pacífica e respeitosa. Seu projeto para um mundo melhor propunha que o conhecimento sobre o comportamento humano servisse como ferramenta de transformação da cultura para a construção de ambientes e relações que fossem contextos de equilíbrio e igualdade de direitos entre as pessoas (Skinner, 1978, 2002).

A pergunta "por que fazemos o que fazemos?" norteou esforços de trabalho por parte de uma comunidade verbal que seguiu as diretrizes skinnerianas de pesquisa e que até hoje se dedica a expandir e sofisticar as ferramentas de análise propostas na fundação da Análise do Comportamento. Skinner não apenas procurava desvendar os controles do comportamento humano, ele pretendia a mudança.

Analistas do comportamento passaram boa parte das últimas décadas dedicados também à fastidiosa tarefa de rebater críticas equivocadas à proposta skinneriana. Ela seria reducionista, mecanicista, ignoraria sentimentos e emoções e serviria como o aparato perfeito para oprimir pelo controle coercitivo. Carrara (2005) aponta que os equívocos se devem, em parte, a um erro de endereçamento: inúmeras críticas feitas ao behaviorismo radical de Skinner seriam, na verdade, comentários a respeito de outras vertentes behavioristas. Todavia, o autor nota que parte da crítica é pertinente, e deve ser examinada caso desejemos nos aproximar da expectativa skinneriana de um "avanço científico behaviorista e das suas eventuais contribuições para uma sociedade progressista" (Carrara, 2005, p. 103).

Skinner rejeitou o estudo da introspecção como método para explicar o comportamento humano e propôs que as respostas definitivas para tal questão seriam encontradas na história: da espécie, dos indivíduos e da cultura. Em uma entrevista de 1988, destaca:

> Uma vez que tenhamos uma ciência do comportamento que estabeleça o papel do ambiente, então temos menos necessidade de olhar para dentro à procura de uma causa - e eventualmente podemos dizer que não há necessidade alguma - pois o que está dentro é um produto da história.

Dessa forma, para alcançarmos o objetivo de contribuir para um rearranjo das contingências sociais que consideramos injustas e coercitivas, devemos levar em conta que essa complexa tarefa depende totalmente de nossa compreensão das variáveis de controle vigentes na sociedade que pretendemos alterar.

Nesse sentido, uma análise crítica imprescindível para o nosso êxito é a de que, ao dedicar grande parte dos esforços a cuidadosamente delimitar conceitos e controles, a Análise do Comportamento por muito tempo negligenciou variáveis que são pré-requisitos para a reparação das desigualdades e inviabilizou que questões do mundo real fossem contempladas na sua complexidade. Ao longo da construção de nossa jornada como terapeutas, vimos colegas que, apesar de se identificarem com a perspectiva funcional, buscaram outras abordagens, por considerarem as análises simplistas ou por não se verem representadas(os) pela falta de aprofundamento em questões sociais, políticas, raciais, de gênero. Somos coletivamente responsáveis por reparar essas negligências, e, até agora, polir com esmero o vocabulário comportamental não foi suficiente para nomear os desafios os quais nos propusemos a resolver, assim como não é o bastante substituir topografias coercitivas em situações pontuais por consequências reforçadoras positivas que apenas atenuem as respostas de contracontrole daqueles que estão oprimidos, disfarçando contextos de injustiça.

Numa análise profundamente funcional, a grande autora feminista negra bell hooks (2021) complementa a proposta de Skinner ao destacar que a prática de uma ética amorosa só é possível diante de um exercício ativo de reparar desigualdades. Nesse contexto, uma análise que não contemple questões sociais, políticas, variáveis de gênero, raça, sexualidade e classe social é uma análise funcional incompleta.

As lacunas em nossa formação trouxeram e trazem desafios à nossa atuação como psicólogas analistas do comportamento. Em nossa prática, há mais de uma década, como psicoterapeutas e supervisoras clínicas, fomos percebendo a necessidade de reinventar nossa forma de abordar variáveis sociais/culturais na clínica, e, ao longo desse processo, tornamo-nos conscientes do verdadeiro déficit em nossas formações. Era preciso ir além da mera tradução de termos para as unidades de análise propostas pela Análise do Comportamento. Era preciso levar a análise funcional ao patamar das contingências sociais mais amplas da cultura, para voltar a mergulhar no íntimo das sessões de psicoterapia de forma sensível e contextualizada.

Em nosso trabalho, na clínica e na supervisão de outros terapeutas, observamos que, entre as questões mais afetadas por esse déficit, estão aquelas relacionadas à dimensão das relações amorosas. Não raro nos deparamos com intervenções superficiais e que negligenciam as forças de poder estruturalmente determinadas que atravessam as relações afetivas cotidianas das pessoas, por exemplo, quando um terapeuta facilita o desenvolvimento de habilidades de comunicação que contribuirão para que uma pessoa se mantenha por mais tempo em um relacionamento violento, promovendo a sofisticação de um repertório de esquiva que atenua o contato com aversivos em um curto prazo, mas coloca em risco sua saúde e sua dignidade em médio e longo prazos. Outra situação clínica comum seria uma intervenção supostamente terapêutica focada em uma forma alternativa de gerenciar as tarefas de uma mulher já sobrecarregada, sem considerar o desequilíbrio na divisão de responsabilidades com seu parceiro.

Considerando que as queixas amorosas estão entre as mais comuns na clínica e diante da escassez de publicações sobre os temas relativos às demandas que interagem com relações amorosas e terapia de casal na perspectiva da Análise do Comportamento, pensamos que poderíamos contribuir para a formação de terapeutas interessados em atuar na área, daí a organização de um livro que reunisse a experiência compartilhada de profissionais de variadas perspectivas. O objetivo fundamental deste livro é, portanto, enriquecer o olhar de terapeutas que trabalham com casais e pessoas com queixas amorosas nos mais diferentes contextos, com reflexões e recursos para análises funcionais mais completas.

Sabe-se que análises funcionais cuidadosamente elaboradas são o principal instrumento de trabalho de um analista do comportamento, e sua composição é pré-requisito para a elaboração de qualquer diagnóstico comportamental, bem como para o estabelecimento de objetivos terapêuticos e para o planejamento e a aplicação de intervenções (ver de-Farias et al., 2018).

Relações amorosas estão, portanto, entre as experiências humanas que envolvem as maiores promessas de felicidade e realização, mas estão também entre as que causam maior sofrimento e frustração. Na contramão da proposta do senso comum segundo a qual o amor é uma força inata, natural e intuitiva, diferentes psicoterapeutas e autores da terapia de casal enfatizam que amar envolve a necessidade de desenvolvimento comprometido e dedicado de diferentes repertórios. Destacam que o amor não é apenas um sentimento — insuficiente para sustentar uma relação de cuidado mútuo —, mas uma importante habilidade a ser aprendida (Perel, 2018; Santos, 2020, 2021; Solomon, 2017; The School of Life, 2018).

Solomon (2017) afirma que, em mais de 20 anos de sua experiência como psicóloga clínica e docente de cursos sobre relacionamentos, o problema mais recorrente que observou é assumir que simplesmente sabemos amar, sem compromisso com o aprendizado de novas habilidades de se relacionar, sem o autoconhecimento e o interesse pelo aprofundamento do conhecimento daqueles com quem nos relacionamos. As palavras de hooks (2021, p. 197) completam: "Quando nos engajamos num processo de amor-próprio ou de amar os outros, devemos nos mover além do reino do sentimento para tornar o amor real. É por isso que é útil ver o amor como uma prática". Assim, o amor, na visão de hooks, é ação, escolha comprometida. E concretizar o sonho deste livro é parte do nosso compromisso ético com a prática do amor!

Nesse cenário da importância da compreensão do amor em suas mais ricas nuances, convidamos autoras e autores de diferentes formações e contextos de atuação para colaborarem com reflexões, análises e discussões sobre a teoria e a prática com casais e pessoas com queixas amorosas, em um esforço construído a muitas (e diversas!) mãos, na direção do objetivo skinneriano de compreender para transformar.

No capítulo 1, Picoli, Aggio e Zanello discutem os dispositivos de gênero, estudados pela pesquisadora Valeska Zanello, "traduzindo" seu trabalho para termos da Análise do Comportamento, com o objetivo de aproximar do tema analistas do comportamento. As autoras discorrem sobre os processos de aprendizagem de performances de gênero e propõem que psicólogas(os) clínicas(os) estejam sempre atentas(os) às relações de poder e dominância das contingências envolvidas na socialização gendrada de mulheres e homens em culturas patriarcais.

Em seguida, Morais e Laurenti refletem sobre a importância da atuação de psicoterapeutas como comunidade verbal feminista e ilustram, com exemplos clínicos, alguns conflitos entre as práticas culturais patriarcais e os comportamentos alternativos aos papéis de gênero tradicionais no contexto da psicoterapia de casais e da psicoterapia individual. As autoras alertam sobre a responsabilidade das(os) terapeutas na construção de uma prática clínica que proponha a mudança das contingências opressoras gendradas, e não a adequação das pessoas a elas submetidas.

O racismo e o patriarcado são apresentados por Mizael e Pereira como variáveis culturais imprescindíveis para uma análise funcional mais completa na clínica das relações amorosas. No capítulo 3, as autoras destacam que, historicamente, a produção de conhecimento na Análise do Comportamento com relação a grupos oprimidos em nossa sociedade é baixa, e contribuem com sugestões para sanar o efeito desse déficit sobre os repertórios de terapeutas que orientam seu trabalho na clínica por essa abordagem da psicologia. Diferentes casos clínicos ilustram e enriquecem suas análises, evidenciando a importância de que terapeutas estejam atentas(os) e cuidadosas(os) para não reproduzirem posturas racistas/machistas no contexto terapêutico.

Na sequência, Holanda e Castro lançam um olhar analítico-comportamental sobre a questão das masculinidades, pela ótica dos dispositivos de gênero, propostos por Zanello (2018), e exploram as ligações entre a socialização masculina elaborada no dispositivo da eficácia e o comportamento dos homens em relacionamentos amorosos heteroafetivos. Enfatizam que o que se convencionou chamar de masculinidade hegemônica está na raiz de diversas opressões e que psicoterapeutas têm o dever de conhecer e levar em conta, em suas análises, as dinâmicas de poder suscitadas por esse ideal de homem: heterossexual, branco, financeiramente bem-sucedido e emocionalmente distante.

Aspectos relacionados ao cuidado psicológico a pessoas LGBTQIAPN+ compõem o foco de Lopes e Nery no capítulo 5. São abordados conceitos como homofobia estrutural e estresse de minoria, além de um panorama histórico de como pessoas sexo-gênero diversas foram/são compreendidas ao longo do tempo no contexto da saúde mental. As autoras destacam diferentes cuidados e posturas a serem observados no atendimento a esse público para que não se reproduzam, no contexto terapêutico, as microagressões, infelizmente ainda frequentes em nossa cultura. Trata-se de um convite a psicoterapeutas que desejem conhecer mais sobre como, de fato, alcançar pessoas diversas em relação ao padrão cisheteronormativo de forma a promover inclusão por meio de uma postura profissional minimamente adequada e cuidadosa.

Em seu capítulo sobre como modelos midiáticos podem afetar as queixas amorosas das pessoas em terapia, Nery e de-Farias objetivam realizar uma análise crítica sobre relacionamentos amorosos e casamento, pela perspectiva analítico-comportamental, estabelecendo possíveis relações com modelos e regras apresentados pela mídia que podem contribuir para a aprendizagem de padrões comportamentais e dificuldades comuns entre clientes em terapia. As autoras enfatizam como estereótipos — casais cishetenormativos, brancos e jovens — e diferentes mitos românticos predominantes na mídia podem limitar as experiências das pessoas na vivência de suas próprias relações e no desenvolvimento de repertórios, habilidades e recursos para relacionarem-se.

Reflexões aprofundadas sobre relações monogâmicas e não monogâmicas são o foco do capítulo 7. Lima e Carvalho propõem as bases para uma reorientação da práxis psicológica valendo-se de uma crítica da monogamia e na direção de uma nova ética de cuidado na terapia de casais. Os autores examinam o entrelaçamento dos históricos da terapia de casal e da monogamia e os problemas advindos de uma naturalização do comportamento monogâmico como ideal de adequação social, assim como as implicações éticas de uma postura terapêutica orientada por uma premissa patologizante da não monogamia. Nesse contexto, enfatizam que a atenção à saúde mental de pessoas não monogâmicas faz parte da luta por uma prática psicológica não normalizante dos afetos, única via possível na direção de uma psicologia que se oponha às opressões, e que esteja a serviço da libertação em relação às maiorias populares.

Em seguida, Carreiro analisa o impacto das tecnologias sobre os relacionamentos amorosos e reflete sobre as transformações nas formas de relacionamentos, operadas pelos avanços tecnológicos que facilitaram o acesso à internet. A autora discorre sobre os desafios relacionais próprios da era digital, como o paradoxo da escolha entre possibilidades aparentemente infinitas, proporcionadas por aplicativos de encontros como Tinder e Happn, e comenta sobre o uso desses meios de comunicação na pandemia da covid-19, bem como o futuro das conexões íntimas mediadas pelas novas tecnologias.

No capítulo 9, Borges expõe questões relacionadas à psicoterapia das madrastas e convida psicoterapeutas a considerarem as questões sociais/estruturais amplas que agem sobre as individualidades das mulheres que se relacionam com pessoas que têm filhos dos quais elas não são mães.

A proposta da Psicoterapia Comportamental Pragmática (PCP) na compreensão de relações amorosas é apresentada por Medeiros no capítulo seguinte. Trata-se de uma modalidade de psicoterapia analítico-comportamental, cujo objetivo central é favorecer o desenvolvimento de repertórios de autoanálise e de resolução de problemas nos terapeutizandos. De acordo com a proposta, pressupõe-se que grande parte do sofrimento das pessoas que buscam terapia está relacionada a conflitos entre imposições dos grupos culturais dos quais fazem parte e as consequências práticas de seus comportamentos. Nesse contexto, o autor analisa a terapia como agência de controle, que frequentemente reproduz o mesmo tipo de controle aplicado pela cultura e responsável pelo sofrimento. Assim, em PCP, são priorizadas intervenções que minimizem o controle social, utilizando-se procedimentos que prescindam do controle ostensivo pelo terapeuta.

Por sua vez, no capítulo 11, Araújo aborda os impactos do nascimento de um filho sobre a relação conjugal e reflete sobre a construção social dos papéis de gênero que tomam parte nas tensões estabelecidas pela chegada de um novo membro à família. A autora enfoca as mudanças que ocorrem na vida das mulheres na gestação e no pós-parto, nas dimensões fisiológicas e psicológicas, e destaca a importância de uma prática psicoterapêutica informada sobre esses processos. Ademais, apresenta exemplos de demandas clínicas com o tema do ajuste familiar à chegada dos filhos e orienta psicoterapeutas sobre a necessidade de levar em conta questões de gênero nas análises funcionais que envolvam dinâmicas de papeis de mães e pais.

Casos clínicos em que a sexualidade na velhice é discutida são apresentados por Freire, Brito, Ávila e Menezes no capítulo a seguir. A psicoterapia é apontada pelas autoras como campo privilegiado para a desconstrução de preconceitos e para o fortalecimento e a legitimação da expressão da sexualidade daqueles que envelhecem. As autoras convidam leitoras e leitores a analisarem suas preconcepções acerca do tema e sugerem pontos de reflexão que contribuem para uma intervenção ética e cuidadosa na prática da psicoterapia de idosos.

No Capítulo 13, Oliveira, Alencar e Nery dedicam-se a analisar aspectos importantes à construção e ao fortalecimento de relações amorosas respeitosas, diferenciando-as daquelas que são desrespeitosas, abusivas ou violentas. Os autores descrevem os diferentes tipos de violência em relações domésticas/familiares, passando pelo recorte de gênero, com ênfase no que estabelece a Lei Maria da Penha. Também são discutidos aspectos que caracterizam o ciclo de violência e como o reforçamento intermitente, a codependência, a falta de autonomia financeira e outras diversas variáveis podem dificultar a identificação e o rompimento de relações violentas. Nesse contexto, destacam o compromisso ético de profissionais psicólogos em contribuir para eliminar quaisquer formas de violência e/ou negligência, bem como em promover relações de melhor qualidade, caracterizadas pelo respeito mútuo, cuidado — de si e do(s) outro(s) — e equilíbrio de poderes, direitos e responsabilidades entre as pessoas.

No capítulo seguinte, Carreiro discute as particularidades do perdão como demanda terapêutica no trabalho com casais, pelo exame das histórias de três conjugalidades, inspiradas em sua prática clínica. Acontecimentos do passado são frequentemente apontados por casais como empecilhos para a reconciliação e a convivência harmoniosa no presente, e a autora dá exemplos de intervenções e alternativas de manejo com as práticas de aceitação e de tolerância.

Os dois capítulos finais abordam tema fundamental a qualquer trabalho com casais e relações amorosas: a comunicação. O repertório para a prática de uma comunicação respeitosa em relacionamentos é pré-requisito para o aprofundamento em todas as demais questões. Nesse contexto, no capítulo 15, Velloso pondera a respeito da importância da comunicação assertiva entre as pessoas de um casal e detalha intervenções em um caso clínico cuja queixa central girava em torno da falta de correspondência entre o "dizer" e o "fazer". A autora elenca exercícios que podem ser usados como intervenções para o desenvolvimento de repertório de comunicação, imprescindível para a discussão das outras demandas importantes para o casal e para o desenvolvimento da habilidade de construir relações funcionais entre os eventos narrados em terapia e fora dela.

Complementando as análises sobre a importância da comunicação nas interações de casal, no capítulo 16, Silveira enriquece as reflexões ao trazer exemplos de como aspectos de gênero podem afetar a qualidade das interações em relacionamentos amorosos. A autora destaca a importância do letramento de gênero para terapeutas que trabalham com queixas amorosas, na clínica individual e de casais, por sua potencial contribuição para a formulação de análises funcionais mais completas, que ensejem intervenções terapêuticas que favoreçam o desenvolvimento de habilidades necessárias para uma comunicação respeitosa e de solução de problemas/desafios relacionados aos atravessamentos das relações pelas questões de gênero.

Nossos convites para os capítulos deste livro buscaram a composição de um material que contemplasse os olhares e as contribuições de autoras e autores diversos: de diferentes abordagens, regiões do país, sexualidades, características étnico-raciais, idades, experiências profissionais, lugares de fala... Pessoas que admiramos há tempos e cujos trabalhos reunidos inevitavelmente resultariam em algo potente e transformador. Embora seja impossível abraçar toda a diversidade de que gostaríamos em um único livro, estamos felizes por nosso projeto unir esforços plurais no sentido de trazer visibilidade para as mais variadas formas de se vivenciar o amor em relações. Que nosso empenho coletivo possa ser mais um passo na concretização do objetivo de iluminar toda a riqueza das cores e possibilidades de amar, quebrando o padrão de negligências que levem ao apagamento de toda e qualquer existência. É imensurável o nosso aprendizado com a riquíssima contribuição de cada pessoa que corajosamente se dispôs a participar deste projeto — somos infinitamente gratas por isso! —, e estávamos ansiosas para compartilhar o que aprendemos com você.

Laurenti e Lopes (2022) definem que um grupo contracultural é aquele cujas ações explicitamente questionam valores e práticas vigentes em uma sociedade, com o objetivo de propor uma nova organização social. Os autores defendem que a Análise do Comportamento tem um potencial contracultural importante na contestação de práticas culturais excludentes e opressivas, como o sexismo, a LGBTfobia e o racismo. Nesse sentido, faz-se necessário que, sem abrir mão da objetividade da confiabilidade do conhecimento que acessamos e construímos, abandonemos uma postura de neutralidade, valendo-nos de uma oposição ativa a práticas científico-profissionais que negligenciem contextos que contribuem para relações desrespeitosas. Skinner foi um questionador, e honrar o seu legado é seguir transformando a cultura, reparando as desigualdades e injustiças, ampliando as variáveis que são contempladas pela análise funcional, no sentido da construção de uma realidade mais justa e respeitosa. O nosso convite, com todo amor, agora é para você: vamos conosco fazer acontecer a transformação?

Lorena e Marianna

Referências

Carrara, K. (2005). *Behaviorismo radical: Crítica e metacrítica*. Editora Unesp.

de-Farias, A. K. C. R., Fonseca, F. N., & Nery, L. B. (Orgs.). (2018). *Teoria e formulação de casos em análise comportamental clínica*. Artmed.

hooks, b. (2021). *Tudo sobre o amor: Novas perspectivas*. Elefante.

Laurenti, C., & Lopes, C. E. (2022). Uma análise do comportamento contracultural: Perspectivas e desafios. *Perspectivas em análise do comportamento* (Ed. especial Estresse de minorias, pp. 25-40).

Perel, E. (2018). *Sexo no cativeiro: Como manter a paixão nos relacionamentos* (A. C. Silva, Trad.). Objetiva.

Santos, E. (2020). *Por que gritamos: Como fazer as pazes consigo e educar filhos emocionalmente saudáveis*. Paz & Terra.

Santos, E. (2021). *Conversas corajosas: Como estabelecer limites, lidar com temas difíceis e melhorar relacionamentos através da comunicação não-violenta*. Paz & Terra.

Skinner, B. F. (1978). *Reflections on behaviorism and society*. Prentice-Hall.

Skinner, B. F. (2002). *Beyond freedom and dignity*. Hackett Publishing.

Solomon, A. H. (2017). *Loving bravely: 20 Lessons of self-discovery to help you get the love you want*. HarperCollins Publishers.

The School of Life. (2018). *Relacionamentos* (B. Medina, Trad.). Sextante.

A PERSPECTIVA DE GÊNERO NA TERAPIA ANALÍTICO-COMPORTAMENTAL: A IMPORTÂNCIA DO OLHAR GENDRADO SOBRE DIFERENTES CONTINGÊNCIAS E APRENDIZAGENS SOCIAIS

Aline Picoli
Natalia M. Aggio
Valeska Zanello

É atribuída a Simone de Beauvoir a explicitação teórica dos princípios das discussões sobre gênero. Ainda que a autora não tenha utilizado o termo, e que discussões sobre processos de socialização com base na diferença sexual tenham ocorrido anteriormente, com os estudos de Margareth Mead, coube àquela formular a célebre frase, publicada no livro *Segundo Sexo*, em 1949: "Não se nasce mulher, torna-se". Ou seja, há um trabalho de socialização no tornar uma fêmea humana uma mulher. Ser "mulher" não seria, assim, algo definido a priori, mas fruto de uma pedagogia social e cultural.

A palavra "gênero" foi cunhada posteriormente e é atribuída a dois autores, John Money e Robert Stoller. Ambos a utilizaram para destacar a diferença entre sexo e aprendizagem cultural de valores e comportamentos atribuídos aos diferentes sexos. Se sexo era da ordem da biologia, gênero seria arbitrário e da esfera da convencionalidade e da aprendizagem.

Atualmente, uma das teorias mais utilizadas no campo de estudos de gênero é a da filósofa Judith Butler (1990), para quem gênero deve ser compreendido como uma repetição estilizada de performances[1]. Isto é, trata-se de um script cultural que prescreve aos sujeitos determinados comportamentos, como roteiros culturais. Em sociedades sexistas, essa

---

[1] O conceito de performance remete à ideia de performatividade, advinda dos estudos da filosofia da linguagem ordinária (sobretudo de Austin e Searle). Trata-se não de mera encenação, livre de qualquer amarra, mas da existência de certos pré-requisitos que precisam ser cumpridos para que a performance ocorra.

atribuição é bastante diferenciada, caso se considere o sujeito um homem ou uma mulher (com possibilidade de interseccionalidades, por exemplo, com raça e etnia).

Em outras palavras, caso o menino se comporte de forma gendrada "adequada" a seu sexo, esse comportamento será seguido de reforço social; caso não, provavelmente haverá várias formas de punição ao comportamento. O mesmo ocorre com meninas e mulheres. Isso aponta para a profunda diferença entre sexo e gênero. Nascer com um determinado sexo não leva necessariamente a certas performances. É preciso todo um trabalho de pedagogia cultural para que as formas esperadas de se comportar de acordo com o gênero sejam incitadas e aprendidas.

A forma de compreensão de gênero proposta por Butler (1990) é uma de muitas dentro das discussões de autoras feministas. Nota-se que seus aportes poderiam conversar e incrementar, em vários aspectos, esse debate na Análise do Comportamento. Porém, tal discussão na área, além de escassa, é ainda incipiente. A Análise do Comportamento, ciência baseada nos pressupostos filosóficos do behaviorismo radical proposto por Skinner, manteve-se ausente dessa questão por um grande período, colecionando poucas publicações pontuais acerca da temática, o que se torna ainda mais evidente quando comparado ao largo contingente de discussões de outras áreas (Couto & Dittrich, 2017; Mizael, 2019; Ruiz, 1995).

Ruiz (1995, 1998, 2003), precursora nos estudos de gênero pela ótica comportamental, traz em seus trabalhos uma perspectiva de gênero como uma categoria social criada para encaixar dois grupos de pessoas conforme o sexo. Para ela, o comportamento desses grupos produziria diferentes reforçadores ao longo da vida, e isso acabaria por perpetuar padrões comportamentais distintos entre esses grupos (Bailey, 1988; LaFrance, 1991). Essa perspectiva não apenas se correlaciona com o que é proposto por Butler (1990), como reifica a ideia de que as características distintas entre esses grupos não têm origem biológica ou "natural", mas sim são produto de um meio que as fomenta ou constrói.

Apesar de ser considerado, entre analistas do comportamento, como um avanço nas discussões, na época, os pontos levantados por Ruiz eram iniciais quando comparados com a literatura de outras áreas. Esse é um aspecto abordado por Mizael (2021), que, de maneira não sistemática, descreve algumas das contribuições de estudos feministas brasileiros que usam as lentes da Análise do Comportamento para compreender aspectos que diferenciam a sociabilização de homens e mulheres. É observado que, em geral, os estudos abordam (1) pontos filosóficos de discussão, tais como descrições conceituais de termos utilizados pelo ativismo, como "empoderamento"; (2) algumas análises funcionais de questões de gênero, tais como a cultura do estupro; e (3) tentativas de criar tecnologias que possam diminuir a distância social entre os gêneros. Nesse último aspecto, Mizael destaca a importância de que próximos estudos envolvam variáveis significativas como raça e sexualidade.

Silva e Laurenti (2016), por sua vez, exploram os entrelaces entre a perspectiva dada por Beauvoir, e de modo consequente por outras autoras feministas, e a visão analítico-comportamental proposta por Skinner. Como as autoras explicam, Skinner propõe um modelo selecionista (Skinner, 2007), que é amparado pela perspectiva filosófica do behaviorismo radical. O modelo de seleção pelas consequências (Skinner, 1981) propõe que o ambiente tem significativa importância para a "seleção" de características, comportamentos e práticas culturais de uma espécie. É resumido na compreensão do comportamento humano como produto de três níveis de seleção: filogenético, ontogenético e cultural. Esta é uma separação também didática, dado que o próprio Skinner aponta que o comportamento é visto como um produto das amarras entre os níveis de seleção. Esta filosofia é caracterizada por ser monista, ou seja, compreende o ser humano como um sujeito indivisível, com uma perspectiva antiessencialista. Compreender o ser humano desta maneira corrobora o viés proposto por Beauvoir e outras autoras feministas que negam a existência de uma essência feminina e permite uma aproximação entre a filosofia do behaviorismo radical e de outras autoras (Ruiz, 1995; Silva & Laurenti, 2016).

Acrescenta-se que não apenas em aspectos filosóficos pode haver essa aproximação, mas também ao analisar os próprios desafios e entraves que as autoras enfrentam ao falar sobre gênero. Butler destaca, por exemplo, que:

> La teoría feminista ha intentado comprender de qué manera las estructuras culturales y políticas sistémicas o invasivas son implementadas y reproducidas por actos y prácticas individuales, y como el análisis de situaciones ostensiblemente personales se ve clarificado al plantearse en un contexto cultural más ampliamente compartido. (Butler, 1990, p. 301).

É descrito, no trecho citado, o desafio que tem sido estudar gênero em uma perspectiva maior que a análise de situações cotidianas, individuais e pessoais, visto que tais ações ocorrem de forma recorrente em nossa sociedade, com um amplo caráter político e cultural. Em termos comportamentais, o que ela descreve é a importância de estudar gênero não apenas no nível de seleção ontogenético, mas, também, em um nível de seleção cultural.

Em sequência, Butler (1990) complementa que, por mais que núcleos familiares participem da seleção dos atos que podem ser compreendidos como constituintes do gênero, e que haja essa perspectiva individualizada, gênero é um fator primordialmente social. Assim, o que contribuiria para a seleção dessas ações, nas famílias, seria, de forma invariável, a estrutura social envolvente. Esse é um paralelo a ser feito com as atuais análises que as autoras comportamentais têm realizado. Por mais que seja possível estudar violência de gênero e perpetuação de estereótipos sexistas em núcleos familiares por meio de explicações das construções simbólicas que ocorrem (Costa, 2019; Marcelino & Arantes, 2019; Morais & Freitas, 2019; Pinheiro & Oshiro, 2019), é necessário estudar também a recorrência desses eventos como práticas culturais, que provavelmente foram selecionadas ao longo da história dessa comunidade (Ferraz et al., 2019; Ruiz, 2003).

O processo de socialização mostra-se, assim, como importante fator tanto decorrente de processos históricos específicos de um povo quanto reforçador dos próprios valores que se firmaram no seu contexto. Em sociedades sexistas, esses valores e ideais são distintos para homens e mulheres, bem como o repertório que se incita/evoca em ambos os grupos[2]. No Brasil, Zanello (2018) propõe que a socialização das mulheres seleciona comportamentos vinculados ao que ela denomina de dispositivos amoroso e materno. Já a socialização dos homens fortalece o repertório dos comportamentos relacionados ao dispositivo de eficácia. A autora utiliza o termo "dispositivo de gênero" para demarcar uma categoria de análise, a qual considera ser um aspecto estrutural que

---

[2] Em sociedades sexistas, persiste a existência arraigada do binarismo masculino x feminino, entendido como antagônico e de forma essencializada. Nesse sentido, Zanello (2018) utiliza-se de Spivak para propor o uso do binarismo estratégico e pensar os modos de subjetivação de homens e mulheres em nosso país. No binarismo estratégico, há o reconhecimento de que as categorias binárias não são essenciais, mas necessárias para nomear e compreender como o binarismo opera e funciona na sociedade, bem como os fenômenos dele decorrentes.

perpassa todas as pessoas inseridas em nossa sociedade. Essa categoria aponta para o que se espera de homens e mulheres e quanto esse ideal se insere como uma construção cultural decorrente de nossa história e nossos costumes.

Para clarificar o processo de aprendizagem social do gênero, Zanello (2018) aponta a importância das "tecnologias de gênero" como fortes pedagogias afetivas. Trata-se de um conceito cunhado pela semioticista Teresa de Lauretis (1994). Segundo esta autora, seriam produtos culturais que não apenas representam as diferenças de valores e ideais de gênero, mas têm o poder de criar, reforçar e incitar essas próprias diferenças. Em outras palavras, mulheres e homens são expostos, de diferentes formas, a antecedentes verbais que indicam o comportamento ou característica que é esperado para se encaixar no padrão mulher ou padrão homem. Exemplos de tecnologias de gênero seriam as músicas, as revistas, os programas de TV, as séries ou os filmes. Nery (2012), por exemplo, investigou a representação de estereótipos para meninos ou meninas em filmes e observou que essas mídias são variáveis importantes no estudo do comportamento de brincar entre garotas e garotos.

O ponto central de análises de gênero seria, portanto, identificar que a socialização de mulheres e homens — ou seja, as contingências a que esses grupos são expostos — acaba fortalecendo repertórios diferentes entre cada um. Ao considerarmos que isso ocorre de forma estrutural, em função de nossa cultura (construída historicamente), esta deve ser entendida como uma variável de extrema importância ao psicólogo clínico, visto que os próprios clientes não estão, muitas vezes, atentos às contingências que intensificam a seleção desses repertórios. Ademais, como será abordado adiante no capítulo, se o psicólogo clínico não estiver atento ao produto de contingências distintas que a perpetuação de comportamentos estereotípicos de gênero pode produzir para as pessoas, estará negligenciando como a distribuição de reforçadores de forma desigual para cada grupo pode afetar a saúde das pessoas. É importante notar também que os dispositivos, por terem se construído historicamente, não são categorias inerentes à sociedade, e que, portanto, nem todas as sociedades ou civilizações apresentarão essas mesmas configurações. Esta categoria analítica é válida, portanto, para nosso contexto cultural.

Diálogos entre Análise do Comportamento e dispositivos de gênero

O dispositivo amoroso

Para ilustrar um pouco melhor esse processo, vamos abordar aqui os três dispositivos descritos por Zanello (2018). Segundo a autora, o dispositivo amoroso é uma categoria analítica, que se refere a uma forma de subjetivação das mulheres em nossa cultura. Ele configura-se conforme o histórico do papel das mulheres na sociedade europeia (que origina parte da cultura brasileira após a colonização), e decorre do crescimento político da Igreja no século XVIII. Zanello argumenta que o casamento, como projeto político dessa instituição, trouxe para as mulheres um cerceamento de suas atividades sexuais de prazer, destinando a finalidade do sexo, para elas, à procriação. Por outro lado, aos homens "era dada certa liberdade sexual, marcada pela poligamia consentida (pecado perdoável e até esperado: a vivência do amor-paixão com mulheres fora do casamento)" (Zanello, 2018, p. 64).

Essa diferença cultural marcou a distinção do que era permitido para homens e mulheres: para eles, o desejar sexual; para elas, sobretudo o papel de ser desejada. Além disso, Zanello acrescenta que o casamento, ao longo desse período, estabeleceu-se na hierarquização entre homens e mulheres: o homem, diante da esposa, tinha um papel superior, cabendo a ela permitir-se ser subjugada. Além disso, o casamento tornou-se símbolo de status e chancela de sucesso das mulheres e de sua classificação entre casadas, solteiras e prostitutas (Zanello, 2018).

Nota-se que a configuração histórica que se desenrola do papel do casamento na vida da mulher é sobre a sua identidade e a própria ideia de sucesso como mulher. Além disso, a autora destaca que os sentidos relacionados ao amor são bem distintos entre mulheres e homens. Para eles, não seria identitário. Trata-se de uma consequência das diferenças entre a socialização masculina e feminina.

A aprovação descrita, bem como o dispositivo, é baseada ainda no ideal estético. Ou seja, trata-se da aprendizagem de gênero para as mulheres de que a beleza pessoal (rosto e corpo) é um capital simbólico e matrimonial importante no fazer-se escolher por um homem. Ao apontar a beleza como um dos balizadores desse dispositivo, é imprescindível destacar que a busca do ideal estético passou a ser, com o desenvolvimento do capitalismo, um dever moral das mulheres (Novaes, 2006). Isto é, o que se aprende é que não é bela apenas aquela que não se esforça. Para atingir esse ideal, estaria supostamente disponível a possibilidade de consumo de todos os produtos e tecnologias relacionadas à indústria da beleza. O dispositivo amoroso também implica uma terceirização da autoestima nas mulheres: o que elas aprendem é que não são desejáveis, se não há ninguém as desejando (Zanello, 2018).

Ao pensar esse cenário enquanto produção de contingências diferentes para comportamentos de homens e mulheres, entende-se, por exemplo, que a atenção masculina se torna um reforçador condicionado para as mulheres, desde o início da vida delas. Quando, historicamente, ser "escolhida" por um homem significa ter acesso a determinados ambientes, reconhecimento e valorização social, assim como direito a opiniões e falas, o acesso ao homem torna-se um reforçador condicionado generalizado. Logo, os comportamentos que compõem o repertório que dá acesso a esse reforçador são fortalecidos e são pouco suscetíveis à saciação (Skinner, 1953).

Dado que a beleza — de acordo com o padrão socialmente imposto — é elemento e estratégia importante no fazer-se ser escolhida por um homem, entende-se a referência estética estabelecida para mulheres em nossa cultura como uma operação motivacional que afetará o comportamento de escolha do homem. Ou seja, a beleza pode estar relacionada ao valor reforçador da própria mulher, como consequência para o comportamento de escolha do homem. Assim, os esforços para estar próxima do ideal de beleza são acompanhados de aumento na probabilidade de ser escolhida e, consequentemente, ter acesso ao homem. Este ponto aproxima-se da metáfora proposta de Zanello (2018) de que as mulheres se subjetivam na "prateleira do amor". Segundo a autora, o ideal de beleza é marcado hoje, em nosso país, pela brancura, magreza e juventude. Se, de um lado, como vimos, a busca pela beleza é motivacional para as mulheres, o acesso a mulheres mais bem localizadas na prateleira (mais próximas ao ideal de beleza) é reforçador para a masculinidade dos homens, como chancela de seu sucesso. A metáfora da prateleira aponta, assim, para a desigualdade de poder e hierarquia entre homens e mulheres, pois a avaliação delas e seu valor são determinados pelos homens.

Conforme apontam Nicolodi e Arantes (2009, p. 74),

> Deter mais poder na relação envolve não apenas concentrar mais reforçadores positivos em relação ao outro, aquele que detém mais poder é também quem gerencia as relações

de reforço vigentes, isto é, dispõe as contingências para o comportamento do outro, limitando as possibilidades de escolha e reduzindo as possibilidades de formas alternativas de comportamento.

Ser "bela" passou, então, a ser estabelecido como reforçador condicionado e aumentou a probabilidade de comportamentos que levassem à beleza. Nesse aspecto, pode-se pensar também que comportamentos relacionados ao cuidado estético podem concorrer com comportamentos relacionados ao cuidado de saúde. Por exemplo, a mulher deixa de comer, mesmo que esteja sentindo fome, com o objetivo de ter o corpo visto como magro e logo, assim, dito como bonito. Couto (2019) pontua que o engajamento em atividades voltadas a esse ideal estético, ou o que Zanello (2018) descreve como partes do dispositivo amoroso, dá acesso a reforçadores de curto prazo para as mulheres, como reforçadores sociais que envolvem elogios, carinho e atenção. No entanto, fortalece práticas culturais de médio e longo prazo que contribuem para a perpetuação de diversas formas de violência contra mulher, como a objetificação de seus corpos, o incentivo a contextos de assédio ou abuso sexual e a desqualificação das mulheres em diversos contextos.

Adiciona-se que outros comportamentos, distintos do repertório de cuidado estético, além de não darem acesso a esse reforçador ou darem acesso a reforçadores não generalizados e de menor magnitude, são muitas vezes punidos pela apresentação de estímulos aversivos, tais como comentários de homens sobre os corpos das mulheres, comparações, chegando até mesmo a agressões físicas e verbais, no caso de mulheres que fogem a essa norma. Como exemplo, é possível pensar em casos de mulheres que já ouviram descrições verbais pejorativas sobre seus corpos em função de apresentarem pernas ou axilas com pelos, o que é natural do próprio corpo de uma mulher adulta.

Não só os comportamentos que dão acesso ao homem são reforçados, mas também aqueles que evitam sua perda. Da mesma forma, os que produzem essa perda são punidos. É interessante pensar como comportamentos opostos ao engajamento em brigas e discussões, com homens, ou seja, de evitação de conflito e incômodos, são reforçados negativamente. As mulheres evitam emitir comportamentos que poderiam gerar estresse e desconforto na relação como forma de evitar punições e ter acesso a reforçadores. Em contrapartida, comportamentos alternativos ao repertório de enfrentamento ou confronto são fortalecidos, ou o famoso "jeitinho feminino". Em consonância com esse raciocínio, Couto (2019) sugere que o "empoderamento", descrito muitas vezes por uma liberdade sexual e exposição do corpo da mulher, torna-se uma falácia, visto que "o adequar-se a práticas culturais misóginas que geram reforçadores imediatos mantém tais comportamentos no repertório feminino, mas não contribui para a mudança da hierarquia entre gêneros a longo prazo" (pp. 155-156).

Outro aspecto importante do dispositivo amoroso é o silêncio/silenciamento das mulheres: segundo Zanello (2018), trata-se de aprender a se silenciar para garantir o bem-estar dos outros e a manutenção da relação. Como vimos, o ser escolhida amorosamente é fator distintivo e reforçador para o comportamento das mulheres, relacionado a seu valor como mulher. Manter-se escolhida também. O silêncio torna-se, assim, um repertório muito importante no processo de socialização feminina. Zanello destaca, nesse sentido, que o silêncio da mulher pode significar tanto a não expressão de suas opiniões quanto o não reportar de forma assertiva suas necessidades e seus desconfortos. Este comportamento é reforçado negativamente. Por outro lado, expressar essas questões pode levar a brigas, término de relacionamento e agressões. Além disso, é comum que mulheres que expressem sua insatisfação sejam taxadas como desequilibradas ou exageradas (Drake et al., 2017; LaFrance, 1991).

Outro exemplo destacado por Zanello (2018) é o papel do sexo sem vontade no casamento. Segundo ela, trata-se de herança advinda historicamente do débito conjugal, apregoado pela Igreja Católica, no processo de colonização do país. Mulheres heterossexuais adultas seriam aquelas que aprenderam a usar seu corpo como objeto de barganha, ou seja, a fornecer sexo, mesmo sem vontade, com a função de evitar brigas, mal-estar no parceiro, e de mantê-lo "ligado" a ela. Assim, a ideia de que o acesso a sexo é um reforçador de alta magnitude para os homens (e, culturalmente, não pode ser para mulheres) faz com que este seja considerado um comportamento necessário para a manutenção do relacionamento e da monogamia. Este comportamento é usado, assim, como forma de evitar contingências de competição e garantir a manutenção do reforço. Nicolodi e Arantes (2009) relembram, nesse sentido, o conceito de Baum (2006) sobre o escravo feliz, aquele que não discrimina que está sendo lesado quando seu comportamento está sendo mantido por reforço negativo, e este comportamento gera também outros reforçadores positivos. Seria o caso de manter relações sexuais, ainda que sem vontade, de modo a ter acesso a afeto (reforço positivo) e/ou evitar mau humor do parceiro (reforço negativo).

O leitor pode supor que a atenção feminina também é um reforçador condicionado para o comportamento dos homens, e que estas são contingências estabelecidas para ambos os gêneros. No entanto, observa-se que os homens se comportarem de forma diferente do ideal pensado pelas mulheres ou não se engajarem em atividades que se referem ao ideal estético masculino parece não ser uma operação motivacional que diminui o valor reforçador de acesso ao homem por parte das mulheres. Esse fenômeno pode ser ilustrado até mesmo por diferentes formas de mídia, como filmes e séries, nas quais frequentemente observamos protagonistas homens que têm um padrão comportamental que não condiz com repertórios idealizados pelas mulheres, por exemplo, homens agressivos, autocentrados, com falta de higiene, e, ainda assim, acabam formando um par romântico com alguma mulher — cenas comuns em clássicos infantis como *A Bela e a Fera* ou a *Princesa e o Sapo*.

Apesar de os exemplos descreverem relações heterossexuais, é importante destacar que o dispositivo amoroso em si é um conjunto de contingências a que estão expostas todas as mulheres, independentemente da sexualidade. Afinal, essas contingências especificam a forma como essas mulheres se relacionam, sendo diferente da forma pela qual os homens se relacionam.

De maneira geral, quando é proposto que "os homens aprendem a amar muitas coisas, e as mulheres aprendem a amar, sobretudo, e principalmente, os homens" (Zanello, 2018, p. 84), o que está sendo evidenciado é justamente como o ambiente seleciona comportamentos das mulheres que têm como principais reforçadores a atenção masculina — visto que essa atenção pode ser entendida como o reforçador condicionado generalizado que dará acesso a outros reforçadores, como dito anteriormente; enquanto, para os homens, os comportamentos selecionados pelo ambiente produzem diferentes reforçadores.

O dispositivo materno

A outra categoria analítica exposta por Zanello (2018) refere-se ao dispositivo materno. Segundo a autora, esse dispositivo teve origem com o avanço do capitalismo e com a criação da separação entre o espaço público e privado. Aos homens, foi atribuído o trabalho (remunerado e reconhecido), exercido no espaço público; e, às mulheres, pelo fato de terem a capacidade de procriar, foi atribuído o cuidado com as crianças e, por decorrência, o exercício das atividades domésticas. Um trabalho não reconhecido e, muito menos, remunerado (Federici, 2019a, 2019b).

Segundo Zanello (2018), foi construído, nesse momento histórico, um borramento entre a capacidade de procriar (específica de corpos femininos) e a capacidade de cuidar (supostamente possível a todos os seres humanos). Foi nessa época que se criou também o discurso ideológico do "instinto materno": uma criação cultural que atribuía à natureza uma classe de comportamentos aprendidos, ou seja, que invisibilizava o próprio processo de aprendizagem. É importante salientar que o amor maternal não era até então compreendido como algo natural e inato.

Ao designar, em bases religiosas e supostamente biológicas, o papel da mulher como mãe, o trabalho da maternagem acabou por se tornar um papel "essencialmente" feminino. A pedagogia afetiva central nesse dispositivo é o que Zanello denomina de "heterocentramento": trata-se de aprender a priorizar sempre os desejos, anseios e expectativas dos outros em detrimento dos próprios, ou seja, a priorizar os outros em detrimento de si mesma. O ápice desse dispositivo ocorreria na maternidade concreta, a qual é exercida com um filho.

O ato de cuidar ou se responsabilizar pelo bem-estar do outro seria assim exercido, de maneira cotidiana, pelas mulheres. Um dado que mostra isso de forma evidente se refere ao alto índice de pessoas sem o registro do pai no Brasil, segundo dados apresentados pelo Instituto Brasileiro de Geografia e Estatística (IBGE), na Pesquisa Nacional por Amostras de Domicílios 2001-2009. Esses dados indicam que, em todos os anos, a categoria "Mulheres sem cônjuge e com filhos" teve o segundo maior percentual, entre as quatro categorias de família, sendo a primeira "Casal com filhos" e as outras duas "Casal sem filhos" e "Família unipessoal". Nota-se que não há a categoria "Homens sem cônjuge e com filhos", tornando evidente que há uma diferença nos repertórios selecionados entre os grupos de homens e mulheres.

Contudo, como apontamos, o dispositivo materno não abarca apenas a maternidade (concreta) compulsória em si. Ele engloba também a rede de cuidados que são estabelecidos tanto em relação aos homens como a outras mulheres, e a omissão dos cuidados consigo mesmas (Zanello, 2018). Mais uma vez, observa-se uma diferença entre os comportamentos frequentemente fortalecidos nos repertórios de mulheres e de homens.

Essa diferença na distribuição de reforçadores pode ser exemplificada dentro da própria psicologia. De forma majoritária, as mulheres brancas ocupam no Brasil a maior parte da classe de psicólogos, e, na área da Análise do Comportamento, 89% dos estudantes são mulheres (Silva & Arantes, 2019). A psicologia pode ser considerada uma área profissional que envolve o cuidado com o outro. Dessa forma, é fácil compreender o porquê de essa profissão atrair mais mulheres do que homens.

Por outro lado, Silva e Arantes (2019) verificaram que, quando se olha para a quantidade de nomes de autores considerados expoentes na área, o número de mulheres cai para 52%. É imprescindível questionar o que ocorre para que o acesso a determinadas fontes de reforçadores seja tão facilitado para homens e dificultado para mulheres. Zanello (2018) argumenta que as variáveis que contribuem para essa desigualdade são exatamente essas práticas de cuidado invisíveis, exercidas pelas mulheres e das quais homens são beneficiários. Por exemplo, em casos de adoecimento na família ou necessidade de cuidado de pessoas mais velhas, as principais responsáveis pelo exercício desse cuidado acabam sendo as mulheres. E, quando elas mesmas adoecem, quem geralmente cuida delas são outras mulheres. Em geral, utilizam-se justificativas que naturalizam esse padrão, como se fosse algo inato o cuidar para elas. No entanto, o que podemos supor é que, desde a infância, esses comportamentos de cuidado são modelados e fortalecidos. Como exemplo, podemos citar jogos e brincadeiras infantis: às meninas, são ofertadas bonecas, o que raramente ocorre com os meninos (Silva et al., 2017).

Quando o cuidar não é exercido, ou quando não há priorização do outro e renúncia a si mesma, a identidade da mulher é questionada. Em termos comportamentais, observa-se que comportamentos da mulher que estão voltados a sua própria priorização são frequentemente punidos. O leitor pode supor que, em termos comportamentais, os comportamentos de priorização de sua própria saúde produziriam reforços naturais, que poderiam concorrer com comportamentos opostos a estes, e, portanto, a primeira classe de comportamentos citada seria selecionada com maior frequência. No entanto, o que se observa é que, neste âmbito, os reforçadores sociais que seguem o comportamento de cuidado dos outros são de magnitude muito maior e imediatos, ao passo que o comportamento de cuidar de si e não dos outros pode levar a punições sociais, como ser taxada de egoísta. Dessa forma, cuidar de si e dos outros são dois comportamentos em esquemas concorrentes, em que o cuidar dos outros é seguido de reforçadores sociais imediatos de alta magnitude, e cuidar de si é seguido de reforçadores naturais, atrasados, de baixa magnitude e punição social. Como resultado, o esquema que produz reforçadores de maior magnitude produz maiores taxa de resposta (Herrnstein, 1961), ou seja, o cuidar do outro.

Dispositivo de eficácia

O último dispositivo abordado por Zanello, dispositivo de eficácia, concerne aos homens. Segundo a autora, a masculinidade constrói-se no imperativo e no negativo: homens aprendem que ser homem é NÃO ser uma mulherzinha. Ou seja, eles têm que performar comportamentos que demonstrem repúdio e rejeição pelas mulheres e por características a elas atribuídas. Um ponto importante de manifestação dessa misoginia dá-se na homofobia: a rejeição a homens que performem o que é considerado como feminilidade (Zanello, 2018).

O dispositivo da eficácia baseia-se em dois pilares: as virilidades sexual e laborativa, e ambas se construíram historicamente como importantes em termos identitários para os homens. Assim, se a identidade da mulher está pautada nos processos de amor-romântico e maternagem, a identidade do homem é pautada pelo que ele produz de forma profissional e pelo exercício de sua performance sexual. Dessa forma, da mesma maneira que, para a mulher, ser vista como sozinha (tanto no sentido do amor romântico quanto no sentido de ausência de filhos) é socialmente negativo, para o homem, não estar engajado em atividades laborativas (desempregado) ou estar engajado em trabalho de baixa remuneração e reconhecimento/status interpela sua identidade enquanto homem (Zanello, 2018). O mesmo dar-se-ia no que tange ao não desempenho da virilidade sexual, como nos casos de impotência e/ou da passividade sexual.

Identifica-se, em termos comportamentais, que, enquanto as respostas selecionadas das mulheres são voltadas ao repertório de cuidados estéticos, os principais comportamentos selecionados para os homens são de produção, "ter conhecimento" ou desempenho — seja laborativo, seja sexual. Zanello (2018) aponta como o "workaholismo" é naturalizado entre os homens, e que

> Apesar de certos benefícios nessa posição (como por exemplo, o benefício narcísico de poder performar a masculinidade hegemônica, ter acesso a bens de consumo, o aumento

> do capital "amoroso" no acesso à prateleira do amor, o reconhecimento de sucesso por outros homens e a opressão, também de outras masculinidades subalternas), muitos homens são levados ao adoecimento e à morte, por causa do trabalho. (p. 245).

Ressalta-se que, apesar de esse padrão comportamental voltado a questões de trabalho trazer alguns prejuízos de médio ou longo prazo, dá também acesso a muitos outros reforçadores (como dinheiro e status), os quais, em sequência, dão acesso a outros tantos. Da mesma forma, pode-se considerar que existe um esquema de reforçamento concorrente entre 1) o comportamento de trabalhar em excesso e qualquer comportamento diferente de autocuidado e 2) comportamentos de autocuidado. O primeiro produz reforçadores sociais de alta magnitude e imediatos, assim como punições de longo prazo (deterioração da saúde); e o segundo produz reforçadores de longo prazo (manutenção da saúde) e punição de curto prazo (ser ironizado). Como consequência, maior taxa de resposta é alocada no primeiro esquema de reforçamento. Compreende-se também que a disponibilidade de mulheres (mães, parceiras, filhas e amigas) na vida desses homens pode ser considerada outra variável que contribui para o baixo engajamento no autocuidado, visto que elas acabam exercendo esse papel, como foi descrito no dispositivo materno.

É importante destacar o efeito do grupo no dispositivo de eficácia. É comum que os comportamentos relacionados a esse dispositivo sejam reforçados, mas apenas por outros homens. Zanello (2020) analisou conversas em grupos de um aplicativo de mensagem em que só estavam presentes homens. Foi observada pela autora uma série de falas, piadas e textos violentos para as mulheres, que acabam sendo perpetuadas apenas em contextos específicos (os próprios grupos de aplicativo de mensagem). Esse comportamento pode ser reforçado positivamente pela reação de validação de outros membros do grupo. Ainda que alguns homens do grupo reprovem esses comportamentos, em geral, essa reprovação não é manifestada; dessa forma, não há consequências punitivas para os comentários, piadas etc. O comportamento de manifestar essa desaprovação pode, ainda, ser punido com a justificativa de que a pessoa não entendeu a brincadeira ou até com a própria exclusão do grupo. Então, diante de determinados grupos, o homem comporta-se de tal forma e é reforçado positivamente, enquanto, em outros contextos, ele não emite esse comportamento. Skinner (1953) já apontava o efeito que o grupo exerce sobre o indivíduo, quando o grupo elenca comportamentos que são esperados como certos ou errados, e perpetua consequências para cada comportamento. Segundo o autor, esse tipo de controle pode ser mais poderoso, visto que mais de uma variável terá um efeito comum sobre o indivíduo.

Considerações finais

Entende-se que, em termos comportamentais, as discussões de gênero apontam-nos práticas culturais que formam um controle social ligado às relações de poder e dominância, e por consequência distribuem diferentemente o acesso às fontes de reforçadores a grupos distintos (Ruiz, 2003). O psicólogo clínico deve estar sempre atento a essa distribuição de fontes de reforçadores e às possíveis implicações que decorrem nas relações, principalmente as heterossexuais. Essas contingências podem gerar padrões comportamentais, por exemplo, de agressividade e submissão, respectivamente para homens e mulheres, que implicam uma dinâmica de desigualdade dentro do relacionamento amoroso e social em geral. As limitações de acesso a reforçadores podem ainda produzir repertórios mais pobres, culminando até mesmo em maior probabilidade de desenvolvimento de repertórios depressivos em mulheres. É preciso entender que, muitas vezes, o que consideramos característica natural de homens e mulheres é, na verdade, estereótipo de gênero e pode aparecer como forma de padrão comportamental.

Ao considerarmos que a relação de gênero também se caracteriza por uma relação de poder, é possível identificar que negligenciar essa ótica pode trazer como repercussão aos clientes uma reificação de violências. Além disso, observar essas características auxilia o psicólogo clínico a entender melhor alguns pontos importantes na história de vida de seus clientes. Por exemplo, é importante que o clínico se atente a padrões comportamentais em mulheres que privilegiem o cuidado do parceiro em vez do próprio cuidado, ou que privilegiem cuidados estéticos que colocam em risco a sua vida ou a qualidade de vida. Ao atentar-se a essas variáveis, o psicólogo pode compartilhar suas análises — sem julgamento ou juízo de valor — para que o/a cliente tome suas decisões com o conhecimento de diferentes variáveis que a abarcam, além de observar as consequências futuras de tais ações.

Como apontam Pinheiro e Oshiro (2019), o terapeuta, enquanto parte dessa cultura, não pode negligenciar a existência dessas variáveis e deve entender que também faz parte delas. A atuação ética da prática do analista do comportamento passa, necessariamente, pelo conhecimento das contingências que envolvem sua atuação (Ruiz & Roche, 2007).

O presente texto teve como objetivo apresentar uma análise comportamental da teoria de dispositivos de gênero, a fim de auxiliar na produção de conhecimento acerca das diferentes contingências a que estão expostos homens e mulheres. O recorte do texto aponta para relações binárias de gênero, porém é importante destacar que não se pretende com este capítulo esgotar todas as possibilidades de análise, apenas chamar atenção de analistas do comportamento para tais aspectos.

Referências

Bailey, G. D. (1988). Identifying sex equitable interaction patterns in classroom supervision. *Nassp Bulletin, 72*(505), 94-98.

Baum, W. M. (2006). *Compreender o behaviorismo: Comportamento, cultura e evolução*. Artmed.

Butler, J. (1990). Actos perfomativos y constitución del género: Un ensayo sobre fenomenología y teoría feminista. In S. H. Case (Org.), *Performing feminisms: Feminist critical theory and theatre* (pp. 296-314). Johns Hopkins Press.

Costa, A. I. (2019). Contribuições do feminismo para a compreensão e intervenção em casos de relacionamento abusivo. In R. Pinheiro, & T. Mizael (Orgs.), *Debates sobre feminismo e análise do comportamento* (pp. 64-83). Imagine Publicações.

Couto, A. G., & Dittrich, A. (2017). Feminismo e análise do comportamento: Caminhos para o diálogo. *Perspectivas em análise do comportamento, 8*(2), 147-158.

Couto, A. G. (2019). O empoderamento das mulheres sob uma perspectiva analítico-comportamental. In R. Pinheiro, & T. Mizael (Orgs.), *Debates sobre feminismo e análise do comportamento* (pp. 140-173). Imagine Publicações.

Drake, C. E., Primeaux, S., & Thomas, J. (2017). Comparing implicit gender stereotypes between women and men with the implicit relational assessment procedure. *Gender Issues, 35*(1), 3-20.

Federeci, S. (2019a). *Calibã e a bruxa: Mulheres, corpos e acumulação primitiva.* Editora Elefante.

Federeci, S. (2019b). *O ponto zero da revolução.* Editora Elefante.

Ferraz, J. C., Peixinho, H. L. S., Vichi, C., & Sampaio, A. A. S. (2019). Uma análise de metacontingências e macrocontingências envolvidas em práticas de gênero. In R. Pinheiro, & T. Mizael (Orgs.), *Debates sobre feminismo e análise do comportamento* (pp. 64-83). Imagine Publicações.

Hannah, E. S., & Todorov, J. C. (2002). Modelos de autocontrole na análise do comportamento: Utilidade e crítica. *Psicologia: Teoria e Pesquisa, 18*(3), 337-343.

Herrnstein, R. J. (1961). Relative and absolute strength of response as a function of frequency of reinforcement. *Journal of the Experimental Analysis of Behavior, 4*(3), 267.

LaFrance, M. (1991). School for scandal: Different educational experiences for females and males. *Gender and Education, 3*(1), 3-13.

Lauretis, T. (1994). A tecnologia do gênero. In H. B. Hollanda (Org.), *Tendências e impasses: O feminismo como crítica da cultura* (pp. 206-241).

Marcelino, M. R., & Arantes, A. (2019). Implicações dos experimentos sobre atitudes implícitas para uma análise experimental feminista do comportamento. In R. Pinheiro, & T. Mizael (Orgs.), *Debates sobre feminismo e análise do comportamento* (pp. 114-139). Imagine Publicações.

Mizael, T. M. (2019). Pontes entre o feminismo interseccional e a análise do comportamento. In R. Pinheiro, & T. Mizael (Orgs.), *Debates sobre feminismo e análise do comportamento* (pp. 64-83). Imagine Publicações.

Mizael, T. M. (2021). Behavior analysis and feminism: Contributions from Brazil. *Behavior and Social Issues, 30*(1), 481-494.

Morais, A. O., & Freitas, J. C. C. (2019). Métodos de investigação sobre cultura do estupro: o que a análise do comportamento tem a aprender com as contribuições de outras áreas do conhecimento. In R. Pinheiro, & T. Mizael (Orgs.), *Debates sobre feminismo e análise do comportamento* (pp. 64-83). Imagine Publicações.

Nery, L. B. (2012). *Estereótipos de gênero: O efeito da exposição à mídia filme sobre brincadeiras de crianças* [Dissertação de mestrado, Universidade de Brasília].

Nicolodi, L., & Arantes, A. (2019). Poder e patriarcado: Contribuições para uma análise comportamental da desigualdade de gênero. In R. Pinheiro, & T. Mizael (Orgs.), *Debates sobre feminismo e análise do comportamento* (pp. 64-83). Imagine Publicações.

Novaes, J. V. (2006). *O intolerável peso da feiúra: Sobre as mulheres e seus corpos.* PUC-RJ; Garamond.

Pinheiro, R. C. S., & Oshiro, C. K. B. (2019). Variáveis de gênero que terapeutas devem estar atentas no atendimento a mulheres. In R. Pinheiro, & T. Mizael (Orgs.), *Debates sobre feminismo e análise do comportamento* (pp. 64-83). Imagine Publicações.

Ruiz, M. R. (1995). B. F. Skinner's radical behaviorism: Historical misconstructions and ground for feminist reconstructions. *Behavioral and Social Issues, 5*, 29-44. https://doi.org/10.1111/j.1471-6402.1995.tb00285.x

Ruiz, M. R. (1998). Personal agency in feminist theory: Evicting the illusive dweller. *The Behavior Analyst, 21*(2), 179-192. https://doi.org/10.1007/BF03391962

Ruiz, M. R. (2003). B. F. Inconspicuous sources of behavioral control: The case of gendered practices. *The Behavior Analyst Today, 4*(1), 12-16. http://dx.doi.org/10.1037/h0100005

Ruiz, M. R., & Roche, B. (2007). Values and the scientific culture of behavior analysis. *The Behavior Analyst, 30*, 1–16.

Silva, E. C., & Laurenti, C. (2016). B. F. Skinner e Simone de Beauvoir: "A mulher" à luz do modelo de seleção pelas consequências. *Perspectivas em Análise do Comportamento, 7*(2), 197-211.

Silva, G. J. T., & Arantes, A. (2019). Pioneiras: A história das primeiras mulheres na análise do comportamento no Brasil. In R. Pinheiro, & T. Mizael (Orgs.), *Debates sobre feminismo e análise do comportamento* (pp. 16-39). Imagine Publicações.

Skinner, B. F. (1953). *Ciência e comportamento humano* (J. C. Todorov & R. Azzi, Trads.). Martins Fontes.

Skinner, B. F. (1981). Selection by consequences. *Science, 213*(4.507), 501-504.

Skinner, B. F. (2007). Seleção por conseqüências. *Revista Brasileira de Terapia Comportamental e Cognitiva, 9*(1), 129-137.

Zanello, V. (2018). *Saúde mental, gênero e dispositivos: Cultura e processos de subjetivação*. Editora Appris.

Zanello, V. (2020). Masculinidades, cumplicidade e misoginia na "casa dos homens": Um estudo sobre os grupos de WhatsApp masculinos no Brasil. *Gênero em Perspectiva*, 79-102.

2

CONFLITOS ENTRE CONTINGÊNCIAS PATRIARCAIS E O CONTRACONTROLE FEMINISTA NOS RELACIONAMENTOS AFETIVOS: UMA DISCUSSÃO ILUSTRADA POR CASOS CLÍNICOS

Amanda Oliveira de Morais
Carolina Laurenti

Patriarcado tem sido entendido por feministas como o "regime da dominação-exploração das mulheres pelos homens" (Saffioti, 2004, p. 44). Como regime, estamos falando de toda a organização social na qual se encontra o masculino no polo dominante e o feminino no polo dominado. Nas palavras de Saffioti:

> Neste regime, as mulheres são objetos da satisfação sexual dos homens, reprodutoras de herdeiros, de força de trabalho e de novas reprodutoras. Diferentemente dos homens como categoria social, a sujeição das mulheres, também como grupo, envolve prestação de serviços sexuais a seus dominadores. (p. 105).

Como organização social, o patriarcado assumiu diferentes configurações desde a sua criação e consolidação (ver Lerner, 1986/2019). A despeito de o gênero não se apresentar como elemento estruturante de hierarquias sociais em todas as sociedades (Oyĕwùmí, 1997/2021), a história das práticas culturais dominantes no Ocidente foi perpassada pela *ordem patriarcal de gênero*, expressão utilizada por Saffioti (2004) para demarcar como as práticas de gênero operam para a manutenção da dominação masculina e exploração das mulheres.

Em uma compreensão comportamentalista radical, as práticas culturais patriarcais são compostas por "comportamentos" habituais de grupos de homens e mulheres (categorizados por sexo e generificados), que acontecem em um ambiente social organizado pelas agências e subagências controladoras e têm como consequências culturais a submissão e opressão das mulheres (Fontana & Laurenti, 2020a; Nicolodi & Hunziker, 2021)[3]. Zanello (2018), por exemplo, analisa os comportamentos habituais de mulheres e homens na cultura brasileira utilizando o conceito de dispositivo[4] (para mais informações sobre os dispositivos de gênero propostos pela autora, ver capítulo 1 de Picoli, Aggio & Zanello, neste volume). São ensinados para mulheres comportamentos que impliquem satisfazer estereótipos femininos para que sejam escolhidas como atrativas para relações afetivas/sexuais e comportamentos de cuidado (descritos como maternais). Já para os homens, são ensinados comportamentos relacionados ao sucesso profissional e à virilidade sexual.

A subjetividade de homens e mulheres também é gendrada: a forma pela qual nos entendemos como ser humano depende do que nossa comunidade verbal define como e o que é ser homem e ser mulher. Zanello (2018) afirma que as mulheres se subjetivam nos dispositivos amoroso e materno, enquanto os homens se subjetivam no dispositivo da eficácia laboral e sexual. As consequências desses processos promovem restrições de repertórios e acesso a reforçadores para mulheres: "em nossa cultura, os homens aprendem a amar muitas coisas e as mulheres aprendem a amar, sobretudo, e principalmente, os homens" (p. 84).

Em uma sociedade patriarcal como a nossa, agências como governo, religião, economia, educação, mídia, família, ao dispor de maior poder para gerir o comportamento das pessoas, acabam garantindo a ubiquidade de práticas culturais de dominação masculina (Fontana & Laurenti, 2020a, 2020b). Mas, a despeito de perpassar diferentes esferas da vida dos indivíduos (afetiva, profissional, familiar), o controle social patriarcal também tem suscitado contracontrole. Um exemplo emblemático são os movimentos feministas, que, ao longo da história, têm explicitado as diversas configurações das desigualdades entre os gêneros, as diferentes formas de violência empregadas para a manutenção desse sistema gen-

---

[3] Essa compreensão está pautada em uma proposta de análise da cultura em seu próprio nível de variação e seleção, apresentada por Fontana e Laurenti (2020b). As autoras partem do modelo de variação e seleção skinneriano, com especial ênfase no conceito de contingência. Considerando os três termos necessários para descrição de uma contingência, cultura pode ser "entendida a partir da inter-relação probabilística entre práticas culturais, condições do ambiente físico e social e consequências culturais" (pp. 314-315).

[4] Na perspectiva da autora, dispositivo significa um conjunto relacionado de discursos, instituições, práticas, leis, regulamentações, que implicam sempre na produção dos sujeitos, ou seja, promovem processos de subjetivação. Em termos analítico-comportamentais, podemos entender essa proposta como o controle exercido pela comunidade verbal construída pela história cultural que produz o *self*. "A seleção natural nos dá o organismo, o condicionamento operante nos dá a pessoa e ... a evolução das culturas nos dá o *self*" (Skinner, 1989, p. 28).

drado hierárquico, e os inúmeros danos acarretados à vida das mulheres — que vão desde o cerceamento de direitos sociais ao desenvolvimento de problemas atrelados à saúde física e psicológica (Zanello, 2018). Não obstante ter sofrido e ainda enfrentar uma série de retaliações das agências controladoras patriarcais, o contracontrole feminista também tem legado uma série de conquistas às mulheres, de ordem política, epistemológica, sexual, interpessoal (ver Carneiro, 2003), fomentando contingências sociais alternativas às relações de dominação e exploração patriarcais.

No âmbito dos conflitos gerados pelo embate entre controle patriarcal e contracontrole feminista, a psicoterapia assume um papel crucial. Vale lembrar que, de acordo com Skinner (1953/2005), a psicoterapia também é uma agência controladora que lida com os efeitos das técnicas de controle aversivo utilizadas pelas demais agências.

> A principal técnica da psicoterapia é, portanto, desenvolvida para reverter as mudanças comportamentais que surgiram como resultado da punição. Com muita frequência, essa punição foi administrada por agências religiosas ou governamentais. Há, portanto, certa oposição entre psicoterapia e controle religioso e governamental... O psicoterapeuta está interessado em corrigir certos subprodutos do controle. (pp. 371-372).

Sabendo que as agências controladoras, não obstante suas singularidades e disputas, convergem à prática de perpetuar práticas culturais patriarcais, e que tais práticas podem estar na base de queixas clínicas das mulheres, dois caminhos parecem possíveis. De um lado, a psicoterapia pode atenuar o sofrimento auxiliando as mulheres a atingir os critérios para reforçamento social patriarcal, assumindo uma estratégia de resolução de conflitos por meio do *ajustamento* ao sistema. De outro lado, a psicoterapia pode favorecer o desenvolvimento de repertórios que permitam às mulheres discriminar o controle social patriarcal e manejar contingências para lidar com os conflitos decorrentes da emissão de comportamentos incompatíveis com esse tipo de controle. Neste caso, trata-se de uma estratégia de resolução de conflitos por meio do *enfrentamento* da ordem patriarcal de gênero, que historicamente mantém as mulheres em posição de subjugação aos homens.

Não se trata, contudo, de uma escolha fácil, nem para clientes nem para psicoterapeutas. Considerando que as demais agências controladoras mantêm as contingências de reforçamento social atreladas às práticas culturais patriarcais, as chances de se obter reforçamento social mais imediato são maiores para terapeutas e clientes nas estratégias de ajustamento — a despeito de a produção de consequências aversivas em longo prazo não ser desprezível, conforme explicitado pelos feminismos. Inversamente, nas estratégias de enfrentamento, terapeutas e clientes terão de lidar mais incisivamente com os efeitos aversivos do confronto com o sistema de reforçamento patriarcal organizado pelas agências controladoras, até encontrarem comunidades verbais e construírem contingências sociais alternativas que garantam reforçadores aos comportamentos incompatíveis com os padrões patriarcais. Com esse propósito, a clínica analítico-comportamental apresenta-se como um dispositivo social importante para a constituição de relações interpessoais alinhadas com projetos de sociedade mais justos e igualitários, cuja consolidação não se dá em curto prazo.

Pautando-se nessa discussão, o objetivo deste capítulo é exemplificar os conflitos entre controle patriarcal e contracontrole feminista, e os desafios que colocam à clínica analítico-comportamental, por meio do exame de demandas de casais e de clientes individuais concernentes ao relacionamento afetivo. As descrições dos casos são relatos de experiência de atendimento clínico da primeira autora. Optamos por enfatizar os relacionamentos afetivos como forma de complementar a literatura psicoterapêutica com embasamento feminista, que tem abordado prioritariamente outras problemáticas, como relacionamentos abusivos e violentos (*e.g.*, Costa, 2019; Guerin & Ortolan, 2017). Além disso, o fato de a primeira autora atuar na clínica comportamental com uma orientação feminista estabelece para as pessoas atendidas estímulos discriminativos para operantes verbais consistentes com uma comunidade verbal feminista. No entanto, como há contingências patriarcais e feministas conflitantes na cultura, e a psicoterapia estabelece procedimentos de audiência não punitiva, o atendimento psicoterapêutico feminista torna-se lócus privilegiado para emergência desses conflitos.

Inicialmente, apresentaremos e discutiremos dois casos atendidos na terapia de casal e, na sequência, faremos o mesmo com dois casos atendidos na modalidade individual. Por fim, daremos algumas sugestões sobre como psicoterapeutas podem atuar orientadas(os) por uma ética amorosa, que considere o fortalecimento de práticas culturais feministas para o enfrentamento e a superação do controle social patriarcal nas relações.

Exemplos de práticas culturais patriarcais na terapia de casal

Dois casos atendidos na modalidade de terapia de casal podem ilustrar os conflitos entre práticas culturais patriarcais e comportamentos alternativos relacionados às mudanças que o contracontrole feminista promoveu. Nos dois casos, os casais questionavam a simples imposição dos papéis tradicionais e buscavam novas possibilidades para os problemas que enfrentavam na vida conjunta. Apesar disso, repertórios masculinos e femininos aprendidos na ordem patriarcal de gênero, além da ausência de modelos e reforçadores para novos repertórios, eram desafios para mudanças pretendidas. Nosso propósito não consiste em apresentar uma análise completa dos casos ilustrativos, mas, tão somente, destacar as contingências patriarcais em conflito com comportamentos alternativos almejados.

Caso Bia e João: desigualdade de poder na tomada de decisões

Bia e João buscaram terapia de casal encaminhados pela terapeuta individual de Bia. Estavam juntos havia mais de dez anos, eram casados e compartilhavam a mesma residência. Buscaram essa modalidade de atendimento pois estavam decidindo morar em residências separadas e gostariam de ajuda para se assegurarem de que esse era o melhor caminho para a manutenção da relação. Bia havia pensado nessa possibilidade em seu processo de psicoterapia individual, e João estava reticente com a proposta. Com o desenvolvimento da terapia de casal, ambos concordaram que, durante o relacionamento, João havia ocupado um papel paternal em relação à Bia. Ele realizava a maior parte das reflexões sobre como deveria ser a conduta de ambos perante a vida, tomava a frente da realização de projetos do casal, ainda que algumas decisões fossem tomadas por Bia, por exemplo, no caso de uma reforma na casa. Bia dizia concordar com essa dinâmica.

Entretanto, nos últimos anos, João havia decidido mudar de carreira e saiu do trabalho para se dedicar a empreender em casa. Ela tinha dúvidas sobre as atividades laborais do parceiro e com frequência sentia medo sobre o futuro financeiro do casal, apesar de ter sido apenas comunicada sobre a decisão de João. Ela se queixava de estar sobrecarregada com seu trabalho fora de casa e desejava que o companheiro voltasse a ter um salário fixo. João, por sua vez, queixava-se de que Bia não demonstrava interesse por seus negócios e que não o apoiava. Além disso, tinham discussões frequentes sobre a realização de tarefas domésticas.

A proposta de ir morar em outra residência surgiu, segundo Bia, porque ela queria demonstrar que podia ter autonomia e viver da própria maneira. Na terapia individual, ela havia percebido que tinha opiniões divergentes do parceiro e agora se queixava de não conseguir colocá-las em prática por conta das regras do marido. Durante as sessões, João expressava suas demandas e justificava-as falando a maior parte do tempo, caso não houvesse interferência da terapeuta. Bia geralmente concordava com João, mas, quando discordava, tinha dificuldades de expressar suas justificativas. Em geral, João não aceitava que ela preferisse fazer isto ou aquilo de forma diferente da dele sem que fosse convencido de que era a forma mais eficiente de realizar uma tarefa doméstica, por exemplo. Bia confessou que estava decidida a ir morar sozinha e que pensava que era uma decisão que cabia somente a ela; entretanto, estava insegura por não ter a aprovação do companheiro.

Caso Renata e Daniel: impacto dos estereótipos parentais na igualdade/ desigualdade do casal

Renata e Daniel começaram a namorar no fim da adolescência. Juntos fizeram graduação e pós-graduação, em áreas diferentes. O relacionamento durava 20 anos quando chegaram à terapia de casal. Segundo o casal, os maiores problemas começaram após o nascimento da filha. Eles haviam sido parceiros, exercendo papéis que ambos consideravam equilibrados em termos de manutenção de igualdade na relação, até esse momento. Quando a filha nasceu, Renata percebeu que não teve apoio suficiente do companheiro nos primeiros anos. Além disso, ressentia-se das vezes em que Daniel havia questionado a sua maternidade, alegando que ela não estaria exercendo esse papel da maneira adequada.

Apesar de essa dinâmica já ter sido alterada quando chegaram à terapia, e de Daniel reconhecer que havia cometido erros no passado, Renata afirmava ainda não ter superado as mágoas desse período. As queixas sobre isso vieram à tona após um episódio no qual Daniel havia se exaltado e brigado (verbalmente) com familiares de Renata durante um aniversário da filha. Renata acusava o companheiro de sentir ciúmes dos familiares dela e de tentar restringir a relação dela com eles. Já Daniel se queixava de se esforçar para melhorar, reparar os danos de suas ações e compensar seus erros sem que houvesse reconhecimento por parte da companheira. Ele também se queixava de ser "pintado como agressivo e doente" por ela.

Renata frequentemente fazia análises sobre os comportamentos de Daniel buscando relações causais entre o histórico familiar do parceiro e seus comportamentos agressivos. Ambos faziam terapia individualmente. Daniel estava focado em aprender a manejar e expressar emoções, e Renata estava investigando questões relacionadas a sua maternidade e feminilidade. Após um tempo de terapia de casal, Renata mudou o foco da sua terapia individual para o desenvolvimento de habilidades de efetividade interpessoal no trabalho e também nas relações familiares. Renata estava voltando ao mercado de trabalho e despendia menos horas fora de casa que Daniel. Ele tinha salário e horas de trabalho maiores que os da companheira. Nenhum deles se queixava dessa diferença salarial, apesar de surgirem conflitos quanto à organização de tempo para realização de tarefas domésticas e cuidados com a filha. O casal buscou atendimento durante a pandemia, período no qual o isolamento também contribuiu para o acirramento dos conflitos.

Discussão dos casos de atendimento de casais: a manutenção de práticas culturais patriarcais no casamento

No patriarcado, as práticas culturais dominantes caracterizam-se pela manutenção de certos padrões nas relações afetivas e sexuais. Em uma análise cultural, esses padrões são mantidos pelos efeitos benéficos a grupos e agências controladoras comandadas majoritariamente por homens (Fontana & Laurenti, 2020a). A concessão desigual de reforçadores para os homens em relação às mulheres, nas diferentes classes sociais, garante o sucesso de práticas controladoras condizentes com a dominação masculina.

Pateman (1988/2020) argumenta que, na criação dos Estados modernos, as teorias contratualistas destituem o poder paterno para assegurar o direito masculino em uma nova ordem "fraternal" entre todos os homens. Para a autora, a interpretação "patriarcal do patriarcado" pressupõe que esse regime se referiria ao poder do pai, ocultando a relação marido/ esposa como anterior à relação paterna. A origem do patriarcado moderno estaria na instituição do contrato de casamento, sendo esse o meio pelo qual as mulheres foram ao mesmo tempo inseridas na sociedade civil e subordinadas aos seus companheiros. As formas de controle social são alteradas e, para a autora, são as teorias contratualistas que justificam que "capitalistas podem explorar os trabalhadores e os maridos podem explorar as esposas porque trabalhadores e esposas constituem-se em subordinados através dos contratos de trabalho e casamento" (p. 24).

Pateman (1988/2020) explica como, política e juridicamente, o patriarcado moderno estabeleceu a subordinação das mulheres a seus parceiros para ingressarem como indivíduos na sociedade civil: "costumes sociais destituíram as mulheres da oportunidade de ganharem o seu próprio sustento, de modo que o casamento era a sua única chance para elas terem uma vida decente" (p. 246). Por outro lado, o Estado garantiu aos homens que pudessem exercer poder sobre os corpos das mulheres com contratos de casamento, prostituição e "barrigas de aluguel", ganhando, assim, legitimidade e aprovação. No século XIX, as esposas estavam na condição legal de propriedade (Pateman, 1988/2020). Quando a autora escreve sobre essas questões, no fim da década de 1980, a situação civil das mulheres ainda não era equiparável à dos homens.

As reivindicações por igualdade no âmbito jurídico do contrato de casamento levaram a possibilidades de profundas transformações no âmbito conjugal. Movimentos por emancipação feminina e por liberdade sexual revigorados com o ressurgimento do feminismo nas décadas de 1950 e 1960 também ensejaram novas possibilidades de relacionamentos.

No Brasil, muitas dessas mudanças são relativamente recentes. É apenas em 1962, com o Estatuto da Mulher Casada, que as mulheres brasileiras são reconhecidas como capazes de exercer uma profissão sem a autorização do marido, por exemplo (Curti-Contessoto et al., 2021). Por outro lado, mulheres pobres, negras e indígenas foram utilizadas como força de trabalho desde o início do período colonial brasileiro. A igualdade de direitos civis entre homens e mulheres só foi explicitamente estabelecida com a Constituição de 1988, e o pátrio poder foi abolido completamente apenas com a promulgação do Estatuto da Criança e do Adolescente, em 1990. O primeiro Código Civil brasileiro, de 1916, estabelecia a submissão total da mulher ao marido; como chefe da sociedade conjugal, era direito do marido decidir desde onde seria a residência do casal até a possibilidade de castigar a mulher fisicamente. Outra questão importante é que o direito de violentar sexualmente uma mulher, e depois se casar com ela para livrar-se da punição cabível, percorre desde os textos bíblicos

(Lerner, 1986/2019) até dispositivos legais ainda presentes no século XX, no Brasil. É apenas em 2006 que a Lei Maria da Penha tipifica as diferentes violências contra mulheres nos contextos das suas relações íntimas (relacionamentos afetivos/sexuais, familiares etc.).

Ao especificar a violência sexual como um dos tipos de violência contra mulheres nas suas relações íntimas, a Lei Maria da Penha evidenciou juridicamente os estupros nas relações conjugais. Apesar de a legislação brasileira sobre estupro não definir quem poderia ser autor da agressão sexual, podendo namorados e maridos figurarem como autores, até a promulgação da Lei Maria da Penha, era comum o entendimento do Judiciário de que a atividade sexual era um dever dos cônjuges e, portanto, dificilmente o marido poderia ser condenado por forçar a esposa a ter relações sexuais (Freitas & Morais, 2019). Mesmo com a nova lei em vigor, as práticas de violência sexual nas relações íntimas parecem ter se mantido, como aponta um estudo realizado em 2015: 47% das jovens de 14 a 24 anos entrevistadas em 370 cidades brasileiras afirmaram já ter sido forçadas a relações sexuais com o parceiro (Énois Inteligência Jovem, Instituto Vladimir Herzog & Instituto Patrícia Galvão, 2015).

Apesar das inúmeras mudanças conquistadas por movimentos femininos e feministas quanto à situação civil das mulheres, práticas que mantêm a dominação masculina permanecem operando. Segundo Skinner (1971), as práticas controladoras podem ser transmitidas muito tempo depois de seu surgimento, ainda que modificações nos regimes formalizados das agências tenham tentado alterá-las. Portanto, o ambiente social organizado pelas agências controladoras é tanto produzido pelas práticas que a própria agência formalmente endossa quanto pelas que já produziu e reproduziu historicamente.

Como descrito anteriormente, no desenvolvimento das práticas culturais patriarcais do casamento, foram estabelecidas regras que estipulavam que homens deveriam ser responsáveis por prover sustento financeiro e tomar decisões quanto à ordem familiar. Para que a mulher contestasse a decisão, precisava recorrer ao Judiciário e demonstrar o prejuízo da decisão. Essa prática, apesar de alterada nas leis, pode ser identificada na motivação de Bia e João ao procurarem uma especialista para a decisão de mudança de residência.

A participação igualitária da mulher em decisões sobre o casamento e a família, bem como a independência para realizar outras atividades que não se relacionem com a função de auxiliadora do chefe da família, aparecem como regras feministas que se contrapõem à organização patriarcal familiar. Bia havia manifestado seu interesse em mudar de residência, mas não havia reforçadores disponíveis para o fortalecimento do comportamento de tomar decisões e executá-las. A terapia de casal configura-se como um contexto menos coercitivo que o jurídico, porém também poderia fornecer consequências patriarcais para os comportamentos de Bia e João. Caso não tivesse sido realizada uma análise das práticas culturais patriarcais envolvidas, os objetivos terapêuticos poderiam se voltar apenas para a resolução do conflito em termos de prós e contras. Ao contrário, buscando uma relação mais igualitária, o foco envolveu a análise dos comportamentos sociais do casal, identificando repertórios de dominação e submissão.

Podemos exemplificar essa análise na compreensão dos problemas enfrentados pelos homens de cada casal. Tanto João quanto Daniel tinham mais acesso a reforçadores sociais contingentes aos seus comportamentos de masculinidade hegemônica (repertórios condizentes com a ordem patriarcal de gênero). Daniel, por exemplo, não encontrava grupos masculinos com os quais compartilhava os mesmos valores, pois identificava comportamentos machistas nas falas de pares. Por outro lado, ele era aprovado socialmente por seu desempenho laboral, enquanto a realização de tarefas domésticas e de cuidado não levava às mesmas consequências. Com o nascimento da filha, Daniel passou a ter menos acesso aos comportamentos de parceria e cuidados de Renata.

João, ao abrir mão de seu antigo emprego, buscava satisfação em ocupações exercidas em casa. Entretanto, os comportamentos de chefia que exercia anteriormente no contexto de trabalho não eram eficientes — a companheira com frequência "esquecia" de fazer as tarefas domésticas como ele pensava ser adequado. Além disso, com o desenvolvimento pessoal da parceira no processo terapêutico, o comportamento de indicar como Bia deveria agir, que era frequente no repertório de João, passou a ser menos reforçado e até punido.

Ao terem escolhido o casamento como sociabilidade prioritária em suas respectivas vidas, João e Daniel acabavam tendo como únicas fontes de reforçamento para seus comportamentos masculinos as próprias companheiras e o contexto de trabalho. Todavia, suas parceiras reprovavam comportamentos de masculinidade hegemônica quando estes restringiam suas ações aos papéis tradicionais femininos. Portanto, a insubmissão das companheiras restringia o acesso a consequências de reforço social patriarcais relacionadas a comportamentos de cuidado e virilidade sexual. Ambos se queixavam da baixa frequência de relações sexuais.

Bia e Renata identificavam aspectos relacionados à dominação masculina nos seus respectivos casamentos. Bia pretendia se esquivar das regras estabelecidas pelo companheiro, e não do relacionamento como um todo, mudando de residência. Outra forma de esquiva era evitar discussões. Entretanto, como reconhecia que ainda precisava desenvolver habilidades relacionadas a morar sozinha, identificava que gostaria da orientação dele nesse processo. Apesar de fortalecer a dinâmica da relação, no início do processo, ela encontraria parceria para desenvolver comportamentos diferentes da ordem patriarcal de gênero no casamento.

Renata pedia explicitamente que o companheiro expressasse suas insatisfações, seus desejos e suas emoções de uma forma não coercitiva. Porém, mesmo quando esses comportamentos ocorriam, ela relatava sentir obrigação de atender às demandas do parceiro (o que por vezes fazia) como forma de se esquivar de um possível mal-estar na relação. Mesmo que a topografia dos comportamentos de Daniel mudasse, a dinâmica estabelecida e assegurada por outras práticas de gênero garantia a mesma função (atendimento das necessidades do marido). Outra forma de se esquivar de atender às demandas de Daniel era tentar demonstrar como elas estavam equivocadas e, portanto, ele não deveria se sentir como se sentia ou desejar o que desejava.

Nos dois casos, durante o histórico das relações, Bia e Renata haviam se responsabilizado pela manutenção do relacionamento tentando não desagradar os respectivos companheiros. A manutenção desse repertório de esquiva havia restringido seus comportamentos. Renata, por exemplo, evitava fazer alguns convites para que seus familiares os visitassem e omitia algumas interações com parentes. Nas sessões, elas buscavam formas de agir de acordo com seus próprios interesses sem que isso levasse a reações de desaprovação. Ainda que as topografias fossem diferentes — no caso de Bia, evitar discussões e sair de casa com a concordância do marido; e, no caso de Renata, tentar convencer o parceiro a mudar suas demandas —, a consequência parecia similar: esquivar-se da desaprovação masculina.

Pinheiro e Oshiro (2019) chamam a atenção para a discussão sobre a pedagogia do medo realizada por Fávaro (2010), que consiste na educação de meninas e mulheres para tomarem precauções, aceitarem seus medos sem enfrentá-los, sentirem-se seguras para sair de casa na presença de um homem que as acompanhe. Além de estabelecer como reforçadora a presença de um homem e sua ausência como aversiva, contextos sociais orientados pela pedagogia do medo "cobrariam" das mulheres o cumprimento de papéis femininos, como "obedecer, compactuar, atender, apoiar, ajudar, respeitar, ou traduzindo em uma palavra: agradar" (p. 145). Nos casos que estamos discutindo, ainda que João e Daniel não empregassem punições aos comportamentos de expressão de interesses que Bia e Renata apresentavam nas sessões, a sinalização verbal vocal ou facial de desaprovação era suficiente para evocar comportamentos de esquiva da desaprovação. Em longo prazo, elas evitavam consequências como o término da relação. Esse comportamento fortalecia o repertório de dominação dos parceiros.

Para o desenvolvimento dos atendimentos, foram necessários a introdução de letramento de gênero e o reconhecimento das contingências patriarcais vigentes nas relações. Por exemplo, em uma sessão Renata verbalizou que entendia que os comportamentos agressivos de Daniel eram uma "questão de gênero". Nesse momento a terapeuta questionou ao casal se concordaria em discutir nas sessões os papéis de gênero que ambos exerceram e exerciam no relacionamento. Ao concordarem, a terapeuta expôs a análise:

> *Me parece que a Renata tem evitado dizer e fazer coisas que te deixem irritado ou frustrado, Daniel. Quando você descobre que a Renata tem planejado ou feito coisas sem pedir a sua opinião, você [Daniel] se sente excluído. Entretanto, no passado, quando ela te incluía nesses planejamentos, você demonstrava insatisfação ou desaprovação. Para evitar a desaprovação dele, você [Renata] tem deixado de fazer coisas que são importantes para você. Quando você [Renata] age assim, evita maiores problemas imediatos com Daniel, porém ele, mesmo que de forma não consciente, aprende que ficar zangado é uma forma eficiente de fazer você [Renata] evitar desagradá-lo. Nas nossas sessões talvez ela se sinta mais à vontade para falar sobre o que a incomoda nos seus comportamentos, e percebo que nesses momentos você [Daniel] fica mais corado e dá sinais de desconforto. Quando você [Renata] vê que ele começa a agir assim, você [Renata] começa a chorar ou tende a se calar. Então, Daniel, você afirma que não pode expressar o que sente porque ela fica "dessa forma" e faz você*

parecer um "monstro". Vocês concordam que isso tem aconte-cido aqui? Acham que também acontece em outros momentos quando tentam conversar?

Após concordar com a análise descrita anteriormente, o casal também concordou que os comportamentos sociais dessa dinâmica estavam relacionados a comportamentos femininos e masculinos fortalecidos em nossa cultura. Na sequência da sessão, combinamos de dar mais destaque aos padrões masculinos e femininos que dificultavam a resolução de conflitos do casal. Também foi sugerida a leitura do livro *Tudo sobre o Amor: Novas Perspectivas*, de bell hooks — tarefa realizada pelo casal. Nas sessões seguintes, foram eleitos comportamentos alternativos para que Daniel expressasse como se sentia quando Renata fazia algo que o desagradava, como dizer que estava frustrado quando esperava que ela desse mais atenção para ele ou envergonhado quando ela pontuava comportamentos machistas dele. Para Renata, o fortalecimento do repertório de tolerância ao mal-estar produzido quando Daniel expressava descontentamento foi importante para que ela deixasse de reforçar negativamente o padrão de controle de Daniel.

A perspectiva contextual da Análise Clínica do Comportamento, aliada ao feminismo, promoveu compreensão dos padrões de comportamento de gênero sem que aquele ou aquela que se comportavam fossem vistos como intencionalmente maldosos — interpretação que acabava por transformar o outro em inimigo, e a relação em um campo de batalha pelo poder. Além de reconhecer os comportamentos de dominância masculinos, os casais precisaram reconhecer os comportamentos de submissão femininos. Por exemplo, as tentativas de alterar os comportamentos dos companheiros, para que a dominação que eles exerciam fosse condizente com o que elas achavam correto, podiam ser consideradas comportamentos de submissão (dependência da aprovação). Era necessário se empenharem juntos para mudar contingências às quais ambos estavam diferencialmente expostos para que não houvesse apenas reforçamento dos comportamentos de dominância e submissão.

Outros exemplos, provenientes da terapia individual, como os que apresentaremos em seguida, ampliam nossa discriminação desses conflitos. Queremos demonstrar que as contingências patriarcais podem afetar comportamentos, em diferentes graus, quando consideramos diferentes histórias idiossincráticas das pessoas e sua relação com outros marcadores sociais.

Exemplos de práticas culturais patriarcais na terapia individual

Nos dois próximos exemplos, Alícia e Teresa buscavam soluções para os problemas enfrentados nos conflitos das práticas relacionadas à maternidade, sucesso afetivo e independência financeira.

Caso Teresa: casamento e maternidade patriarcais e os efeitos na saúde mental da mulher

Teresa casou-se logo após o falecimento da mãe. Na época, estava muito vulnerável, sentia medo de nunca mais encontrar outra pessoa, e de ficar sozinha. Também pensava que encontraria apoio e suporte no marido. Entretanto, após estar casada, sempre ouviu do companheiro que não deveria mais chorar pelo luto materno. Teve dois filhos nesse casamento, e parou de trabalhar para se dedicar integralmente à maternidade e à relação conjugal. Lembrava que a mãe dizia se arrepender de ter que trabalhar e não ter passado mais tempo com as filhas. Teresa e o parceiro passavam por dificuldades financeiras, e a sogra cobrava-a por não trabalhar. Teresa queixava-se de, durante todo o casamento, o companheiro dar mais ouvidos à mãe dele do que se dedicar a cuidar de terem uma boa relação. Além disso, ele sempre culpava Teresa pelos conflitos que tinham.

Teresa chegou ao atendimento psicológico depois que a terapeuta do marido solicitou uma sessão com ela e percebeu seu estado de vulnerabilidade. Durante o processo terapêutico, Teresa, além da depressão que enfrentava, relatou que tinha problemas sexuais que relacionava ao desgaste do casamento e a um abuso sexual que havia sofrido na infância. Apesar de ela se recusar a ter relações sexuais, o companheiro solicitava insistentemente que ela tentasse ter relações com ele. Durante o início do processo terapêutico, Teresa tentou ter relações sexuais com o companheiro, que sempre terminavam em crises de choro ou mal-estar. Com o desenvolvimento do processo terapêutico, ela decidiu se separar. Começou a fazer diárias como trabalhadora doméstica para poder se manter financeiramente. Conseguiu se divorciar, apesar das tentativas constantes do ex-marido de reatar a relação durante o processo — comportamento que perdurou, mesmo após a separação. Teresa tem expectativas de voltar a se relacionar com outra pessoa, mas ainda sente que tem muito ressentimento com o "amor". Além disso, enfrenta muitos desafios para conciliar a jornada de cuidado com os filhos, trabalho doméstico e estudos (está terminando o segundo grau e fazendo cursos na área de beleza e bem-estar).

Caso Alícia: maternidade compulsória e os riscos da dependência/não assistência financeira

Alícia era independente financeiramente, casada e desejava ser mãe. Tinha um bom relacionamento com o companheiro. Entretanto, como era fisioterapeuta autônoma, ficaria dependente financeiramente do parceiro por pelo menos seis meses após a gestação. Além disso, temia que tivesse que interromper suas atividades laborais antes mesmo do nascimento, caso tivesse complicações na gestação. Ela dizia sentir muito receio de estar vulnerável nesse período. Também se sentia "pressionada" pela idade a ter logo o(a) primeiro(a) filho(a), motivo pelo qual não tinha muito tempo para se planejar financeiramente tanto quanto gostaria. Tinha por volta de 30 anos. Alícia havia tido um relacionamento abusivo anterior ao atual.

Discussão dos casos dos atendimentos individuais: maternidade na ordem patriarcal de gênero, capitalismo e "crise" na reprodução social

Nos dois casos anteriormente descritos, a maternidade era uma atividade relatada como desejada. Zanello e Porto (2016) discutem como a maternidade foi transformada a partir do século XVIII. Ao mesmo tempo que as mulheres foram subordinadas pelo casamento, o papel de mãe prometia um reconhecimento social antes inexistente. A própria inserção das mulheres na educação aconteceu pelo aumento da preo-cupação com a formação educacional dos filhos, pela qual elas eram agora responsáveis.

Nos dias atuais, há contingências de reforçamento e punição tanto para comportamentos maternos e de cuidados quanto para comportamen-tos de mulheres que permanecem sem gestar ou cuidar de filhos. Mulheres que demonstram desejo de ter filhos e de cumprir com as funções maternas têm seus comportamentos reforçados socialmente — considera-se que estejam realizando um sonho, destino, sendo "completas" —, enquanto as que expressam o contrário são punidas, por exemplo, sendo excluídas socialmente ou patologizadas (Zanello & Porto, 2016). Por outro lado, as contingências envolvidas no exercício da maternidade tornaram-se tão punitivas para quaisquer comportamentos que possam desviar-se das exigências de especialistas e das famílias patriarcais que a culpa aparece como um subproduto comum nos relatos de mulheres que são mães.

> A culpa é o sintoma de que o dispositivo materno está funcionando e de que o ideal de maternidade (e de feminilidade relacionada a essa emocionalidade) foi introjetado. Elas se sentem culpadas por diversas razões que vão desde não dar o que julgam que deveriam como verdadeiras "mães" (por exemplo, não abrir mão de um projeto pessoal em função dos filhos) a reconhecerem sentimentos simplesmente humanos, como raiva quando os filhos fazem algo errado. Há que se destacar aqui o verdadeiro controle afetivo que a cultura exerce sobre as mães (Freire, 2006; Marcello, 2005; Rawlins, 2012). Quando esse controle não funciona, existem mecanismos punitivos mais eficientes, como a psiquiatria, o sistema socioassistencial, e o sistema jurídico. (Zanello, 2018, p. 156).

Para Alícia, sentimentos ambíguos em relação à maternidade eram frequentes e estavam relacionados a uma possível perda de reforçadores: ou por não ser "uma boa mãe" ou por ter prejuízos profissionais e econômicos. No outro caso, o papel tradicional de mãe e dona de casa expôs Teresa à dependência financeira de um companheiro que desconsiderava suas necessidades e não reconhecia os papéis exercidos no casamento como equivalentes. Além disso, os efeitos da violência psicológica que sofria aprofundaram sua dependência da relação. Ela não imaginava que as diferenças de papéis exercidos no casamento envolveriam diferenças de poder. Em contrapartida, Alícia, que já havia tido contato com descrições feministas sobre as contingências patriarcais nas relações e vivenciado um relacionamento abusivo, sofria com o conflito entre os reforçadores condicionados envolvidos no exercício da maternidade e os possíveis eventos aversivos aos quais estaria exposta. A expressão de sentimentos ambivalentes sobre a maternidade, como os relatados por Alícia, é desencorajada na nossa cultura. Como afirmam Zanello e Porto (2016) ao interpretarem materiais de campanhas de amamentação:

> Se prestarmos atenção na imagem, podemos perceber uma mulher linda (penteada, maquiada, magra – como poucas mulheres conseguem estar com um bebê), sorridente e feliz, amamentando uma criança. Sua expressão demonstra contentamento e satisfação. Não há lacunas nas quais apareçam

> insatisfação, cansaço, arrependimento (de ter engravidado e dado continuação à gestação), raiva, ou mesmo dor. A mensagem é clara: uma "verdadeira mulher-mãe" não sente ambivalência. (p. 109).

Mesmo estando ciente das diferenças de poder, Alícia não se viu livre da ordem patriarcal de gênero envolvida na maternidade, assim como vimos no caso da Renata e do Daniel. A explicitação das contingências patriarcais pelo feminismo é ponto de partida para mudanças sociais. A descrição dessas contingências pode ter função de regras para os comportamentos de mulheres e homens. Essas regras podem estabelecer contextos — como o de ser mãe dependendo financeiramente de um companheiro homem — como estímulo aversivo condicionado para comportamentos de esquiva de consequências aversivas. Os comportamentos de esquiva geralmente são acompanhados de sentimentos de ansiedade. Quando há a sinalização da possibilidade de uma contingência aversiva, e as opções de esquiva estão restritas (por exemplo, no caso de dependerem do comportamento do companheiro), as reações ansiosas aumentam. Poderíamos pensar, então, que a ausência de regras feministas evitaria sofrimentos como os vivenciados por Alícia. Entretanto, mesmo na ausência dessas descrições, ao ter vivenciado um relacionamento abusivo, o histórico de contingências aversivas já havia estabelecido repertórios de esquiva e sinalizadores de estados de ansiedade. Na verdade, as considerações feministas auxiliaram na validação e no enfrentamento de seus medos.

Ainda, é importante considerar que, no caso de Teresa, não foi a maternidade por si só que promoveu sofrimento, mas o exercício da maternidade em uma configuração patriarcal. Como afirma Saffioti (2004), no exercício da função patriarcal de gênero, quaisquer pessoas, homens ou mulheres, podem agir como garantidores do status quo. Para Teresa, além do marido, a sogra também agia garantindo que a dominância do filho fosse exercida no casamento. Segundo Teresa, a sogra acreditava que, assim como ela havia suportado um marido abusivo até seu falecimento, a nora também deveria suportar. O comportamento da mãe de Teresa também havia reproduzido práticas patriarcais de gênero. Felizmente, a comunidade verbal feminista havia promovido repertório terapêutico suficiente para que a psicóloga do parceiro de Teresa estivesse sensível para suspeitar comportamentos machistas no relacionamento, verificar sua hipótese e encaminhar adequadamente o caso.

O parceiro de Teresa queixava-se do relacionamento; durante seu processo psicoterapêutico, por exemplo, dizia que a esposa não estava feliz no casamento, e que estava insatisfeito com a frequência de relações sexuais. A terapeuta do caso buscou, inicialmente, auxiliar o cliente a descrever os próprios comportamentos que poderiam estar relacionados aos problemas que vinha enfrentando na relação. Depois de infrutíferos procedimentos — por exemplo, pedidos de observação de seu comportamento, uso de perguntas que poderiam aumentar a probabilidade de descrição das interações no casamento, atividade a ser realizada fora de sessão para que ele solicitasse feedback de pessoas relevantes —, a psicóloga solicitou um atendimento com Teresa. Durante o atendimento com esta, a psicoterapeuta identificou descrições de comportamentos controladores em relação às ações de Teresa, como exigências de cuidados com os filhos, afirmar que não gostava quando ela saísse sozinha, queixas para que ela restringisse a relação com a irmã. Então, a psicóloga encaminhou Teresa para um projeto que contava com atendimento gratuito.

Outras práticas culturais patriarcais envolvidas no caso da Teresa eram: a invalidação do relato de experiências e sentimentos e a suposição do direito a relações sexuais como obrigação matrimonial. Pinheiro e Oshiro (2019) discutem como ambientes invalidantes (ver Linehan, 2010) promovem dificuldades na formação e manutenção da noção de *eu*, prejudicando a identificação de quem se é, do que se gosta e quais são suas preferências. Além disso, promovem sentimento de insegurança. Como demonstrado, obter relações sexuais independentemente do consentimento da mulher é uma prática com longo histórico e central na manutenção das consequências culturais patriarcais. O direito legal de homens em relação ao corpo e à sexualidade das mulheres esteve circunscrito a diferentes legislações desde o surgimento do patriarcado (Lerner, 1986/2019) até a instauração do que Pateman (1988/2020) conceitua como patriarcado moderno. Federici (2004/2017) também destaca a importância do controle sexual e reprodutivo das mulheres no processo de acumulação primitiva durante a mudança do regime feudal para o capitalismo. Portanto, na história cultural do patriarcado, a violência sexual contra mulheres tem papel importante para instauração e manutenção da dominação masculina. Saffioti (2001), ao explicar a violência de gênero, argumenta que homens e mulheres, no exercício da função patriarcal de gênero, podem usar a violência para a manutenção da ordem patriarcal de gênero.

Os dois casos, em especial o de Teresa, também demonstram a crise sobre a reprodução social. hooks (2000/2021) argumenta que a família patriarcal nuclear isolada, como principal modelo, é insuficiente para uma educação voltada para o amor tanto pela sobrecarga e falta de apoio para a atividade quanto pelo risco de violências e práticas de desamor, que têm sido demonstradas como comuns nessa configuração. Para ela, a variabilidade possível em comunidades e famílias extensas pode aumentar as chances de práticas de cuidado amorosas. Mesmo quando pais ou mães não são amorosos ou ainda quando são violentos, a convivência com outros familiares ou pessoas amorosas da comunidade promoveria proteção, afeto e cuidado. Todavia, como explicitam Arruzza et al. (2019), as contingências econômicas têm levado à maior necessidade do número de horas de trabalho assalariado por família, reduzindo o tempo disponível para descanso, cuidados com a família, amizades e comunidade.

Os efeitos de práticas patriarcais e capitalistas como os sentidos por Teresa estão relacionados a consequências culturais devastadoras:

> O resultado é uma mistura insana, especialmente por parte das mulheres, a forçar as responsabilidades de reprodução social a adentrar os interstícios das vidas que o capital exige que sejam dedicadas, sobretudo, a sua acumulação. Em geral, isso significa descarregar o trabalho de cuidado sobre outros menos privilegiados. A consequência é criar "cadeias globais de cuidado", à medida que aquelas pessoas que contam com os meios para isso contratam mulheres mais pobres, na maioria imigrantes e/ou membros de grupos racializados, para limpar suas casas e cuidar de suas crianças e seus entes idosos, enquanto elas mesmas realizam trabalhos mais lucrativos. No entanto, é claro, isso deixa as cuidadoras mal remuneradas lutando para cumprir as próprias responsabilidades domésticas e familiares, muitas vezes transferidas a outras mulheres ainda mais pobres que, por sua vez, devem fazer o mesmo – e assim indefinidamente, muitas vezes atravessando grandes distâncias. (Arruzza et al., 2019, p. 80).

Casos como o de Teresa evidenciam a necessidade da existência de políticas de assistência social, educação e saúde públicas, grupos cooperativos como essenciais para que todas as mulheres e, também os homens, tenham possibilidades de alterar padrões patriarcais de relacionamento.

Atuando como comunidade verbal feminista: o papel do(a) terapeuta na construção de relacionamentos afetivos amorosos e não patriarcais

O feminismo como movimento político tem como objetivo final romper com o patriarcado, portanto com o regime de dominação-exploração produtor de opressões (hooks, 2000/2021; Saffioti, 2004; Souza, 2016). Para isso, são necessárias a compreensão das contingências sociais envolvidas nas práticas culturais de gênero e a promoção de novas práticas culturais que organizem a *reprodução social* orientada por uma ética amorosa (hooks, 2000/2021).

Arruzza et al. (2019) centralizam seu "Feminismo para os 99%: um manifesto" na noção de reprodução social. A reprodução social abrange todas as atividades que "sustentam seres humanos como seres sociais corporificados que precisam não apenas comer e dormir, mas também criar suas crianças, cuidar de suas famílias e manter suas comunidades, tudo isso enquanto perseguem esperanças no futuro" (p. 73). O capitalismo como sistema econômico precisa da produção de pessoas para continuar se perpetuando, como qualquer outro sistema. Entretanto, ao se utilizar da ordem de gênero patriarcal, aprofundou a subordinação das mulheres, suplementando a oposição entre a esfera produtiva associada isoladamente à extração de lucro e a esfera de produção da vida. Para as teóricas, esse modelo de sociedade vive uma contradição:

> Quando uma sociedade retira a sustentação pública à reprodução social e engaja suas principais provedoras em longas e cansativas horas de trabalho mal remunerado, ela esgota as próprias capacidades sociais de que depende.
> Esta é exatamente nossa situação hoje. A forma atual, neoliberal, de capitalismo está esgotando sistematicamente nossas capacidades individuais e coletivas para reconstituir os seres humanos e para sustentar os laços sociais. (p. 77).

Repensar e produzir novas formas de viver e nos relacionar exige uma direção que pode ser encontrada no feminismo de bell hooks. A ética amorosa consiste em um modo de nos relacionarmos uns com os outros considerando todas as dimensões do amor (hooks, 2000/2021). Para a intelectual, o amor não pode ser compreendido apenas como sentimento. Amar verdadeiramente é ação que envolve carinho, afeição, reconhecimento, respeito, compromisso e confiança, honestidade e comunicação aberta. Viver orientado por uma ética amorosa implica agir amorosamente não apenas em relações afetivas/sexuais, mas nas relações de amizade, familiares e comunitárias, fomentando uma política do amor e da justiça em oposição à política de dominação (Kuratani et al., 2022).

A crise política/econômica é também a crise da vida privada, justamente porque o feminismo desconstrói a separação rígida entre essas esferas da vida social demonstrando sua continuidade. Assim, para aquelas e aqueles que buscam formas alternativas à ordem patriarcal nos relacionamentos, há um importante conflito entre a cultura patriarcal composta por práticas de dominação-exploração em conjunto com práticas culturais de gênero mantidas pelas consequências culturais, que fortalecem a dominação masculina em agências controladoras, e novas práticas culturais feministas mantidas pelos efeitos que têm sobre grupos de pessoas dedicadas em contracontrolar o patriarcado.

Ao escrever sobre a reciprocidade no amor, hooks (2000/2021) exemplifica o conflito entre essas contingências sociais ao expor um de seus relacionamentos:

> Nós nos envolvemos numa guerra de gênero privada. Nessa batalha, eu lutava para destruir o modelo Marte e Vênus, para que pudéssemos romper com ideias preconcebidas de papeis de gênero e sermos honestos com nossos desejos profundos. Ele continuou apegado ao paradigma da diferença sexual baseado na presunção de que homens são intrinsecamente diferentes das mulheres, com necessidades e desejos diferentes. Na mente dele, meu problema era a recusa em aceitar esses papeis "naturais". Como muitos homens progressistas na era do feminismo, ele acreditava que as mulheres deveriam ter acesso igualitário a empregos e receber salários iguais aos dos homens, mas, quando se tratava das questões domésticas e do coração, ele ainda acreditava que o cuidado era papel da mulher. Como muitos homens, ele queria uma mulher que fosse "como a mamãe", para que ele não tivesse de fazer o trabalho de amadurecer. (p. 152).

Em uma versão patriarcal, amar é entendido como um comportamento gendrado que caberia apenas às mulheres. Apesar de as feministas terem ganhado aliados homens quanto à igualdade nos direitos civis e trabalhistas, as tarefas relacionadas ao cuidado físico e emocional nas famílias e nos relacionamentos ainda têm sido atribuídas às mulheres.

Quando parceiras expressam suas demandas por maior igualdade nas relações, as respostas masculinas podem tender a ações compatíveis com a divisão sexual do trabalho da ordem patriarcal de gênero. A ausência de contingências compatíveis com o desenvolvimento de repertórios masculinos amorosos pode ser vista na continuidade do relato de hooks (2000/2021):

> A única alternativa para não se tornar um macho convencional era não se tornar homem de jeito algum, permanecendo um menino. Ao escolherem continuar meninos, não precisavam sofrer a dor de romper os laços apertados demais com mães que os sufocaram com cuidados incondicionais. Podiam simplesmente encontrar mulheres para cuidar deles do mesmo jeito que suas mães faziam. Quando as mulheres fracassavam em ser como a mamãe, eles faziam birra. Inicialmente, como uma jovem militante feminista, eu estava animada por ter encontrado um homem que não pretendia ser patriarca. E mesmo a tarefa de arrastá-lo aos gritos e pontapés em direção à vida adulta parecia valer à pena. Afinal, eu acreditava que teria um parceiro em igualdade, amor entre semelhantes. Contudo, o preço que paguei por querer que ele se tornasse adulto foi ele abandonar suas brincadeiras de menino e se tornar o machão com quem eu nunca quis estar. Eu era o alvo de suas agressões, culpada por persuadi-lo a deixar sua infância para trás, culpada por seus temores de não estar à altura da tarefa de ser homem. (pp. 152-153).

Considerando o caminho oferecido por bell hooks articulado à compreensão comportamentalista radical de comportamento humano, desenvolvemos algumas sugestões que podem orientar uma prática clínica comprometida com a superação da ordem patriarcal de gênero. Como princípios gerais, essas sugestões podem fomentar uma educação para a sensibilidade (ver Abib, 2007) como educação política (ver Fernandes, 2021).

A(o) psicoterapeuta pode buscar conhecer o ambiente social que é contexto para as práticas culturais patriarcais. Essa tarefa implica conhecer a história da evolução da cultura patriarcal para identificar como as agências controladoras promovem esse ambiente social no presente, considerando tanto as pessoas atendidas quanto a si mesma(o) inseridos nesse ambiente. Por exemplo, no caso de Alícia, o ambiente social envolve a disposição de consequências diferenciais para mulheres que cumprem ou não as exigências relacionadas à maternidade e de cuidadoras com maior ou menor poder financeiro. A produção desse ambiente social tem um passado histórico. Para Lerner (1986/2019), conhecer a história das mulheres é essencial para sua emancipação, porque cria a consciência feminista sobre práticas e sistemas explicativos considerados naturais ou imutáveis e, ainda, explicita nossa participação ativa na construção do mundo que conhecemos hoje. Para articular esse conhecimento com os casos atendidos, a(o) psicoterapeuta pode fazer perguntas que propiciem descrições sobre histórico familiar, histórico da comunidade, grupos e categorias sociais pertinentes à pessoa atendida. Por exemplo, no caso de Renata e Daniel, foram feitas perguntas e solicitação de descrições como: *"Como são os homens na sua família? E as mulheres?"*, *"Como as pessoas do seu contexto reagem quando mulheres/homens agem de tal maneira?"*, *"Me conte sobre como eram os relacionamentos na cidade de origem de vocês"*, *"Como são os relacionamentos na cidade que vocês residem atualmente?"*, *"O que significava/significa o casamento religioso para vocês?"*, *"Gostaria de conhecer melhor o que pensam sobre o casamento no civil"*, *"Considerando o contexto de vocês, como vocês descreveriam as regras sociais relacionadas ao namoro... e ao casamento?"* Os questionamentos podem variar de acordo com as especificidades do caso, considerando sempre o objetivo de conhecer o ambiente social no qual as pessoas atendidas estão inseridas.

É relevante identificar e analisar práticas culturais patriarcais relacionadas aos comportamentos das pessoas atendidas e promover autoconhecimento que propicie uma descrição da conexão entre o próprio comportamento e tais práticas. Quando ampliamos nossa análise funcional das consequências do comportamento, podemos identificar não apenas o efeito fortalecedor das consequências reforçadoras, mas também os efeitos produzidos nos outros, nos grupos e na cultura. Os efeitos compartilhados com os outros podem selecionar e manter práticas culturais. É necessário reconhecer os comportamentos dos indivíduos condizentes com a perpetuação de consequências culturais que mantêm a cultura patriarcal. Para identificar como esses comportamentos ocorrem no contexto clínico, podemos recorrer ao modelo apresentado pela Psicoterapia Analítico-Funcional (FAP) na terapia de casal (ver Rabin et al., 1996) e na relação entre terapeutas e pessoas atendidas (ver Terry et al., 2010). Ao identificar comportamentos de dominação e submissão controlados bidireccionalmente em uma relação, por exemplo, um casal pode empenhar-se conjuntamente para criar outra dinâmica favorecendo a construção de novos modelos para práticas culturais nos relacionamentos. Entretanto, os novos comportamentos só se tornarão práticas se forem selecionados.

No caso de Bia e João, por exemplo, a estratégia utilizada para promover autoconhecimento da relação entre seus comportamentos de tomar decisões e a prática cultural de homens serem os chefes de família responsáveis pelas decisões do casal foi apresentar formulações e descrições dos comportamentos em sessão acompanhadas de solicitação de reflexão, como no recorte de uma sessão exemplificado a seguir:

> *Terapeuta: Me parece que durante as últimas sessões a Bia tem expressado com firmeza que deseja manter o casamento com cada um morando em uma residência particular. João também já afirmou que morar em casas diferentes não seria um motivo para encerrar a relação. Apesar disso, Bia, você parece esperar que João aprove sua decisão e dê a palavra final, você concorda com essa minha percepção?*
> *Bia: Sim... me sentiria mais segura.*
> *Terapeuta: E você, João, por vezes afirma que ela* não pode seguir com *esse plano adiante sem a sua aprovação, concorda?*
> *João: Concordo. Mas se ela já está com a decisão tomada, acho que me cabe apenas tentar nesse novo modelo, não é?*
> *Terapeuta: Sim! Acredito que o ponto central para você, João, é este mesmo: refletir sobre estar comprometido em manter o relacionamento nessa nova configuração. Bem, na nossa cultura, por muito tempo foi um direito legal do homem tomar a maior parte das decisões sobre o casal ou família, incluindo decisões sobre onde residir. Vocês acham que isso pode ter alguma relação com a forma que vocês costumam tomar decisões importantes que afetem ambos?*
> *João: Acho que eu sempre fui uma espécie de mentor da relação... sobre valores, sobre o nosso estilo de vida...*
> *Bia: É ele sempre me ajudou muito com isso! Só que tem coisas que eu não concordo... percebi que tenho algumas formas de funcionar que são diferentes... mas ele não aceita e tenta me convencer a fazer do jeito dele.*
> *João: Estamos sendo um casal machista (olha para Bia e ambos riem).*
> *Terapeuta: (risos) Vocês gostariam de construir outra dinâmica para tomar decisões importantes como essa? (comunicação oral).*

A interação apresentada *supra* aconteceu em um momento do processo terapêutico no qual o casal apresentava vínculo positivo com a terapeuta — compareciam regularmente às sessões, realizavam tarefas combinadas na terapia, aceitavam propostas de reflexões da terapeuta e também discordavam das interpretações da terapeuta de forma pertinente.

Outra situação que exemplifica a sugestão proposta aconteceu no caso da Teresa. Ao apontar as razões para manter o casamento, a despeito de identificar que permanecer casada mantinha seu estado de sofrimento emocional, Teresa afirmava que a separação poderia trazer consequências negativas para os filhos. Essa alegação apareceu nas sessões por aproximadamente seis meses. Durante esse período, foi possível avaliar que um valor importante para ela era ensinar os filhos a se relacionarem com outras pessoas respeitosa e amorosamente, mantendo o autorrespeito para com eles próprios. Então, foi possível solicitar que Teresa refletisse sobre qual modelo de relacionamento estaria fornecendo aos filhos permanecendo em um casamento no qual ela era com frequência desrespeitada e comportamentos amorosos estavam ausentes. Ela formulou a seguinte compreensão: *"As ações são mais importantes do que o que a gente fala para as crianças. Quero que eles tenham um exemplo diferente. Eles não estão tendo o exemplo do que eu penso que deveria ser um relacionamento bom para eles"*. Foi possível identificar uma possível forma de transmissão geracional de práticas culturais por modelação, no caso de Teresa.

Por fim, então, devemos identificar e promover autoconhecimento que propicie descrição das consequências culturais e sua relação com as consequências que afetam os comportamentos das pessoas atendidas. Compreender as consequências culturais que nos beneficiam possibilita o entendimento do porquê agimos em desacordo com nossos ideais de um mundo mais igualitário. Compreender as consequências culturais que nos trazem prejuízos modifica o entendimento dos nossos sofrimentos. Nos dois casos, mudamos o foco das explicações causais internalistas — como fraqueza moral e falta de vontade — para a busca de ambientes sociais nos quais estejam disponíveis ou possam ser promovidas consequências reforçadoras sociais que fortaleçam nossos repertórios alternativos, transformando-os em novas práticas. Para Renata e Daniel, por exemplo, foi fundamental a leitura do livro *Tudo sobre o Amor: Novas Perspectivas*, da bell hooks, aliada às análises funcionais dos comportamentos agressivos de Daniel e dos comportamentos "agradáveis" de Renata para o autoconhecimento das contingências culturais e ontogenéticas presentes no aprendizado e manutenção desses comportamentos. Reconhecer as consequências presentes nessas contingências, como ter aprovação social quando agia como uma boa esposa, foi essencial para a decisão de Renata buscar comportamentos alternativos que também pudessem ser reforçados socialmente, mas que não estivessem em desacordo com a sua visão igualitária de mundo.

Realizar uma análise das consequências culturais que nos afetam ao viver em contextos sociais competitivos e gananciosos — nos quais o consumismo e a acumulação de bens estão relacionados a reforçadores imediatos —, que nos tornam menos sensíveis a reforçadores de longo prazo compartilhados de maneira justa e equitativa, podemos escolher nos aproximar de contextos sociais colaborativos. Trata-se de contextos nos quais as consequências das práticas do grupo nos sejam benéficas e ao mesmo tempo éticas. Como afirma hooks (2000/2021), "a dominação não pode existir em qualquer situação social em que prevaleça uma ética amorosa" (p. 114).

Considerações finais

Permanência de violações sexuais nos relacionamentos íntimos, maternidade compulsória, dependência financeira, muitas vezes naturalizadas, mostram como a ordem patriarcal de gênero ainda está presente, mesmo em relações consideradas satisfatórias. Um exemplo que demonstrava evidência científica das primeiras propostas de terapia de casal baseadas na Análise Aplicada do Comportamento, citado por Vandenberghe (2006), revela como a psicoterapia já foi negligente em relação às discussões aqui apresentadas:

> Um exemplo típico é o estudo de Hickok e Komechak (1974) com delineamento experimental B-A-B em que a condição A refere à interação normal do casal e a condição B à aplicação de um programa em que a mulher ganhava fichas por participar em relações sexuais com o marido, e este ganhava fichas por olhar o neném enquanto a mulher estava fora da casa. (p. 149).

Intervenções desse tipo baseavam-se em acordos fechados sobre trocas controladas nas quais "por exemplo, o marido se compromete em emitir o comportamento que a mulher deseja, e então ela o retribui com comportamentos especificados no mesmo contrato" (p. 147). Felizmente, os modelos de terapia individual, de casal e familiar foram profundamente questionados por feministas (Fideles & Vandenberghe, 2014; Narvaz & Koller, 2007), ensejando novas propostas na clínica analítico-comportamental que atentem às variáveis de gênero no atendimento de mulheres (Pinheiro & Oshiro, 2019) e estejam comprometidas com valores feministas (Carneiro & Santos, 2021).

Nos casos examinados para ilustrar nossa discussão sobre as práticas patriarcais nos relacionamentos, as discussões realizadas não contemplavam apenas os tradicionais objetivos locais das pessoas atendidas, mas estavam centradas em objetivos globais guiados por valores feministas (Carneiro & Santos, 2021). De acordo com Ferreira et al. (2019), ao abordar as especificidades das queixas e demandas da pessoa atendida, estamos focadas em uma análise dos objetivos locais, enquanto, ao considerar a própria finalidade da psicoterapia como atividade e suas normativas derivadas de reflexões éticas e filosóficas, centramo-nos nos objetivos globais.

Vandenberghe (2006), ao discutir o contextualismo como fundamentação teórica para a clínica psicológica, destaca que um aspecto importante de considerar o sofrimento psicológico como sinal de que as contingências devem mudar e não de um mal ajustamento da pessoa é que

> O papel do terapeuta comportamental de casal não pode ser de ajudar os parceiros a se adequar às pautas marcadas da cultura pré-dominante, mas muitas vezes, justamente ir contra as normas e os padrões emocionais e interpessoais, que são resultado da socialização dos gêneros. Esta consideração, que acrescenta, ao papel profissional do terapeuta de casal, um aspecto de ativista político, já foi levantada por Jacobson (1983) e apareceu no primeiro plano na terapia de casal da terceira onda, em que se tomava a sério o desafio de mudar a cultura por meio da terapia (Rabin, *et al.*, 1996; Jacobson & Christensen, 1996). (p. 154).

Psicoterapeutas e pessoas atendidas podem se sentir desamparados na realização dessa tarefa. A escassez de modelos alternativos nos quais não haja hierarquia de poder, aliada à ausência de contingências sociais necessárias para a manutenção de relações guiadas por valores feministas, pode levar ao saudosismo da promessa de modelo hegemônico das práticas culturais patriarcais de relacionamento: homens e mulheres teriam diferentes papéis, nos quais as duas categorias sociais seriam reconhecidas. O ideal de amor romântico ainda mantém vigente o mito do príncipe encantado que protegeria a mulher e para o qual ela devotaria sua existência (Zanuto & Laurenti, 2021).

O filme *Don't Worry Darling* (Não se Preocupe, Querida), de 2022, apresenta bem esse conflito. Ao fim da trama é revelado que, diante da situação de desemprego e vendo sua esposa se queixando de dobrar turnos no trabalho, Jack decide inscrever o casal em um projeto de realidade virtual. A esposa não é consultada sobre a decisão, e seu corpo é imobilizado e atrelado a uma máquina. Na realidade virtual, Alice e outras esposas vivem em um típico bairro de classe média estadunidense dos anos 1950. Elas vivem limpando a casa, preparando o jantar, fofocando, fazendo compras e aguardando os respectivos maridos, que todos os dias saem para trabalhar em um projeto sobre o qual não podem dar informações. Os sentimentos de satisfação e felicidade escondem as contingências opressivas que mantêm aquele estilo de vida. Quando algumas das mulheres começam a questionar acontecimentos estranhos ou a questionar sua realidade, suas queixas são tratadas como problemas psicológicos. Vivendo em uma sociedade capitalista e patriarcal, na ausência de recursos financeiros e privado de reforçadores quanto à sua identidade masculina, Jack pensa que oferecer à esposa o ideal patriarcal de relacionamento seria a única solução, ainda que tudo não passe de ilusão.

O feminismo de bell hooks nos oferece outra saída: a ética amorosa. Para ela, o "compromisso com uma ética amorosa transforma nossa vida ao nos oferecer um conjunto diferente de valores pelos quais viver" (hooks, 2000/2021, p. 105). Ao inserir valores feministas na psicoterapia, estamos explicitando que a diversidade de formas de vida e soluções de problema pode coexistir em uma cultura na qual sexo e gênero não sejam organizadores de hierarquias. Ao adotar esses valores, no entanto, é necessário relembrar o papel da psicoterapia como agência controladora, e que, portanto, também corre o risco de adotar formas de controle excessivo (Skinner, 1953/2005).

Pinheiro e Oshiro (2019) discutem como um posicionamento feminista deve ser funcionalmente pensado, não sendo a topografia dos comportamentos de pessoas atendidas nosso maior foco. Por exemplo, uma mulher realizar tarefas domésticas não consiste intrinsecamente na execução de um papel patriarcal. Devemos nos perguntar quais os efeitos desse comportamento na interação de um casal, família, comunidade ou cultura. Caso a realização dessas tarefas não implique desigualdade de poder e privilégios, não se trata de um problema para os valores feministas. Ao realizar essas análises, a(o) psicóloga(o) clínica(o) não age de forma análoga a outras agências controladoras organizando códigos descritivos de comportamentos e punindo os desvios à norma. Na atribuição de suas funções de agentes controladores, psicoterapeutas preocupam-se com o desenvolvimento de "uma sensibilidade requintada e uma preocupação benevolente para com as necessidades e sentimentos dos clientes" (Tsai et al., 2011, p. 116) que implica o planejamento de contingências não coercitivas de controle: "Do ponto de vista do paciente, o terapeuta é a princípio apenas mais um membro de uma sociedade que exerceu controle excessivo. É tarefa do terapeuta estabelecer-se em uma posição diferente" (Skinner, 1953/2005, p. 370).

Referências

Abib, J. A. D. (2007). *Comportamento e sensibilidade: Vida, prazer e ética*. ESETec Editores Associados.

Arruzza, C., Bhattacharya, T., & Fraser, N. (2019). *Feminismo para os 99%: Um manifesto*. Boitempo Editorial.

Beauvoir, S. (1970). *O segundo sexo: Fatos e mitos* (4a ed.; Vol. 1). Difusão Européia do Livro. (Trabalho original publicado em 1949)

Carneiro, K. S., & Santos, B. C. (2021). Valores feministas na clínica comportamental: Reflexões baseadas em bell hooks. *Acta Comportamentalia: Revista Latina de Análisis de Comportamiento, 29*(2), 61-79.

Carneiro, S. (2003). Mulheres em movimento. *Estudos Avançados, 17*(49), 117-133. https://doi.org/10.1590/S0103-40142003000300008

Costa, A. I. (2019). Contribuições do feminismo para a compreensão e intervenção em casos de relacionamento abusivo. In R. Pinheiro, & T. Mizael (Orgs.), *Debates sobre feminismo e análise de comportamento* (pp. 244-263). Imagine Publicações.

Couto, A. G. (2019). O empoderamento das mulheres sob uma perspectiva analítico-comportamental. In R. Pinheiro, & T. Mizael (Orgs.), *Debates sobre feminismo e análise do comportamento* (pp. 140-173). Imagine Publicações.

Curti-Contessoto, B., Deângeli, M. A., & Barros, L. A. (2021). A(s) identidade(s) da mulher traduzida(s) nos conceitos denominados pelo termo casamento civil ao longo da história da legislação brasileira. *Lingüística, 37*(2), 49-63. https://doi.org/10.5935/2079-312x.20210023

Énois Inteligência Jovem, Instituto Vladimir Herzog, & Instituto Patrícia Galvão. (2015). *#meninapodetudo: Como o machismo e a violência contra a mulher afetam a vida das jovens das classes C, D e E?*

Fávaro, M. H. (2010). *Psicologia do gênero: Psicobiografia, sociocultural e transformações.* UFPR.

Federici, S. (2017). *Calibã e a bruxa: Mulheres, corpo e acumulação primitiva* (Coletivo Sycorax, Trad.). Elefante. (Trabalho original publicado em 2004)

Fernandes, D. M. (2021). Educação da sensibilidade como educação política. *Acta Comportamentalia, 29*(3), 167-184.

Ferreira, T. A. S., Simões, A. S., Ferreira, A. R., & Santos, B. O. S. (2019). What are values in clinical behavior analysis? *Perspectives on Behavior Science, 43*, 177-188. https://doi.org/10.1007/s40614-019-00219-w

Fideles, M. N. D., & Vandenberghe, L. (2014). Psicoterapia analítica funcional feminista: Possibilidades de um encontro. *Psicologia: Teoria e Prática, 16*(3), 18-29.

Fontana, J., & Laurenti, C. (2020a). Práticas de violência simbólica da cultura de dominação masculina: Uma interpretação comportamentalista. *Acta Comportamentalia: Revista Latina de Análisis del Comportamiento, 28*(4), 499-515.

Fontana, J., & Laurenti, C. (2020b). Tríplice contingência cultural: Uma proposta de explicação comportamental da cultura. *Interação em Psicologia, 24*(3), 308-317.

Freitas, J. C. C., & Morais, A. O. (2019). Cultura do estupro: Algumas considerações sobre a violência sexual, feminismo e análise do comportamento. *Acta Comportamentalia, 27*(1), 109-126.

Guerin, B., & Ortolan, M. O. (2017). Analyzing domestic violence behaviors in their contexts: Violence as a continuation of social strategies by other means. *Behavior and Social Issues, 26*, 5-26. https://doi.org/10.5210/bsi.v26i0.6804

hooks, b. (2021). *Tudo sobre o amor: Novas perspectivas.* Elefante. (Trabalho original publicado em 2000)

Jacobson, N. S. (1994). Contextualism is dead: Long live contextualism. *Family Process, 33*, 81-85.

Kuratani, S. M. A., Cerqueira, L. M. S., Pereira, L. K. S., Silva, R. S. M., & Mendes, A. C. A. (2022). A ética amorosa de bell hooks e a FAP: Interlocuções entre feminismo negro e clínica comportamental. *Perspectivas em Análise do Comportamento, 13*(1), 321-341. https://doi.org/10.18761/VEEM.019.nov21

Lerner, G. (2019). *A criação do patriarcado: História da opressão das mulheres pelos homens* (L. Sellera, Trad.). Cultrix. (Trabalho original publicado em 1986)

Linehan, M. M. (2010). *Terapia cognitivo-comportamental para o transtorno de personalidade borderline*. Artmed.

Narvaz, M. G., & Koller, S. H. (2007). Feminismo e terapia: A terapia feminista da família-por uma psicologia comprometida. *Psicologia Clínica, 19*, 117-131.

Nicolodi, L. G., & Hunziker, M. H. L. (2021). O patriarcado sob a ótica analítico-comportamental: Considerações iniciais. *Revista Brasileira de Análise do Comportamento, 17*(2).

Oyewùmí, O. (2021). *A invenção das mulheres: Construindo um sentido africano para os discursos ocidentais de gênero*. Bazar do Tempo. (Trabalho original publicado em 1997)

Pateman, C. (2020). *O contrato sexual* (M. Avancini, Trad.). Paz e Terra. (Trabalho original publicado em 1988)

Pinheiro, R. C. S., & Oshiro, C. K. B. (2019). Variáveis de gênero que terapeutas devem estar atentas no atendimento a mulheres. In R. Pinheiro, & T. Mizael (Orgs.), *Debates sobre feminismo e análise do comportamento* (pp. 220-243). Imagine Publicações.

Rabin, C., Tsai, M., & Kohlenberg, R. J. (1996). Targeting sex-role and power issues with a functional analytic approach: Gender patterns in behavioral marital therapy. *Journal of Feminist Family Therapy, 8*(3), 1-24. https://doi.org/10.1300/J086v08n03_01

Ruiz, M. R. (1998). Personal agency in feminist theory: Evicting the illusive dweller. *The Behavior Analyst, 21*(2), 179-192. https://doi.org/10.1007/BF03391962

Saffioti, H. I. B. (2001). Contribuições feministas para o estudo da violência de gênero. *Cadernos Pagu*, 115-136. https://doi.org/10.1590/S0104-83332001000100007

Saffioti, H. I. B. (2004). *Gênero, patriarcado, violência*. Fundação Perseu Abramo.

Skinner, B. F. (1971). *Beyond freedom and dignity*. Hackett Publishing Company, Inc.

Skinner, B. F. (1989). *Recent issues in the analysis of behavior*. Merrill Publishing Company.

Skinner, B. F. (2005). *Science and human behavior*. The B. F. Skinner foundation. (Trabalho original publicado em 1953)

Souza, J. P. (2016). Feminismo e política: Uma introdução. *Veredas da História, 9*(1), 184-191.

Terry, C., Bolling, M. Y., Ruiz, M. R., & Brown, K. (2010). FAP and feminist therapies: Confronting power and privilege in therapy. In J. W. Kanter, M. Tsai, & R. J. Kohlenberg (Orgs.), *The practice of functional analytic psychotherapy*. Springer.

Tsai, M., Kohlenberg, R. J., Kanter, J. W., Kohlenberg, B., Follete, W. C., & Callaghan, G. M. (2011). *Um guia para a psicoterapia analítica functional (FAP): Consciência, coragem, amor e behaviorismo* (F. Conte, & M. Z. Brandão, Trads.). ESETEc. (Trabalho original publicado em 2009)

Vandenberghe, L. (2006). Terapia comportamental de casal: Uma retrospectiva da literatura internacional. *Revista Brasileira de Terapia Comportamental e Cognitiva, 8*(2), 145-160. https://doi.org/10.31505/rbtcc.v8i2.97

Zanello, V. (2018). *Saúde mental, gênero e dispositivos: Cultura e processos de subjetivação*. Appris.

Zanello, V., & Porto, M. (2016). *Aborto e (não) desejo de maternidade(s): Questões para a psicologia*. Conselho Federal de Psicologia.

Zanuto, J. O., & Laurenti, C. (2021). Contribuições políticas da análise feminista do amor romântico para a discussão analítico-comportamental dos sentimentos. *Perspectivas em Análise do Comportamento, 12*(2), 447-464.

RACISMO E PATRIARCADO: VARIÁVEIS CULTURAIS E SUA INFLUÊNCIA NA PRÁTICA PSICOLÓGICA NO CONTEXTO DE RELAÇÕES AMOROSAS

Táhcita Medrado Mizael
Luana Karina dos Santos Pereira

De acordo com Patricia Hill Collins (2000), opressão "descreve qualquer situação injusta na qual, sistematicamente e durante um longo período de tempo, um grupo nega a outro o acesso aos recursos da sociedade" (p. 4). Nesse sentido, grupos como mulheres e pessoas negras podem ser vistos como grupos oprimidos em nossa sociedade. Basta olhar para as estatísticas elaboradas por órgãos como o Instituto Brasileiro de Geografia e Estatística (IBGE) e Instituto de Pesquisa Econômica Aplicada (Ipea) para verificar as disparidades existentes entre homens e mulheres e entre pessoas negras e brancas. Só para citar dois exemplos, o relatório do Fórum Econômico Mundial, feito com base nos dados de economia, saúde, política e educação, publicado em 2021, mostra que serão necessários mais de 135 anos para a "superação" das desigualdades de gênero existentes no mundo. Apesar dos avanços obtidos ao longo dos anos, no que se refere à inserção das mulheres no mercado de trabalho, à obtenção de direitos como direito ao voto, à licença-maternidade, entre outros, o índice de desigualdade de gênero cresceu 36% em relação a 2020 (Gaston, 2021). Com relação à desigualdade racial, um exemplo são os dados sobre violência e desigualdade racial obtidos anualmente pelo Ipea. De acordo com documento publicado em 2020, entre 2008 e 2018, o número de homicídios de homens negros cresceu 11,5%, enquanto o número de homicídios de homens não negros decresceu 12%. Com relação às mulheres negras, houve um crescimento de 12,4%, e redução de 11,7% para as mulheres não negras (IBGE, 2020).

Historicamente falando, a Análise do Comportamento é uma área que não tem alta produção referente a grupos oprimidos em nossa sociedade. Para se ter uma ideia, uma revisão feita por Mizael et al. (2019) em 12 periódicos da área mostrou que apenas dez estudos foram encontrados, na época, sobre o tema "negritude". Além disso, em uma busca informal feita nos periódicos de Análise do Comportamento que publicam em português (*Acta Comportamentalia, Revista Brasileira de Análise do Comportamento, Revista Brasileira de Terapia Comportamental e Cognitiva*, e *Revista Perspectivas em Análise do Comportamento*), utilizando o descritor "gênero" em qualquer lugar do manuscrito, e filtrando artigos pelo título, de modo a selecionar os que pareciam trabalhar com questões de gênero envolvendo indivíduos humanos (*e.g.*, identificação de vieses de gênero, discussão sobre violência contra a mulher, cultura do estupro), foram encontrados apenas 20 artigos (busca feita em agosto de 2022).

Apesar de historicamente os temas referentes a questões raciais e de gênero não serem publicados em grande quantidade, ao longo dos últimos anos, o número de pesquisas tem aumentado. Um dos motivos para a importância do estudo dessas questões é sua influência direta e indireta nos comportamentos dos indivíduos. Por exemplo, as relações amorosas, com foco em relacionamentos do tipo namorados/casais, são uma parte comum na vida dos indivíduos, e a terapia de casal é uma das áreas que podem auxiliar nesses tipos de relações. A despeito disso, não temos visto um grande número de produções que se voltem para algumas variáveis culturais, como a influência da raça e do gênero dos indivíduos e suas relações entre a terapia de casal e/ou as relações amorosas. Buscando dar vazão a essa lacuna na literatura, o objetivo deste capítulo é tecer algumas reflexões acerca de questões estruturais e de sua importância para o atendimento de casais, focando o racismo contra pessoas negras e o patriarcado.

Questões de gênero

Nicolodi e Hunziker (2021) definem o patriarcado como uma estrutura de poder baseada em preceitos machistas/sexistas, os quais favorecem a dominação e exploração das mulheres, além da primazia masculina, isto é, desigualdade e assimetria de poder entre os gêneros. Em termos analítico-comportamentais, o poder pode ser visto como o grau de controle que cada parte, em um relacionamento, tem sobre a outra parte, de modo que a parte que mais se beneficia tem mais poder (Baum, 2017). Assim, "o poder é desigual sempre que uma das partes pode alterar as condições de vida da outra, de modo que essa alteração produza benefícios para uma das partes e prejuízos para a outra" (Nicolodi & Hunziker, 2021, pp. 166-167).

Por exemplo, um patrão pode ter controle sobre o salário de seus funcionários e sobre o que fazer com o lucro obtido pelo trabalho de tais funcionários, enquanto o funcionário teria controle sobre a quantidade de trabalho empreendida e o nível de precisão de seu trabalho. Nesse exemplo, diz-se que o patrão tem mais poder que o funcionário, uma vez que, embora o funcionário possa, por exemplo, trabalhar menos, produzir menos, faltar ao trabalho ou pedir demissão, o chefe pode criar condições para que o funcionário trabalhe mais, até mesmo condições coercivas (*e.g.*, vexame público para o funcionário que produzir menos em um mês); utilizar o lucro para seu próprio benefício, apesar de esse lucro ter sido produzido por seus funcionários, demitir ou reduzir o salário dos funcionários, e mesmo substituí-los facilmente por outros que aceitem menor salário ou piores condições de trabalho.

Ainda sobre o poder, dois fatores são importantes na especificação de quem tem mais poder: a importância do reforçador para o indivíduo, e a precisão do controle sobre o reforçador (Baum, 2017). Nesse sentido, tem mais poder quem possui o controle sobre os reforçadores mais importantes, enquanto a pessoa que possui menos poder possui controle sobre os reforçadores de menor importância. Adicionalmente, Terry et al. (2010) complementam dizendo que a pessoa que tem mais poder é aquela que tem controle sobre os reforçadores mais importantes/*de mais difícil acesso,* enquanto a pessoa com menos poder seria aquela que teria controle sobre os reforçadores menos importantes/*de mais fácil acesso.* No exemplo do chefe com seus funcionários, apesar de haver a possibilidade de que os funcionários façam uma greve consequente à redução dos salários ou ao aumento da carga horária de trabalho (*e.g.*, relativa precisão), ainda assim, o chefe pode demitir tais funcionários e, de todo o modo, o salário entra aqui como um reforçador importante para a sobrevivência dos funcionários, que dependem do trabalho para viver, enquanto que, embora o lucro produzido pelos funcionários seja também importante para o chefe, este pode substituir os funcionários, obtendo os lucros do mesmo jeito; é o chefe também quem decide o salário de seus funcionários (controle sobre reforçador de maior importância). Assim, reitera-se que o chefe teria mais poder que seus funcionários.

Embora estejamos falando aqui sobre diferenças de poder entre indivíduos, é possível que a mesma análise seja feita com relação a indivíduos e organizações, entre organizações, e até entre grupos sociais, como os denominados "raças" e "gêneros". Um exemplo trazido por Terry et al. (2010) é o dos papéis das mulheres em nossa sociedade. Embora a autora esteja falando do contexto dos Estados Unidos, acreditamos que tal exemplo também seja válido no Brasil: os papéis sociais atribuídos às mulheres têm sido mais limitados que os atribuídos aos homens, no sentido de oportunizar um número maior de alternativas que lhes possibilitem estar em posições de poder. Estando nas posições de poder, por sua vez, eles arranjam contingências que favoreçem a manutenção de suas maiores chances de ter poder, tornando as desigualdades cada vez mais crônicas.

Um conceito intimamente relacionado ao de poder é o de privilégio. De modo geral, pode-se dizer que o poder leva ao privilégio, isto é, a um acesso diferenciado a reforçadores mais importantes (ou de mais difícil acesso), e, quanto maior a probabilidade de acesso, maiores também as chances de que um indivíduo entre em contato com tais reforçadores. Adicionalmente, tais reforçadores nem sempre são contingentes a respostas emitidas por esses indivíduos privilegiados, de modo que alguns desses reforçadores podem ser considerados "imerecidos". Isto é, indivíduos privilegiados, além de terem um acesso facilitado ou maior acesso aos reforçadores mais importantes, são, muitas vezes, reforçados por simplesmente fazer parte de certos grupos sociais (*e.g.*, brancos, meninos/homens), sem que precisem emitir respostas específicas para ter acesso a estes reforçadores.

Tanto a literatura feminista quanto a literatura analítico-comportamental concordam que, a despeito de diferenças biológicas entre os homens e as mulheres, a explicação para as desigualdades de gênero está nas contingências individuais (ontogenia) e culturais. Essa concordância permite tanto um intercâmbio entre as áreas quanto possibilidades de contribuição de analistas do comportamento para o entendimento e a possível redução das desigualdades impostas pelo patriarcado. Quando falamos sobre desequilíbrio de poder, é comum aceitarmos como verdadeiras assunções como "há uma relação de poder entre professor e aluno, na qual o professor tem mais poder que o aluno" ou "existe uma relação de poder entre meu chefe e eu (funcionário), e eu tenho menos poder que ele". Nesses casos, o que se identifica, de fato, é uma relação de poder. O que estamos propondo aqui é uma diferenciação entre desigualdades de poder que ocorrem entre indivíduos e entre grupos. A hipótese tecida aqui é que, ao longo dos anos, as pessoas com mais poder situacional foram mantendo as práticas que lhes possibilitaram ter poder inicialmente, de modo que, ao longo de décadas ou centenas de anos, as disparidades ficaram cada vez mais "cristalizadas", tornando-se, portanto, estruturais. Conforme Terry et al. (2010) afirmam:

> Como o grupo dominante está em posição de estabelecer práticas normativas dentro de um sistema social..., os privilégios decorrentes por seus membros se misturam com as práticas normativas do sistema social mais amplo. Assim, o privilégio tipicamente opera invisivelmente, não detectado como uma fonte de influência particularmente por aqueles que se beneficiam disso. (p. 106).

Isto é, de tanto estarem presentes na sociedade, tais práticas não são vistas como práticas de fato, mas como "as coisas são", como se fossem naturais, e não construídas (aprendidas). O poder estrutural pode, então, ser definido como o grau de controle sobre reforçadores importantes que leva ao acesso diferencial a tais reforçadores e que foi estabelecido conforme relações arbitrárias entre grupos situacionais e atributos positivos ou negativos, as quais são evocadas em situações nas quais tais grupos (a menção destes ou qualquer estímulo coordenado/equivalente a este) estejam presentes.

Quando em psicoterapia, seja individual, seja de casal, é definitivamente importante que nos atentemos para disparidades de poder entre indivíduos, pois elas podem reduzir as chances de contracontrole e levar a consequências aversivas importantes, como a perda de emprego (no caso de um funcionário que xinga seu patrão depois de ouvi-lo dizer "este funcionário é muito lerdo") e de oportunidades (como no caso de uma aluna que sofre assédio por parte de seu professor orientador, mas que corre o risco de ele consequenciar uma denúncia inventando mentiras sobre a aluna/dizendo que não houve assédio e reduzindo, assim, suas possibilidades de inserção profissional ou acadêmica). Entretanto, nosso intuito aqui é chamar atenção para outra forma de poder, que às vezes pode não ser discriminada, que é caracterizada justamente pelas disparidades de poder estruturais, como a presente entre homens e mulheres.

No contexto de uma terapia de casal formado por homem e mulher[5], é importante que essa disparidade de poder faça parte de nossa análise. Essa disparidade pode ser "mais concretamente" vista em questões como

---

[5] Estamos focando relações entre homens e mulheres, pois nelas há a disparidade de poder estrutural, para a qual queremos chamar atenção.

os estereótipos de gênero, que, por sua vez, podem ser vistos como regras que fazem parte de práticas culturais de dominação masculina (Fontana & Laurenti, 2020). Para ilustrar, serão utilizados dois exemplos de situações frequentemente presentes nas terapias de casais ou que envolvem relações amorosas.

Exemplo 1: "Meu marido é muito frio; não me abraça, não me dirige palavras de carinho, e eu me sinto muito mal com isso".

Ao longo da vida, em nossa cultura[6] (e em muitas outras), aprendemos que mulheres são submissas, carinhosas, emotivas, e mais uma porção de outros atributos diferentes dos atribuídos aos homens, como provedor, dominante, lógico etc. Isso significa que práticas culturais (isto é, comportamentos entrelaçados de indivíduos que envolvem a propagação de comportamentos similares por sucessivas pessoas) que reforçam diferencialmente topografias de respostas tidas como "masculinas" e "femininas" existem em nossa cultura. Tais práticas culturais, contudo, são práticas de uma cultura específica: a cultura de dominação masculina/cultura patriarcal (Fontana & Laurenti, 2020). Nesse sentido, profissionais da psicologia que não estejam atentos a tais práticas podem considerá-las comportamentos "naturais", ou seja, parte do aparato biológico de cada indivíduo, e não de sua cultura e história de vida. Com uma interpretação deste tipo, tais profissionais podem sugerir certas mudanças de comportamento para as mulheres, de modo a ficarem mais similares aos padrões estereotípicos femininos. Assim, terapeutas podem falar coisas como: "ah, mas homens são assim mesmo! Todo homem é meio insensível"; "será que você não está carente demais?"; ou "ele sempre foi assim? Caso a resposta seja sim, como espera que ele mude agora?"

Especialmente em um contexto de terapia de casal, no qual ambos tendem a estar presentes na maioria das sessões, o homem pode acrescentar, antes ou depois de a(o) psicóloga(o) falar algo, que "abraçar é coisa de 'viadinho'! Eu não vou ficar fazendo isso"; "ela tem que entender que a gente já passou dessa fase; quem fica abraçando é adolescente apaixonado"; ou "o que ela quer que eu fale? 'vem cá, meu chuchuzinho, a tampa da minha panela!?' [ironicamente]". Sem perceber, a(o) terapeuta pode concordar com as palavras do marido/namorado, pois (i) são coerentes com os estereótipos de gênero que todos nós aprendemos, (ii) ele exerce

---

[6] Cultura aqui pode ser vista como o conjunto de práticas culturais de um grupo.

uma influência que uma terapeuta mulher pode não notar, uma vez que ela também aprendeu e foi reforçada por adscrever aos estereótipos de gênero, (iii) o terapeuta homem cresceu com os mesmos valores que o namorado/marido e, por também se beneficiar da estrutura patriarcal, concorda com o relato dele, mesmo que não consiga discriminar que isso tenha influenciado seu posicionamento. Em todas as três possibilidades, há uma influência desse poder estrutural, na forma de relações arbitrárias que foram estabelecidas pelas práticas culturais do patriarcado/dominação masculina, e que podem ser evocadas em diversos contextos.

Exemplo 2: "Meu esposo me traiu, fugiu de casa com a amante, e agora se arrependeu e quer voltar, mas eu não consigo perdoá-lo, apesar de que seria bom ficarmos juntos, por causa das crianças [filhos]".

Este exemplo é bastante complexo e possui várias nuances que fogem do escopo deste capítulo. Nosso foco será, então, como variáveis culturais podem influenciar o posicionamento e as decisões da(o) terapeuta no andamento do caso. Ao aprendermos regras como "o homem busca fora de casa o que não encontra dentro dela", uma regra evidentemente patriarcal, que gera benefícios apenas aos homens, podemos tentar encontrar justificativas para o comportamento do marido, no sentido de dar razão a ele, perguntando, por exemplo, algo como: "você acha que a amante dava coisas para ele que você não dá?" Além disso, outras regras que existem em uma cultura de dominação masculina/patriarcal, como "todo casamento é para a vida inteira" e "uma boa mãe é aquela que faz sacrifícios por seus filhos e marido", podem influenciar o comportamento da(o) terapeuta, tornando-a(o) menos sensível às necessidades da esposa, e mais propensa(o) a propor estratégias para que a mulher acredite que ficar com o marido, a despeito de sua vontade, seja benéfico para as crianças.

A(o) terapeuta pode, até mesmo, usar controle aversivo, ainda que sem perceber, para que a mulher "perdoe" o marido: o estereótipo de que as mulheres são mais "empáticas" pode influenciar a percepção da(o) terapeuta, e a própria cliente, sob influência dessas variáveis culturais, pode relatar se sentir "melhor" após perdoar o marido, estando mais sensível às consequências sociais de seus comportamentos que ao seu bem-estar genuíno (para mais reflexões sobre como, em nossa cultura, os comportamentos das mulheres frequentemente ficam sob controle de consequências sociais, ainda que isso envolva negligenciar o autocuidado, ver o capítulo 1, de Picoli, Agio & Zanello, neste volume). Um exemplo do uso de controle aversivo nesse contexto seria a terapeuta dizer "o que seu marido fez foi bastante errado. O bom é que, sendo mulheres, nós somos mais empáticas e conseguimos perdoar, não é verdade?" Aqui, mesmo sem a terapeuta explicitamente instruir a cliente a continuar com o marido, esse tipo de frase pode funcionar como um mando[7], caso a cliente, de fato, decida perdoar o marido, ou mencione que o perdoará, após a verbalização da terapeuta.

Questões de raça

O patriarcado, de acordo com Saffioti, faz parte de um "nó" que contém também o capitalismo e o racismo, de forma que o estudo ou a intervenção em apenas uma das partes não é suficiente para sua redução, por conta de sua interdependência com os outros dois elementos (Nicolodi & Hunziker, 2021). Uma vez trazidas as questões de gênero na seção anterior, vamos nos deter, neste momento, a discorrer acerca do racismo enquanto fenômeno e seus desdobramentos para a subjetividade da população negra.

O racismo estrutural, como descrito por Almeida (2019), é um fenômeno caracterizado pela discriminação sistemática de um grupo hegemônico, neste caso, o grupo branco, em relação a grupos não brancos, que perpassa todas as esferas sociais e, por consequência, afeta diretamente a experiência de pessoas negras na sociedade. Uma vez que este é um fenômeno estrutural, pode-se inferir que a situação não é diferente no que tange à questão de construção de relações de intimidade[8]: se a forma como a subjetividade de pessoas negras é moldada segundo as experiências de racismo sofridas, numa relação interpessoal essas especificidades, naturalmente, aparecem. Esta seção visa, portanto, elucidar de que forma essas especificidades aparecem na vida de pessoas negras em diferentes configurações raciais de relacionamento, seja inter-racial (entre uma ou

---

[7] Um mando é um operante verbal no qual a resposta é reforçada por uma consequência específica, sendo relacionada a condições relevantes de privação ou estimulação aversiva. O mando, portanto, especifica o seu reforço (como podemos ver em ordens do tipo: ao notar que seu colega está falando está muito alto e que seus ouvidos doem, um indivíduo diz "fale mais baixo" ao seu colega. Se este, de fato, passar a falar mais baixo, dizemos que a função do "fale mais baixo" foi de mando).

[8] "Intimidade" é um termo aqui adotado de acordo com a compreensão da FAP (*Functional Analytic Psychotherapy*): uma relação entre pares que envolve compartilhamentos genuínos de informações que seriam passíveis de punição (Vandenberghe & Pereira, 2005).

mais pessoas brancas e uma ou mais pessoas negras), seja intra-racial (no presente caso, entre duas ou mais pessoas negras). Para tal, serão elencadas algumas características comuns que perpassam a construção da subjetividade de pessoas negras, para então evidenciar de que forma essas características aparecem nas relações de intimidade.

Características subjetivas da população negra

Pessoas negras têm uma probabilidade maior do que pessoas brancas de desenvolverem quadros de depressão e ansiedade, pois é a população que mais sofre uma série de iniquidades sociais em decorrência do racismo estrutural (Faro & Pereira, 2011; Paradies et al., 2015). Pessoas negras são maioria em empregos de baixa qualidade (com carga horária de trabalho excessiva e baixa remuneração), além de serem quem mais enfrenta um cenário de desemprego (IBGE, 2019); são mais propensas a desenvolver doenças crônicas, como diabetes e hipertensão (Werneck, 2016); têm menor acesso a saúde e educação de qualidade (IBGE, 2019); quando têm acesso aos espaços, muitas vezes são destratadas e mal atendidas (Ministério da Saúde, 2016); além disso, são as pessoas que mais sofrem violência direta, por serem estigmatizadas como criminosas, a exemplo de perseguições em estabelecimentos comerciais e abordagens policiais violentas (*e.g.*, Mizael & Sampaio, 2019). Por consequência de todas essas opressões, é também a população que mais morre (de morte violenta e/ ou por falta de assistência) (IBGE, 2019).

Todos esses fatores fazem com que pessoas negras estejam vulneráveis de forma perene, o que pode culminar em adoecimento psicológico grave. Já existem estudos que evidenciam que a população negra vive em um estado tão constante de alerta e medo que está mais propensa a desenvolver um quadro semelhante ao Transtorno de Estresse Pós-Traumático (TEPT), mesmo sem ter sofrido um evento traumático direto — viver esse cotidiano de estresse já é, por si só, traumatizante (Carter, 2007). A essas violências cotidianas damos o nome de microagressões raciais, que são caracterizadas como as violências verbais e não verbais direcionadas a pessoas de grupos não dominantes, que ocorrem de forma consciente ou inconsciente (Martins, 2020).

Por experienciar um cotidiano frequente de microagressões em todos os espaços, é muito comum que pessoas negras tenham dificuldade de confiar em outras pessoas (Tavares & Kuratani, 2019). Isto é particularmente difícil, se, na própria história de um indivíduo, seus cuidadores reproduzirem o ciclo de violência em casa. Em decorrência dessa dificuldade de confiar, pessoas negras podem ter dificuldade de formar vínculos de intimidade, de se envolver em um relacionamento afetivo-sexual. Essa dificuldade de confiar é ainda mais expressiva em mulheres, em decorrência da variável de gênero: mulheres negras são as que mais sofrem violência doméstica e sexual na sociedade brasileira (Carneiro, 2017), o que as torna paulatinamente mais refratárias ao contato íntimo com os pares.

Outra consequência do racismo, e que leva mulheres negras a um lugar de isolamento, é o preterimento nas relações afetivas: o padrão de beleza que cultivamos socialmente é o padrão branco europeu (isto é, pessoas de pele clara, com "traços finos", cabelos lisos e olhos claros) (Alves, 2011; Pacheco, 2013). Por isso, quanto mais distante desse padrão (pele escura, cabelos cacheados ou crespos, olhos escuros, traços negroides), menor a chance de ser escolhida para viver uma relação afetivo-sexual (Mizael, 2021). Exemplo disso é o fato de que mulheres brancas são as que mais se casam em relação às mulheres negras, segundo dados do IBGE (Vieira, 2012). Por isto, mulheres negras que não desejam viver sem um parceiro afetivo-sexual muitas vezes se envolvem em relações abusivas e/ou em relações incompletas, nas quais o(a) parceiro(a) fornece pouco ou nenhum afeto, além de não assumir a parceira publicamente (Mizael et al., 2021).

Nas mídias hegemônicas, nas instituições de ensino, nas instâncias governamentais, nos ambientes organizacionais, o padrão é evidente: quanto mais alto for o cargo e quanto mais positiva for a representação, maior a quantidade de pessoas brancas nesse lugar (Almeida, 2019; IBGE, 2018, 2019). A pessoas negras, o lugar relegado é o de menor prestígio, é o lugar subalternizado (como nos tempos de escravização): são as pessoas que fazem a limpeza, as que realizam todo o trabalho braçal que pessoas brancas não querem realizar. Por isso, é muito comum que pessoas negras experimentem uma sensação frequente de inadequação, pois, em uma sociedade pensada apenas por e para pessoas brancas, os espaços refletirão esse mesmo padrão eurocêntrico (Almeida, 2019). Se o único local reservado à negritude é o local da escassez, da pobreza, do crime, como se sentir adequada(o) e suficiente em espaços de poder? Não há representação positiva da própria identidade, e por isso a sensação de inadequação é tão presente. E, aliada a ela, há também uma frequente sensação de fracasso quando não se consegue êxito nesses espaços — o que, em outras palavras, significa não conseguir emular o padrão de pessoas brancas (Fanon, 2008).

Essa tentativa de emular o comportamento de pessoas brancas para obter sucesso e se sentir bem consigo mesma(o) muitas vezes gera uma autocobrança excessiva, uma vez que, para chegar a esse lugar, é preciso despir-se de tudo o que se é, na tentativa de ser um outro totalmente diferente (Fanon, 2008). E, ainda assim, por não ser possível se tornar esse outro, muitas vezes deparar-se com essa impossibilidade traz um grande sofrimento a pessoas negras, um cansaço por precisar fazer um esforço muito maior do que uma pessoa branca para conseguir um lugar mínimo de dignidade.

Não há como emular um padrão oposto sem se autoagredir nesse caminho. Por isso, é também comum que pessoas negras agridam o próprio corpo, o próprio cabelo, a própria identidade na tentativa de embranquecer (Fernandes, 2018). Há inúmeras pessoas negras que realizam procedimentos estéticos para clarear a pele, usam maquiagens em tonalidades mais claras do que seu tom de pele, que alisam os cabelos ou os escondem, numa tentativa de não serem negativamente estigmatizadas. Muitas vezes esse embranquecimento estético está intimamente ligado ao desejo de estar em uma relação afetivo-sexual: se não há possibilidade de ser escolhida(o) por estar "fora do padrão", embranquecer-se pode trazer consigo a possibilidade de acessar uma relação amorosa. Ademais, o embranquecimento costuma ir para além da dimensão estética: muitos se despem de tudo aquilo que é próprio da sua cultura para se adequar à cultura de pessoas brancas, para fugir do estigma e para tentar pertencer a espaços que possam reconhecê-los de forma positiva. Em contrapartida, aqueles que não desejam emular esse padrão podem reagir às opressões de forma a tentar agredir de volta aqueles que os feriram direta ou indiretamente. Por isso, é comum que pessoas negras experimentem sensações de raiva e/ou retraimento diante de pessoas brancas em geral, pois a categoria "pessoa branca" representa o que as oprime (Tavares & Kuratani, 2019). Essa relação poderia ser lida, de acordo com a Teoria das Molduras Relacionais (RFT)[9], como uma relação de coordenação de estímulos, na qual

---

[9] A RFT é uma perspectiva comportamental para comportamentos simbólicos que usa Análise do Comportamento e outras bases teóricas para entender a linguagem e cognição humana. Uma das proposições da RFT é que humanos podem aprender a relacionar estímulos e "estabelecer de forma derivada funções arbitrárias a qualquer estímulo ambiental" (Mizael & Almeida, 2021, p. 17).

a categoria "branca" teria uma relação de equivalência com a categoria "racista", o que pode evocar uma série de sensações desagradáveis em pessoas negras, independentemente de ocorrer de fato uma violência racial numa interação com uma pessoa branca.

Configurações raciais de relacionamento

Relacionamento inter-racial

Utilizaremos o termo "relação inter-racial" como forma de nomear o relacionamento afetivo-sexual entre pessoas de raças/etnias diferentes. No presente capítulo, vamos nos debruçar especificamente sobre a relação inter-racial composta por uma ou mais pessoas negras e uma ou mais pessoas brancas. Num relacionamento inter-racial entre pessoas brancas e negras, é comum que haja divergências entre o casal em decorrência das vivências raciais de cada uma. Pessoas brancas, por não vivenciarem um contexto de exclusão e violência sistemática, muitas vezes não têm letramento racial para compreender as particularidades das experiências de pessoas negras. É muito comum, por exemplo, que uma pessoa branca compreenda o discurso antirracista de uma pessoa negra como vitimização; não raro, falam coisas como "tudo agora é racismo", ou "o próprio negro se discrimina". Além disso, como o racismo consiste em estabelecer uma raça como a raça "padrão", pessoas brancas geralmente não se racializam, e por isso não estudam sobre os significados e privilégios da própria raça (Bento, 2002).

Numa relação afetivo-sexual, portanto, se a pessoa branca não se racializar e não se letrar racialmente, será mais provável que perpetre microagressões raciais contra a(o) própria(o) parceira(o), ainda que de forma não intencional. E, mesmo que a pessoa branca da relação seja racialmente letrada, é possível que esta tenha muitos círculos familiares e de amizade com pessoas brancas, o que potencializa a possibilidade de que a pessoa negra da relação vivencie microagressões raciais nesses espaços. Por isso, numa terapia de casal, é importante que a(o) terapeuta tenha letramento racial adequado e esteja atenta(o) a situações de racismo que podem perpassar a relação do casal que busca seu atendimento, uma vez que nem sempre essas situações envolvem racismo explícito. O exemplo a seguir descreve uma das possíveis situações que podem aparecer numa terapia de casal com um casal inter-racial:

A pessoa negra do casal verbaliza:

> Ontem, na festa da família do meu companheiro, o pai dele me disse que eu precisava voltar a alisar o cabelo, porque eu ficava mais 'ajeitadinha' do que estou agora. Fui falar para ele que o pai dele tinha sido racista comigo, e ele disse que isso era coisa da minha cabeça, porque o pai dele me adora e me aceita muito bem na família. Aí eu fiquei muito chateada e passei o resto do dia em silêncio, não quis mais falar com ele.

Aqui, percebemos que houve um episódio de microagressão racial tanto por parte do pai do companheiro da cliente quanto por parte do próprio companheiro dela, uma vez que invalidar o sofrimento de uma pessoa negra e dizer que é "coisa da cabeça dela" já é, por si só, um comportamento racista. Se, diante de um relato como esse, a(o) terapeuta consequencia com falas como "Você acha que daria para não ter ficado em silêncio o restante do dia?", ou "Me parece que você teve uma reação desproporcional à situação", e/ou não traz para o centro da discussão o racismo que a cliente sofreu, a(o) terapeuta está cometendo mais uma microagressão racial com ela, pois está (i) invalidando novamente o sofrimento da cliente (com uma postura funcionalmente semelhante à do contexto racista em que ela está inserida fora do ambiente terapêutico); (ii) responsabilizando a vítima pela situação de conflito; (c) reforçando a opressão racial na estrutura do relacionamento.

Uma fala mais adequada da(o) terapeuta poderia ser "Eu também enxergo a situação que você me descreveu como racismo. Podemos falar um pouco mais dessa questão no relacionamento de vocês nesse momento?" A(o) terapeuta pode, até mesmo, auxiliar na aquisição de letramento racial do parceiro da cliente, uma vez que parte dos conflitos que o casal venha a enfrentar possivelmente terá a diferença racial como questão central.

Relacionamento intra-racial entre pessoas negras

Conceituaremos "relação intra-racial" como relações afetivo-sexuais cujos envolvidos são pessoas da mesma raça/etnia. No presente capítulo, versaremos especificamente sobre a relação intra-racial entre pessoas negras. Apesar de ter menor probabilidade de sofrer racismo por parte das(os) parceiras(os), por estar em um relacionamento com pessoas da mesma raça, relações entre pessoas negras podem ser muito conturbadas. Em decorrência das violências raciais sofridas, que moldam as subjetividades das pessoas envolvidas, muitas pessoas negras têm dificuldade de lidar com as feridas causadas pelo racismo, o que pode tornar o relacionamento afetivo-sexual emocionalmente desgastante. É comum que vivenciem os sofrimentos relatados anteriormente, como dificuldade de confiar, baixa autoestima, ansiedade/TEPT, sensação frequente de inadequação/fracasso etc., e que isso afete diretamente a convivência do casal. O exemplo a seguir elucidará como essas questões podem aparecer numa terapia de casal:

A mulher começa a se queixar da sobrecarga emocional que tem enfrentado na relação com o companheiro:

Tem sido difícil conversar com ele. Toda vez que eu falo que ele precisa aprender a pedir ajuda, porque não está dando mais para lidar sozinha com as crises de ansiedade dele, ele se fecha mais ainda comigo, se fecha para o mundo. Desde a última operação policial que teve lá na rua, que bateram nele, ele está assim. Mas eu já tenho tanta coisa para lidar, todo santo dia tenho que enfrentar aquele povo elitista na faculdade, me sinto um fracasso, estou a ponto de desistir do curso... E ainda tenho que cuidar de nós dois, porque sozinho ele não se cuida. A gente só briga ou se afasta ultimamente, não tem diálogo. Está pesado...

Nesta vinheta, nota-se que o casal está enfrentando uma série de questões atravessadas pelo racismo e pelo machismo: o homem relatado na situação possivelmente está enfrentando um quadro de TEPT, por ter sofrido violência policial, que é uma forma de racismo, e, por ter vivenciado tais violências, passou a isolar-se até mesmo da relação com a esposa; a mulher, por sua vez, está sofrendo com o peso da responsabilidade (atravessada pela questão de gênero) de arcar com o próprio cuidado e com o cuidado do companheiro, além de estar enfrentando sensações de inadequação e fracasso constantemente.

Um(a) terapeuta de casal atento(a) a essas questões precisará analisar com cuidado como tais violências estão perpassando as vivências do casal para abordá-las de forma adequada. Um(a) terapeuta não letrado(a) racialmente poderá, por exemplo, incorrer no erro de invalidar os sofrimentos do homem pela lente da questão de gênero apenas, caso diga coisas como "Você não deveria se responsabilizar pela relação, é ele quem precisa lidar com os próprios problemas". Uma fala mais adequada seria "Estou vendo como o machismo e o racismo estão atravessando a relação de vocês. Você [ao homem] sofreu racismo ao ser abordado violentamente por um policial, e isso deixa marcas. Ao mesmo tempo, você [à mulher] está sofrendo o racismo institucional, além de estar tendo que arcar com o papel de cuidadora na relação, neste momento. As feridas que essas violências estão causando em vocês individualmente estão afetando a relação. Vamos pensar em como vocês, como casal, podem se ajudar a enfrentar isso mutuamente, e trabalhar para melhorar a relação?"

É importante demarcar como o racismo pode aparecer nas relações, porque isso provavelmente perpassará os problemas que o casal enfrenta. Não visibilizar essas violências pode tornar o trabalho da(o) terapeuta mais difícil (por serem variáveis que fogem ao controle da terapia), ou até mesmo inadequado — uma vez que punir comportamentos que são uma consequência do racismo sem fornecer um repertório alternativo contingente à situação é, também, uma forma de perpetrar o racismo.

Como eu, terapeuta, posso me atentar às variáveis culturais e me comportar levando tais questões em consideração?

Uma sugestão para que terapeutas fiquem mais atentos a variáveis culturais relacionadas a gênero, raça e outros pode ser obtida dos ensinamentos das terapias feministas. De modo geral, quando se fala em terapia feminista, estamos falando de valores e comportamentos, muito mais do que um conjunto de técnicas específicas. Alguns aspectos gerais são a importância de se atentar para fatores sociopolíticos, como os discutidos neste capítulo, tentar manter uma relação igualitária entre cliente e psicoterapeuta, e a promoção de um equilíbrio entre habilidades instrumentais (habilidades e características associadas ao masculino) e relacionais/expressivas (habilidades e características associadas ao feminino) (Terry et al., 2010).

Para tanto, podem ser feitas: a identificação e avaliação da importância de cada uma das identidades das(os) clientes (raça, classe, gênero, orientação sexual etc.); analisar se estamos tratando os sintomas referidos como questões naturalizadas (Zanello, 2018); e, em seguida, reformular nossas análises sob a hipótese de que tais sintomas são resultado de ambientes opressivos e não saudáveis; fazer análises de disparidades de poder entre indivíduos e entre grupos (por exemplo, no contexto de casal com homem branco e mulher negra, analisar, além de situações típicas de desigualdade de poder, as questões estruturais do patriarcado e do racismo, e até mesmo ler sobre interseccionalidades, analisando os efeitos da articulação entre gênero e raça minoritários).

Além disso, para reduzir a desigualdade de poder entre terapeuta e cliente, a(o) terapeuta pode explicitar seus valores, utilizar autorrevelação como forma de dar modelo de vulnerabilidade, explicitar como funciona o processo de psicoterapia, os direitos das(os) clientes e suas responsabilidades, e ter metas construídas conjuntamente (Terry et al., 2010). Perguntas do tipo "como minha raça pode influenciar minha interpretação do que esse casal, que é negro, traz em terapia?"; ao notar que está duvidando do relato de uma mulher, perguntar-se: "se fosse um homem (grupo com mais poder) falando o mesmo, eu acreditaria?" podem também auxiliar em uma autorreflexão de decisões que podem estar sendo tomadas sem um exame mais cuidadoso das influências culturais no comportamento de terapeutas.

Para finalizar, conforme dizem Terry et al. (2010):

> A psicoterapia é um fenômeno cultural *mainstream* e, como tal, participa na manutenção de suposições invisíveis de que a cor branca, o gênero masculino, pessoas com educação formal, indivíduos de classe média e alta, valores heterossexuais, em geral, e visões judeu-cristãs, especificamente, são normais e universalmente desejadas. Na medida em que tais suposições continuem não-examinadas e não reconhecidas como determinantes parciais de nosso comportamento em sessão, nós continuaremos como mantenedores cegos [*sic*] de um sistema opressivo. (p. 114).

Referências

Almeida, S. L. (2019). *Racismo estrutural.* Pólen.

Alves, C. (2011). *Virou regra?* Scortecci.

Baum, W. J. (2017). *Understanding behaviorism: Behavior, culture and evolution* (3rd ed.). John Wiley & Sons.

Bento, M. A. S. (2002). *Pactos narcísicos no racismo: Branquitude e poder nas organizações empresariais e no poder público* [Tese de doutorado, Universidade de São Paulo].

Carneiro, S. (2017). Mulheres negras e violência doméstica: decodificando os números. *Geledés: Instituto da Mulher Negra.*

Carter, R. T. (2007). Racism and psychological and emotional injury: Recognizing and assessing race-based traumatic stress. *The Counseling Psychologist, 35*(1), 13-105.

Collins, P. H. (2000). *Black feminist thought: Knowledge, consciousness, and the politics of empowerment* (2nd ed.). Routledge.

Fanon, F. (2008). *Pele negra, máscaras brancas* (R. Silveira, Trad.). EdUFBA.

Faro, A., & Pereira, M. E. (2011). Raça, racismo e saúde: A desigualdade social da distribuição do estresse. *Estudos de Psicologia, 16*(3), 271-278. https://doi.org/10.1590/S1413-294X2011000300009

Fernandes, E. G. (2018). *A cor do amor: O racismo nas vivências amorosas de mulheres negras* [Dissertação de mestrado, Universidade Federal de Rondônia].

Fontana, J., & Laurenti, C. (2020). Práticas de violência simbólica da cultura de dominação masculina: Uma interpretação comportamentalista. *Acta Comportamentalia, 28*(4), 499-515.

Gaston, M. (2021, 30 abr.). Infográfico: Pesquisa aponta que serão necessários 135,6 anos para superação da desigualdade de gênero. *Periódico UPDG: Redação de Mídia Integrada.*

Instituto Brasileiro de Geografia e Estatística. (2018). *Síntese de indicadores sociais: Uma análise das condições de vida da população brasileira 2018.*

Instituto Brasileiro de Geografia e Estatística. (2019). *Desigualdades sociais por cor ou raça no Brasil.*

Instituto Brasileiro de Geografia e Estatística. (2020). *Violência e desigualdade racial no Brasil 2020.* Fórum Brasileiro de Segurança Pública.

Martins, T. V., Lima, T. J. S., & Santos, W. S. (2020). O efeito das microagressões raciais de gênero na saúde mental de mulheres negras. *Ciência & Saúde Coletiva, 25*, 2.793-2,802. https://doi.org/10.1590/1413-81232020257.29182018

Ministério da Saúde. (2016). *Temático: Saúde da população negra.*

Mizael, T. M., & Almeida, J. H. (2021). Uso do paradigma de equivalência de estímulos no estudo do preconceito: Uma revisão dos estudos da área. In L. F. Kirchner, P. C. Souza, & P. C. Kanamota (Orgs.), *Diálogos em análise do comportamento* (pp. 1-21, v. 2). Instituto Walden 4.

Mizael, T. M., & Sampaio, A. A. S. (2019). Racismo institucional: Aspectos comportamentais culturais da abordagem policial. *Acta Comportamentalia, 27*, 215-223.

Mizael, T. M., Barrozo, S. C. V., & Hunziker, M. H. L. (2021). Solidão da mulher negra: Uma revisão da literatura. *Revista da Associação Brasileira de Pesquisadores/as Negros/as, 13*(38), 212-239. https://doi.org/10.31418/2177-2770.2021

Mizael, T. M., Gomes, A. R., & Silva, G. J. T. (2019). Negritude e análise do comportamento: Publicações, relevância e caminhos para seu estudo. In A. T. Bolsoni--Silva, D. Zilio, H. L. Gusso, J. H. Almeida, & P. C. M. Mayer (Eds.), *Comportamento em foco 9: Análises teóricas, educação e questões sociais* (pp. 120-135). Associação Brasileira de Psicologia e Medicina Comportamental.

Nicolodi, L., & Hunziker, M. H. L. (2021). O patriarcado sob a ótica analítico-comportamental: Considerações iniciais. *Revista Brasileira de Análise do Comportamento, 17*(2), 164-175. http://dx.doi.org/10.18542/rebac.v17i2.11012

Pacheco, A. C. L. (2013). *Mulher negra: Afetividade e solidão*. EdUFBA.

Paradies, Y., Ben, J., Denson, N., Elias, A., Priest, N., ... Pieterse, A. (2015). Racism as a determinant of health: A systematic review and meta-analysis. *PLoS One, 10*(9), 1-48. http://dx.doi.org/10.1371/journal.pone.0138511

Tavares, J. S. C., & Kuratani, S. M. A. (2019). Manejo clínico das repercussões do racismo entre mulheres que se tornaram negras. *Psicologia: Ciência e Profissão, 39*, 1-13. https://doi.org/10.1590/1982-3703003184764

Terry, C., Bolling, M., Ruiz, M., & Brown, K. (2010). FAP and feminist therapies: Confronting power and privilege in therapy. In J. Kanter, M. Tsai, & R. Kohlenberg (Eds.), *The practice of functional analytic psychotherapy* (pp. 97-122). Springer-Verlag.

Vandenberghe, L., & Pereira, M. B. (2005). O papel da intimidade na relação terapêutica: Uma revisão teórica à luz da análise clínica do comportamento. *Psicologia: Teoria e Prática, 7*(1), 127-136.

Vieira, I. (2012, 17 out.). Pesquisa mostra que raça é fator predominante na escolha de parceiros conjugais. *EBC*.

Werneck, J. (2016). Racismo institucional e saúde da população negra. *Saúde e Sociedade, 25*, 535-549.

Zanello, V. (2018). *Saúde mental, gênero e dispositivos: Cultura e processos de subjetivação*. Editora Appris.

OS HOMENS AMAM? UM OLHAR ANALÍTICO-COMPORTAMENTAL SOBRE MASCULINIDADES E OS COMPORTAMENTOS DOS HOMENS EM RELACIONAMENTOS AMOROSOS HETEROAFETIVOS

João Mendes Gomes Brasil de Holanda
Danrley Pereira de Castro

Na nossa cultura, os homens aprendem a amar muitas coisas, e as
mulheres aprendem a amar os homens.
(Valeska Zanello)

Os homens amam? Possivelmente a leitora ou o leitor dirá "sim!" imediatamente. Há homens que amam suas esposas e seus filhos. Homens que amam seus empregos. Homens que amam seu respectivo time e um bom jogo de futebol aos fins de semana. Homens que amam carros e motocicletas. Homens que amam seu país e sua pátria. Sim, os homens amam. Como bem lembra a professora Valeska Zanello (recomendamos a leitura do capítulo 1, de Picoli, Agio & Zanello, neste volume), os homens amam muitas coisas. No entanto, há de se questionar: o que lhes é ensinado sobre como amar?

A troca do substantivo "amor" para o verbo "amar" traz consigo inúmeras diferenças. Amar é ação. São diferentes topografias de comportamento que podemos observar, conceituar e operacionalizar. São comportamentos que podemos analisar e buscar identificar suas funções. Se Skinner (2005) dizia que amor é reforçamento positivo, amar seriam os diferentes comportamentos que poderiam produzir tal reforçamento. Faz-se mister, portanto, analisar quais comportamentos os homens aprendem sobre o que é "amar", assim como uma apuração de quais reforçadores eles buscam obter ao se comportarem de tal maneira.

Nesse sentido, o presente capítulo tem como objetivo analisar, a partir de um olhar analítico-comportamental, questões referentes às masculinidades e aos comportamentos dos homens em relacionamentos amorosos. Para tanto, será apresentada uma reflexão ampla sobre o surgimento da discussão sobre masculinidades nas ciências sociais e possíveis formas de compreender tal conceito sob a lógica comportamental. Em seguida, será analisada a forma como os homens tendem a se comportar diante de relacionamentos amorosos heterossexuais/heteroafetivos. Com tais análises, espera-se contribuir para ampliar a discussão, ainda tão incipiente, sobre as masculinidades dentro da Análise do Comportamento e, de forma demasiadamente otimista, contribuir na elaboração de estratégias comportamentais que ensinem aos homens como verdadeiramente amar.

Masculinidades: entendendo o conceito

Nos últimos anos, no contexto brasileiro, o debate em torno das masculinidades ganhou um destaque público. Diversas manchetes de jornal problematizavam aquilo que era denominado "masculinidade tóxica", referindo-se aos comportamentos problemáticos de indivíduos do sexo masculino e cisgêneros. No entanto, a literatura demonstra que esta discussão existe mesmo antes do século XIX, ainda que estivesse focada no estabelecimento das diferenças sexuais entre homens e mulheres (Silva, 2000). Até então, as narrativas tentavam sustentar que existiam inferioridades femininas com base em características fisiológicas, supondo uma superioridade masculina com a mesma justificativa.

De acordo com Pisciteli (2009), Robert Stoller introduz o conceito de gênero, referindo-se à noção de identidade de gênero para distinguir entre o que é biológico e o que é cultural. Porém, é a partir dos estudos feministas, na década de 1970, que o conceito de gênero passa a ter maior impacto na produção acadêmica e teoria social. A diferença notável nessa perspectiva é que a noção de gênero proposta pelas feministas considerava que as diferenças existentes entre homens e mulheres eram produzidas pela cultura, unindo a luta contra a desigualdade e a hierarquização que as afetavam. É fato que as distinções entre feminino e masculino não esgotam a discussão sobre gênero, tendo em vista a vivência de pessoas trans e travestis, bem como pessoas intersexo, conforme apontado pela autora (para mais reflexões sobre diversidade sexual/de gênero, ver capítulo 5, de Lopes & Nery, neste volume).

Considerando as diferenças e desigualdades produzidas conforme a cultura, o conceito de "masculinidade hegemônica", proposto e popularizado por Connell e Messerschmidt (2013), torna-se relevante para a compreensão de comportamentos masculinos. Segundo os autores, a masculinidade hegemônica pode ser considerada um conjunto de práticas e comportamentos que garante a manutenção da dominação dos homens sobre as mulheres. Essa ideia contempla o ideal do que é ser homem, um manual de práticas e comportamentos a serem seguidos. Trata-se de uma relação de privilégios, em termos de hierarquia social, mas também de custos emocionais e físicos (às mulheres, à população LGBTQIA+ e aos próprios homens).

Trazendo esta noção para o contexto brasileiro, poderíamos imaginar que a noção de homem ideal inclui: ser um homem branco, heterossexual, cisgênero, com alto poder aquisitivo, um certo padrão corpóreo, ativo sexualmente e distante emocionalmente. É notável que a masculinidade hegemônica não é atingível por nenhum homem, mas funciona como um modelo cultural que controla a sua forma de agir e ser.

Para Kimmel (1998) e Welzer-Lang (2001), a masculinidade fundamenta-se na homofobia e no sexismo, por estabelecer hierarquias entre aqueles que são mais ou menos homens com base em critérios que consideram a orientação sexual e a feminilidade, por exemplo, ao mesmo tempo que se sustenta nas desigualdades sociais vivenciadas pelas mulheres.

Welzer-Lang (2001) utiliza em um de seus trabalhos a metáfora da "casa dos homens" para ilustrar como a masculinidade é representada por uma competição e uma homossociabilidade. Essa casa funciona como espaços privados aos homens, onde os mais preparados — leia-se os que mais correspondem ao ideal hegemônico de homem — iniciam aqueles que são menos experientes. Segundo uma série de regras e estereótipos, os mais velhos ou mais prestigiados modelam e corrigem os mais novos, ensinando-lhes o que é "ser homem de verdade".

O poeta e educador JJ Bola (2019), no livro *Seja Homem: a Masculinidade Desmascarada*, ilustra uma ideia complementar em que a masculinidade é representada enquanto um esporte. Como em todo esporte, a masculinidade passa por uma competição, aqui há aqueles que estão na primeira divisão, os que estão nas ligas ou subdivisões menores e aqueles que nem se inscrevem, ou não podem se inscrever, para o torneio. Para complementar a noção de que a masculinidade hegemônica segue um modelo diferente a depender da cultura, o autor descreve ainda um esporte cujas regras são diferentes em cada país.

Nesse sentido, destaca-se o quanto a análise da masculinidade hegemônica diz respeito a contextos históricos e culturais de cada sociedade. Sendo assim, apesar de o termo "masculinidade tóxica" ser o mais disseminado em veículos de comunicação, defende-se que o uso do termo "masculinidade hegemônica" seria o mais adequado. Falar que a masculinidade é "tóxica" pode levar a uma compreensão essencialista sobre o fenômeno. Em contrapartida, "masculinidade hegemônica" refere-se ao contexto cultural, possibilitando uma investigação do que leva os homens a se comportarem de forma considerada "tóxica".

É, portanto, imprescindível compreender e descrever as masculinidades a partir do contexto em que estão inseridas e a forma como elas são instituídas e mantidas. Nesse sentido, a Análise do Comportamento pode ser uma importante ferramenta para o aprofundamento na compreensão das masculinidades.

A discussão sobre masculinidades por um olhar analítico-comportamental

A literatura sobre masculinidades e Análise do Comportamento ainda é escassa, principalmente quando comparada com outras áreas do conhecimento. A escassez bibliográfica referente às masculinidades dentro da Análise do Comportamento, no entanto, não se resume a esse tema. Na verdade, tal escassez parte de um silenciamento histórico sobre temas socialmente relevantes, como gênero, racismo, homofobia e feminismo, dentro da Análise do Comportamento.

Segundo Couto e Dittrich (2017), por exemplo, entre 1979 e 2016 apenas oito artigos sobre feminismo e Análise do Comportamento foram publicados em periódicos reconhecidamente analítico-comportamentais. A própria história da Análise do Comportamento no Brasil, apesar de contar com grandes nomes femininos — tais como Carolina Bori, Maria Amélia Matos, Marilena Ritsum, entre tantas outras —, apaga ou silencia as contribuições de muitas mulheres, conforme bem analisado por Silva e Arantes (2019).

No entanto, cabe destacar que o diálogo entre a Análise do Comportamento e o feminismo enquanto um tema mais amplo, e as discussões de gênero enquanto um tema mais específico, não são antagônicos. Na verdade, um diálogo entre tais campos do saber, além de frutífero, é necessário.

Silva e Laurenti (2016), por exemplo, analisaram as possíveis semelhanças e diferenças entre as teorias desenvolvidas pela filósofa feminista Simone de Beauvoir e o modelo de seleção por consequência concebido por Skinner. Em suas análises, as autoras identificaram como o modelo antiessencialista defendido por Skinner assemelha-se às teorias de Beauvoir. Ao afirmar que "não se nasce mulher, torna-se mulher", Beauvoir destaca os processos culturais associados à aprendizagem de comportamentos que serão compreendidos como os pertencentes à categoria social "mulher" — afastando, assim, uma visão da categoria "mulher" atrelada ao sexo biológico ou uma essência inata e, logo, imutável. Similarmente, o modelo de seleção por consequências de Skinner compreende os comportamentos a partir dos três níveis de variação e seleção, a saber: filogenético, ontogenético e cultural. Logo, um olhar que compreende os comportamentos como sendo multideterminados e sua história de aprendizagem.

Nesse sentido, tanto para Beauvoir quanto para Skinner, é mais propício pensar em *como* é a mulher — aqui podendo até ser estendido para como é o homem — do que *o que* é a mulher (Silva & Laurenti, 2016). Tal diferença não é meramente semântica. Aqui é defendido um olhar para as eventuais funções e possíveis consequências de determinados comportamentos, e não somente para sua topografia. Para uma análise de gênero, essa diferença é de extrema importância, pois ajuda a compreender por que comportamentos topograficamente semelhantes podem produzir consequências tão diferentes quando emitidos por um homem ou por uma mulher.

O processo de tornar-se homem ou tornar-se mulher, portanto, é perpassado por uma série de reforçamentos diferenciais. Ilustrando com um exemplo banal, pensemos em uma sala repleta de brinquedos em que crianças são instruídas a escolher um deles. A resposta de escolher uma boneca pode vir a produzir consequências opostas, caso seja emitida por um menino ou uma menina. Possivelmente, caso uma menina escolha uma boneca, terá seu comportamento reforçado positivamente ao ouvir perguntas de interesse sobre a boneca, ao receber elogios, ou por falas como "essa boneca é linda, ela é sua filha?" Caso um menino escolha a boneca, muito dificilmente a resposta dele implicará essas mesmas consequências. No caso dele, pode ser que ele receba críticas ou insultos, que ele seja repreendido e instruído de que esse é um "brinquedo de menina". Ou seja, há um mesmo comportamento, escolher uma boneca, produzindo consequências muito diferentes, a depender do sexo/gênero de quem o emite.

Cabe destacar, no entanto, que, apesar de uma história de exposição a determinados estereótipos de gênero, é possível a aprendizagem de novos repertórios quando há exposição a novas contingências. Similar a esse último exemplo, Nery (2012) buscou investigar o efeito que diferentes vídeos infantis teriam sobre o comportamento de gênero de 12 crianças com idades entre 7 e 9 anos. Para tanto, a autora selecionou três vídeos e apresentou-os às crianças participantes do estudo para, em seguida, observar-lhes o comportamento em situação de brincadeira. Os vídeos selecionados eram recortes de um filme com estereótipos femininos, um com estereótipos masculinos e um com a quebra desses estereótipos. Os resultados analisados pela pesquisadora indicaram uma correlação positiva entre os filmes que reforçam os estereótipos femininos ou masculinos com a escolha por brincar com brinquedos e brincadeiras mais alinhados a tais estereótipos. Ao mesmo tempo, a exibição do filme com a quebra de estereótipo também indicou uma correlação com a escolha dos brinquedos mais variados e pela escolha mais frequente das crianças pelos brinquedos classificados como neutros.

É necessário, portanto, um olhar sensível a identificar os estereótipos de gênero tão presentes e naturalizados em nossa sociedade, uma vez que eles ditarão o que é esperado de homens e mulheres e a maneira como compreendemos a feminilidade e a masculinidade. É nesse sentido que Valério et al. (2022, p. 43) definirão masculinidade como o "conjunto de respostas que são reforçadas diferencialmente de acordo com as práticas culturais aos que se identificam como homens". Conforme os próprios autores analisam, não somente o reforçamento pode se dar por via do reforço positivo, quando um menino ou homem se comporta de acordo com o que é esperado dos homens, como muitas vezes tais comportamentos são reforçados negativamente ao possibilitarem uma esquiva de possíveis críticas, insultos ou, até mesmo, agressões, caso se comportem de maneira "feminina". Nas palavras dos autores:

> O processo de socialização masculina defende que homens não devam ser associados a qualquer tipo de feminilidade, logo, qualquer expressão da sexualidade masculina que não

> seja heterocentrada é estigmatizada e associada à imagem da mulher e, portanto, merece os mesmos maus-tratos que elas recebem. (p. 48).

Nesse sentido, cabe destacar quanto comportamentos misóginos ou LGBTfóbicos, por mais repulsivos que sejam, por vezes são reforçados e reforçadores para os homens, principalmente em sociedades patriarcais, como a brasileira. Compreender o que é o patriarcado, portanto, pode auxiliar na compreensão das relações estabelecidas entre homens e mulheres, e também entre os próprios homens.

De forma breve, cabe situar que, no campo das ciências sociais, o conceito "gênero" foi de enorme avanço para elucidar os fatores sociais presentes nas diferenças entre homens e mulheres. No entanto, para Saffioti (2015), tal conceito não explicita, necessariamente, as desigualdades entre homens e mulheres. O termo "patriarcado" seria necessário por se referir, especificamente, a um determinado período da humanidade em que as mulheres foram e são sujeitadas, enquanto os homens usufruem de uma série de benesses e direitos políticos pelo fato de serem homens.

Em sua análise, Saffioti (2015) busca sistematizar o termo "patriarcado". Segundo a autora, apesar de o nome "patriarcado" remeter à figura paterna, as relações envolvidas em sistemas patriarcais não são exclusivamente privadas, mas sim civis, estando presentes em diferentes espaços e instituições sociais, como as famílias, as escolas, os tribunais, as empresas etc. Ademais, em sociedades patriarcais, os homens tendem a ter direitos sexuais sobre as mulheres e seus respectivos corpos, e, para manutenção de tal estrutura, a violência pode ser utilizada.

Nicolodi e Arantes (2019) buscam explorar as conceituações de Saffioti (2015) com base em um olhar analítico-comportamental, apresentando o termo "contingências patriarcais", e argumentando que, em tais contingências, os homens tendem a ter mais *controle, poder* e *liberdade* do que as mulheres.

Ao falarem sobre controle, as autoras especificam que a compreensão da Análise do Comportamento sobre esse fenômeno difere da compreensão do senso comum, que o associa ao totalitarismo ou à dominação. Para a Análise do Comportamento, controle refere-se à probabilidade que um evento tem de alterar a ocorrência de outro (Huzniker, 2011 citado em Nicolodi & Arantes, 2019). Por essa definição, tanto o comportamento de um homem pode estar sob controle do comportamento de uma mulher quanto o inverso. No entanto, nas contingências patriarcais, as relações estabelecidas tendem a ser de desigualdade, logo o grau de controle que os homens exercem, por obterem mais benefícios, é maior do que o grau de controle exercido pelos comportamentos das mulheres.

Ainda segundo Nicolodi e Arantes (2019), por terem um maior grau de controle e acesso a benefícios (reforçadores) nas relações, os homens usufruirão, também, de maior poder. Ou seja, não apenas concentrarão mais reforçadores positivos em relação às mulheres, como poderão gerenciar as relações de reforço vigente, dispondo as contingências para o comportamento delas e, consequentemente, limitando a possibilidade de formas alternativas de comportamentos.

É nesse sentido que as autoras argumentam que os homens desfrutam também de maior liberdade nas contingências patriarcais, uma vez que o acesso a reforçadores positivos pelas mulheres tende a ser controlado pelos homens, o que limita a possibilidade de acesso a tais reforçadores (Nicolodi & Arantes, 2019).

As contingências patriarcais não se manteriam, se não fosse pelas agências de controle que perpetuam tais práticas, naturalizando-as (Nicolodi & Arantes, 2019). Conforme relatado anteriormente, o patriarcado opera tanto nas esferas privadas quanto civis (Saffioti, 2015). Ilustrando tal conceito com uma metáfora: imagine o patriarcado como uma piscina. Nela, todos estamos imersos. Algumas pessoas estão na borda, apenas com os pés nas águas. Já outras estão no lado fundo, possivelmente afundando. Nesse sentido, compreender tais conceitos é de fundamental importância para falarmos sobre um tipo específico de interação entre homens e mulheres: os relacionamentos amorosos.

Os homens nos relacionamentos amorosos com mulheres

Nas seções anteriores, analisamos como o conceito das masculinidades se tornou objeto de interesse de estudo, e sua possível compreensão à luz da Análise do Comportamento. Destacamos o processo de tornar-se homem ou mulher pelo reforçamento diferencial e as contingências patriarcais mantenedoras de uma visão hegemônica de masculinidade, a qual se beneficia de uma série de privilégios ao passo que subjuga mulheres. Em tais contingências, homens tendem a ter mais acesso a diversos reforçadores sociais e uma possibilidade maior de variabilidade comportamental diante determinadas contingências, o que lhes garante, portanto, maior controle, poder e liberdade nas relações (Nicolodi & Arantes, 2019).

Nesse contexto, cabe questionar: como tais variáveis podem aparecer e interferir nos relacionamentos amorosos? Antecipamos à leitora/ao leitor que, infelizmente, não temos todas as respostas para tal pergunta. Cada relacionamento é único, assim como cada membro de tal relação possui um histórico singular de aprendizagens, vivências, origens e dores. No entanto, é possível inferir modelos de aprendizados que ensinarão aos homens como se relacionar amorosamente. Assim como anteriormente, o diálogo com outras áreas do saber pode ser um bom caminho para análise.

Segundo Zanello (2020), as mídias hoje ocupam um papel central como "tecnologia de gênero". Tal termo, usado em alusão a Laurentis (1984 citado em Zanello, 2020), denuncia os padrões culturais que retratam e reafirmam as percepções e os valores de gênero. Filmes, séries, músicas, entre outras mídias, portanto, atuariam como tecnologias de gênero representando e enaltecendo papéis de feminilidade ou masculinidade conforme uma série de estereótipos a eles associados. Em outras palavras, as tecnologias de gênero podem ser entendidas como regras sociais que descreverão como meninos, meninas, homens ou mulheres deverão agir.

Apesar de Zanello (2020) citar diversas mídias e suas possíveis influências, a autora destaca um tipo específico de mídia com forte influência para o comportamento dos homens: a pornografia. Sabe-se que o debate sobre a pornografia é polêmico e permeado de crenças e valores. Mesmo no contexto científico, tal tema é ambíguo e carece de um consenso. Se, por um lado, autoras(es) denunciam os riscos associados ao consumo da pornografia e a erotização da violência contra as mulheres (Zanello, 2020), há quem defenda o uso da pornografia como forma de descobrimento e exercício da sexualidade (McCormack & Wignall, 2017).

Ater-nos ao debate sobre certo ou errado, bom ou mal, possivelmente seria pouco frutífero para os objetivos do capítulo. No entanto, o impacto do uso da pornografia para os relacionamentos pode ser um bom ponto de partida para análise. Um interessante material encontrado sobre pornografia e relacionamentos amorosos foi escrito por Mattos (2012) para o blog Papo de Homem. Em sua coluna, o autor argumenta que a pornografia seria "o conto de fadas masculino". Ao passo que as meninas são ensinadas a sonhar com o príncipe da Disney, montado em seu cavalo branco, que professará seu amor e vai salvá-la do alto de uma torre, os meninos sonharão com a atriz pornô, aquela mulher que aparenta estar sempre sedenta por sexo e disponível, esta que, mesmo negando no início, cede aos seus desejos por ele.

Para Mattos (2012), o papel central no fantasiar sobre a atriz pornô seria experimentar um contexto no qual há uma paridade em interesse sexual entre o homem e a mulher, mas também em que o desempenho sexual do homem nunca é falho. Nos vídeos pornográficos, não há a necessidade de romantismo, de saírem em encontros, não é necessário nenhum vínculo prévio entre as duas (ou mais) pessoas para iniciar uma relação sexual. Nestes, em um ambiente típico do cotidiano, uma relação sexual pode vir a acontecer e no fim — sempre no momento que ocorre a ejaculação masculina — ambos saem satisfeitos.

Cabe mencionar que as análises de Mattos (2012) partem de um olhar psicanalítico e sua escrita para um blog não pretende atingir o rigor científico de uma escrita acadêmica. No entanto, suas contribuições auxiliam a compreender o possível impacto do consumo da pornografia para os homens e suas implicações nos relacionamentos, principalmente no que compete ao desempenho e à possível frustração quando tal desempenho não é atingido. Aliás, em consultório uma queixa frequentemente trazida pelos homens se refere justamente ao sentimento de ineficácia e à cobrança de um desempenho constantemente elevado.

De acordo com Zanello (2018), a saúde mental é diretamente influenciada pelas questões de gênero. Compreender o que nos é ensinado sobre como ser homem ou como ser mulher diz também sobre a forma como os homens e mulheres vão se posicionar socialmente e até como poderão adoecer mentalmente. Nesse sentido, a autora analisa os diferentes dispositivos de gênero que marcarão as identidades femininas e masculinas. As mulheres são constantemente avaliadas por suas capacidades de atrair e conquistar um parceiro e por seu repertório para ser mãe e cuidar dos outros. Ou seja, o valor das mulheres estaria sendo constantemente mediado pelo olhar de um homem que possa se interessar por ela. Já para os homens, é cobrado o alto desempenho tanto profissional quanto sexual. Zanello, portanto, denomina os dispositivos amoroso e materno para as mulheres, e o dispositivo da eficácia para os homens (para aprofundamento na compreensão dos dispositivos de gênero, recomendamos ver capítulo 1, de Picoli, Agio & Zanello, neste volume).

Zanello (2018) ilustra o dispositivo amoroso com a metáfora da "prateleira do amor". Imagine uma prateleira de supermercado em que os produtos mais cobiçados e mais caros estão ao centro, na altura do olho do cliente. Para ocupar esse papel no centro, as mulheres devem competir entre si e buscar ser meigas, belas, esbeltas, loiras, brancas, jovens e, assim, podem ter mais chances de ser escolhidas por um homem. Qualquer característica que não corresponda a esse padrão estético e comportamental rígido afasta-a do centro da prateleira do amor, logo reduzindo suas chances de ser escolhida, sendo relegada ao lugar de "ficar para titia" — como denominam pejorativamente a mulher que, por opção ou não, está solteira.

Cabe destacar, aliás, quanto os homens usufruem e corroboram a competição entre as mulheres para estarem no centro da "prateleira do amor". Quando se utilizam da separação entre "mulher para casar" e "mulher para transar", o mecanismo em jogo é exatamente esse. A própria atitude de muitos homens, de apenas no início de uma relação se comportarem de forma romântica, demonstrarem afeto e sensibilidade, configura-se em um apelo ao dispositivo amoroso das mulheres para assim mantê-las na prateleira (Gama & Zanello, 2019).

Ao apontar o dispositivo amoroso como um fator constitutivo das identidades femininas, mas não das identidades masculinas, Zanello (2018) demonstra o peso que estar em um relacionamento amoroso pode vir a ter para homens e mulheres. Retomando o questionamento trazido no início do capítulo: os homens amam? Sim, amam. No entanto, nas análises da autora, não estar em um relacionamento amoroso geralmente não provoca nos homens sentimentos de incompletude ou infelicidade. Ao contrário, a solteirice para os homens é vista socialmente como uma oportunidade de investimento no trabalho, nas relações sociais, em sexo casual, festas, viagens, hobbies etc. Já para as mulheres, a recíproca não é verdadeira. Nesse sentido, Zanello (2016) aponta a falta de simetria entre homens e mulheres no investimento e na dedicação aos relacionamentos amorosos heterossexuais/heteroafetivos, de modo que há, geralmente, um maior esforço da parte delas.

Se a capacidade de ser escolhida por um homem e manter-se em uma relação é cobrada e esperada das mulheres, ao alcançar tal feito, o próximo "passo", naturalmente, seria constituir uma família e ter filhos. É nesse sentido que Zanello (2018) apontará o dispositivo materno como outro fator essencial na compreensão do que é ser mulher em nossa sociedade. Ou seja, a gestação e o maternar enquanto elementos centrais do "ser mulher". Uma visão que se alia a um discurso essencialista e biológico, ancorado em uma suposta "essência materna" (Zanello, 2018). Não é de se estranhar, portanto, o porquê de muitas mulheres buscarem o atendimento psicológico com queixas relacionadas à fertilidade ou ao desejo de ser mãe, ao passo que poucos homens almejam ou trazem a paternidade como um sonho de vida.

Já para os homens, sua masculinidade deve ser constantemente comprovada com base em seu desempenho, principalmente em duas áreas: a laboral e a sexual. Em outras palavras, do homem é esperado que seja o provedor e o "garanhão". A ele não cabe falhar, pois o fracasso seria uma prova de sua incompetência, uma afronta a sua masculinidade. Da mesma forma, aos homens não é permitido "broxar", pois uma disfunção erétil seria um questionamento sobre sua virilidade. Os homens, portanto, serão encorajados a trabalhar, a ser *workaholics*[10], a praticar esportes — pois, mesmo no ócio, devem ser ativos —, a flertar e a contar uns aos outros sobre suas aventuras sexuais e a almejar status e reconhecimento social (Zanello, 2018, 2020).

As análises de Zanello (2018) sobre o dispositivo da eficácia estão de acordo com as contribuições de Mattos (2012) no tocante ao uso da pornografia. Estar em uma relação amorosa íntima, vivenciar a sexualidade de um casal com todas as idiossincrasias, requer pensar em uma série de "falhas". Dificilmente a vida sexual de um casal comum será semelhante àquela vista nos vídeos pornográficos, em que os corpos são maquiados; certos sons, abafados; e outros, exagerados, em que o orgasmo masculino é a regra. A vida sexual do casal comum, muito provavelmente, envolverá uma série de frustrações e esquivas. E os homens são experts na esquiva.

O padrão de consumir pornografia pode vir a desempenhar uma função de esquiva diante dos problemas da vida ou em situações de conflito no relacionamento. Silva e Milanese (2023), por exemplo, analisam como o consumo da pornografia pode desencadear o distanciamento de relações sexuais reais. Uma vez que os avanços tecnológicos possibilitaram acessar uma vasta quantidade de materiais pornográficos com poucos cliques, o estímulo sexual, portanto, passa por uma habituação e exige o

---

[10] Trocadilho em inglês para referir-se ao vício em trabalho, assim como um alcoolista demonstra o vício na bebida, pela junção dos termos "*work*" (trabalho) e "*alcoholic*" (alcoólatra).

consumo cada vez mais frequente e com materiais diferentes ou de mais intensidade. Outro estudo aponta que o uso de pornografia promove redução na satisfação com o próprio relacionamento, de modo que está negativamente associado à qualidade do relacionamento e positivamente correlacionado à ansiedade, além de naturalizar a objetificação e as violências sexuais contra as mulheres (Baumel, 2019).

Circula na internet — e por vezes no consultório — o termo "síndrome do punho de ferro" para referir-se aos homens que, diante do excesso do consumo da pornografia, tornam-se insensíveis ao estímulo sexual por uma(um) parceira(o) e dificilmente sentem prazer, caso não seja com o uso da própria mão. Para muitos dos homens que se identificam com tal "síndrome", o consumo da pornografia tornou-se tão excessivo que foi preciso variar os conteúdos assistidos e modificar a pegada e a velocidade na hora de se masturbar para então atingir o orgasmo. A tal "síndrome do punho de ferro" não consta nos manuais diagnósticos; no entanto, a recorrência do fenômeno chama atenção e exemplifica o possível distanciamento das relações reais comentado por Silva e Milanese (2023).

Até então, tem-se comentado demasiadamente sobre o consumo da pornografia e seus possíveis impactos psicológicos aos homens e para um relacionamento. No entanto, sabe-se que as relações amorosas vão além do campo da sexualidade. Uma vivência assexual de relacionamento é tão possível e válida quanto qualquer outra. A ênfase dada ao consumo da pornografia até então serve para demonstrar quanto tal mídia pode vir a ensinar e influenciar a concepção sobre masculinidades, as relações entre os sexos/gêneros e as vivências íntimas de um casal. Afinal, essa mídia trará consigo uma série de estereótipos sobre o que é ser homem ou ser mulher. Mas cabe destacar outro fator importante que o consumo da pornografia ilustra muito bem: os diferentes padrões de esquiva apresentados por homens nos relacionamentos.

Conforme comentado anteriormente, os homens são experts na esquiva, principalmente na esquiva experiencial. Ou seja, o engajamento com ações que visam suprimir, controlar ou eliminar experiências desagradáveis ou estressantes. Acontece que tal engajamento, no entanto, é pouco frutífero. Primeiro, porque o sofrimento é inevitável. Segundo, porque tais ações podem desencadear o recrudescimento da frequência e da intensidade das experiências sendo evitadas (Hayes et al., 2021). Ainda sobre esquiva experiencial, Hayes et al. comentam:

> O resultado no longo prazo é que a vida da pessoa começa a se restringir, as situações evitadas se multiplicam e se deterioram, os pensamentos e sentimentos evitados se tornam mais preponderantes, e a capacidade de estar no momento presente e desfrutar a vida gradualmente diminui. (p. 17).

Partindo do pressuposto de que o dispositivo da eficácia elaborado por Zanello (2018) faz sentido, não seria de se estranhar que, por diversas vezes, homens tenderão a optar pela masturbação acompanhada de estímulos visuais em sites pornográficos em vez de uma relação sexual com suas parceiras. Ter um desempenho aquém do esperado na hora do sexo, ou o próprio medo de não atingir determinado desempenho, poderia exercer função de operação estabelecedora[11] para que homens se esquivem de uma relação sexual e optem pela facilidade de sites pornográficos. A própria concepção do que seria o desempenho sexual torna-se restrita, visto que os homens passam a considerar a relação e o desempenho apenas pela ocorrência de ereção e ejaculação, ignorando outros componentes afetivos e sensoriais importantes em relações amorosas. Estes podem, ainda, ficar pouco sensíveis às necessidades e aos desejos da parceira durante a interação afetiva/sexual.

A expressão do medo, aliás, é um repertório pouco validado para os homens. Geralmente estes não são treinados a tatear suas emoções, a denominá-las e a expressar como se sentem. O que mais se observa, na realidade, é o contrário: a punição de comportamentos de expressar sentimentos e demonstrar vulnerabilidade. Falas como "engole o choro", "vira homem" e tantos outros exemplos corriqueiros poderiam ser citados aqui. A raiva, possivelmente, é um dos poucos sentimentos que os homens são incentivados a expressar (Valério et al., 2022).

Para os relacionamentos amorosos, isso pode trazer uma série de prejuízos. É corriqueiro em atendimentos psicoterápicos receber homens que relatam raiva de determinadas situações, de chefes, filhas(os) ou parceiras(os), porém, ao aprofundar-se na análise das variáveis presentes em tais contingências, percebe-se que essa raiva, na verdade, poderia ser mais bem entendida como ansiedade, como tristeza, como saudade, como preocupação ou como tantos outros sentimentos. Claro, há situações em

---

[11] Operações estabelecedoras podem ser compreendidas como as condições antecedentes, por vezes chamadas de motivacionais, que alteram tanto a efetividade reforçadora de um estímulo como a frequência das respostas que teriam sido reforçadas por ele. Para maior aprofundamento, consultar Miguel (2000).

que sim, sentimos raiva. Porém saber identificar tais contextos, perceber e nomear tais emoções e acolher essas sensações ainda é um desafio para muitos homens.

Similar à raiva, outro sentimento que, em nossa cultura, os homens são incentivados a demonstrar, principalmente nas relações amorosas, é o ciúme. Menezes e Castro (2001) compreendem o ciúme como a possibilidade de perda de um determinado estímulo reforçador "para outro indivíduo, podendo envolver a emissão de respostas coercitivas que visam evitar esta perda" (p. 20).

Para as autoras, sociedades capitalistas que prezam pela posse e exclusividade favorecem a ocorrência de comportamentos ciumentos. Em relações amorosas monogâmicas, tais valores muitas vezes se fazem presentes. Nesse sentido, a demonstração de ciúmes não é somente esperada nas relações amorosas como também pode ser compreendida como demonstração de afeto. Costa e Barros (2010), aliás, comentam como a emissão de comportamentos ciumentos em relações amorosas é reforçada negativamente, uma vez que afasta o indivíduo que poderia representar uma ameaça à relação e possibilita a esquiva de possíveis críticas do grupo social. E, ao mesmo tempo, pode ser reforçada também positivamente por meio da atenção social do(a) parceiro(a), sendo, por vezes, um comportamento esperado nas relações.

Considerando as contribuições de Costa e Barros (2010), é possível inferir sobre variáveis de gênero que se fazem presentes na demonstração de ciúme. Sabe-se que tanto homens quanto mulheres podem vir a sentir e expressar ciúme, porém, em contingências patriarcais, há de se questionar quanto o comportamento ciumento, quando emitido pelos homens, é encorajado e reforçado, ao passo que o ciúme das mulheres pode ser taxado como menor, "loucura" ou como "coisa da sua cabeça". Em nossa cultura, o homem ciumento é fiel, firme e luta pela sua parceira, ao passo que a mulher ciumenta visa cercear a liberdade do seu parceiro, ou estaria criando cenários imaginários.

A luta pela parceira envolve para o homem uma espécie de jogo de conquista e sedução, no qual ele se utiliza do romantismo e da valorização dos atributos de uma mulher específica, tratando-a como única e insubstituível, como constatado por Zanello e Gama (2019). Conforme destacado anteriormente, aos homens é atribuído o "dispositivo da eficácia", e a forma de demonstrar essa eficácia, por vezes, corresponde a quanto se é capaz de conquistar mulheres. No entanto, a consolidação de um relacionamento amoroso envolve uma complexidade maior, que exige habilidades interpessoais nem sempre tão valorizadas no repertório comportamental destes, como a empatia, o afeto e o cuidado. Não é raro que esses homens assumam uma postura de desprezo ou desinteresse quando alguns conflitos conjugais aparecem no relacionamento, passando a tratar a relação como substituível ou não tão importante.

Por fim, cabe mencionar o quanto a esquiva experiencial por parte dos homens pode vir a se fazer presente em um momento crucial de muitas relações amorosas: o término. A dificuldade de acessar os diferentes sentimentos atrelados a um momento de luto como esse pode levar muitos homens a evitar tais respondentes. Um meio comum de vermos isso é no consumo exagerado de bebidas. Conforme apontado por Valério et al. (2022), o consumo excessivo de bebida alcoólica é tanto reforçado positivamente, uma vez que há uma validação social que até mesmo aponta que "homens fortes bebem bebidas fortes" (p. 50), quanto negativamente, atenuando momentaneamente o contato com sentimentos e emoções desagradáveis.

Em uma análise sobre o dispositivo amoroso em músicas sertanejas, Gama e Zanello (2019) comentam o fenômeno, não tão raro, de homens lidarem com términos valendo-se do consumo de bebida. Na análise das autoras, diversas músicas sertanejas que tratavam do tema representavam o homem como sendo o "coitado", aquele que havia sido vítima de uma mulher má. Para as autoras, o término da relação quando parte delas não costuma ser tão aceito quanto o inverso. Aliás, muitas músicas descreviam homens com dificuldade em aceitar essa separação, recorrendo a comportamentos persecutórios, como o *stalking*, que cessavam apenas ao descobrir que a mulher estava em outra relação, já com outro homem, como se somente isto concretizasse, então, que ele não teria mais chances de recuperar a amada e que a relação, de fato, acabara.

Considerações finais

No presente capítulo, buscamos explorar comportamentos dos homens em relacionamentos amorosos, especificamente os relacionamentos heterossexuais/heteroafetivos. A história de estudos sobre masculinidades demonstra que, em determinadas sociedades e culturas, existem padrões ideais do que é esperado desses homens, ao que se convencionou denominar de *masculinidade hegemônica*. Esses padrões são sempre diferentes, a depender do contexto histórico, político e social de onde estivermos falando, mas incluem principalmente: ser heterossexual, branco, forte, com alto poder aquisitivo, distante emocionalmente. As normas que se incluem nesse ideal perpassam o sexismo, a homofobia, o racismo e o poder.

A produção analítico-comportamental sobre feminismo e relações de gênero demonstra que ser mulher — assim como ser homem — envolve uma série de reforçamentos diferenciais que modelam o repertório comportamental de um indivíduo com base no seu sexo/gênero. Assim, crianças do sexo masculino são ensinadas a se comportar sob normas de masculinidades vigentes na sociedade, por reforçamento de alguns comportamentos e punição de outros.

Comportamentos que podem favorecer a qualidade de um relacionamento amoroso, como a empatia, a demonstração de afeto ou o cuidado, serão possivelmente punidos por meio de questionamentos e/ou piadas ao serem emitidos por meninos e homens, diminuindo a probabilidade de que ocorram. Em contrapartida, buscar diversas parceiras, exagerar no consumo de álcool ou mentir podem vir a ser comportamentos valorizados e reforçados. Em sociedades patriarcais, esses comportamentos são reforçados ou punidos, majoritariamente, pelos próprios homens, que controlam e exercem maior liberdade que as mulheres.

As mídias, por diversas vezes, atuam como agentes mantenedoras de tais contingências. Dentre elas, destaca-se a pornografia, que tem grande influência no comportamento masculino. Apesar de o consumo da pornografia poder contribuir para experimentações da sexualidade, uma problemática encontrada sobre seu consumo diz respeito à objetificação feminina e à naturalização de violências sexuais. Ademais, para os relacionamentos amorosos, um possível impacto diz respeito ao distanciamento das relações sexuais reais, principalmente devido a uma dessensibilização dos estímulos sexuais em decorrência do alto consumo de pornografia.

Por fim, cabe destacar quanto homens tendem a apresentar padrões comportamentais de esquiva. Conforme mencionado anteriormente, os homens são experts na esquiva, principalmente na experiencial. Alia-se a isso o fato de muitos homens serem pouco habilidosos em tatear e nomear suas emoções. Um dos poucos sentimentos que os homens são validados a expressar é a raiva, o que pode torná-los propensos a comportamentos agressivos. De forma similar ao que acontece quando se trata do sentimento de raiva, comportamentos ciumentos também são esperados e reforçados no repertório dos homens, e muitas vezes são até compreendidos como demonstrações de afeto.

Precisamos, portanto, ampliar a noção de afeto que, por diversas vezes, é esperada dos homens. Retomando as contribuições de JJ Bola (2019), muitas crianças do sexo masculino se desenvolvem aprendendo sobre carinho, amor e afeto, para na adolescência ou vida adulta ser-lhes ensinado o contrário: "homem de verdade não chora", "isso aí é para mulherzinha"; ou que ele tem que ser "pegador". No ideal de ser homem, a empatia e o amor tornam-se algo a se distanciar.

A terapia com os homens, portanto, pode ser desafiadora, mas também um espaço importante para reconexão com seus afetos e sua empatia. O *setting* terapêutico é um convite para entrar em contato com suas dores e seus valores, para entender a história e a necessidade que aquela dor pede que seja atendida. É um apelo para a coragem de se expor e falar sobre temas que foram punidos previamente. É, também, um espaço para o acolhimento e o amor. E a esperança de que a mudança que ocorre na relação estabelecida em sessão também possa ser generalizada para os contextos fora do consultório (Kohlenberg & Tsai, 1991).

Destacamos tais pontos na esperança de contribuir para um olhar mais sensível a tais contingências por parte de psicólogas(os). Afinal, uma análise funcional que desconsidera questões sociais, políticas, variáveis de gênero, raça, sexualidade e classe social é uma análise funcional incompleta. Infelizmente, essa discussão ainda é incipiente na área, mas é perceptível um movimento de psicólogas(os) buscando explorar e aprofundar as discussões sobre tais temáticas. Sabe-se que um capítulo seria insuficiente para explorar o tema das masculinidades e relacionamentos amorosos com o devido aprofundamento e as diversas intersecções que o tema merece, mas espera-se que as análises apresentadas possam contribuir na ampliação da discussão. E mais importante: que possamos auxiliar muitos homens a verdadeiramente amarem.

Referências

Baumel, C. P. C., Silva, P. de O. M. da, Guerra, V. M., Garcia, A., & Trindade, Z. A. (2019). Atitudes de Jovens frente à Pornografia e suas Consequências. Psico-

-USF, 24, 131–144. https://doi.org/10.1590/1413-82712019240111Bola, JJ. (2019) Seja homem: A masculinidade desmascarada. Editora Dublinense.

Connell, R. W., & Messerschmidt, J. W. (2013). Masculinidade hegemônica: Repensando o conceito. *Revista Estudos Feministas*, *21*(1), 241-282. https://doi.org/10.1590/S0104-026X2013000100014

Costa, N., & Barros, R. S. (2010). Ciúme: Uma interpretação analítico-comportamental. *Acta Comportamentalia: Revista Latina de Análisis de Comportamiento*, *18*(1), 135-149.

Couto, A. G., & Dittrich, A. (2017). Feminismo e análise do comportamento: Caminhos para o diálogo. *Perspectivas em Análise do Comportamento*, *8*(2), 147-158.

Gama, M., & Zanello, V. (2019). Dispositivo amoroso e tecnologias de gênero: Uma investigação sobre a música sertaneja brasileira e seus possíveis impactos na pedagogia afetiva do amar em mulheres. In *Gênero, subjetivação e perspectivas feministas* (pp. 163-184). Technopolitik.

Hayes, S., Strosahl, K. D., & Wilson, K. G. (2021). O dilema do sofrimento humano. In S. Hayes, K. D. Strosahl, & K. G. Wilson (Orgs.), *Terapia de aceitação e compromisso: O processo e a prática da mudança consciente* (pp. 1-23). Editora Synopsis.

Kimmel, M. S. (1998). A produção simultânea de masculinidades hegemônicas e subalternas. *Horizontes Antropológicos*, *4*, 103-117.

Kohlenberg, R. J., & Tsai, M. (1991). *Psicoterapia analítica funcional: Criando relações terapêuticas intensas e curativas*. Esetec.

Mattos, F. (2012, 16 jul.). Pornografia: O conto de fadas. *Papo de Homem*.

McCormack, M., & Wignall, L. (2017). Enjoyment, exploration and education: Understanding the consumption of pornography among young men with non-exclusive sexual orientations. *Sociology*, *51*(5), 975-991.

Menezes, A., & Castro, F. (2001, set.). *O ciúme romântico: Uma abordagem analítico-comportamental* [Apresentação]. 10.º Encontro Brasileiro de Medicina e Terapia Comportamental, Campinas.

Miguel, C. F. (2000). O conceito de operação estabelecedora na análise do comportamento. *Psicologia: Teoria e Pesquisa*, *16*(3), 259-267. https://doi.org/10.1590/S0102-37722000000300009

Nery, L. B. (2012). *Estereótipos de gênero: O efeito da exposição à mídia filme sobre o comportamento de crianças em brincadeira* [Dissertação de mestrado, Universidade de Brasília].

Nicolodi, L., & Arantes. A. (2019). Poder e patriarcado: Contribuições para uma análise comportamental da desigualdade de gênero. In R. Pinheiro, & T. Mizael (Orgs.), *Debates sobre feminismo e análise do comportamento* (pp. 64-84). Editora Imagine Produções.

Pisticelli, A. (2009). Gênero: A história de um conceito. In Almeida, H. B., & J. E. Szwako (Orgs.), *Diferenças, igualdade* (pp. 118-146). Editora Berlendis; Vertecchia.

Saffioti, H. (2015). *Gênero, patriarcado e violência.* Editora Fundação Perseu Abramo.

Silva, A. C. A., & Milanese, C. (2023, 27 jan.). *O consumo de pornografia e o distanciamento de interações sexuais reais.* IBAC.

Silva, E. C., & Laurenti, C. (2016). B. F. Skinner e Simone de Beauvoir: "A mulher" à luz do modelo de seleção pelas consequências. *Perspectivas em Análise do Comportamento, 7*(2), 197-211.

Silva, E. O., Oliveira, S. R., & Zanello, V. (2019). *Gênero, subjetivação e perspectivas feministas.*

Silva, G. J. T., & Arantes, A. (2019). História das primeiras mulheres na análise do comportamento no Brasil. In R. Pinheiro, & T. Mizael (Orgs.), *Debates sobre feminismo e análise do comportamento* (pp. 1-23). Imagine Produções.

Silva, S. G. D. (2000). Masculinidade na história: A construção cultural da diferença entre os sexos. *Psicologia: Ciência e profissão, 20,* 8-15.

Skinner, B. F. (2005). *Walden two.* Hackett Publishing.

Valério, A., Castro, D. P., & Florêncio, T. (2022). Reflexões sobre masculinidades: Possibilidades de interpretação a partir de uma visão analítico-comportamental. *Perspectivas em Análise do Comportamento, 13*(1), 41-53.

Welzer-Lang, D. (2001). A construção do masculino: Dominação das mulheres e homofobia. *Revista Estudos Feministas, 9,* 460-482.

Zanello, V. (2016). Dispositivo materno e processos de subjetivação: Desafios para a Psicologia. In V. Zanello, & M. Porto (Orgs.), *Aborto e (não) desejo de maternidade(s): Questões para a psicologia* (pp. 123-142). Conselho Federal de Psicologia.

Zanello, V. (2018). *Saúde mental, gênero e dispositivos: Cultura e processos de subjetivação*. Appris Editora.

Zanello, V. (2020). Masculinidades, cumplicidade e misoginia na "casa dos homens": Um estudo sobre grupos de WhatsApp masculinos no Brasil. In L. Ferreira (Org.), *Gênero em perspectiva* (pp. 79-102). Editora CRV.

ATENDENDO CASAIS LGBTQIAPN+

Allana Lara Lopes
Lorena Bezerra Nery

Ensine (sua filha/seus filhos) sobre a diferença. Torne a diferença algo comum. Torne a diferença normal. Ensine-a a não atribuir valor à diferença. E isso não para ser justa ou boazinha, mas simplesmente para ser humana e prática. Porque a diferença é a realidade do nosso mundo. E, ao lhe ensinar sobre a diferença, você a prepara para sobreviver num mundo diversificado.
(Chimamanda Ngozi Adichie)

A Terapia Analítico-Comportamental de Casais (TACC) tem como proposta contribuir para a melhora da qualidade das relações amorosas, favorecendo a intensificação da conexão e da aceitação mútua entre parceiros/parceiras/parceres. Trata-se de uma abordagem contextualista, orientada pelos pressupostos do behaviorismo radical, que se propõe a compreender, por meio da análise de contingências, como, no contexto das relações amorosas (casal, trisal, monogâmicos ou não), os comportamentos de uma pessoa afetam a maneira como se comporta(m) a(s) outra(s) envolvida(s) na relação, além de como a interação recíproca afeta a satisfação/insatisfação com o relacionamento e a conexão conjugal. Nessa perspectiva, compreende-se que, nas relações de casal, o comportamento de um exerce a função de contexto para os comportamentos do outro ou dos outros, caso haja mais de dois integrantes (como trisais e outras relações de configuração não monogâmica). Assim, a TACC objetiva compreender, analisar e intervir sobre a interação dos casais (Zamignani & Banaco, 2021).

Habilidades para interações marcadas por reforçamento positivo, reciprocidade e comunicação respeitosa são premissas para uma convivência harmoniosa e para a qualidade das relações de casal, objetivos terapêuticos de qualquer terapia que se proponha a trabalhar demandas de relações amorosas. Contudo, quando se trabalha com casais LGBTQIAPN+, ou seja, com relações que divergem do padrão cisheteronormativo, alguns cuidados podem contribuir para processos terapêuticos de casal mais respeitosos, acolhedores e efetivos.

Antes de nos aprofundarmos propriamente nas questões sobre a terapia de casais LGBTQIAPN+, gostaríamos de convidar você a nos acompanhar em algumas reflexões. Começaremos com um trecho do filme *Orações para Bobby*[12]:

> *Homossexualidade é um pecado. Os homossexuais estão condenados a passar a eternidade no inferno. E, se eles quiserem mudar, eles podem ser curados de seus hábitos malignos e pecaminosos. Se eles desviarem da tentação, eles podem ser normais de novo, mas apenas se tentarem muito. E tentarem com mais afinco, caso não funcione.*
>
> *Estas foram as coisas que eu disse ao meu filho, Bobby, quando descobri que ele era gay. Quando ele me disse que era homossexual, meu mundo desmoronou-se. Eu fiz tudo que eu pude para curá-lo da doença dele. Há oito meses, meu filho saltou de uma ponte e matou-se. Eu me arrependi profundamente da minha falta de conhecimento sobre gays e lésbicas. Hoje eu vejo que tudo que me ensinaram e disseram era odioso e desumano. Se eu tivesse investigado além do que me disseram... se eu tivesse, simplesmente, ouvido meu filho, quando ele abriu o coração para mim... então eu não estaria aqui hoje, triste, com vocês, cheia de arrependimento.*
>
> *Eu acredito que Deus ficou contente com o espírito gentil e amável do Bobby. Aos olhos de Deus, tudo que conta é a gentileza, o amor. Eu não sabia que, cada vez que eu ecoava a condenação eterna aos gays... que cada vez que eu me referia a Bobby como doente e pervertido e perigoso para as nossas crianças... a sua autoestima e o seu senso de valor próprio estavam sendo destruídos. E, finalmente, seu espírito quebrou-se para além de qualquer conserto. Não era o desejo de Deus que Bobby se debruçasse sobre o muro de uma ponte e pulasse diretamente no meio do caminhão de 18 rodas que o matou instantaneamente. A morte do Bobby foi resultado direto da ignorância dos pais dele e do medo da palavra "gay". Ele queria ser escritor. As suas esperanças e os seus sonhos não deveriam ter sido arrancados dele, mas foram.*

---

[12] *Prayers for Bobby* (bra: *Orações para Bobby*) é um filme americano de 2009 dirigido por Russell Mulcahy. Trata-se de um docudrama baseado no livro *Prayers for Bobby: A Mother's Coming to Terms with the Suicide of Her Gay Son*, de Leroy F. Aarons, que relata a história real da vida e do legado de Bobby Griffith, um jovem gay que se suicidou em 1983, sob forte pressão do fanatismo religioso e da homofobia de sua família. O filme é protagonizado por Ryan Kelley, que interpreta Bobby, e Sigourney Weaver, que interpreta sua mãe, Mary Griffith.

Existem crianças como o Bobby sentadas em suas congregações, desconhecidas para vocês, e elas vão ouvir enquanto vocês ecoam "Amém". E isso logo silenciará as orações delas. As orações delas pedindo a Deus compreensão e aceitação e por seu amor, mas o seu ódio e o medo e a ignorância a respeito da palavra "gay" silenciarão essas orações. Então, antes de ecoarem "amém" em sua casa e outros locais de adoração, pensem. Pensem e lembrem: uma criança está ouvindo.

Esse foi o discurso da personagem Mary Griffith diante do Conselho Municipal de sua cidade. No filme, Mary é mãe de Bobby, um jovem gay que, na ausência de recursos psicológicos para lidar com a opressão homofóbica que o cercava e sufocava, buscou no suicídio uma alternativa para lidar com seu sofrimento. Com a apresentação dessa cena, queremos convidá-la(o) agora a algumas respirações bem profundas, a encontrar uma posição confortável, e a examinar seu nível de abertura para se voltar um instante para si mesma(o). Quão disponível você está para se abrir e se permitir observar as sensações, as lembranças, os sentimentos e os pensamentos que atravessam seu corpo agora, após a leitura deste pequeno trecho sobre a história de Mary e de seu filho, Bobby?

Este exercício pode ser muito desafiador para diversas pessoas. Note se há alguma resistência em prosseguir e se aprofundar na observação de como seu corpo reagiu a essa história. Se notar alguma resistência, tente ficar com ela mais alguns instantes. Veja se há alguma verdade vulnerável e importante de admitir para você mesmo(a) acompanhando essa resistência agora. Respire profundamente mais algumas vezes. Procure empregar esforços para criar um espaço seguro para acolher gentilmente suas percepções. Todas elas. Tanto as que você pode julgar como boas ou naturais quanto as que julgar ruins ou indesejáveis. Note as necessidades que surgem diante de suas percepções e permita-se oferecer a si mesmo(a) o que sentir que precisa neste momento. Quando achar que está pronto(a) para seguir, pergunte a si mesmo(a): o que notei em meu corpo? Como estavam o ritmo e a intensidade de minha respiração? E meus batimentos cardíacos? Minha temperatura? Minha transpiração? Meus músculos? Minha postura? Notei algum desconforto? Alguma tensão? Algum sinal de prazer ou relaxamento? Fui capturada(o) por algum pensamento ou lembrança? O que essas percepções revelam sobre o impacto dessa história em mim?

Daqui nos perguntamos: será que você conseguiu imaginar como Mary, a mãe de Bobby, se sentiu? E os sentimentos de Bobby? Quanto você se permitiu abertura para seus próprios sentimentos enquanto imaginava os sentimentos deles? Qual é a sua disponibilidade para se conectar com seus próprios sentimentos nesse processo? Como imagina que estaria seu coração, se passasse a receber olhares e expressões de nojo, desprezo, ódio e medo, diariamente, por todos os lugares que frequentasse, inclusive dentro de sua própria casa, vindo de seus familiares? Como você acha que se sentiria, se suas roupas, sua voz, ou apenas a forma como você apoia sua mão na cintura evocassem piadas, risadas e comentários agressivos das outras pessoas em direção a você? E, se uma simples demonstração de carinho e afeto ao seu(sua) parceiro(a/e), em um restaurante, fosse interpretada como falta de respeito pelas pessoas das outras mesas, que, ameaçadas por seu afeto, exigissem do(a) gerente do estabelecimento que vocês se retirassem? Como se sentiria? E como se sentiria se, ao buscar ajuda com o objetivo de melhorar a qualidade da relação com a pessoa que você ama ou mesmo apoio para lidar com os desafios e as violências que o mundo impõe à relação de vocês, essa situação — de crítica, reprovação, constrangimento, agressividade, falta de respeito — se repetisse por parte do(a) profissional que supostamente deveria lhes oferecer cuidado e acolhimento? Como seria, se houvesse falta de compaixão, validação e compreensão a respeito do amor de vocês no contexto de um processo terapêutico de casal? Como você imagina que é viver assim?

Pode ser que você não apenas consiga imaginar, mas também saiba como é viver com esses desafios. Talvez por ter passado por experiências semelhantes. Talvez por ser próxima(o) a alguém que viva/viveu algo parecido. Há situações em que, ainda que não tenhamos vivido a mesma realidade, o acompanhamento de pessoas próximas que vivenciaram experiências como as descritas nos aproxima de tal forma que conseguimos imaginar como é viver como elas. Nesse caso, como sua experiência pode ajudar você a construir, com seus(suas) clientes, um espaço acolhedor, respeitoso e criativo?

Há outras situações, ainda, em que nunca experimentamos nem conhecemos ninguém que tenha vivenciado algo semelhante à experiência de nossos(as) clientes, e, mesmo assim, conseguimos ter uma postura compassiva em relação ao que vivem/viveram. O que você imagina sobre a experiência de Bobby? Como o que você imagina pode aproximá-la(o) de quem vive/viveu algo assim? Como a experiência descrita toca o seu coração? O que você sente que pode oferecer a alguém que viveu experiências semelhantes? Quanto de seu repertório atual permite a você oferecer reconhecimento, validação, acolhimento, respeito, segurança, apreciação e encorajamento para pessoas que não correspondem ao padrão cisheteronormativo? Quanto você considera seu repertório atual suficiente para convidar seus(suas) clientes a, com você, criar um espaço acolhedor, seguro e criativo, que os(as) encoraje a expressar a mais bela, autêntica, corajosa e saudável versão de si mesmas(os)?

É possível que, por nunca ter se deparado com uma história ou com experiências desse tipo, ao ler a descrição, você não tenha conseguido se conectar, nem imaginar o que uma pessoa poderia sentir nessas situações. E está tudo bem. É muito importante, especialmente para terapeutas, reconhecer seus limites. Inclusive seus limites empáticos. Ninguém precisa ser empático com todo mundo o tempo todo. Nem você. Reconhecer isso pode ser fundamental para que você possa empregar seus esforços e talentos de forma mais eficaz e cuidadosa, consigo mesmo(a) e com as pessoas que procurarem por sua ajuda.

Se você, entretanto, tem genuíno interesse em oferecer cuidado psicológico a pessoas LGBTQIAPN+, será necessário que siga monitorando a qualidade de sua abertura emocional relacionada às especificidades desse público. Nesse sentido, o presente capítulo objetiva destacar alguns aspectos e cuidados que consideramos valiosos para uma preparação inicial de terapeutas que desejam atender casais LGBTQIAPN+.

Pessoas que, independentemente da orientação sexual ou identidade de gênero, tomam ações para promover os direitos e a inclusão LGBTQIAPN+, antigamente conhecidas como simpatizantes, hoje são referidas como aliadas (Reis, 2018; Reis & Cazal, 2021). Este capítulo, valendo-se da apresentação de algumas reflexões nas quais você pode seguir se aprofundando daqui em diante, configura um convite para que psicoterapeutas que desejam conhecer mais sobre como, de fato, alcançar pessoas diversas em relação ao padrão cisheteronormativo de forma a promover inclusão por meio de uma postura profissional minimamente adequada e cuidadosa, também possam seguir contribuindo como aliadas desse público.

Breve contextualização de conceitos e terminologias

Ao longo do capítulo, utilizaremos a sigla LGBTI+ para nos referir a pessoas que não se identificam com padrões cisheteronormativos. O símbolo "+" ao fim da sigla faz referência ao seu viés descritivo e inclusivo, significando que a sigla permanece aberta à inclusão de possibilidades em relação a orientações sexuais, identidades e expressões de gênero. Na medida em que abordaremos a autodeterminação das pessoas quanto a sua identidade e orientação sexual, a função da sigla LGBTI+ ao longo deste texto vai na direção oposta da mera rotulação de pessoas e busca atender as necessidades de organização, reivindicação de direitos e aprofundamento de seus significados.

Até o presente momento, a configuração mais recente da sigla é LGBTQIAPN+, e há diversas nuances a serem aprofundadas e compreendidas sobre as particularidades de cada letra e a identidade sexual e/ou de gênero que ela busca representar. Apresentaremos a seguir apenas alguns conceitos centrais para nossa discussão, mas recomendamos a leitura do *Manual de Comunicação LGBTI+* (Reis & Cazal, 2021), que é um material essencial não só para profissionais da mídia e comunicadores, mas para todas as pessoas que querem conhecer, aprofundar e contribuir para a prática dos Direitos Humanos, os quais incluem os direitos das pessoas LGBTI+.

A sexualidade humana será aqui compreendida como um vasto repertório de ações que são fruto de elaborações culturais sobre os prazeres e as interações sociais e corporais que envolvem desde o erotismo, o desejo e o afeto, até noções relativas à saúde, à reprodução, ao uso de tecnologias e ao exercício do poder na sociedade. Dessa forma, a sexualidade humana está relacionada a significados, ideias, desejos, sensações, emoções, experiências, condutas, proibições, modelos e fantasias que são configurados de modos diversos em diferentes contextos sociais e períodos históricos. Trata-se, portanto, de um conceito dinâmico, que está sujeito a diversos usos e interpretações, até mesmo contraditórios, e, assim, deve ser sempre analisado em seu contexto social, político e cultural (Gênero e diversidade na escola: Formação de professoras/es em Gênero, Orientação Sexual e Relações Étnico-Raciais. Livro de conteúdo, 2009).

Existem diferentes formas de se vivenciar e expressar a sexualidade, uma vez que ela envolve um conjunto de práticas e significados que, sem negar a biologia, estruturam identidades e definem relações de poder na sociedade. Destaca-se, contudo, que a biologia em si não é suficiente para definir performances e significados atribuídos ao masculino e ao feminino nas diversas sociedades, ou mesmo para determinar ideias, desejos, emoções, experiências, condutas, proibições, fantasias e trocas sociais e corporais (Ministério Público Federal, 2017). Dessa forma, entende-se que a sexualidade humana é formada pela combinação de fatores biológicos, psicológicos e sociais. Nesse sentido, consideramos útil aprofundar o entendimento dos seguintes conceitos: sexo biológico, identidade de gênero e orientação sexual.

O sexo biológico refere-se às características biológicas que a pessoa tem ao nascer, as quais podem incluir cromossomos, genitália, composição hormonal, capacidade reprodutiva, características fisiológicas secundárias, entre outras. Dessa forma, com base em tais características, infere-se que a pessoa pode nascer macho, fêmea ou intersexual (Reis & Cazal, 2021). No entanto, é importante ressaltar que não há gênero no sexo biológico em si, o que existe é uma expectativa social de gênero relacionada ao corpo/genital (MPF, 2017; Reis & Cazal, 2021).

Ainda no que se refere ao aspecto biológico, a chamada intersexualidade acontece quando há uma variação nas características genéticas e/ou somáticas da pessoa, fazendo com que, ao nascer, sua anatomia reprodutiva e sexual não possa ser encaixada nas definições típicas do feminino ou do masculino por conter uma mistura das características de ambas. Existe, ainda hoje, uma conduta médica muito comum nessas situações: a prescrição de terapia hormonal e a realização de cirurgia destinadas a adequar a aparência e a funcionalidade da genitália da pessoa intersexo, e isso, não raro, ocorre antes de a criança completar 24 meses de vida (Reis & Cazal, 2021). Este tipo de intervenção tem sido realizado sob a argumentação de que esse processo preveniria o sofrimento e facilitaria a inserção da pessoa intersexo e de sua família na sociedade. Contudo, algumas pessoas intersexo submetidas a esse processo relatam que não se adaptaram e rejeitaram o sexo designado ao nascimento, o que respalda condutas terapêuticas que defendem o adiamento da intervenção até que a pessoa possa participar ativamente na tomada dessa decisão (Lionço, 2019; Reis & Cazal, 2021; Santos & Araújo, 2004). Nesse sentido, pensar a intersexualidade na contemporaneidade tem configurado grande desafio relacionado a intensas controvérsias envolvendo práticas comuns de correção de corpos intersexo para uma suposta garantia de reconhecimento de sua identidade, por um lado, e, por outro, as narrativas de sujeitos intersexo sobre os impactos subjetivos e sociais de terem sido submetidos a tais medidas correcionais sem o direito à autodeterminação (Lionço, 2019; Santos & Araújo, 2004).

Considerando esse contexto, defende-se que identidade de gênero é uma experiência privada e individual que pode ou não corresponder ao sexo atribuído no nascimento, incluindo o senso pessoal do corpo (que pode envolver, por escolha, modificação da aparência ou função corporal por meios médicos, cirúrgicos e outros) e outras expressões de gênero, inclusive vestimenta, modo de falar e maneirismos (Os princípios de Yogyakarta: Princípios sobre a aplicação da legislação internacional de direitos humanos em relação à orientação sexual e identidade de gênero, 2006; Reis, 2018). O gênero, nesse sentido, reflete a percepção que uma pessoa tem de si como sendo do gênero masculino, feminino, de alguma combinação ou negação dos dois, independentemente de seu sexo biológico (MPF, 2017; Os princípios... 2006; Reis, 2018).

A identidade de gênero da pessoa, portanto, não necessariamente está visível para as demais, e nem sempre corresponde ao seu sexo biológico. Já a expressão de gênero refere-se a como a pessoa se manifesta publicamente, por meio do seu nome, do pronome de tratamento que reivindica, da vestimenta, do corte de cabelo, dos comportamentos, da voz e/ou características corporais e da forma como interage com as demais pessoas (Reis, 2018). No que se refere à questão da autodeterminação da identidade de gênero, é importante ressaltar que, em 1.º de março de 2018, em julgamento da Ação Direta de Inconstitucionalidade (ADI) n.º 4.275, o Supremo Tribunal Federal (STF) determinou que a retificação do registro civil (alteração de nome) de pessoas trans e travestis devia ser realizada sem demanda judicial, nos próprios cartórios, por meio de autodeclaração, configurando desnecessárias tanto a apresentação de laudos psicológicos e psiquiátricos quanto a cirurgia de readequação sexual, devendo apenas a pessoa ser maior de idade ou representada por seus responsáveis quando menor de idade (Supremo Tribunal Federal, 2018; Reis, 2018).

Faz-se relevante comentar ainda que, ao longo deste texto, usamos a expressão "cis", que faz referência a pessoas cisgênero, ou seja, pessoas que se identificam com o gênero correspondente ao sexo designado em seu nascimento. Esse é um termo utilizado, portanto, para descrever pessoas que não são transgênero (mulheres trans, travestis ou homens trans) (Reis, 2018). "Cis-" é um prefixo em latim que significa "no mesmo lado que" e, portanto, é oposto de "trans-" (Reis, 2018). Um homem é cisgênero, se seu sexo biológico e sua identidade de gênero são masculinos, independentemente da sua orientação sexual — definição que será apresentada em mais detalhes a seguir —, ou seja: há homens e mulheres cisgênero homossexuais, heterossexuais, bissexuais ou pansexuais (MPF, 2017; Reis, 2018).

Historicamente, em diferentes culturas, estabeleceu-se como hegemônica a narrativa de que indivíduos cisheterossexuais configuram a norma e, nesse contexto, qualquer pessoa que escapa a esse padrão tem sido violentamente marginalizada. A cisheteronormatividade é uma expressão utilizada para descrever ou identificar essa suposta norma social relacionada ao comportamento padronizado em relação à identidade de gênero e orientação sexual, a qual sugere a concepção de que o padrão cisheterossexual de conduta é o único válido em nossa sociedade (Mattos & Cidade, 2016). Esse conceito é a base de argumentos discriminatórios e preconceituosos contra pessoas LGBTI+, principalmente os relacionados à formação de família e à expressão pública de afeto (Bento, 2008).

Pessoas transgênero ou transexuais são aquelas que possuem uma identidade de gênero diferente daquela correspondente ao sexo designado em seu nascimento. Mulher trans é uma pessoa que se identifica como sendo do gênero feminino, embora tenha sido biologicamente designada como pertencente ao sexo/gênero masculino ao nascer, e homem trans é a pessoa que se identifica como sendo do gênero masculino, embora tenha sido biologicamente designada como pertencente ao sexo/gênero feminino ao nascer (Oliveira & Jebaili, 2017). A orientação sexual de pessoas trans, assim como a das pessoas cis, independe de sua identidade de gênero, e pode ser heterossexual, bissexual, homossexual, pansexual etc. (MPF, 2017; Reis & Cazal, 2021).

Algumas pessoas transgênero necessitam de acompanhamento de saúde para a realização de modificações corporais por meio de terapias hormonais e/ou intervenções cirúrgicas, com o intuito de adequar o físico/corpo à identidade de gênero. É importante ressaltar, porém, que essa prática não é uma regra, ou seja, nem todas as pessoas transgênero desejam se submeter a procedimentos médicos, sobretudo aqueles de natureza invasiva ou mutiladora, não havendo nenhum tipo de condição específica ou forma corporal exigida para o reconhecimento jurídico da identidade transgênero (MPF, 2017).

Pessoas que não se identificam totalmente nem como menina/mulher, nem como menino/homem têm se autodeterminado não binárias e poderão permear diferentes formas de neutralidade, ambiguidade, multiplicidade, parcialidade, ageneridade, outrogeneridade e fluidez em suas identificações (Reis, 2018; Reis & Cazal, 2021; Reis & Pinho, 2016), e até mesmo podem ou não se considerar transgênero (Reis & Pinho, 2016).

Travestis, por sua vez, são pessoas que, embora, vivenciem performances de gênero femininas, não se reconhecem como homens nem como mulheres, mas como membros de um terceiro gênero ou de um não gênero (MPF, 2017; Reis, 2018). É comum que travestis modifiquem o corpo por meio de hormonioterapias, aplicações de próteses de silicone e/ou cirurgias plásticas, mas isso também não é regra para todas (Reis, 2018). É importante ressaltar que travestis, independentemente de como se reconhecem, preferem ser tratadas no feminino (*as travestis* — pronome de tratamento "ela"), considerando insultuoso serem adjetivadas no masculino (*ele/o travesti*) (MPF, 2017; Reis, 2018). Levar esses cuidados em consideração, além de refletir uma postura de interesse e respeito com pessoas travestis de modo geral, pode ser particularmente valioso na interação com clientes travestis no contexto psicoterapêutico.

Por fim, podemos passar para o conceito de orientação sexual, que se refere à capacidade de cada pessoa de ter uma profunda atração emocional, afetiva ou sexual por indivíduos de sexo/gênero diferente, do mesmo sexo/gênero ou por mais de um sexo/gênero, assim como ter relações íntimas e/ou sexuais com essas pessoas. Trata-se de uma inclinação involuntária (Reis, 2018), de modo que, além de equivocado, pode ser bastante ofensivo utilizar termos como "escolha" ou "opção sexual".

Nesse contexto, heterossexuais são pessoas que sentem atração sexual, emocional e/ou afetiva por pessoas do sexo/gênero oposto ao seu (Gênero..., 2009). Trata-se do padrão frequentemente imposto em nossa sociedade como única referência adequada de orientação sexual.

"Homossexual" é o termo atribuído à pessoa que se sente atraída sexual, emocional e/ou afetivamente por pessoas do mesmo sexo/gênero (cis ou trans). É interessante destacar que não é necessário que a pessoa tenha tido, necessariamente, experiências sexuais com outras pessoas do mesmo sexo/gênero para se identificar como homossexual (Gênero..., 2009). Esse termo, "homossexual", pode se referir tanto a mulheres homossexuais (cis ou trans) — lésbicas — como a homens homossexuais (cis ou trans) — gays. "Homoafetivo" é um adjetivo utilizado para descrever a complexidade e a multiplicidade de relações afetivas e/ou sexuais entre pessoas do mesmo sexo/gênero (Reis, 2018; Reis & Cazal, 2021).

Bissexual, por sua vez, é a pessoa que sente atração emocional, afetiva e/ou sexual por pessoas dos dois sexos/gêneros, ainda que não tenha tido relações sexuais com ambos. Complementando, de acordo com Reis (2018), pansexualidade refere-se a uma orientação que rejeita especificamente a noção de dois gêneros e orientação sexual específica. O prefixo "pan" vem do grego e traduz-se como "tudo". Isso significa que as pessoas pansexuais podem desenvolver atração física, amor e desejo sexual por outras pessoas, independentemente de sua identidade de gênero ou seu sexo biológico (Reis, 2018; Reis & Cazal, 2021). Já a assexualidade estrita refere-se à ausência de atração sexual por pessoas de qualquer sexo/gênero (Reis & Cazal, 2021).

Antes de seguirmos para um breve histórico do cuidado com pessoas sexo-gênero diversas no contexto da saúde mental, consideramos pertinente propor uma reflexão sobre a importância da sigla LGBTI+. As categorias que representam as diferentes sexualidades e identidades de gênero têm importantes funções políticas e de acolhimento ao possibilitarem a noção de validação e pertencimento a um grupo, a luta por direitos, a visibilidade das lutas, o estudo das especificidades de cada subgrupo, a representatividade da pluralidade de diferentes sujeitos políticos, o reconhecimento político e social da diversidade. Entretanto, há autores que questionam a característica potencialmente limitadora da categorização. Doyle (2020) compartilha que, certa vez, enquanto dava uma palestra, uma senhora da plateia corajosamente perguntou por que tantas pessoas ao seu redor estavam, de repente, "se tornando gays". A autora faz uma análise importante em sua resposta ao afirmar que não acredita que a homossexualidade seja contagiosa, mas a liberdade sim. E, por meio de uma metáfora, explica que a sexualidade e as identidades de gênero são fluidas como a água, podendo se expressar nas mais diversas nuances, enquanto as categorias são como copos, os quais favorecem a descrição de determinadas características e especificidades importantes, mas acabam inevitavelmente limitando, não são capazes de contemplar toda a riqueza da diversidade. Doyle destaca que, mesmo criando-se rótulos representados pelas letras LGBTI+, alguns copos ainda têm menos direitos e mais dificuldades, e algumas pessoas — como ela mesma — não conseguem encontrar um copo a que se sintam exatamente pertencentes. Nesse contexto, ela propõe:

> Meu chute é que as pessoas sempre estiveram no espectro dos cinquenta tons de *gay*. Eu me pergunto se, em vez de acrescentar outros copos (iniciais que indicam novas categorias), a gente não deveria parar de conter as pessoas neles. Talvez um dia sejamos capazes de nos livrar definiti-

> vamente do sistema de copos. Fé, sexualidade e gênero são coisas fluidas. Sem copos - só mar... talvez a gente possa parar de se esforçar tanto para entender o incrível mistério da sexualidade. Em vez disso, poderemos simplesmente ouvir nós mesmos e aos outros com curiosidade e amor, sem medo. Podemos simplesmente deixar as pessoas serem quem são, e podemos acreditar que, quanto mais livre uma pessoa é, melhor todos nós ficamos. Talvez nosso entendimento da sexualidade possa se tornar tão fluido quanto a própria sexualidade. Temos que lembrar que, não importa quão inconveniente seja para nós permitir que as pessoas emerjam de seus corpos e fluam, vale à pena. Nossa coragem de estarmos confusos, abertos e amorosos vai salvar vidas. (Doyle, 2020, p. 222).

Diante de tantas possibilidades, perguntar em vez de inferir sobre como a pessoa gostaria de ser identificada/chamada sinaliza uma postura de abertura, respeito e compreensão.

Breve panorama histórico de como clientes LGBTI+ foram compreendidos ao longo do tempo no contexto da saúde mental

Para uma compreensão mais ampla do cuidado a essa população no contexto da saúde mental, faz-se relevante conhecer alguns aspectos e marcos históricos relacionados às transformações que ocorreram ao longo dos últimos 60 anos na forma como a psicologia enxerga e se direciona para pessoas LGBTI+, consideradas minorias sexuais e de gênero. As minorias referem-se às interações afetivo-sexuais mais infrequentes quando comparadas ao resto da população, considerando-se o padrão cisheteronormativo como referência culturalmente imposta em nossa sociedade (Cavalcanti et al., 2018; Longhini, 2018, Trevisan, 2018; Zamignani & Banaco, 2021).

De acordo com Borges (2009), até meados dos anos 1970, a homossexualidade era entendida como uma manifestação patológica decorrente de um desenvolvimento psicossexual problemático. Até esse momento, as pesquisas tinham como foco o que se chamava de "desvios ou disfunções sexuais", e os contextos em que eram realizados os estudos eram prisões, hospitais e consultórios psiquiátricos apenas com homossexuais masculinos — posteriormente esses dados eram generalizados para as lésbicas. O objetivo das intervenções e das pesquisas nesses locais era apenas a busca pelas causas e pela cura da condição, até então vista como patológica. A proposta de cura era entendida como a inibição do desejo homossexual e restauração da heterossexualidade. Dessa forma, todos os outros aspectos da vida dessas pessoas eram ignorados/negligenciados (Borges, 2009).

A partir do questionamento dessa perspectiva patologizante, surge a chamada Psicologia Homossexual, que tem como pressuposto a noção de que a orientação homossexual é parte da variação normal da sexualidade humana. Baseada nessa premissa, a Associação Psiquiátrica Americana (APA) retira a homossexualidade de seu manual de diagnósticos psiquiátricos (DSM) em 1973. De acordo com Borges (2009), a partir de então, os profissionais da saúde mental passaram a ser incentivados a contribuir ativamente para a eliminação do estigma que era associado a essa orientação. Vale comentar que, até a década de 1970, o termo "homossexualidade" abarcava todas as orientações sexuais e identidades de gênero não normativas. Somente a partir da década de 1990, começou a ser contemplada uma maior pluralidade de sujeitos políticos, o que trouxe mais complexidade e dinamismo aos movimentos sociais e políticos pelo respeito à diversidade conduzidos por pessoas que não se enquadravam nos padrões cisheteronormativos (Baére & Zanello, 2022).

Em 1985, a Organização Mundial da Saúde (OMS) substituiu a adoção da terminologia "homossexualismo", classificada como "distúrbio mental" no Código Internacional de Doenças (CID), por "homossexualidade", buscando reiterar, com a retirada do sufixo "ismo" (o qual está tradicionalmente relacionado a doenças), a política de que a homossexualidade em si não implica nenhum prejuízo à saúde mental. Diante dessas mudanças na política de organizações de referência mundial, as pesquisas passaram a incluir outras questões relacionadas à vida de gays, lésbicas e bissexuais, como o estabelecimento de suas identidades, os processos de desenvolvimento de suas sexualidades e relacionamentos com pessoas do mesmo sexo/gênero, questões relacionadas à maternidade e à paternidade, bem como a homofobia e discriminações sofridas (Borges 2009). Dessa forma, o foco das intervenções e pesquisas deixou de se restringir a uma psicologia da sexualidade.

De acordo com Borges (2009), apesar de ser denominada "Psicologia Homossexual", essa abordagem também se relaciona intimamente com a psicologia de gênero e preocupa-se com pessoas bissexuais e transgênero. Em 1982, o psicólogo Alan Malyon descreveu o que chamou de "Psicoterapia Afirmativa Gay" (do inglês, *Gay Affirmative Therapy*) como uma proposta psicoterapêutica que envolve um conjunto especial de conhecimentos que se contrapõem à perspectiva tradicional segundo a qual o desejo e as orientações homossexuais seriam considerados patológicos. Assim, na proposta de Psicoterapia Afirmativa Gay, a variável considerada patológica no sentido de contribuir para o sofrimento psíquico e o desenvolvimento de determinadas condições somáticas comuns em pessoas sexo-gênero diversas é a homofobia, e não a homossexualidade em si. Há, nesse contexto, a utilização de métodos psicoterápicos tradicionais, porém com uma abordagem não tradicional (Borges, 2009).

No clássico livro *Coerção e suas Implicações*, Sidman (2009) destaca que diversos psicólogos, reproduzindo o contexto sociocultural de hostilidade e opressão, tratam a homossexualidade como desviante e oferecem propostas curativas. Dessa forma, negligencia-se a realidade de pessoas sexo-gênero diversas que se sentem perfeitamente confortáveis consigo mesmas e de outras que poderiam se sentir assim, caso não fossem recorrentemente vítimas de pressões coercitivas. O autor enfatiza, portanto, que o sofrimento não tem origem em algo interno à vítima de opressão ou na sua sexualidade, mas está diretamente relacionado a um contexto de invalidação, exigências desiguais, abuso, desrespeito e violência.

Complementando: para diferentes autores, o viés cisheterocentrista e desenvolvimentista de que a homossexualidade é um estágio inferior à heterossexualidade, bem como a neutralidade do terapeuta como premissa terapêutica básica, é aspecto que precisa ser revisto para um atendimento adequado dessa população (*e.g.*, Borges, 2009; Davies, 2000). De acordo com Davies (2000), um dos organizadores da série de publicações Pink Therapy, a neutralidade do terapeuta, na qual se fundamentam diversas escolas, não se aplica a pessoas LGBTI+. Devido à história de opressão e exposição a mensagens altamente negativas sobre a homossexualidade a que foram submetidas ao longo da vida, a expressão clara do(a) terapeuta sobre sua percepção da orientação sexual e da identidade de gênero de clientes LGBTI+ como uma variação normal e natural da sexualidade e identidade humana, tão positiva quanto a cisheterossexualidade, pode constituir elemento indispensável para a construção de um vínculo terapêutico poderoso.

Embora, no Brasil, o termo "Psicoterapia Afirmativa Gay" não seja reconhecido ou empregado oficialmente (Borges, 2009), desde março de 1999, o Conselho Federal de Psicologia (CFP), em sua Resolução 001/1999, passou a endossar explicitamente uma política compatível com essa proposta. Nessa resolução, aliás, é destacada a consideração de que a homossexualidade não constitui doença, nem distúrbio, nem perversão, e que a psicologia pode e deve contribuir para o esclarecimento sobre questões da sexualidade, favorecendo a superação de preconceitos e discriminações diante das inquietações da sociedade relacionadas a práticas sexuais que divergem da cisheteronormatividade. Dessa forma, estabelece que:

> Os psicólogos atuarão segundo os princípios éticos que disciplinam a não discriminação e a promoção do bem-estar das pessoas.... Não exercerão qualquer ação que favoreça a patologização de comportamentos e práticas homoeróticas, nem ação coercitiva tendente a orientar homossexuais para tratamentos não solicitados. Não colaborarão com eventos e serviços que proponham tratamento e cura das homossexualidades ou se pronunciarão para fortalecer preconceitos em relação a homossexuais como portadores de qualquer desordem psíquica.

Coerentemente, Zamignani e Banaco (2021) destacam que a Terapia Analítico-Comportamental de Casais se norteia pelo princípio da aceitação de toda e qualquer forma de relação afetiva, atuando no sentido de preparar casais sexo-gênero diversos para um direcionamento afirmativo de sua existência, na construção de uma sociedade plural.

Homofobia estrutural e estresse de minoria

Apesar da crescente aceitação social mais recente em relação à diversidade de identidades sexuais e de gênero, pessoas LGBTI+, consideradas por alguns autores como minorias sexuais e de gênero (GSM ou *Gender and Sexual Minorities*), seguem sendo brutalmente oprimidas em nossa sociedade. Ademais, destaca-se que indivíduos LGBTI+ normalmente não experimentam, como outros membros da sociedade, valorização e reconhecimento social em sua vida, em suas relações, em suas respectivas famílias e identidades, e isso pode ter impactos deletérios sobre seu desenvolvimento ao longo da vida (Kertzner, 2007; Skinta et al., 2016). Nesse contexto, Meyer (2003) conceitua a carga adicional de estresse resultante de viver com uma identidade minoritária como estresse de minoria. Trata-se de grupos sociais que, por não corresponderem ao padrão socialmente estabelecido como mais valioso, tendem a ser tratados como subordinados/oprimidos social, cultural, profissional e politicamente, de forma explícita ou implícita, em relação ao grupo imposto como referência (Zamignani & Banaco, 2021).

Embora diferentes minorias sociais estejam vulneráveis ao estresse de minoria — como mulheres, negros, indígenas — e compartilhem características desvalorizadas pelos grupos dominantes em nosso contexto sociocultural, há uma especificidade significativa no caso das pessoas sexo-gênero diversas: frequentemente elas não pertencem ao mesmo grupo identitário de seus pais e/ou familiares próximos, de modo que não podem aprender com esses vínculos de referência recursos para lidar com o preconceito e a discriminação. Assim, enquanto indivíduos de grupos raciais ou culturais minoritários, caso recebam apoio de suas respectivas famílias para lidar com a opressão, podem desenvolver orgulho de sua identidade e um senso de pertencimento ao seu grupo de origem, pessoas LGBTI+, geralmente, crescem em famílias que não compartilham do mesmo status de minoria sexual ou de gênero que elas. Isto contribui para que desenvolvam uma consciência de sua diferença em relação aos outros muito cedo e passem a perceber as relações interpessoais como uma espécie de campo minado. Assim, podem se tornar mais reservadas e distantes em seus relacionamentos, afinal não raro sofrem discriminação, mesmo no contexto das relações familiares e dos grupos sociais mais próximos. E, embora cada vez mais presentes na mídia, a representatividade de identidades LGBTI+ ainda é frequentemente negligenciada nas escolas, na comunidade e na cultura em geral (Kertzner, 2007; Skinta et al., 2016; Trevisan, 2018; Zamignani & Banaco, 2021).

Destaca-se que os desafios interpessoais para esta população, infelizmente, com frequência, vão muito além da mera diferença. O desvio das normas sociais sexuais e de gênero pode ultrapassar a rejeição e chegar a agressões verbais, físicas e sexuais (Skinta et al., 2016). Irmãos adultos, ao comparar experiências da infância, evidenciam que, de fato, as pessoas LGBTI+ têm maior probabilidade de experimentar agressões dentro de casa e na comunidade durante a infância do que seus pares cisgênero, heterossexuais. Esse risco elevado de agressão verbal, física e sexual não para na infância, pelo contrário, acompanha esses indivíduos durante toda a vida. O risco é ainda maior para aqueles que não estão em conformidade com o gênero (Cavalcante, 2018; Toomey et al., 2010). Exemplos de vivências desrespeitosas e/ou violentas nas interações familiares mais próximas chegam diariamente ao consultório, como no caso de um adolescente de 15 anos que foi expulso de casa pelo próprio pai, que, ao descobrir sobre a orientação sexual do filho, argumentou que não seria *"responsável por sustentar uma aberração"*. Outro exemplo foi o de uma jovem adulta que relatava em terapia temer perder o amor da mãe ao revelar-se lésbica. Após uma longa preparação, a cliente ouviu da genitora *"você morreu para mim"*, no dia em que finalmente lhe contou sobre a sua sexualidade.

Outro aspecto estressor para pessoas LGBTI+ que é diferente das demais identidades minoritárias é o fato de que características de sua identidade podem ser ocultadas ou divulgadas em graus variados. A ação de se revelar a terceiros, popularmente referida como "sair do armário", é percebida pelos indivíduos como um processo contínuo ao longo da vida, em vez de um único evento. Segundo Skinta et al. (2016), conhecer um novo vizinho ou entrar em um novo emprego pode exigir negociações internas complexas e o monitoramento constante do novo ambiente social para a tomada de decisões sobre se, como e quando revelar sua identidade LGBTI+. Esse estressor contínuo pode ser experimentado como um senso de vigilância, uma necessidade de estar alerta diante de uma possível rejeição a cada novo relacionamento.

Nesse contexto, faz-se relevante enfatizar que, não raro, clientes sexo-gênero diversos apresentam condições que sinalizam comprometimento de sua saúde mental, como ansiedade, depressão e/ou uso abusivo de substâncias. Esses quadros de saúde podem ser afetados por fatores relacionados ao estresse de minorias, variáveis que não estão presentes entre clientes heterossexuais cisgênero, e, dessa forma, nenhuma análise funcional de clientes LGBTI+ está completa sem o reconhecimento das formas complexas e dolorosas com que a maioria das sociedades expressou e segue expressando preconceito em relação às comunidades sexo-gênero diversas (Cochran & Mays, 2009; Green & Feinstein, 2012; Skinta et al., 2016). Faz-se relevante enfatizar, ainda, que essas experiências estressantes podem variar em intensidade e frequência, a depender de contextos sociais e fatores culturais relacionados à combinação de minorias sexuais e de gênero com minorias de raça, etnia, status de imigrante, deficiência etc. Todas essas nuances de identidade e expressão de identidade podem contribuir para o desenvolvimento de um senso de separação e desapego interpessoal entre os indivíduos LGBTI+, que são multiplamente marginalizados (Skinta et al., 2016). Assim, embora as cores do arco-íris, símbolo LGBTI+, representem uma ampla e diversificada gama de identidades sexuais e de gênero, cada uma delas pode experimentar níveis de visibilidade e aceitação muito diferentes, o que pode afetar seu senso pessoal de isolamento e estigma.

Um histórico assim, de recorrentes opressões e rejeições, pode resultar em significativa dificuldade de integração de sua identidade e de aceitação da própria sexualidade (Zamignani & Banaco, 2021). Considerando a complexidade desse panorama de opressões vividas pela população sexo-gênero diversa e por cada indivíduo dentro dela, Skinta et al. (2016) destacam que, para um trabalho eficaz com essas pessoas, a realização de avaliações individualizadas dos estressores e desafios interpessoais relacionados à identidade específica de cada cliente/paciente em terapia é fundamental.

Atendendo pessoas LGBTQIAPN+ com queixas amorosas

Diante de todo o contexto descrito no tópico anterior, é preciso que terapeutas estejam atentos(as) ao fato de que pessoas que se identificam como LGBTI+ geralmente experimentam uma variedade de pressões interpessoais desde o início da vida. Embora isso possa aparecer publicamente, em especial, com crianças que divergem às conformidades de gênero, na forma de rejeição familiar (*e.g.*, Skinta et al., 2016; Zamignani & Banaco, 2021), também pode se manifestar de forma privada ou encoberta, e envolver necessidades de disfarce ou ocultação de suas respectivas identidades, isolamento social e respondentes relacionados à inadequação e ao medo de rejeição e agressões. De acordo com Borges (2009), não é raro, até mesmo, que clientes LGBTI+, em algum momento da terapia, manifestem algum tipo de insatisfação ou sofrimento relacionado a sua identidade sexual ou de gênero. Segundo o autor, o papel do(a) terapeuta nesses casos é ajudar na compreensão de que esses sentimentos aversivos resultam dos mecanismos de opressão social, e não de uma sexualidade patológica.

Pessoas LGBTI+ podem, com muita frequência, sentir-se sozinhas, culpadas, envergonhadas, temerosas de que seu segredo seja descoberto e que isto provoque uma reação negativa nos outros. A manutenção de uma identidade heterossexual pública, nesse sentido, pode ser uma estratégia comum para reduzir o efeito dos intensos conflitos públicos e privados que lhes parecem sem solução (Borges 2009; Skinta et al., 2016). A essa dinâmica alguns autores dão o nome de homofobia internalizada (Borges, 2009). De uma perspectiva comportamental, podemos considerar algumas ações que se relacionam a esses aversivos experimentados em relação à própria identidade LGBTI+ e em relação à comunidade LGBTI+ em geral. Borges (2009) elenca alguns exemplos: comentários públicos que envolvem a valorização de atitudes "de macho", desqualificação ou expressão de desconforto diante de "bichas" ou "homens afeminados", direcionados a homens gays; desprezo a "caminhoneiras", em relação a lésbicas; emissão de críticas aos "guetos" e às comunidades LGBTI+, passar-se por heterossexual mesmo em situações nas quais não haveria perigo em ser identificado como LGBTI+, emitir comentários como "não tenho que dizer aos outros o que faço na cama" ou falar que um lugar ou uma pessoa é "muito gay" etc.

Segundo este mesmo autor, um dos objetivos de uma terapia afirmativa é promover a autenticidade do(a) cliente/paciente, de modo a contribuir para que faça as pazes com sua identidade LGBTI+, sendo capaz de integrar seus sentimentos, pensamentos e desejos homossexuais às diferentes áreas de sua vida. Para tanto, é preciso levar em conta que essa população aprendeu, desde muito cedo, a se sentir diferente, e que essa diferença está associada à inferioridade. Assim, diante da necessidade de evitar qualquer demonstração de sentimentos verdadeiros que possam gerar uma autopercepção empobrecida, clientes/paciente LGBTI+ podem desenvolver alto grau de autocontrole e autoexigência. Também pode estar presente a desconfiança dos próprios sentimentos, que pode a levar a uma forte alienação de si mesmos(as), configurando fator de vulnerabilidade dessa população em relação a acidentes fatais e ao suicídio (principalmente entre adolescentes), diante do intenso temor em frustrar sua família e a sociedade em geral de forma irreparável (Borges, 2009), como acabou sendo o desfecho de Bobby, personagem descrito no início deste capítulo.

Para que o processo terapêutico realmente seja um lugar de cuidado e desenvolvimento para clientes/pacientes LGBTI+, é preciso lembrar que estes buscam acolhimento, apoio e respeito na terapia. Nesse sentido, é fundamental que terapeutas que se dispõem a atender esse público ativamente empreguem esforços para acolher, compreender e trabalhar suas próprias limitações — preconceitos, fantasias e sentimentos — relacionadas às identidades e às orientações que não são cisheteronormativas, examinando constantemente questões contratransferenciais na relação com clientes. Destaca-se também, entre os aspectos a serem considerados pelo(a) terapeuta em sua preparação, a importância de que os objetivos terapêuticos tenham como foco padrões comportamentais que o(a) cliente/paciente descreve como geradores de sofrimento, e não sua identidade de gênero ou sexualidade (Borges, 2009).

Além disso, pode ser muito útil que o(a) terapeuta aprenda sobre as diferentes trajetórias de vida das pessoas LGBTI+, descubra o que a comunidade LGBTI+ local oferece (especialmente informações sobre grupos de apoio e acolhimento) e reafirme que a identidade e a sexualidade do(a) cliente/paciente são manifestações naturais. Borges (2009) complementa que alguns comportamentos do(a) terapeuta configuram erros comuns no atendimento de pessoas LGBTI+, quais sejam, a omissão da própria orientação sexual diante de uma pergunta direta de um(a) cliente LGBTI+; a negação da própria homofobia e do próprio heterocentrismo; o não oferecimento de recursos e informações sobre grupos de apoio; o uso de uma terminologia inadequada (por exemplo, "preferência sexual", que pressupõe uma escolha), pressupor como o cliente quer ser chamado [ou chama "a(o) parceira(o)", "esposa/marido", "namorado" etc.], em vez de perguntar diretamente; o não reconhecimento de que o(a) cliente foi uma criança LGBTI+ (ou seja, uma criança que se sentiu diferente, inferiorizada); a ausência de literatura ou revista gay na sala de espera, e a adoção da neutralidade como estilo terapêutico. Comportamentos como esses no contexto terapêutico podem provocar diversos prejuízos, especialmente quando oportunidades de funcionar como poderoso espelho afirmativo são perdidas.

Um exemplo triste de como a psicoterapia pode acabar se tornando mais um contexto de reprodução de padrões de desrespeito e opressão é o de um cliente que iniciou terapia individual buscando compreender o desconforto que vinha sentindo no processo terapêutico de casal do qual participava com seu marido. Segundo seu relato, entre os objetivos terapêuticos estabelecidos neste outro processo, estava a proposta de que ele melhorasse em relação ao que o parceiro e o terapeuta descreveram como "trejeitos afeminados". Diante da proposta, o cliente sentia-se triste e oprimido, ao mesmo tempo que não conseguia se posicionar na terapia de casal, já que se questionava se a forma como se expressava era realmente inadequada, logo precisava de ajustes no sentido de corresponder às expectativas sociais do marido e do terapeuta sobre como deveria ser e se comportar. Com visível sofrimento, ele expressava:

> *Sei que estamos na terapia para fazer ajustes, que há muito que podemos melhorar como casal, mas essas cobranças... sei lá... é como se de alguma forma eu tivesse que ser outra pessoa, que deixar de ser parte de quem sou para caber nesse amor, sabe?*

> *Não sei se isso é justo... se é possível mesmo... Como vou passar a minha vida com ele atento todo tempo para não parecer ser como sou e gosto de ser?*

Outro exemplo extremamente desrespeitoso foi relatado pela atriz Bruna Linzmeyer em entrevista recente ao *podcast* Quem Pod, Pod, apresentado por Giovanna Ewbank e Fernanda Paes Leme. A artista afirmou ter sido vítima de lesbofobia por sua terapeuta durante anos; em suas palavras:

> *Entrei numa psicanalista lacaniana que me foi superindicada. Ela não tinha nem horário para me atender, mas eu insisti. Era uma fortuna a consulta, e várias pessoas conhecidas vão nela. Eu fiquei quatro anos com essa mulher. Eu parei de dançar, parei de escrever, eu não conseguia mais transar direito, eu gozava e chorava. Ela era muito lesbofóbica comigo. Ela me interrompia e falava "Você não é lésbica".*

Quando questionada sobre o fato de ter permanecido tanto tempo no acompanhamento com essa profissional, a artista comentou sobre a dificuldade de identificar a violência em um contexto que supostamente deveria ser de cuidado e acolhimento.

Considerando todos os desafios do atendimento a pessoas LGBTI+, Borges (2009) sugere que, antes de se dedicar ao cuidado a esse público específico, o(a) terapeuta faça-se perguntas como: o que você pensa sobre a concepção de que a atração/o interesse por pessoas do mesmo sexo/gênero tem uma origem patológica? Como imagina que é para uma pessoa em terapia admitir que é LGBTI+? Qual a sua visão sobre a proposta de que gays e lésbicas não devem revelar-se, a não ser se confrontados diretamente? O que pensa sobre casamento civil e/ou religioso para pessoas LGBTI+? Como se sente a respeito da parentalidade de pessoas LGBTI+? Qual a sua opinião sobre a afirmação de que a comunidade LGBTI+ é imatura e centrada em sexo?

A estas reflexões, acrescentamos mais algumas: qual é a sua definição de casal? E o seu conceito de família, qual é? O que é diferente quando se trata de casais ou famílias com participantes que se identificam como pessoas sexo-gênero diversas? Quão confortável você se sente com a ideia de conversar com casais LGBTI+ sobre os mais diversos temas, desde comunicação e rotina, até sua sexualidade, parentalidade, preconceito e discriminação? O que pensa sobre esses casais expressarem afeto em espaços sociais — inclusive no contexto terapêutico — da mesma forma como fazem casais estabelecidos como padrão em nossa sociedade? Qual a sua visão sobre casais LGBTI+? E sobre famílias que quebram o estereótipo dos comerciais de margarina com casais cisheteronormativos? Quais são seus preconceitos sobre pessoas LGBTI+? Como costuma lidar com esses preconceitos? Quão capaz você se vê de acolher, de forma afetuosa e compassiva, casais LGBTI+ em seus desafios e suas vulnerabilidades? E como avalia sua capacidade de acolher seus próprios desafios, sentimentos e os riscos de não saber enquanto terapeuta que cuida de casais LGBTI+?

Diante das reflexões até aqui, quão preparada(o) você se sente para atender casais LGBTI+? Qual é o seu interesse em atender esse público? O que pensa que poderia enriquecer a sua preparação?

Alguns desafios do atendimento a casais LGBTQIAPN+

Atender casais é um grande desafio, que envolve o manejo de contingências interpessoais complexas não apenas entre parceiros(as), mas também entre o(a) terapeuta e o casal, e entre o(a) terapeuta e cada uma das pessoas envolvidas na relação amorosa em questão. Casais frequentemente chegam à terapia muito angustiados, expressando desejo de urgência na resolução de suas questões. E, além de inábeis interpessoalmente, podem ser hostis durante as sessões (Steinwachs & Szabo, 2016). É, sem dúvida, uma atividade que exige que terapeutas estejam dispostos a trabalhar constantemente suas próprias habilidades de comunicação, flexibilidade e tolerância ao estresse (Perel, 2018, 2017; Steinwachs & Szabo, 2016). Atender casais LGBTI+, a depender do repertório do terapeuta relacionado a esse público, pode intensificar um pouco os desafios.

A escassez de publicações que têm como foco a avaliação de eficácia em terapia conjugal comportamental para esse público é um desses desafios (Steinwachs & Szabo, 2016). A falta de materiais que apresentem propostas que alcancem a efetividade no cuidado com esse público contribui diretamente para o despreparo dos profissionais e impacta negativamente a qualidade dos serviços oferecidos, diminuindo a procura por cuidado entre a comunidade LGBTI+, especialmente devido ao estresse adicional de terem que ser eles mesmos, muitas vezes, aqueles que vão instruir e corrigir os profissionais de saúde sobre questões básicas de sua identidade sexual e de gênero (Baére & Zanello, 2022). Assim, embora a intolerância de terapeutas em relação às pessoas LGBTI+ hoje seja menor do que no passado, a emissão de respostas cisheteronormativas de profissionais no contexto terapêutico, ainda que sutis, permanece bastante comum, especialmente nos casos em que há incompatibilidade de identidade sexual ou de gênero entre terapeuta e clientes (Steinwachs & Szabo, 2016).

Glennon Doyle (2020), importante ativista norte-americana e autora de diversos best-sellers, ao contar sua trajetória em seu livro autobiográfico intitulado *Indomável*, descreve a experiência que teve com sua terapeuta de casal em uma sessão individual. Utilizaremos essa passagem para ilustrar uma interação no contexto terapêutico e nos aprofundarmos em algumas reflexões sobre o atendimento de casais LGBTI+ ao longo do capítulo.

> Meu marido e eu começamos a frequentar uma terapeuta depois que ele admitiu que estava dormindo com outras mulheres. Agora guardamos os problemas que acontecem durante a semana para contar a ela nas terças à noite. Quando meus amigos perguntam se ela é boa, eu respondo: "Bom, acho que sim. Quer dizer, ainda estamos casados". (p. 23).

Antes de prosseguir, gostaríamos de convidar você agora para examinar o trecho citado conosco. Considerando as informações do caso disponibilizadas até aqui, e as revelação de Glennon, a cliente em questão, quais você supõe que sejam as queixas e demandas dela para a terapia de casal até então? Que resultados você imagina que a deixariam satisfeita? O que, do ponto de vista dela, parece ser relevante para que se possa avaliar a terapia de casal como bem-sucedida? O que, a princípio, ela parece esperar da terapeuta de casal? Se você fosse terapeuta desse caso, que hipóteses estaria formulando sobre esse casal até aqui? E sobre o seu papel na dinâmica desse casal durante as sessões? Antes de seguir a leitura da descrição do caso, tente esboçar brevemente algumas respostas hipotéticas a essas perguntas.

Glennon continua: "Hoje pedi para vê-la a sós. Estou cansada e trêmula porque passei a noite toda ensaiando em silêncio um jeito de dizer o que estou prestes a contar. Fico sentada em silêncio na poltrona, com as mãos sobre o colo" (p. 23). Neste trecho a paciente descreve suas percepções sobre o dia em que pediu para ver a terapeuta a sós. Se você fosse essa terapeuta, o que estaria aprendendo sobre sua cliente com base nessas descrições? Quais seriam suas hipóteses terapêuticas até aqui?

Glennon segue:

> Ela está sentada com as costas bem eretas na poltrona à minha frente. Está de terninho branco muito bem passado, saltos baixos, cara limpa, sem maquiagem. Uma estante de

madeira cheia de livros teóricos e diplomas emoldurados cobre a parede atrás dela como vinhas. Sua caneta está preparada acima do bloco de capa de couro no seu colo, pronta para me resumir em preto e branco. (p. 23).

Cada um(a) de nós pode se identificar mais ou menos com as características da terapeuta e do *setting* terapêutico descritas anteriormente. De qualquer forma, tome um momento, considere o contexto descrito e imagine que tipo de dinâmica interpessoal entre terapeuta e cliente pode estar acontecendo nesse recorte. Quais podem ser as possíveis funções dessa descrição? Que expectativas e necessidades da cliente podem estar envolvidas? O que a descrição de Glennon evocou em você? Que respostas terapêuticas você supõe que poderiam ser relevantes nesse cenário? Se desejar, anote suas impressões antes de seguir.

Glennon: "Eu lembro a mim mesma: fale com calma e confiança, Glennon, como uma adulta. 'Tenho uma coisa importante a dizer'" (p. 23). Paremos mais um breve instante e analisemos: o que descrição da autora sinaliza para você? Que expectativas e necessidades podem estar relacionadas a essa parte do relato?

Glennon: "Eu me apaixonei. Perdidamente. O nome dela é Abby" (p. 23). Sendo a terapeuta de casal em questão, como imagina que essa revelação da cliente afetaria você? Tente se abrir para sua história de vida, seus padrões de comportamento, pensamentos, sentimentos, lembranças, necessidades, limitações, impulsos, dificuldades e desejos. Crie espaço para se perceber por completo diante dessa situação hipotética em que uma cliente de terapia de casal, casada com um homem com quem tem três filhos, pede uma sessão individual, para a qual investiu tempo e esforços em sua preparação, para revelar que está perdidamente apaixonada por outra pessoa, uma mulher chamada Abby. O que você nota em seu corpo agora? O que percebe sobre si mesma(o)? Como imagina que responderia diante de tal revelação? Baseada em que hipóteses e funções terapêuticas seriam suas respostas? Como supõe que suas respostas chegariam para essa cliente hipotética?

O trecho transcrito a seguir descreve as reações da terapeuta diante da revelação da autora, e nos depararmos com a falta de preparo demonstrada em sua condução teve grande influência em nossa motivação para escrever este capítulo. O relato de Glennon Doyle aborda uma dinâmica que alguns autores chamam de microagressões ou LGBTfobia na relação terapêutica (Glória, 2021; Steinwachs & Szabo, 2016), o que configura um desafio maior e mais comum do que a comunidade terapêutica gostaria de admitir, especialmente no atendimento a minorias, tema sobre o qual nós nos debruçaremos na sequência.

Glennon:

> O queixo da minha terapeuta cai, só o suficiente para que eu perceba. Ela fica em silêncio por um momento que parece eterno. Então respira fundo e diz: "Certo". Ela para, recomeça: "Glennon, você sabe que, seja o que for isso... não é real. Esses sentimentos não são reais. Seja qual for o futuro que você está imaginando aqui: isso também não é real. Isso não passa de uma distração perigosa. Não vai terminar bem. Você precisa parar". (p. 24).

Seguindo com nosso exercício imaginativo, como você percebe o que acabou de acontecer nessa sessão? Em que possíveis referenciais teóricos, raciocínios clínicos ou hipóteses terapêuticas foram baseadas essas respostas da terapeuta? Quais objetivos terapêuticos guiaram sua intervenção? Quais outras experiências podem ter contribuído para esse tipo de reação que ela teve? Que efeitos você imagina que essa reação pode ter gerado na cliente durante a sessão?

Glannon segue:

> Começo a tentar dizer: "Você não está entendendo. Isso é diferente." Mas então penso em todas as pessoas que se sentaram nesta mesma poltrona e insistiram: "Isso é diferente". Se ela não vai me deixar ter Abby, preciso convencê-la, ao menos, a nunca mais precisar ter meu marido. "Eu não consigo mais dormir com ele", digo. "Você sabe o quanto me esforcei. Às vezes acho que o perdoei, mas aí ele sobe em cima de mim e o ódio volta todo outra vez. Faz anos, e não quero ser chata, então fecho os olhos e tento flutuar para fora do meu corpo até que acabe, mas aí sem querer acabo voltando, e esse retorno é para um ódio cegante e ardente. É tipo: eu tento morrer por dentro, mas sempre tem um pouquinho de vida dentro de mim, e essa vida torna o sexo insuportável. Não consigo estar viva durante esse momento, mas também não consigo morrer, então não tem solução. Eu só... só não quero mais fazer isso". Fico furiosa por sentir as lágrimas chegando, mas é o que acontece. Estou implorando agora. Piedade, por favor. Duas mulheres. Um terninho branco. Seis diplomas emoldurados. Um caderno aberto. Uma caneta a postos.

> Então (a terapeuta finalmente responde): "Você já tentou só fazer sexo oral nele? Muitas mulheres sentem que o oral é menos íntimo". (p. 24).

Diante deste último trecho que descreve a sessão de Glennon Doyle e sua terapeuta de casal, considere as hipóteses que você formulou em suas respostas ao longo do exercício, os pensamentos, os sentimentos, as necessidades, os desejos, os impulsos e sua imaginação. Abra espaço em sua atenção para considerar a perspectiva da terapeuta de Glennon. O que, em sua história de vida e sua formação acadêmico-profissional, pode ter contribuído para que ela tivesse as reações que teve? A que variáveis ela estava sensível durante a interação com a cliente? Quais eram as possíveis funções de suas intervenções? Que funções suas respostas possivelmente, de fato, tiveram sobre a cliente e sobre a relação terapêutica? A que objetivos clínicos essas funções atendem?

Considerando o que foi discutido ao longo deste capítulo sobre os desafios enfrentados por pessoas que divergem do padrão cisheteronormativo e também as informações de que Glennon vivia um modelo familiar que até então correspondia a esse padrão, além de ser uma escritora amplamente conhecida por seu viés religioso, pedimos que você abra ainda mais espaço na sua atenção agora e venha conosco examinar a experiência de Glennon durante a sessão descrita. O que ela pareceu ter experimentado em relação à revelação que estava prestes a fazer? Que pensamentos, sentimentos, necessidades e desejos poderiam estar relacionados à preparação para essa revelação? Quais foram as consequências dessa revelação? E que efeitos emocionais essas consequências potencialmente produziram? Quais possíveis expectativas ou necessidades foram sinalizadas para a terapeuta com essa revelação? Que tipo de cuidado ou resposta terapêutica foram oferecidos pela terapeuta diante de sua importante e vulnerável revelação?

Procure ficar um instante com essas perguntas e os respondentes relacionados a elas. Tudo bem se não tiver todas as respostas para elas nesse momento. Apenas se permita observar os efeitos que esse exercício tem em você. O nosso ponto aqui é destacar que respostas cisheteronormativas como as apresentadas pela terapeuta de Glennon geralmente expressam o viés de que qualquer identidade que não seja cisheterossexual é considerada desviante, moralmente errada ou antinatural. Ainda que emitidas de forma bem-intencionada, essas reações podem ter funções desastrosas por abafar implicitamente a autonomia/autenticidade daqueles que divergem dessa norma social estabelecida (Steinwachs & Szabo, 2016). Considerando a análise do episódio descrito por Glennon, como você conduziria de forma mais ética e respeitosa uma sessão em que a cliente fizesse aquela autorrevelação? Quais seriam outras possibilidades de manejo e acolhimento de sua expressão tão vulnerável?

O exemplo de Glennon, infelizmente, não é isolado, e representa o despreparo de terapeutas em geral para lidar com questões relevantes às relações LGBTI+. Recentemente, Gabriela e Laura, um casal de mulheres, contou-nos que, ao chegarem ao consultório de uma terapeuta com seu filho recém-nascido, com a demanda de que precisariam de alguns ajustes na rotina e na sua configuração de divisão de responsabilidades e tarefas diante da chegada do filho, a profissional perguntou-lhes quem do casal seria o pai da criança. O casal explicou o óbvio: a criança não teria pai, mas duas mães, ao que a terapeuta insistiu: *"Mas como vocês irão se organizar para que uma de vocês exerça a função do pai? Essa é uma função indispensável para o desenvolvimento saudável de uma criança"*. Laura explicou que se tratava, sim, de uma configuração familiar diferente, mas que nenhuma das duas pretendia se ajustar à função de pai, já que, como mulheres, exerciam a parceria de uma maternidade dupla. Novamente a terapeuta insistiu que seria traumática para a criança a falta de um pai. Gabriela discordou, argumentando que não se tratava de uma situação de abandono, como acontece no caso de muitas crianças que são criadas por mães solo, sobrecarregadas ao conciliarem as mais diversas demandas sozinhas, sem rede de apoio, diante do abandono explícito ou velado de seus parceiros. A ausência de um pai, no caso de uma família construída por duas mulheres, não configura abandono ou rejeição parental da criança. Trata-se de uma configuração diferente daquela imposta pelo padrão cisheteronormativo, mas não incompleta. Logo, Gabriela, Laura e o filho formavam uma família completa, com duas mães disponíveis e comprometidas com o manejo dos ajustes necessários diante das mudanças impostas pela chegada de um bebê a uma relação de casal. Após relatarem a cena que viveram no início de sua busca por suporte profissional, as clientes destacaram que compreendiam que a terapeuta tivesse pouca experiência no atendimento de casais e famílias com um arranjo diferente do padrão, mas que se sentiram desrespeitadas e pouco motivadas para o processo diante da sua insistência para lhes fazer simplesmente caber em uma referência preestabelecida sem se preocupar em ouvi-las a respeito de suas necessidades e demandas como casal/família que buscava ajuda.

Glória (2021) enfatiza, em seu livro intitulado *Cuidado com Mulheres Lésbicas: Prática Clínica em Psicologia,* a escassez de literatura e de discussões em aulas e cursos de graduação/capacitação de profissionais de psicologia com foco no atendimento e cuidado com as mulheres lésbicas. Há pouquíssimos trabalhos publicados com o objetivo de compreender as especificidades desse público. De acordo com a autora, que estudou o tema em sua pesquisa de mestrado, o cuidado com mulheres lésbicas no contexto da clínica psicológica convoca-nos a direcionar o olhar para algumas peculiaridades importantes. A autora convida a refletir sobre como as práticas de terapeutas podem cuidar ou negligenciar, acolher ou excluir, afirmar/fortalecer/validar ou silenciar/oprimir/encolher. Ressalta-se, assim, que o acolhimento de mulheres lésbicas demanda conhecer suas especificidades, rever conceitos e preconceitos, reconhecer potências, aprofundar-se no novo com interesse e, ainda, correr riscos.

Gloria (2021) destaca que as mulheres são socializadas no sentido de ficarem em silêncio como forma de se protegerem da violência. Contudo, o silêncio impede que o mundo reconheça suas lutas e seus direitos. Assim, faz-se necessário que as mulheres lésbicas quebrem o silêncio e façam acontecer sua visibilidade, pois, embora a exposição esteja relacionada a uma maior vulnerabilidade, também fortalece o grupo. A transformação do silêncio em linguagem e ação — o compartilhamento de experiências — abre caminhos para que outras pessoas se inspirem e se libertem para serem quem são. Nesse contexto, um processo psicoterapêutico cuidadoso, acolhedor e validante pode ser de grande relevância no sentido de contribuir para a expressão e o fortalecimento das vozes das mulheres lésbicas, assim como de outras vozes LGBTI+.

Outro exemplo de microagressão pode acontecer já no primeiro contato entre terapeuta e cliente: suponha que uma mulher entre em contato para marcar a primeira sessão de terapia conjugal. Depois de combinados data e horário, para realizar a marcação em sua agenda, o(a) terapeuta pergunta: "Qual é o nome do seu marido?". Observe como essa pergunta, aparentemente corriqueira, indica a expectativa do(a) profissional em relação à parceria afetiva que seria supostamente adequada diante das características da pessoa que entrou em contato inicialmente. Nesse contexto, caso a cliente não tenha um marido, mas sim uma namorada, por exemplo, é possível que se sinta constrangida, inadequada, envergonhada, pouco acolhida antes mesmo do início do processo terapêutico propriamente dito. Alternativas mais cuidadosas nesse exemplo da marcação da primeira sessão seriam: "Com quem você virá no horário que combinamos?", "Como se chama a pessoa com quem você fará terapia de casal?", "Quem virá acompanhando você no encontro que combinamos para sexta?", ou, ainda, "Quais são os nomes que devo registrar na agenda para o horário que combinamos?"

Nesse sentido, há diferentes formas em que o preconceito implícito da cisheteronormatividade pode se manifestar como microagressões. Trata-se de comportamentos sutis de profissionais, mas que podem comunicar desrespeito, difamação e até certo desprezo, gerando possíveis impactos como a rescisão antecipada do tratamento por falta de confiança em terapias de modo geral, confusão, invalidação, homofobia encoberta e insegurança (Steinwachs & Szabo 2016). É comum, entretanto, que terapeutas tentem suprimir seus preconceitos e sua cisheteronormatividade, por exemplo, como saída para evitar essas microagressões. Nessa tentativa, por medo de manifestar seu preconceito e cometer uma microagressão, alguns profissionais acabam perdendo oportunidades de se engajar em diálogos intensos e terapêuticos com seus(suas) clientes LGBTI+.

Microagressões, nesse contexto, podem ser descritas como incidentes que dependem de aprendizados e reforçamentos verbais anteriores, que categorizam e ultrapassam a experiência direta da pessoa que a comete. Questões como rigidez no controle por regras (insensibilidade às contingências do momento presente), redes relacionais em rápida expansão e repertórios rigidamente definidos em relação a si mesmo(a) e aos outros conspiram para tornar altamente provável, se não inevitável, que o mais bem-intencionado dos indivíduos, incluindo terapeutas, cometerá microagressões quando interagindo com os outros dentro de uma rede relacional limitada como a da cisheteronormatividade (Steinwachs & Szabo, 2016).

Embora os desafios descritos possam, a princípio, sugerir que não há esperança, existem sim algumas possibilidades (Steinwachs & Szabo, 2016). Uma abordagem contextual funcional pode contribuir para minimizar os danos das microagressões e fortalecer as relações (Plummer, 2010). De acordo com essa perspectiva, os comportamentos do(a) cliente e do(a) terapeuta são continuamente avaliados e reavaliados ao longo da terapia, tendo como principal referencial a história de contingências de cada um(a) (Kanter et al., 2009). Dessa forma, cada qual, terapeuta e clientes, constitui uma microcultura, que carrega profundas bases culturais, sociais, geracionais e de reforço completamente diferentes entre si (Vandenberghe et al., 2010).

Essa visão permite que terapeutas explorem pensamentos, emoções, ações e sensações conforme uma postura que considera que tudo o que uma pessoa faz é válido e carrega profundo sentido quando consideramos o contexto complexo das contingências relacionadas ao longo de sua história de vida (Steinwachs & Szabo, 2016). De acordo com a perspectiva behaviorista radical, a filosofia em que se embasa a Análise do Comportamento, o comportamento de um indivíduo é contextual e multideterminado, resultante de características genéticas únicas, de uma história única de reforçamento (experiência de vida), das relações do indivíduo com o ambiente atual e com as práticas culturais da comunidade em que se insere. Assim, considera-se que todo comportamento tem uma função, contextualizada na relação do organismo com o ambiente com o qual interage (para mais informações sobre a compreensão funcional do comportamento, ver Fonseca & Nery, 2018; Marçal, 2010; Nery & Fonseca, 2018; Skinner, 1981, 2003). Ter um olhar contextual é, portanto, uma proposta que envolve empatia e compreensão ao promover uma forma generosa de analisar o comportamento dentro de seu contexto (Holman et al., 2017, Lopes, 2018).

A Terapia de Aceitação e Compromisso (ACT) e a Psicoterapia Analítica Funcional (FAP) são modelos terapêuticos de base contextual que, diante desses processos negativos de linguagem, buscam ajudar as pessoas, terapeutas e clientes, a ativamente se engajarem em experiências desafiadoras que ocorrem durante as interações (para aprofundamento nessas abordagens, ver Harris, 2009; Hayes et al., 1999; Hayes & Smith, 2005; Holman et al., 2017; Kohlenberg & Tsai, 2001). Ambas trabalham a flexibilidade psicológica dos clientes. A FAP foca o desenvolvimento da flexibilidade interpessoal, enquanto a ACT foca a flexibilidade intrapessoal. A combinação dos dois modelos, contudo, não se ocupa com o desenvolvimento de um conjunto predefinido de comportamentos saudáveis, mas promove um alcance mais abrangente e efetivo no desenvolvimento de um repertório comportamental que envolve o responder à própria vida de uma forma aberta, receptiva e coerente com valores pessoais (Steinwachs & Szabo, 2016).

Considerando a perspectiva da ACT, a energia despendida em tentativas de evitar ou controlar estímulos naturais, os próprios pensamentos e sentimentos pode ser direcionada para a determinação de valores pessoais e a construção de uma vida valiosa (ver Harris, 2009; Hayes et al., 1999; Hayes & Smith, 2005). Dessa forma, no lugar de se engajar em tentar suprimir ou temer microagressões que possam acontecer, terapeutas podem focar se abrir completamente para vivenciar a experiência de encontro com pessoas LGBTI+, sabendo que errarão, sim, e então poderão assumir responsabilidades por seus erros e tentar repará-los, assim como acontece em qualquer relação real. Entende-se, assim, que a capacidade de acolher e aceitar ambos, a intenção que se tem ao emitir determinada ação e os efeitos dessa ação propriamente dita, pode trazer mais flexibilidade para as interações (Steinwachs & Szabo, 2016). Entretanto, aceitação, desfusão de categorias rígidas, interação com os outros de um lugar de não saber e recusa a presumir são posturas terapêuticas pouco prováveis de acontecer sem o devido comprometimento com ações baseadas em valores. A ACT destaca ser crucial que terapeutas consistentemente entrem em contato com seus valores e atentem para sua própria evitação e suas ações de controle, enquanto também aceitam que suas reações iniciais, menos elaboradas, são prováveis de se repetir (Harris, 2009; Hayes et al., 1999; Hayes & Smith, 2005; Steinwachs & Szabo, 2016). O desafio, nesse sentido, é seguir comprometido(a) em continuamente se engajar em segunda, terceira e quarta respostas que são profundamente firmadas em seus valores. Essa abordagem será mais eficaz do que julgar cada resposta sua, estigmatizando-se e tentando evitar ou controlar essas reações. Dado que esses problemas de linguagem são processos naturais e, às vezes, uma parte dolorosa de ser humano, recomenda-se um manejo de interações difíceis e microagressões de uma perspectiva autocompassiva (Steinwachs & Szabo, 2016).

Nesse contexto, retomando o exemplo de Glennon Doyle, como considera que poderia conduzir de forma respeitosa, com você e com a cliente, a cena terapêutica a partir da autorrevelação vulnerável dela sobre estar apaixonada por outra mulher, considerando que o relato dela poderia eliciar respondentes e gerar em você pensamentos e avaliações sobre seus comportamentos que tocam suas próprias vulnerabilidades como pessoa, no que se refere, por exemplo, a julgamentos e preconceitos? Ao notar seu desconforto ou sua resistência diante da extremamente vulnerável revelação de Glannon, o que você poderia tentar com a função não apenas de acolher e alcançar a cliente de uma forma efetiva e respeitosa, mas também de respeitar e acolher suas próprias necessidades como terapeuta? Será que seria possível um manejo respeitoso, mesmo que os seus valores fossem incompatíveis com a expressão da bissexualidade apresentada pela cliente? É possível ser acolhedor e efetivo, mesmo quando não nos identificamos com as decisões e os valores de nossos(as) clientes? O que você poderia fazer diferente da terapeuta dela? Consegue pensar em algumas possibilidades? Caso se reconheça na intervenção adotada pela terapeuta, diante da identificação posterior à sessão do potencial estrago de sua intervenção pouco cuidadosa, e partindo do pressuposto de que tenha o respeito às pessoas que acompanha como um valor, como poderia se desculpar e reparar o grave equívoco em sua postura e os danos à relação em encontros futuros, caso a cliente lhe desse essa oportunidade? Refletindo sobre diferentes possibilidades, sugerimos algumas alternativas:

- "Você está me contando que está apaixonada, e que o nome dela é Abby. Também está me contando que está apaixonada por uma pessoa que não é seu marido, relação que temos investido em trabalhar há um tempo, nós três juntos. Também compartilhou que essa pessoa por quem se apaixonou fora do casamento é uma mulher... Uau! Essa revelação me tocou de forma intensa! Estou um pouco surpresa e confusa. Acho que vou precisar de algum tempo para digerir melhor essas informações. Imagino que você esteja vivendo algo bem intenso também e lhe agradeço por compartilhar. Gostaria de saber mais sobre como tem sido para você lidar com tudo isso e também como foi a experiência de compartilhar comigo. Pode me contar?";

- "Eu não sei bem como responder ao que acabou de compartilhar. Sinto um forte impacto emocional e há um importante conflito de valores dentro de mim agora. Prefiro que me conte um pouco mais sobre como isso aconteceu e como você está. O que sente que precisa de mim agora? Como posso lhe ajudar nessa situação? Eu quero estar com você, acompanhá-la por esse momento de desafio, mas não sei bem como fazer isso agora. Você pode me falar mais do que está sentindo ao me contar tudo isso? Que necessidades podem estar relacionadas a esses sentimentos? Se conseguirmos identificar do que você precisa agora, estou disposta a buscar recursos para lidar com os desafios que poderão vir. E você, quão disposta está a lidar com a minha necessidade de aprender mais e me preparar melhor para lhe acompanhar nesse processo, apesar de todo o meu interesse? Entenderei totalmente, se precisar de indicação de outros(as) profissionais de confiança que já estejam mais preparados(as) e tenham mais experiência em manejar desafios em relações como os que acabou de me contar";

- "Eu percebo muitos julgamentos e sentimentos intensos desde que você revelou sua paixão por outra mulher, Glannon. Estávamos trabalhando a relação com seu marido, e confesso que fiquei muito surpresa com tudo o que compartilhou. Não sei se consigo ajudá-la com essa nova demanda agora. Estou um pouco perdida e confusa. Sei que o que me revelou é muito importante para você, mas é algo que me desorganizou. Acho que encontrei meu limite empático na nossa relação por desafios e inabilidades minhas e me preocupo com a possibilidade de que minhas intervenções possam não ser suficientemente cuidadosas com os desafios que está vivenciando, então vou lhe pedir para encerramos aqui e me disponho a buscar com você o contato de alguém que possa acolhê-la da forma respeitosa de que você precisa neste momento";

- "Glennon, em nosso encontro passado, você me fez revelações extremamente importantes e vulneráveis, e eu não soube lidar com elas com o cuidado que mereciam. Fiquei muito surpresa, e talvez um pouco frustrada, por todo o trabalho que vínhamos fazendo juntos na terapia de casal, e me desorganizei completamente, conduzindo nosso encontro a partir dali de forma muito inadequada. Desde que saiu daqui e reparei os potenciais danos do que falei, fico buscando palavras para me desculpar da forma mais respeitosa possível e me pergunto o que poderia fazer para reparar o mal que posso ter causado a você e à nossa relação. Gostaria de poder desfazer o que fiz e falei, exatamente por me preocupar com os impactos que minha inadequação pode ter tido em você, mas sei que isso não é possível e não há palavras que possam expressar o quanto me entristeço pelo que posso ter lhe causado. Sinto muito, muito, muito mesmo por isso. E a agradeço por estar aqui de novo para que eu possa lhe pedir perdão e me dispor a reparar meus erros. Como você se sentiu diante da forma como reagi? Você se sente confortável em compartilhar comigo? Há algo que eu possa fazer para reparar os danos que causei? Gostaria que soubesse que estou aqui, disposta a ouvi-la com todo o interesse, mas também respeitarei sua escolha e os limites que estabelecer, caso não faça mais sentido para você a nossa relação".

Essas são apenas algumas sugestões nossas. Quais outras você sugeriria?

Seguindo com as propostas das terapias contextuais, a FAP, por sua vez, é fundamentada em análises funcionais e no processo de modelagem[13] por meio do reforçamento dos comportamentos clinicamente relevantes dos clientes (CCRs ou CRBs; do inglês, *Clinically Relevant Behaviors*) que ocorrem com o(a) terapeuta durante a sessão. Valendo-se dessa perspectiva, é possível ajudar a promover a generalização — do contexto terapêutico para outras relações da vida — de comportamentos interpessoais flexíveis, corajosos e efetivos, tanto em clientes como em terapeutas, especialmente quando combinada à noção de que microagressões são inevitáveis (Holman et al., 2017; Kohlenberg & Tsai, 2001; Steinwachs & Szabo, 2016).

Os CCRs ou CRBs são classificados pela FAP em dois tipos principais: os CCR1, que são entendidos como respostas dos(as) clientes que refletem, na relação terapêutica, os processos de inflexibilidade relacionados aos seus problemas e às dificuldades interpessoais, as quais devem ter sua força e sua frequência diminuídas ao longo do processo psicoterapêutico; e os CCR2, que se referem a respostas mais flexíveis dos(das) clientes, na relação terapêutica, que facilitam a conexão interpessoal, representam progressos em relação aos respectivos CCR1 e devem ter sua força e sua frequência intensificadas. O(a) terapeuta FAP trabalha para reforçar naturalmente os CCR2 na sessão e bloquear ou enfraquecer os CCR1 (Skinta et al., 2016; Steinwachs & Szabo, 2016; Tsai et al., 2009).

É essencial, contudo, que o(a) terapeuta dirija um olhar personalizado para cada cliente na formulação do caso por meio da realização de análises funcionais cuidadosas, e considere a amplitude dos comportamentos do(a) cliente na relação terapêutica antes de classificá-los como melhora (CCR2) ou problema (CCR1) (Tsai et al., 2011). Dessa forma, os CCRs podem aparecer a qualquer momento na interação cliente-terapeuta, e este(a) deve estar bastante sensível a que classe funcional esses comportamentos pertencem para que possa realizar uma intervenção que contribua para a evolução produtiva desse padrão, não apenas na relação terapêutica, mas especialmente nas relações do(a) cliente fora do consultório (Vandenberghe, 2017).

---

[13] A modelagem é um procedimento cujo objetivo é o desenvolvimento de novos repertórios por meio do reforçamento diferencial de aproximações sucessivas de um comportamento-alvo. O reforçamento diferencial, por sua vez, consiste em reforçar determinadas respostas que obedecem a algum critério e em não reforçar aquelas que não atendem a tal critério. Espera-se, como resultado, que seja construído um novo comportamento estabelecido como objetivo a partir de combinações de topografias de respostas já existentes no repertório comportamental do organismo (Moreira & Medeiros, 2019).

Assim, terapeutas FAP observam os CCRs que ocorrem na relação terapêutica e respondem a eles de forma contingente, ignorando ou confrontando o CCR1 e reforçando o CCR2. Isso é pensado com o objetivo de moldar ações interpessoais mais eficazes e promover a generalização desses comportamentos para as outras relações da vida do(a) cliente fora da sessão (Holman et al., 2017; Kohlenberg & Tsai, 2001). Para que seja possível essa modelagem dos comportamentos do cliente no contexto terapêutico, é fundamental que o(a) terapeuta FAP também esteja sensível aos próprios comportamentos clinicamente relevantes (os chamados T1 e T2, comportamentos clinicamente relevantes do terapeuta) que surgem na interação com cada cliente e que podem, assim como os CCRs dos clientes, denotar inflexibilidade do terapeuta, interferir, atrasar [T1, comportamentos-problema do(a) terapeuta], ou promover e potencializar [T2, comportamentos-alvo do(a) terapeuta] o processo de mudança terapêutica (Callaghan, 2006; Holman et al., 2017).

Partindo-se do pressuposto de que a FAP é uma abordagem contextual fundamentada na análise funcional, comportamentos do terapeuta como ficar com raiva, assustado ou sentindo vergonha na sessão não são necessariamente T1, mas sim reações naturais diante de determinadas características da interação, que fazem sentido, se contextualizadas na história e nas contingências de vida atuais do(a) profissional. O que determinará a função de seus comportamentos será a forma como lida com desconfortos e emoções desafiadoras que inevitavelmente surgem na relação com o(a) cliente. Se, diante do que sente e observa em si, o(a) terapeuta apresenta comportamentos como negar, fugir, ignorar essas respostas ou fingir não ser afetado(a), provavelmente, trata-se de T1. Em contrapartida, comunicar essas respostas de maneira não defensiva provavelmente caracteriza T2 e pode contribuir para mais confiança e abertura na relação terapêutica, além de potencialmente funcionar como um modelo para o(a) cliente de como manejar situações desafiadoras ou desconfortáveis em suas relações.

A FAP organiza seus princípios em cinco regras para orientar as interações terapêuticas. São elas:

- Regra 1: Observar os CCRs. Pode levar algum tempo até que se tenha informações suficientes para identificar, com clareza e segurança, quais CCRs devem ter sua força e frequência aumentadas (CCR2) ou diminuídas (CCR1) (Kohlenberg & Tsai, 2001);

- Regra 2: Evocar comportamentos clinicamente relevantes (CCRs). Essa regra pode ocorrer independentemente da ocorrência da primeira, e, muitas vezes, ocorre espontaneamente, independentemente de uma intenção ou de um planejamento prévio do terapeuta. As características mais próprias do(a) terapeuta (sexo/gênero, aparência, cor da pele, tom de voz, velocidade, gestos, estilo etc.) podem ser suficientes para realizá-la (Kohlenberg & Tsai, 2001);

- Regra 3: Reforçar os CCR2 naturalmente. Refere-se à apresentação de consequências relevantes aos CCRs evocados na relação com o(a) cliente, por meio de reforçamento natural, considerando as similaridades entre os contextos internos e externos à sessão, cuidadosamente classificados na formulação do caso como CCR1 ou CCR2. Aqui, a flexibilidade do(a) terapeuta na condução do processo faz-se ainda mais imprescindível para que consiga realmente aproveitar a ocorrência dos CCRs como oportunidades terapêuticas de promover o fortalecimento e a generalização dos CCR2. Nesse contexto, compreende-se como reforço natural a expressão de comportamentos e emoções que refletem a experiência genuína na interação com seus(suas) clientes. Trata-se de comportamentos do(a) terapeuta que promovem proximidade e conexão, como gestos, posturas, respostas verbais e perguntas que expressam interesse, acolhimento, afeto e compaixão pelas pessoas que acompanham (Kohlenberg & Tsai, 2001);

- Regra 4: Verificar se os efeitos da apresentação dessas consequências (os reforços providos pelo terapeuta) foram realmente eficazes (Kohlenberg & Tsai, 2001; Vandenberhge, 2017);

- Regra 5: Fornecer interpretações funcionais que promovam a generalização dos comportamentos modelados na sessão (Kohlenberg & Tsai, 2001; Vandenberhge, 2017).

Apesar de não haver qualquer diferença específica na proposta de aplicação da FAP a clientes LGBTI+, faremos aqui algumas considerações que podem ser úteis para a formulação do caso dentro dessa perspectiva e para o manejo propriamente dito.

Imaginemos, por exemplo, que, em determinada sessão, seu cliente LGBTI+ revela que sente atração sexual por você. Qual você imagina que seria o impacto dessa revelação em você? Como você classificaria esse

CCR? Como responderia a ele? Note que, sem informações adicionais sobre esse cliente, não é possível desenvolver previsões terapêuticas úteis e funcionais. Somente por uma observação atenta e uma escuta cuidadosa, que considera os vastos repertórios comportamentais apresentados pelo cliente e as similaridades envolvidas entre os contextos internos e externos à sessão — Regra 1 — poderemos começar a desenvolver nossas hipóteses terapêuticas de forma adequada.

Dessa forma, sabendo que esse cliente hipotético, que vamos chamar de João, é, por exemplo, um homem cis gay que se revelou para um terapeuta cis homem heterossexual, e que seus problemas interpessoais estão relacionados à compulsão sexual e ao uso da sexualidade como forma de bloquear sua vulnerabilidade interpessoal, podemos fazer algumas suposições iniciais para começar a desenvolver a formulação do caso e pensar em respostas que possam ser de fato terapêuticas (T2). Considerando, então, essas informações hipotéticas adicionais, como você responderia a essa revelação, se fosse o terapeuta em questão? Adicionando sua própria bagagem interpessoal a essa análise, que respostas suas poderiam ser T1 nesse contexto? E que respostas poderiam ser T2?

Vamos supor que outro cliente hipotético, o qual vamos chamar de Felipe, descreveu em sessões anteriores que, ao longo de sua história, passou por experiências muito violentas nas quais foi respondido com rejeição e agressividade em situações nas quais expressou sua atração por homens cisheterossexuais, e, sabendo que seu terapeuta homem cis se identifica como heterossexual, faz a mesma revelação: diz que sente atração sexual por seu terapeuta. Se você fosse o terapeuta de Felipe, como classificaria essa revelação (CCR1 ou CCR2?)? E como responderia a ela? Quais possíveis intervenções suas seriam TI? E quais poderiam ser terapêuticas para você e para seu cliente — T2 —, considerando as possíveis funções da autorrevelação vulnerável dele?

Note que a topografia das respostas emitidas pelos clientes João e Felipe é muito semelhante: a revelação de interesse sexual por seu terapeuta. Cada um, no entanto, teve uma história de vida e apresenta padrões comportamentais únicos e distintos. Nesse sentido, será que uma resposta terapêutica (T2) para a revelação de João também seria terapêutica para Felipe?

Sabendo que os CCRs estão relacionados às respostas dos clientes que dificultam (CCR1) ou facilitam a conexão interpessoal (CCR2), e, considerando todas as informações disponibilizadas do caso, podemos notar que a revelação de João foi uma resposta inflexível que reafirma seu padrão de esquiva experiencial, o que o distancia de uma possibilidade de conexão genuína com o terapeuta, configurando, assim, um CCR1, que deve ser modelado na relação terapêutica.

Já no caso de Felipe, considerando a aversividade experimentada por ele ao longo de sua história em situações de revelação similares, sua revelação foi uma resposta flexível, que envolveu vulnerabilidade e confiança, dinâmicas que favorecem conexões interpessoais, configurando, assim, um CCR2, que deve ser, naturalmente, reforçado com audiência compassiva e acolhedora. — Regra 3 da FAP (Skinta et al., 2016).

Faz-se relevante enfatizar que, no caso de terapeutas com pouca experiência no atendimento de clientes sexo-gênero diversos, identificar e reforçar naturalmente os seus CCR2 pode ser um desafio mais complexo. Há que se tomar um cuidado especial para que estigmas e preconceitos não interfiram de forma negativa no processo terapêutico. Isso pode acontecer de diferentes maneiras, desde a negligência do(a) terapeuta no que se refere ao aprofundamento em questões relativas à orientação sexual e/ou à identidade de gênero do(a) cliente como forma de fuga/esquiva dos próprios desconfortos com os temas, até a emissão de comportamentos, posturas, valores e crenças (regras) que fortalecem a autoestigmatização do(a) cliente (Plummer, 2010). Nesse contexto, consideramos essencial que terapeutas estejam continuamente comprometidos(as) com seu processo de autoconhecimento e com o desenvolvimento de suas próprias habilidades de interação e comunicação por meio de terapia, supervisões, estudos, leituras, contato com mídias que abordem temáticas LGBTI+, cursos etc.

Complementando, destaca-se que ações que envolvam ocultação, expressões de vergonha, evitações de discussões sobre perdas traumáticas ou tópicos que possam provocar julgamento ou rejeição, que estão relacionadas aos efeitos do estresse de minoria, embora possam ser inicialmente identificados como CCR1, devem ser sempre consideradas e analisadas dentro de seu contexto, levando em conta que a mera topografia de um comportamento por si só não indica sua função (Skinta et al., 2016; Steinwachs & Szabo 2016; Tsai et al., 2009).

Agora, vamos supor que você está atendendo o seguinte casal LGBTI+ hipotético: Lena, mulher trans, branca, de 35 anos, casada com Lucca, um homem trans, negro, de 34 anos. Estão juntos há três anos e vieram para a

RELAÇÕES AMOROSAS, TERAPIA DE CASAIS E ANÁLISE DO COMPORTAMENTO

terapia de casal em busca de ajuda para manejar conversas desafiadoras relacionadas a discordâncias na criação dos filhos. Lucca teve dois filhos, Ana (6 anos) e Laurent (9 anos), com seu parceiro anterior e está no quinto mês de gestação de Linn, seu filho com Lena, que também tem uma filha, Clara (7 anos), de outro relacionamento. Dois adultos, três crianças e um bebê a caminho.

Vamos considerar sua história de vida e a descrição dos clientes hipotéticos Lena e Lucca. O que a descrição desses clientes, desse casal, dessa família e da queixa que trazem evoca/elicia em você? O que, na sua história e no seu repertório, tem o potencial de aproximá-la(o) desses clientes (T2)? E o que pode contribuir para que você se afaste deles (T1)? O que você nota que pode ser especialmente desafiador para você na relação terapêutica com esse casal LGBTI+? Você nota alguma inclinação sua que, por qualquer motivo, possa ser mal interpretada ou refletir uma microagressão (T1)?

Realizar análises funcionais cuidadosas (ver Fonseca & Nery, 2018; Holman et al., 2017; Kohlenberg & Tsai, 2001; Nery & Fonseca, 2018) que também delineiam seu próprio repertório atual e os desafios terapêuticos nos quais você precisará se engajar pode ajudar a ter mais clareza de que classes de respostas suas como terapeuta podem ser respostas T1 ou respostas T2. Essa autoavaliação é um processo que necessita ser observado com cuidado, sessão a sessão, e constantemente envolve alinhar as necessidades dos clientes, os repertórios de cada parte da relação, a motivação e os valores do terapeuta. Note que, nesse sentido, mais do que a possibilidade de cometer uma microagressão em si, os T1 consistem na evitação da consciência e aceitação de que uma microagressão ocorreu ou pode ocorrer com base em nossas ações enquanto terapeutas de casais LGBTI+. Estar aberto para a possibilidade de falhas e microagressões — recebendo os riscos com compaixão e posicionando-se com respeito, cuidado, atenção e responsabilidade em relação a essas falhas — pode ser um modelo importante do reconhecimento de nossa humanidade compartilhada, que possui limitações e necessita de esforço e disposição, de ambas as partes, quando buscamos orientá-la para a conexão.

Steinwachs & Szabo (2016) sugerem que terapeutas, especialmente os cisheterossexuais, devem abordar diretamente as microagressões, de preferência logo no início do processo terapêutico, ao trabalhar com clientes LGBTI+. Nesse sentido, pode ser fundamental destacar, já na primeira ou nas primeiras sessões, que cada um dos envolvidos na terapia de casal chega com uma história e uma bagagem muito próprias, que revelam tradições, pensamentos, sentimentos, valores, dores e necessidades que precisarão de espaço, reconhecimento, acolhimento, compreensão e respeito para que o trabalho em conjunto funcione. Contudo, apesar da dedicação empenhada, nem sempre a comunicação dessa história e dessa bagagem será simples e fácil, pelo contrário, poderá exigir muita abertura e disposição de todas as partes para se revelarem e acolherem o melhor de cada um, bem como suas possíveis falhas. Assim, como em qualquer processo natural em que somos apresentados a novas pessoas e novos contextos, será necessário o reconhecimento dos talentos, das disposições, das potencialidades, mas também das limitações e dos desafios de cada um dos envolvidos, inclusive do(a) terapeuta.

Dessa forma, pode ser importante sinalizar inicialmente que você tem algumas dúvidas e necessita de mais informações para compreender melhor a realidade dos clientes LGBTI+ que for atender. Isso, no entanto, não precisa significar que você vai fazer a sessão ser sobre você (T1). A FAP, em sua postura contextual, convida o(a) terapeuta a se debruçar de forma profunda no conhecimento de seus(suas) clientes, de suas histórias de vida, suas buscas e seus recursos de enfrentamento, para que as intervenções sejam, de fato, bem-sucedidas (T2) (Lopes, 2018; Vandenberghe, 2017). Da mesma forma, a proposta estimula que terapeutas estejam cientes das limitações de seu conhecimento e trabalhem no sentido de remediar quaisquer lacunas, buscando informações de outras fontes que não apenas os(as) clientes (Miller et al., 2015, Steinwachs & Szabo, 2016).

Metáforas podem contribuir ao chamar atenção para novas relações entre eventos (Steinwachs & Szabo, 2016) e costumam ser muito úteis para abordar esses temas, como microagressões, intenções, efeitos, responsabilidade e reparação. Um exemplo: suponha que, assim como nós, vocês têm uma biblioteca em sua casa. Se cada um(a) de nós separarmos nossos livros dentro de uma caixa com a etiqueta "biblioteca" e nos encontrarmos para abri-las juntos(as), encontraríamos os mesmos livros dentro das caixas? Você poderia responder que, por termos interesse em psicoterapia, é possível que alguns sim, mas que outros não. Afinal, embora tenhamos alguns interesses semelhantes, somos pessoas diferentes, com experiências de vida diferentes e possivelmente também alguns interesses diferentes. Além disso, alguns desses livros foram escolhidos e comprados por nós, outros nós ganhamos ou herdamos. Se nessa metáfora trocarmos as caixas de livros por caixas de palavras como "casais normais" ou "família normal", será que teríamos, você e eu, as mesmas coisas nessas caixas? Note que, assim como os livros em nossa biblioteca, também podemos herdar as coisas que preenchem nossas caixas de palavras, e nem sempre as palavras da minha caixa vão ter o mesmo sentido que as da sua, e isso pode ser ofensivo e invalidante.

Nesse contexto, consideramos fundamental sensibilizar seus(suas) clientes, a fim de cuidar propriamente da relação de vocês (T2), para o fato de que, se algum incômodo ou desencontro acontecer no decorrer das interações, será preciso encontrar uma forma de comunicarem isso um ao outro. Pode ser valioso lembrar os(as) clientes que uma forma de identificar esse tipo de dinâmica nociva para a relação terapêutica é, de repente, perceberem-se inseguros ou desconfortáveis. Quando isso acontece, é comum termos o impulso de dizer a nós mesmos que "está tudo bem, ela(e) não fez por mal", o que provavelmente é verdade, mas deixar esse mal-estar passar despercebido (CCR1) pode afetar negativamente a relação e o trabalho terapêutico em curso (Steinwachs & Szabo, 2016). Sinalizar sua abertura e seu desejo de saber quando não entendeu muito bem alguma coisa, distorceu, invalidou alguma experiência dos(das) clientes ou emitiu qualquer ação/palavra que incorreu em uma microagressão, a despeito de qualquer constrangimento ou desconforto que a situação possa gerar, pode contribuir para a flexibilidade psicológica e o engajamento em comportamentos valiosos tanto por parte do(a) terapeuta como dos(as) clientes (Steinwachs & Szabo, 2016). Esta é, até mesmo, uma boa oportunidade de o(a) terapeuta oferecer um modelo para o casal de como abordar microagressões dentro da própria relação de casal.

Ao mesmo tempo que nós terapeutas estamos empregando esforços para conhecer e oferecer um espaço seguro que evoque comunicações valiosas, sem que nossa bagagem de experiências de vida ponha tudo a perder, cada integrante dos casais que nos procuram, certamente, também está empregando esforços para conhecer e se conectar melhor com seu(s)/sua(s) parceiro/a/e(s). O acesso a um lugar privado, acolhedor, respeitoso e que incentiva o reconhecimento do que pulsa, dói, vibra e brilha em nós e em nossos parceiros/as/es de vida ainda é muito restrito a uma parcela mínima da população brasileira. Trabalhar nossa flexibilidade psicológica e ampliar nosso repertório teórico e técnico para atender pessoas e casais LGBTI+ é contribuir para a inclusão de uma parcela considerável de nossa população que ainda se encontra atualmente muito distante das esferas de cuidado e que pode se beneficiar muito de um espaço de acolhimento para revelar, contemplar e reinventar suas relações amorosas.

Considerações finais

Nos mais diferentes contextos — mídias, escolas, instituições religiosas, ambientes profissionais e políticos —, relações cisheteronormativas são estabelecidas como um ideal. Essa referência única, que se impõe como um padrão a ser alcançado por qualquer pessoa, leva à marginalização, à exclusão e a negligências inúmeras em relação às necessidades e aos cuidados de pessoas sexo-gênero diversas. Tavares (2020) chama atenção para os riscos de vivermos em uma cultura que oprime e exclui tudo o que é diferente de padrões rigidamente estabelecidos, destacando o fato de que as pessoas LGBTI+ estão entre as principais vítimas de homicídio e suicídio no mundo. O caso de Bobby, ilustrado no início deste capítulo, infelizmente não é um exemplo isolado, mas um símbolo de como a nossa ignorância e o nosso despreparo para lidar de forma respeitosa com a diversidade podem levar a consequências desastrosas.

As diferenças podem enriquecer as relações e configurar oportunidades de aprendizado, de crescimento, quando há disponibilidade para estar realmente presente, para se conectar com o novo. Amaral (comunicação pessoal, 24 de fevereiro de 2021) ressalta que:

> Tolerar as diferenças — diante de todo o conhecimento a que se tem acesso hoje — é muito pouco. As diferenças devem ser celebradas. Celebrá-las é objetivo da nossa prática profissional. Devemos celebrar a nossa curiosidade sobre histórias diversas e o acesso dessas pessoas a nós. Devemos nos colocar de forma humilde para conhecer e aprender com suas histórias.

A diversidade enriquece a paleta da vida com as mais diferentes cores e nuances. São inúmeros os desafios, e ainda há muito a ser construído e pesquisado sobre como oferecer cuidado de qualidade à população sexo-gênero diversa.

A terapia de casais pode ser um contexto fértil para que o reconhecimento da diversidade possa também revelar nossa humanidade compartilhada. Que essa revelação possa nos inspirar a seguir exercitando nossa consciência, abertura, compaixão, coragem, criatividade e nossas habilidades de compreensão e conexão. Que possamos, com esse exercício, realmente contribuir para a construção de espaços seguros e criativos os quais possam inspirar nossos(as) clientes LGBTI+ a exercitarem suas próprias habilidades de revelação, autenticidade, compreensão e conexão. Que a convivência com o colorido nos ensine mais e mais sobre uma prática terapêutica norteada por valores como respeito, coragem, acolhimento e amorosidade! E que possamos celebrar o arco-íris a cada rica oportunidade de encontro que a diversidade nos proporcionar!

Referências

Adichie, C. N. (2017). *Para educar crianças feministas: Um manifesto* (D. Bottmann, Trad.). Companhia das Letras.

Amaral, A. C. (2021) Comunicação Pessoal na primeira aula do curso Fundamentos da Terapia de Casal.

Baére, F., & Zanello, V. (2022). Trajetórias de lésbicas e gays no ativismo: Representatividades gendradas que impactam o bem-estar e a saúde mental. *Revista Ártemis, 1*, 241-262.

Bento, B. A. M. (2008). *O que é transexualidade* (Col. Primeiros passos). Brasiliense.

Borges, K. (2009). *Terapia afirmativa: Uma introdução à psicoterapia dirigida a gays, lésbicas e bissexuais*. GLS.

Caderno Globo 12. (2017). *Corpo: Artigo indefinido* (J. Oliveira & P. Jebaili, Orgs.). Globo Comunicação e Participações.

Callaghan, G. M. (2006). The functional idiographic assessment template (Fiat) system: For use with interpersonally-based interventions including functional analytic psychotherapy (FAP) and FAP-enhanced treatments. *The Behavior Analyst Today, 7*(3), 357-398. https://doi.org/10.1037/h0100160

Cavalcanti, C., Barbosa, R. B., & Bicalho, P. P. G. (2018). Os tentáculos da tarântula: Abjeção e ecropolítica em operações policiais a travestis no Brasil pós-redemocratização. *Psicologia: Ciência e Profissão, 38*, 175-191. https://doi.org/10.1590/1982-3703000212043

Cochran, S. D.; & Mays, V. M. (2009). Burden of psychiatric morbidity among lesbian, gay and bisexual individuals in the California Quality of Life Survey. *Journal Abnormal Psychology, 118*(3), 647-658.

Davies, D., & Neal, C. (2000). *Therapeutic perspectives on working with lesbian, gay and bisexual clients*. Open University Press.

Doyle, G. (2020). *Indomável* (G. Alonso, Trad.). HarperCollins Brasil.

Fonseca, F. N., & Nery, L. B. (2018). Formulação comportamental ou diagnóstico comportamental: Um passo a passo. In A. K. C. R. de-Farias, F. N. Fonseca, & L. B. Nery (Orgs.), *Teoria e formulação de casos em análise comportamental clínica* (pp. 23-48). Artmed.

Gênero e diversidade na escola: Formação de professoras/es em gênero, orientação sexual e relações étnico-raciais. Livro de conteúdo. (2009). Cepesc; SPM.

Glória, A. (2021). *Cuidado com mulheres lésbicas: Prática clínica em psicologia*. Editora da Autora.

Green, K. E., & Feinstein, B. A. (2012) Substance use in lesbian, gay and bissexual populations: An update on empirical research and implications for treatment. *Psychology of Addictive Behaviors, 26*(2), 265-278.

Harris, R. (2009). *ACT made simple: An easy-to-read primer on acceptance and commitment therapy*. New Harbinger.

Hayes, S. C., & Smith, S. (2005). *Get out of your mind and into your life: The new acceptance and commitment therapy*. New Harbinger Publications.

Hayes, S. C., Strosahl, K. D., & Wilson, K. G. (1999). *Acceptance and commitment therapy: An experiential approach to behavior change*. Guilford Press.

Holman, G., Kanter, J., Tsai, M., & Kohlenberg, R. (2017). *Functional analytic psychotherapy made simple: A clinician's guide to using the awareness-courage-love (ACL) model in session*. New Harbinger.

Kanter, J. W., Weeks, C. E., Bonow, J. T., Landes, S. J., Callaghan, G. M., & Follette, W. C. (2009). Assesment and case conceptualization. In M. Tsai, R. J. Kohlenberg, W. C. Follette, & G. M. Callaghan (Eds.), *A guide to Functional Analytic Psychotepapy: awareness, courage, love and behaviorism*. Springer.

Kertzner, R. M. (2007). Developmental issues in lesbian and gay adulthood. In I. H. Meyer, & M. E. Northridge (Eds.), *The health of sexual minorities: Public health perspectives on lesbian, gay, bisexual, and transgender populations* (pp. 48-64). Springer Science + Business Media.

Kohlenberg, J. R., & Tsai, M. (2001). *Psicoterapia analítica funcional: Criando relações terapêuticas intensas e curativas.* (Trabalho original publicado em 1991).

Lionço, T. (2019). Reinventar a psicologia para a redescrição da humanidade: Reflexões sobre intersexualidade, transexualidade/travestilidade e cisgeneridade. In D. Ferrão, L. H. Carvalho, & T. Coacci (Orgs.), *Psicologia, gênero e diversidade sexual: Saberes em diálogo.* Conselho Regional de Psicologia – Minas Gerais, Comissão de Psicologia, Gênero e Diversidade Sexual.

Longhini, G. D. N. (2018). *Mãe (nem) sempre sabe: Existências e saberes de mulheres lésbicas, bissexuais e transexuais* [Dissertação de mestrado, Universidade Federal de Santa Catarina].

Lopes, A. L. A. (2018). *Consciência, coragem e amor: Um estudo de caso à luz do modelo CCA* [Monografia de especialização, Instituto Brasiliense de Análise do Comportamento].

Malyon, A. K. (1981-1982). Psychotherapeutic implications of internalized homophobia in gay men. *Journal of Homosexuality, 7*(2-3), 59-69. https://doi.org/10.1300/J082v07n02_08

Marçal, J. V. S. (2010). Behaviorismo radical e prática clínica. In A. K. C. R. de-Farias (Org.), *Análise comportamental clínica: Aspectos teóricos e estudo de caso* (pp. 30-43). Artmed.

Mattos, A., & Cidade, M. L. R. (2016). Para pensar a cisheteronormatividade na psicologia: Lições tomadas do transfeminismo. *Periódicus, 1*(5), 23-31. https://doi.org/10.9771/peri.v1i5.17173

Meyer, I. H. (2003). Prejudice, social stress, and mental health in lesbian, gay, and bisexual populations: Conceptual issues and research evidence. *Psychological Bulletin, 129*, 674-697.

Miller, A., Williams, M. T., Wetterneck, C. T., Kanter, J., & Tsai, M. (2015). Using functional analytic psychotherapy to improve awareness and connection in racially diverse client-therapist dyads. *The Behavior Therapist, 38*(6), 150-156.

Ministério Público Federal (Procuradoria Federal dos Direitos do Cidadão) (2017). *O Ministério Público e os direitos de LGBT: Conceitos e legislação.*

Moreira, M. B., & Medeiros, C. A. (2019). *Princípios básicos de análise do comportamento.* Artmed.

Nery, L. B. & Fonseca, F. N. (2018). Análises funcionais moleculares e molares: Um passo a passo. In A. K. C. R. de-Farias, F. N. Fonseca, & L. B. Nery (Orgs.), *Teoria e formulação de casos em análise comportamental clínica* (pp. 1-22). Artmed.

Os princípios de Yogyakarta: Princípios sobre a aplicação da legislação internacional de direitos humanos em relação à orientação sexual e identidade de gênero. (2006).

Perel, E. (2017). *The state of affairs: Rethinking infidelity*. HarperCollins Publishers.

Perel, E. (2018). *Sexo no cativeiro: Como manter a paixão nos relacionamentos*. São Paulo: Objetiva. (Trabalho original publicado em 2006)

Plummer, M. D. (2010). FAP with sexual minorities. In J. Kanter, M. Tsai, & R. J. Kohlenberg (Eds.), *The practice of functional analytic psychotherapy*. Springer.

Reis, N., & Pinho, R. (2016). Gêneros não-bináros: Identidades, expressões e educação. *Reflexão e Ação, 24*(1), 7-25. https://doi.org/10.17058/rea.v24i1.7045

Reis, T. (Org.) (2018). *Manual de comunicação LGBTI+* (2a ed.). Aliança Nacional LGBTI; GayLatino.

Reis, T., & Cazal, S. (Orgs.) (2021). *Manual de educação LGBTI+* (Enciclopédia LGBTI+; Vol. 2). IBDSEX.

Santos, M. M. R.; Araújo, T. C. C. F. (2004). Intersexo: O desafio da construção da identidade de gênero. *Rev. SBPH, 7*(1), 17-28.

Sidman, M. (2009). *Coerção e suas implicações* (M. A. Andery & T. M. Sério, Trads.).

Skinner, B. F. (1981). Selection by consequences. *Science, 213*, 501-504.

Skinner, B. F. (2003). *Ciência e comportamento humano* (11a ed.). Martins Fontes. (Trabalho original publicado em 1953)

Skinta, D. M., Balsam, K., & Singh, R. S. (2016). Healing the wounds of rejection: Deepening vulnerability and intimacy with functional analytic psychotherapy. In M. Skinta, & A. Curting (Orgs.), *Mindfulness and acceptance for gender and sexual minorities: A clinician's guide to fostering compassion, connection and equality using contextual strategies* (pp. 131-148). Context Press.

Steinwachs, J., & Szabo, T. G. (2016). Private practice. Florida Institute of Technology. Elephants in the room: straight therapists' microaggressions with GSM couples. In M. Skinta, & A. Curting (Orgs.), *Mindfulness and acceptance for gender and sexual minorities: A clinician's guide to fostering compassion, connection and equality using contextual strategies* (pp. 149-170). Context Press.

Supremo Tribunal Federal. (2018). Ação direta de inconstitucionalidade (ADI) nº 4275. *Portal STF.*

Tavares, J. (2020). *Não monogamia LGBT+: Pensamento e arte livres.* Editora ApeKu.

Toomey, R. B., Ryan, C., Diaz, R. M., Card, N. A., & Russell, S. T. (2010). Gender-nonconforming lesbian, gay, bisexual, and transgender youth: School victimization and young adult psychosocial adjustment. *Developmental Psychology, 46*(6), 1.580-1.589. https://doi.org/10.1037/a0020705

Trevisan, J. S. (2018). *Devassos no Paraíso: A homossexualidade no Brasil, da colônia à atualidade.* Objetiva.

Tsai, M., Kohlenberg, R. J., Kanter, J. W., Kohlenberg, B., Follette, W. C., & Callaghan, G. M. (2009). A guide to functional analytic psychotherapy: Awareness, courage, love and behaviorism. *Springer.* https://doi.org/10.1007/978-0-387-09787-9

Vandenberghe, L. (2017). Três faces da psicoterapia analítica funcional: Uma ponte entre análise do comportamento e terceira onda. *Revista Brasileira de Terapia Comportamental e Cognitiva, 19*(3), 206-219. https://doi.org/10.31505/rbtcc.v19i3.1063

Vandenberghe, L., Tsai, M., Valero, L., Ferro, R., Kerbauy, R. R., Wielenska, R. C., Helweg-Jørgensen, S., Schoendorff, B., Quayle, E., Dahl, J., Matsumoto, A., Takahashi, M., Okouchi, H., & Muto, T. (2010). Transcultural FAP. In J. W. Kanter, M. Tsai, & R. J. Kohlenberg (Eds.), *The practice of functional analytic psychotherapy* (pp. 173-185). Springer Science. https://doi.org/10.1007/978-1-4419-5830-3_10

Zamignani, D. R., & Banaco, R. A. (2021). Atendimento de casais homoafetivos masculinos pela psicoterapia analítico-comportamental. In Sociedade Brasileira de Psicologia, R. Gorayeb, M. C. Miyazaki, & M. Teodoro (Orgs.), *Propsico. Programa de Atualização em Psicologia Clínica e da Saúde: Ciclo 5* (pp. 65-110). Artmed Panamericana.

6

MODELOS MIDIÁTICOS E SEUS POSSÍVEIS IMPACTOS NAS RELAÇÕES AMOROSAS

Lorena Bezerra Nery
Ana Karina Curado Rangel de-Farias

A história única cria estereótipos, e o problema com estereótipos não é que sejam mentira, mas que são incompletos... As histórias importam. Muitas histórias importam. As histórias foram usadas para espoliar e caluniar, mas também podem ser usadas para empoderar e humanizar. Elas podem despedaçar a dignidade de um povo, mas também podem reparar essa dignidade despedaçada.

(Chimamanda Ngozi Adichie)

Grande parte dos clientes que buscam terapia o faz motivada por dúvidas, insatisfações ou conflitos que envolvem relacionamentos amorosos ou conjugais (Babo & Jablonski, 2002; Perel, 2006/2018; Pergher, 2010). Nos meios de comunicação brasileiros — cinema, televisão, rádio, internet, revistas e jornais —, os relacionamentos amorosos e o casamento também estão entre os temas mais abordados. Reportagens, novelas e filmes frequentemente tratam de assuntos como a emancipação feminina, transformações nas performances de gênero, sexualidade, maneiras de conciliar maternidade e trabalho, divisão das tarefas domésticas. A suposta crise ou até falência das relações conjugais também é um tema muito comentado (Diniz, 2009).

As transformações sociais e culturais nas performances de gênero ocorridas nas últimas décadas trouxeram grandes mudanças para as relações. As funções atribuídas aos sexos/gêneros masculino e feminino eram bem definidas, havendo pouca flexibilidade em relação às opções disponíveis para cada sexo/gênero. Entretanto, em decorrência das conquistas alcançadas pelos movimentos feministas no século XX, as relações de gênero tornaram-se mais complexas e menos delimitadas. Nos relacionamentos amorosos, por exemplo, essas mudanças geraram uma série de conflitos a respeito das funções a serem desempenhadas por cada parceiro na dinâmica de um casal. Com a maior demanda de participação das mulheres – brancas, de classe média (uma vez que as negras/desfavorecidas social e economicamente já tinham sua força de trabalho explorada há tempos) no mercado de trabalho, suas funções não se restringem mais aos papéis de mãe e esposa, sendo a vida profissional, frequentemente, uma nova e importante fonte de investimentos e, também, de renda para a família (Perlin & Diniz, 2005; Soares, 2017). As transformações na dinâmica conjugal e familiar, as quais demandam também mudanças e adaptações de performances de gênero que eram bem definidos poucas décadas atrás, evidenciam a necessidade de desenvolvimento de repertórios variados para lidar de maneira satisfatória com os conflitos impostos pelas contingências atuais aos relacionamentos afetivos.

O casamento, como um fenômeno social, está presente em todas as culturas, ainda que existam inúmeras variações entre as características dos papéis desempenhados por cada parceiro(a) no relacionamento conjugal, de acordo com o contexto sociocultural (Zordan et al., 2005). Segundo as Estatísticas do Registro Civil sobre casamentos (Instituto Brasileiro de Geografia e Estatística, 2018), apesar dos novos conflitos trazidos pelas transformações sociais e culturais das últimas décadas, as taxas de nupcialidade ainda são altas, assim como as de recasamentos, embora a frequência anual de divórcios também seja elevada.

O amor no casamento faz parte da história recente. Na perspectiva do modelo tradicional da Europa burguesa, marcada pelo patriarcado, a função original do casamento era unir famílias com o objetivo de manutenção, junção e transmissão de patrimônio. Tratava-se de um "negócio" para a vida toda. A igualdade em relação às condições econômico-financeiras das famílias era requisito fundamental para impedir que as fortunas acumuladas se dispersassem, de modo que as decisões sobre o casamento resultavam de acordos familiares, e não de uma escolha pessoal dos cônjuges. Durante a cerimônia do casamento, quando a noiva era conduzida por seu pai pelo altar até o noivo, ocorria oficialmente a transferência para o marido da tutela da esposa, até então exercida pelo progenitor. Nada de amor, paixão, atração ou qualquer sentimento semelhante; a racionalidade deveria se sobrepor a sentimentalismos (Del Priore, 2005; Féres-Carneiro, 1998; Foucault, 1984/2007).

Os contratos de casamento antigos impunham obrigações diferentes de acordo com o sexo/gênero. Entre os deveres da mulher, estavam a obediência ao marido, a interdição de sair sem a permissão deste, a proibição de qualquer relação sexual com outro homem, os cuidados da casa e dos filhos, a obrigação de não "desonrar" o marido. Por sua vez, eram atribuições do homem: manter economicamente sua mulher/família, não instalar concubina em casa, não maltratar sua esposa e não ter/não reconhecer filhos dos relacionamentos que mantivesse fora de casa. Nesse contexto, segundo a análise de Foucault (1984/2007), a sexualidade no casamento antigo tinha a função de desenvolvimento de parentescos e de transmissão de nomes e bens, promovendo, dessa maneira, a manutenção do sistema social.

Até o século XVIII, portanto, o amor-paixão era essencialmente extraconjugal. Somente a partir desse século, amor e casamento começam a se unir. Pouco a pouco, um novo ideal de casamento começou a ser construído no Ocidente, trazendo o erotismo e o amor-paixão para dentro do casamento (Féres-Carneiro, 1998; Foucault, 1984/2007). Entretanto, até a primeira metade do século XX, o casamento ainda consistia basicamente em constituir uma família e ter filhos. Ademais, o casamento era, para as mulheres, a única via socialmente aceita de acesso à vida sexual. Nas últimas décadas é que as funções do casamento sofreram significativas modificações em decorrência de diferentes movimentos sociais, como a Revolução Industrial, os movimentos feministas, os Direitos Humanos, a evolução da ciência, a pílula anticoncepcional e a maior participação das mulheres no mercado de trabalho. Assim, atualmente, além dos filhos, o casamento envolve ideais de felicidade, realização pessoal, cumplicidade, ajuda mútua e companheirismo. Na sociedade ocidental contemporânea, o casamento sem amor, atração e/ou desejo é considerado inaceitável (Ansari, 2016; Babo & Jablonski, 2002; Diniz, 2009; Féres-Carneiro, 1998, 2001; Foucault, 1984/2007; Perel, 2006/2018).

Del Priore (2005) enfatiza a importância central que a sociedade dá ao casamento, especialmente para a vida das mulheres. Segundo a autora, o senso comum defende que a sensibilidade e o romantismo são características intrínsecas ao feminino. Tradicionalmente, a felicidade da mulher está ligada ao casamento legal e religioso e à constituição de uma família com marido e filhos. O homem, como aponta a autora, é o foco, a razão de existir da mulher, que vive para o amor. O casamento é, portanto, para as mulheres, um reforçador condicionado de alta magnitude, diretamente relacionado à admiração e ao reconhecimento social. Uma vez atingido esse objetivo, idealiza-se que a felicidade foi finalmente encontrada, assim como propõem os finais dos contos de fadas clássicos, em que as princesas se casam com um príncipe e são "felizes para sempre". Contudo, na contemporaneidade, com a emancipação da mulher, o ideal do amor romântico, único, eterno e indestrutível entrou em crise.

A compreensão do impacto das mudanças sociais no decorrer do século XX sobre os relacionamentos amorosos ainda é um desafio para a mídia e para a ciência. Dilemas entre novos e antigos modelos, hábitos e papéis são frequentes na mídia, que ora apoia comportamentos progressistas, ora reafirma padrões e normas tradicionais. Esse tipo de ambivalências ainda ocorre com frequência nos conteúdos de filmes, novelas, reportagens (Diniz, 2009). Dessa maneira, diversos mitos sobre relacionamentos amorosos, isto é, regras, muitas vezes inacuradas, ainda estão presentes na mídia: o do "príncipe ou da princesa encantada"/da "alma gêmea", ou seja, de que existe um par perfeito/ideal que sabe tudo o que fazer para agradar o(a) parceiro(a); o do amor à primeira vista; o de que a felicidade é sinônimo de casar-se e ter filhos; o de que casamento produz uma felicidade eterna; o de que o verdadeiro amor tudo supera, é eterno e indestrutível; o do que as forças do destino inevitavelmente unirão o casal que se ama, apesar de todos os desencontros; o de que amor muda as pessoas; entre outros.

Estereótipos sobre o papel da mulher e do homem no relacionamento amoroso também são muito frequentes na mídia (Holmes & Johnson, 2009a; Passinato, 2009). Carvalho e Medeiros (2008) destacam que algumas regras sobre relacionamentos podem aumentar a probabilidade de emissão de comportamentos considerados "disfuncionais"[14], devido à sua incoerência com as contingências efetivamente em vigor.

Caillé (1991/1994), autor do livro *Um e Um São Três*, propõe que, em um relacionamento amoroso, a soma de um mais um resulta em três: duas individualidades e uma conjugalidade. De acordo com a proposta do autor, a interação amorosa entre duas pessoas produz um terceiro ser, que é um modelo único e específico de se relacionar, que define a existência

---

[14] Na perspectiva analítico-comportamental, o comportamento do indivíduo, por mais inadequado que possa parecer, sempre tem uma função. Contudo, pode haver comportamentos mais ou menos adaptativos de acordo com as contingências em vigor. No texto, portanto, o termo "disfuncionais" refere-se àqueles comportamentos que, sob controle de regras, permanecem pouco coerentes com as contingências atuais, frequentemente, produzindo sofrimento para o indivíduo.

do casal e estabelece seus limites. Portanto, na perspectiva de Caillé, a terapia de casais necessariamente deve envolver tanto as individualidades que compõem o casal quanto a dinâmica única e complexa que decorre da interação entre essas individualidades.

Féres-Carneiro (1998) corrobora a concepção de que a conjugalidade envolve três identidades: as identidades individuais de cada membro do casal e o que a autora intitulou "identidade conjugal". Segundo ela, dessa dinâmica resultam todo o fascínio e toda a dificuldade do relacionamento de um casal, uma vez que a identidade conjugal é fruto da interação complexa que envolve dois sujeitos, dois desejos, duas percepções do mundo, duas histórias de vida, dois projetos de vida, duas identidades únicas e individuais. Assim, simultaneamente ao desenvolvimento das identidades individuais, surge do relacionamento amoroso a convivência conjugal, um desejo conjunto, uma história de vida juntos, um projeto de vida do casal, uma identidade do casal.

Queixas Amorosas e Desafios Comuns no Processo Terapêutico

A constituição e a manutenção de relacionamentos amorosos estáveis na atualidade envolvem, portanto, contingências complexas, marcadas pela dificuldade de conciliar a individualidade com a conjugalidade. Ao mesmo tempo que os ideais contemporâneos estimulam a independência, a autonomia, a satisfação e o desenvolvimento individuais, há regras que enfatizam a importância de se ter um amor para a vida toda, alguém com quem compartilhar sonhos e planos, uma família, mesmo que isso implique abrir mão de projetos individuais. Segundo Singly (2007), com a participação ativa das mulheres no mercado de trabalho, houve uma diminuição do vínculo de dependência entre os sexos/gêneros, o que contribuiu para uma melhora na qualidade dos relacionamentos conjugais, uma vez que as relações tendem a se manter enquanto forem úteis, satisfatórias e prazerosas para ambos os parceiros. Contudo, a autora destaca que o investimento em atividades individuais frequentemente implica comprometer a relação conjugal, da mesma forma que o fortalecimento da relação amorosa muitas vezes envolve abdicar de interesses ou atividades individuais. Busca-se, portanto, um equilíbrio entre a intimidade com o outro e a diferenciação em relação a este. A dificuldade de conciliar interesses individuais e conjugais gera tensões, conflitos e, frequentemente, sofrimento.

O sofrimento é ainda maior quando as pessoas, diante de seus conflitos cotidianos, se deparam com os modelos e as regras de perfeição de família e relacionamento conjugal frequentemente apresentados nos comerciais de margarina, nas novelas, nas comédias românticas, nas revistas de artistas famosos, nas redes sociais. Nos modelos exibidos, as pessoas estão sempre sorrindo, felizes e, quando há um eventual conflito aqui ou acolá, tudo se resolve no final, por força do destino, com algum ato heroico, provavelmente do mocinho, já que "o amor tudo supera". A lista de mitos românticos nos modelos midiáticos não tem fim. Ademais, os poucos conflitos apresentados nesses modelos de relacionamento amoroso são geralmente externos à interação do casal, muitas vezes envolvendo mal-entendidos ou armações de outras pessoas — os famosos "vilões" — para separar o mocinho e a mocinha.

De acordo com Bucay e Salinas (2000/2006), é impossível um relacionamento íntimo sem conflitos; as dificuldades necessariamente fazem parte da construção de um relacionamento amoroso. A fantasia do casal ideal, sem problemas e eternamente apaixonado é, na perspectiva dos autores, imatura e produtora de sofrimento, uma vez que, na prática, relacionamentos perfeitos são inatingíveis, impraticáveis.

Um dos grandes obstáculos à constituição de relacionamentos amorosos de qualidade é que as pessoas, baseadas em regras e modelos social e culturalmente construídos, buscam o relacionamento dos sonhos e, quando se deparam com as inevitáveis dificuldades de um relaciona-mento real, atribuem a responsabilidade à sua falta de sorte ou ao fato de terem se relacionado com a pessoa errada, em vez de refletirem sobre as possibilidades de lidar com aquelas dificuldades da melhor maneira possível. O relato de uma cliente exemplifica a idealização do casamento/parceiro perfeito: *"Eu queria um casamento em que eu dormisse e acordasse todos os dias com um sorriso ao ver aquela pessoa especial ao meu lado, uma paixão de verdade. Eu não tenho isso com o meu marido. Nunca vou ter"*. A regra de que existe um relacionamento ideal, desde que se encontre a pessoa certa, é uma ficção, e a realidade é bastante diferente. Conhecer a realidade permite fazer da vida real o melhor possível (Bucay & Salinas, 2000/2006; Solomon, 2017). Dessa forma, discriminar que existirão conflitos e desenvolver repertórios necessários para lidar com eles é, fre-quentemente, mais produtivo do que comparar-se a modelos ideais — os quais não podem ser concretizados — e esquivar-se da complexidade de contingências envolvidas em um relacionamento amoroso.

Há também, por sua vez, casais que se mantêm por longo período em relacionamentos extremamente conflituosos e pouco reforçadores, com medo de ficarem sozinhos. A regra "antes mal acompanhado do que só" está frequentemente presente em relacionamentos amorosos, gerando, muitas vezes, sofrimento para os membros do casal, que permanecem juntos em relacionamentos desgastados ao invés de romperem a relação (Carvalho & Medeiros, 2008). Um exemplo típico de seguimento dessa regra é o caso de uma cliente que relatou ter namorado três garotos de quem não gostava porque estes lhe propuseram namoro, um relacionamento estável. É relevante ainda que, no início da terapia, ela havia aceitado um pedido de casamento, embora não tivesse certeza sobre seus sentimentos pelo noivo; em suas palavras: *"Eu não sou apaixonada pelo meu noivo, mas preciso me casar e formar minha própria família"*. Destaca-se que, especialmente para as mulheres, estar ou ficar sozinha pode ser visto socialmente como incompetência ou falta de atributos suficientes para manter um parceiro ao seu lado (Diniz, 2009; Zanello, 2018).

Outros relatos característicos desse padrão são: *"Eu sei que o nosso relacionamento está péssimo, mas, se eu terminar com ele, tenho medo de nunca mais encontrar alguém para casar"*; *"Sempre fui submissa nos meus relacionamentos. Evito qualquer conflito a todo custo. Tenho muito medo de ficar sozinha"*; *"Ele me agredia, o sexo era ruim... Mas eu tinha medo de me separar e nunca mais encontrar ninguém"*; *"Se esse namoro der errado, volto com meu ex-marido. Ele vive querendo voltar mesmo, e solteira eu não vou ficar"*.

Reforço social por estar em um relacionamento estável, privação de outros reforçadores, competição, aversão ao risco, punição por estar solteiro(a), dependência afetiva e disponibilidade de sexo são alguns aspectos que podem contribuir para que um indivíduo se engaje em comportamentos coerentes com essa regra, mantendo-se em um relacionamento estável pouco reforçador ou até desrespeitoso (Carvalho & Medeiros, 2008). Regras e contingências, portanto, interagem na determinação de diferentes comportamentos dos indivíduos em relações amorosas.

A alta frequência com que conflitos envolvendo relacionamentos amorosos e modelos e regras social e culturalmente estabelecidos estavam presentes nas queixas e nos relatos de clientes foi o que motivou a escolha do tema do presente capítulo. Algumas frases de clientes que exemplificam esse tipo de conflito são:

"Não sei os passos que um homem deve seguir para conquistar uma mulher. Tenho muita vergonha quando o assunto é mulher porque não sei coisas básicas que TODO HOMEM tem que saber";
"Quando estou com meus amigos, e eles começam a falar de mulher, invento várias histórias que nunca aconteceram, conto experiências, inclusive sexuais, que nunca vivi. É algo que não consigo controlar, eles não podem saber que eu não tenho experiência no assunto...";
"Eu não falo para ele como eu gosto. Quando o assunto é sexo, a iniciativa tem que ser do homem";
"Um dia desses, ele reclamou que eu não tinha dito que queria que ele voltasse para casa naquele momento, que precisava dele ao meu lado, mas eu achava que ele tinha que saber do que eu preciso, afinal ele é meu marido. Maridos devem saber o que suas mulheres querem e do que elas precisam...";
"Acho que nunca mais serei feliz. Tenho um namorado ótimo, que me quer sempre ao lado dele, mas, com o divórcio do meu ex-marido, eu tirei do meu filho a chance de ter uma família completa, com os pais e o filho juntos. Por mais que coisas boas aconteçam, eu nunca vou me perdoar por isso. Eu destruí o sonho da família ideal, tirei isso do meu filho...";
"Aceitei o pedido de casamento, mas como vou saber se ele é realmente A pessoa certa para mim?";
"Depois que a gente se casar, o que deve mudar? Vou poder visitar os meus pais no fim de semana, como gosto de fazer hoje? Não vou mais poder mudar de cama quando ele roncar e eu não conseguir dormir? Com o casamento, não posso mais fazer isso, não é?";
"Eu queria me casar com uma comemoração simples, como um churrasco entre amigos, mas meus pais e meu noivo não aceitariam isso. Seria uma frustração muito grande não fazer a festa dos sonhos, principalmente para a minha mãe";
"Não sei se quero ter filhos. Conciliar a maternidade com a minha rotina de trabalho atual seria praticamente impossível, e eu simplesmente amo meu trabalho, é algo que me realiza profundamente. Acho que é um egoísmo da minha parte, mas, trabalhando como eu trabalho, preciso das minhas horas de sono. Meu pai jamais vai aceitar isso. Disse que uma vida sem filhos é inconcebível, simplesmente não existe essa possibilidade para ele...";
"Eu queria me apaixonar, ser feliz, mas já estou passada, não tenho mais idade para isso".

Diante da grande complexidade de contingências envolvidas nos relacionamentos amorosos atualmente, observa-se que, com frequência, a mídia apresenta modelos e regras incompatíveis com a realidade dos casais.

A impossibilidade de vivenciar relacionamentos que correspondam à perfeição dos modelos românticos idealizados ainda apresentados pela mídia gera sofrimento para mulheres, homens e pessoas diversas em relação ao padrão cisheteronormativo, que se deparam, com frequência, com os conflitos e as tensões inevitavelmente presentes nos relacionamentos da vida real. Nesse contexto, o presente capítulo tem como objetivo realizar uma análise crítica sobre relacionamentos amorosos e casamento, pela perspectiva analítico-comportamental, estabelecendo possíveis relações com modelos e regras apresentados pela mídia que podem contribuir para a aprendizagem de padrões comportamentais e dificuldades comuns de quem busca ajuda psicoterapêutica com demandas que envolvem relações afetivas.

Relacionamentos amorosos na perspectiva da Análise do Comportamento

A psicologia, na perspectiva da Análise do Comportamento, é definida como estudo do comportamento, isto é, das interações organismo-ambiente (Todorov, 1989). A causalidade é compreendida segundo um modelo selecionista (ver capítulo 1, de Picoli, Aggio & Zanello, neste volume, para saber mais sobre como os três níveis de variação e seleção interagem na seleção dos comportamentos característicos de gênero). Os operantes são definidos pelas consequências que produzem, e são elas que determinarão se o comportamento voltará a ocorrer ou se ocorrerá em maior ou menor frequência. Uma consequência é reforçadora quando aumenta a probabilidade de ocorrência do comportamento que a produziu. Diferentemente, a consequência é punitiva/aversiva quando diminui a probabilidade de ocorrência do comportamento (Moreira & Medeiros, 2019; Nery & Fonseca, 2018; Pierce & Cheney, 2004; Skinner, 1953/2003, 1981; Todorov, 1982). Assim, reforços sociais, bem como estímulos aversivos contingentes a determinadas maneiras de se comportar como mulher/homem, caracterizam os padrões estabelecidos por uma cultura quanto às performances que devem ser desempenhados por cada sexo/gênero, bem como o que é valorizado socialmente no que se refere aos comportamentos de pessoas dos sexos/gêneros feminino e masculino no contexto das relações amorosas.

Para exemplificar, no caso de uma mulher que leva uma bronca do namorado/marido (consequência punitiva) por ter ido ao cinema com as amigas sem ele, possivelmente a resposta de sair com as amigas sem o companheiro será enfraquecida, e o sentimento da mulher pode ser de tristeza, vergonha e/ou culpa. De uma contingência como essa, pode resultar o valor de que é errado ou ruim uma mulher em um relacionamento monogâmico estável sair só com as amigas. Contudo, se as consequências contingentes ao comportamento de sair com as amigas são, por exemplo, o contato com pessoas queridas em situação de lazer, acesso a um bom filme e um beijo do namorado saudoso, que a recebe com perguntas que demonstram interesse em saber como foi a saída (reforçadores positivos), a resposta de sair com as amigas será fortalecida, e os sentimentos da mulher podem ser, por exemplo, prazer e alegria. Nesse caso, resulta o valor de que é possível conciliar relacionamento amoroso e amizades, usufruindo dos benefícios (estímulos reforçadores) de ambos.

Além das contingências de reforçamento e punição, há normas sociais e culturais que estabelecem critérios para os comportamentos de cada sexo/gênero, indicando maneiras adequadas ou não de se comportar em relações afetivas. Esses padrões construídos pela cultura envolvem diferenças no que se refere ao que é esperado e permitido para homens e mulheres (Adichie, 2015, 2017; hooks, 2020; Lewis & Gordon, 2008). Destaca-se, por exemplo, que a sexualidade das mulheres em diferentes culturas é mais restrita e limitada, enquanto a prática sexual dos homens é legitimada por suas necessidades biológicas. Exemplos de práticas culturais que cerceiam a sexualidade das mulheres são a diferenciação entre "mulher para namorar/casar" (a pudica/recatada) e "mulher para se divertir, ficar ou pegar" (a sexualmente livre), a valorização da virgindade ainda hoje apenas para pessoas do sexo/gênero feminino, a maior susceptibilidade a diferentes formas de abuso sexual[15], as restrições e/ou imposições em relação a vestimentas em diferentes culturas, a possibilidade de não monogamia apenas para homens enquanto a mulher deve ser estritamente monogâmica em algumas culturas, a mutilação genital (circuncisão clitoriana), a qual nega o direito à satisfação sexual feminina, e a troca de esposas mais velhas por outras mais jovens e destas por outras muito mais jovens em determinados países africanos e do Oriente Médio (Espínola, 2000; Touray, 2008). Assim, embora o sexo

---

[15] Para exemplificar, uma revisão de estudos realizados em mais de 20 países apresenta dados que indicam que, na maioria dos países em que as pesquisas foram realizadas, os registros dos índices de violência sexual /contra meninas são até três vezes maiores do que contra meninos. Ademais, em todos os países, quando se tratava de vítimas do sexo/gênero feminino, a grande maioria dos infratores era homem (mais de 90%) (Greig, 2008).

seja, em geral, um reforçador incondicionado[16] para homens e mulheres, a prática sexual masculina é legitimada socialmente pela explicação de sua função biológica, enquanto a sexualidade feminina está relacionada a uma variedade de restrições socioculturais.

Nesse contexto, muitas vezes é negado à mulher o direito de satisfazer suas necessidades e seus desejos nas relações íntimas, bem como de expressar emoções de insatisfação e agressividade, na medida em que são socializadas no sentido de adotarem comportamentos submissos (*e.g.*, ceder a opiniões contrárias, lidar com sobrecarga de tarefas e aceitar diferentes condições adversas), em busca da manutenção do casamento e da família. Dessa maneira, a despeito das conquistas femininas nas últimas décadas no âmbito educacional e profissional, muitas mulheres ainda assumem uma postura passiva na relação conjugal, na família e na sociedade, agindo de acordo com estereótipos esperados para seu papel de mulher (Adichie, 2015; Dantas-Berger & Griffin, 2005; Diniz & Pondaag, 2004; hooks, 2020, 2021; Manus, 2019; Pondaag, 2003; Safiotti, 2015). Destaca-se que a postura passiva da mulher nos relacionamentos amorosos é, com frequência, reforçada negativamente ao evitar a exposição a críticas, julgamentos, censuras e condenações contingentes a qualquer incoerência em relação ao estereótipo feminino socialmente estabelecido.

Apesar da grande ênfase dada por muitos estudos às restrições impostas pelos valores sexistas à sexualidade feminina, faz-se relevante comentar sobre as pressões sociais que potencialmente também produzem grande sofrimento para os homens. No que se refere aos homens que se comportam de acordo com as regras dominantes de masculinidade e cisheterossexualidade, há muitas pressões para que demonstrem sua masculinidade por meio do sexo, frequentemente de maneira promíscua. Esse tipo de cobrança social pode levar homens a se engajarem em comportamentos sexuais de risco, comprometendo sua saúde e a das pessoas com quem se relacionam (Greig, 2008). Desse modo, não raro, espera-se do homem que prove sua potência sexual por meio de experiências com múltiplas parceiras e que esteja no comando/controle durante as rela-

---

[16] Destaca-se que, embora o sexo seja potencialmente um reforçador incondicionado tanto para homens quanto para mulheres, pode adquirir diferentes funções condicionadas ao longo da história de vida de cada indivíduo, de acordo com as características e os valores culturais dos contextos em que este se insere. Assim, mais uma vez, contingências filogenéticas, ontogenéticas e culturais interagem na determinação das funções do sexo para cada pessoa.

ções sexuais com as mulheres; caso contrário, sua masculinidade pode ser questionada, o que tem um caráter extremamente aversivo para os homens (Zanello, 2018, 2022). Nesse contexto, a masculinidade hegemônica, cisheteronormativa impõe, desde o início de sua socialização, que os homens sejam autoconfiantes, autossuficientes, invulneráveis, que não expressem emoções ou dificuldades e que não busquem ajuda em momentos de necessidade, mas que sejam perfeitamente capazes de resolver seus problemas sozinhos. Assim, são frequentes os relatos de sofrimento ligado à ansiedade em relação a desempenho sexual, à supervalorização da experiência e ao controle da situação sexual pelos homens. Vale ressaltar que a carência de contextos sociais com audiência não punitiva para esse tipo de relato é um aspecto que potencializa o sofrimento de muitos indivíduos do sexo/gênero masculino (Boris, 2004; Corsi, 2006; Greig, 2008).

Faz-se relevante, portanto, enfatizar os malefícios da socialização dos meninos no sentido de se mostrarem sempre fortes e não expressarem emoções, já que isto representaria fraqueza, fragilidade. Corsi (2006) denominou um dos déficits comportamentais comuns entre os homens de analfabetismo comunicacional, que consiste na dificuldade que grande parte dos indivíduos do sexo/gênero masculino apresenta para conversar abertamente sobre seus sentimentos, suas dificuldades e sobre o que os incomoda em situações de conflito. Diante dessa inabilidade, a expressão de sentimentos desconfortáveis frequentemente se dá em forma de agressividade/violência nas relações. Essa dificuldade não se restringe ao âmbito conjugal ou familiar, mas também afeta suas relações sociais fora do ambiente doméstico. Doyle (2020) destaca que muitos homens têm diversos amigos e se relacionam com uma variedade de pessoas, mas não têm ninguém com quem possam falar sobre seus problemas afetivos, suas inseguranças e seus conflitos do âmbito privado (para mais reflexões sobre os desdobramentos da masculinidade hegemônica para os homens e suas relações, recomendamos ver o capítulo 4, de Holanda & Castro, neste volume).

Greig (2008) ressalta que, se as pressões sociais são tão fortes para os homens que se enquadram no estereótipo cisheteronormativo, a punição para aqueles que rompem as regras de gênero a respeito de como um homem deve se comportar é imensamente maior e mais frequente. Para homens homossexuais ou com expressão de gênero feminina, as formas de punição são as mais diversas, desde a discriminação e exclusão de diferentes contextos sociais (punição negativa) a situações de preconceito, violência e agressão por pares, colegas e até familiares (punição positiva). Essas análises evidenciam como os valores machistas e suas diferentes expressões envolvem inúmeros riscos e prejuízos também para pessoas do sexo/gênero masculino. Em seu livro intitulado *Como Educar um Filho Feminista: Maternidade, Masculinidade e a Criação de uma Família*, a jornalista indiana Sonora Jha (2021) afirma que a masculinidade hegemônica adoece e mata não apenas as mulheres, mas também os homens, que estão entre as principais vítimas de violência urbana. A autora ressalta a importância de ensinar meninos, desde pequenos, sobre letramento de gênero e sobre a necessidade de ativamente romper com valores machistas: trata-se da proteção não apenas dos corpos femininos, mas também do seu próprio, de sua saúde mental e de sua liberdade para poderem ser exatamente quem são, únicos, autênticos, diversos.

Nesse contexto, faz-se relevante comentar sobre as experiências que podem levar à formulação de julgamentos de valor, definidos por Baum (2006) como regras (estímulos verbais) que descrevem relações últimas que são sociais, ou seja, os julgamentos de valor são o comportamento verbal que envolve as noções de bom e mau, de certo e errado. Por exemplo, a verbalização de um indivíduo do sexo/gênero masculino "O homem é que tem que tomar a iniciativa. Homens não devem demonstrar insegurança ou inexperiência" sugere que verbalizações desse tipo podem ter sido reforçadas por pais, professores, amigos e/ou parceiras(os). Nesse caso, provavelmente o comportamento de demonstrar insegurança ou inexperiência é considerado errado e é punido por algumas pessoas de seu ambiente social. Os juízos de valor têm origem nas práticas do grupo ao qual o indivíduo pertence e afetam seu relacionamento com outros membros do grupo, bem como com o ambiente no qual ele se insere.

Das considerações apresentadas acima, conclui-se que as performances de gênero valorizadas em uma sociedade mantêm homens e mulheres em determinadas funções, agindo de acordo com contingências sociais diferentes, o que influencia sua maneira de interagir nos relacionamentos amorosos. Zordan et al. (2005) destacam que, embora as escolhas do(a) namorado(a)/cônjuge e do tipo de relacionamento conjugal pareçam livres/espontâneas, são fortemente influenciadas por valores e regras, implícitos e explícitos, ensinados pelos contextos familiar, social e cultural de cada um. Antes de se unirem ou se casarem, portanto, os membros de um casal já têm regras e valores sobre o que é namoro/casamento, sobre como é esperado que cada um se comporte, sobre o que é permitido e o que é proibido em um relacionamento e até sobre como as pessoas devem se sentir. Esses valores vão sendo construídos com base no contato com as contingências de reforçamento, as regras e os modelos apresentados no meio social, na literatura, nos filmes, nas novelas, nos meios de comunicação, bem como pelas experiências vividas na família e na comunidade no que se refere ao que é um relacionamento amoroso e que comportamentos são esperados de um casal.

Skinner (1953/2003) compreende o amor como uma predisposição recíproca de duas pessoas a reforçarem mutuamente comportamentos uma da outra. Nesse caso, o amor, enquanto uma emoção social, seria definido como uma tendência a agir de uma maneira que provavelmente será positiva ou negativamente reforçadora para o outro e, ao mesmo tempo, produzirá consequências reforçadoras para o próprio indivíduo. Entretanto, é relevante destacar que a relação amorosa envolve algumas características peculiares que a diferenciam de outros tipos de relacionamentos. Embora Skinner tenha enfatizado o caráter reforçador do amor, diferentes tipos de controles comportamentais estão envolvidos na construção e manutenção de um relacionamento amoroso, e alguns, em geral, predominam em relação a outros, dependendo do tipo de vínculo que se estabelece e/ou do estágio do relacionamento, por exemplo, o "ficar"/"pegar" apenas uma vez, o "rolo" (estar "ficando"/saindo com alguém), o namoro, o noivado, o casamento em seu período inicial, o casamento após vários anos de união, o casamento na velhice e o "flashback" (relacionamento esporádico com um ex). Cada um desses tipos de relacionamento é caracterizado por controles diferentes.

Alguns reforçadores positivos frequentemente presentes em um relacionamento amoroso são a disponibilidade de sexo, o contato afetivo/físico (*e.g.*, carinho, beijos, abraços), companhia (o que, frequentemente, permite acesso a outros reforçadores, como ir a lugares interessantes, como cinema, teatro, parques, viagens, boates, academia, etc.; realizar novas atividades, comer em lugares diferentes, conhecer pessoas legais), atenção do(a) parceiro(a) (palavras bonitas, elogios, cartinhas, músicas dedicadas, promessas), ter alguém com quem contar em momentos desafiadores, as festas de noivado ou casamento. Além disso, vale ressaltar que pessoas acompanhadas, especialmente no caso das mulheres, por corresponderem aos modelos e padrões socialmente estabelecidos, têm mais acesso a reforçadores sociais, como a admiração e a atenção, de amigos, familiares e até de pessoas na rua (Carvalho & Medeiros, 2008; Diniz, 2009; Zanello, 2018). Carvalho e Medeiros (2008) destacam que pessoas privadas/carentes de fontes de reforçamento em outras áreas da vida tendem a investir demasiadamente no relacionamento amoroso, de modo que este pode se tornar sua única fonte de reforçamento, o que pode favorecer o estabelecimento de um vínculo de dependência.

Reforçadores negativos também podem estar envolvidos no controle dos comportamentos de quem se relaciona amorosamente com alguém. Alguns exemplos são: evitar críticas e julgamentos por estar sozinho e também as pressões sociais para se casar, já que, na sociedade ocidental, é muito difundido o valor de que as pessoas nascem, crescem, casam-se, reproduzem-se, envelhecem e morrem, como se o casamento e a procriação fossem etapas imprescindíveis do ciclo de vida humano. Ademais, há reforçamento negativo com a ajuda mútua para solucionar problemas, ou seja, quando um ajuda o outro a encontrar soluções para as dificuldades cotidianas, diminuindo as responsabilidades individuais. O reforçamento negativo também pode estar presente no caso de pessoas que se casam fugindo do contato com a estimulação aversiva da interação com a família primária, quando há situações de maus-tratos, abuso, negligência, entre outros.

Além dos reforçadores, relacionamentos amorosos também envolvem, muitas vezes, contingências de punição. A punição positiva ocorre, por exemplo, quando há cobranças, discussões, exigências, brigas, ciúmes, necessidade de convívio com pessoas com quem não se tem afinidade (amigos ou familiares do outro), maiores gastos financeiros, mais obrigações, mais conflitos e problemas a resolver. Quando se fala em punição positiva, é relevante ainda comentar a alta frequência, em nossa sociedade, das críticas, dos julgamentos de valor e dos adjetivos pejorativos em relação a pessoas que permanecem solteiras depois de certa idade. "Ficar para titia", "encalhada" ou ser a "solteirona" da família, especialmente no caso das mulheres, tem um valor muito aversivo em nossa sociedade, indicando incompetência para manter um parceiro (Carvalho & Medeiros, 2008; Diniz, 2009; Zanello, 2018). Dessa maneira, a punição leva as pessoas a discriminarem o "estar solteiro(a)" como um estímulo aversivo condicionado, contribuindo para que se vejam como abandonadas, chatas, pouco atraentes, alguém com quem não vale à pena se relacionar (Carvalho & Medeiros, 2008). Essas condições aversivas relacionadas ao estar solteiro(a) podem contribuir para que as pessoas se mantenham em relações afetivas de baixa qualidade. Assim, a privação social (ausência prolongada de reforçadores) e a alta frequência de punição relacionada ao "estar só" podem funcionar como operações estabelecedoras, contribuindo para que as pessoas estabeleçam ou se mantenham em relacionamentos pouco reforçadores, esquivando-se da condição de solteiro(a). Michael (1982, 1993) descreve que a privação, enquanto uma operação estabelecedora, pode evocar certos comportamentos ao alterar temporariamente a efetividade reforçadora de um evento ambiental, por exemplo, de um relacionamento estável, no caso em discussão; enquanto a estimulação aversiva ou estímulos sinalizadores de uma contingência de esquiva atuam como operações estabelecedoras ao estabelecerem como reforçadora a retirada do próprio estímulo aversivo. Dessa maneira, os reforços de um relacionamento amoroso costumam ser mais eficazes no caso de pessoas privadas de reforçadores sociais ou que são criticadas por estar solteiras (Carvalho & Medeiros, 2008).

Por outro lado, relacionamentos afetivos frequentemente envolvem também a perda de reforçadores que são mais acessíveis quando se está solteiro(a), e, nesse caso, fala-se em punição negativa. Alguns exemplos são: menos oportunidades de sair com amigos e familiares; menos tempo e autonomia para realizar atividades reforçadoras individuais, como estudar, trabalhar, assistir a programas de interesse individual; restrições às possibilidades de sair, conhecer e se envolver com pessoas novas (no caso das relações com contrato de exclusividade); menos privacidade.

Conclui-se, das análises *apresentadas*, que os relacionamentos amorosos são complexos e envolvem a interação de inúmeras contingências reforçadoras, mas, também, contingências aversivas, de modo que nem sempre é vantajoso para o indivíduo iniciar ou se manter em um relacionamento, dependendo do momento e das situações que esteja vivenciando. Contudo, muitas vezes, filmes, seriados de TV e novelas estabelecem como ideal ter um relacionamento amoroso monogâmico estável, desvalorizando pessoas sem parceiros ou com outros tipos de relacionamento. A relação entre a mídia e os relacionamentos amorosos será discutida mais aprofundadamente a seguir.

Mídia e comportamento nas relações amorosas

> *Os filmes nos ofereciam uma forma de conversar sobre as coisas, primeiro sobre noções simples de justiça e depois sobre amor e sexo e representação e apagamento. Os filmes são uma força social, ao mesmo tempo que são fantásticos, determinam o normativo.*
>
> *(Sonora Jha)*

De acordo com Babo e Jablonski (2002), a sociedade contemporânea é marcada por mudanças extremamente rápidas e pela insegurança sobre como se deve agir diante das novas contingências em vigor, o que favorece que as pessoas vivam um "estado de crise permanente" entre novos e antigos valores. Nesse contexto, a mídia assumiu um papel muito importante de informar, divertir e orientar, competindo com as instituições tradicionais de educação e socialização (*e.g.*, escola, igreja, família, Estado) e, em algumas situações, até suplantando-as. Exemplificando, um estudo realizado por Bachen e Illouz (1996) mostrou que 94% dos jovens participantes buscavam informações sobre amor e relacionamentos na televisão; 90% em filmes; enquanto apenas 33% recorriam à mãe; e 17% ao pai. Apesar do amplo reconhecimento da grande importância da influência da mídia, poucas são as pesquisas brasileiras que se dedicam ao estudo sistemático de como diferentes formas de mídia afetam o comportamento amoroso ou sexual na contemporaneidade.

Holmes (2004) enfatiza que o modelo de relacionamento amoroso veiculado pela mídia é caracterizado por um amor romântico, sem conflitos, monogâmico, cisheterossexual e sexualmente satisfatório. Ademais, os membros do casal, em geral, são pessoas jovens, brancas, estereotipicamente bonitas, saudáveis, sempre muito alegres. Segundo o autor, ao se estabelecer esse ideal como meta de felicidade para todos, desconsiderando-se a grande diversidade entre as pessoas, os estereótipos sobre os relacionamentos amorosos são fortalecidos, o que contribui para que os indivíduos que não se enquadram nos padrões estabelecidos sejam alvo de sofrimento, decepções e discriminações.

Babo e Jablonski (2002) apontam que, em geral, as revistas mostram uma excessiva valorização dos relacionamentos amorosos, transmitindo, às vezes de forma sutil, outras muitas vezes explícita, a mensagem de que "é impossível ser feliz sozinho". Segundo os autores, o modelo de amor valorizado na mídia é de um amor-paixão arrebatador, demasiado intenso, que prejudica o bom-senso, um turbilhão de emoções, uma relação exclusiva em que as pessoas ficam absortas pelo sentimento, uma felicidade sem limites. Contudo, o que a mídia não veicula é que, como mostram diversos estudos sobre relacionamento e também as próprias experiências pessoais, essas sensações não são eternas e, com o passar do tempo, se a relação realmente persiste, o amor-paixão gradativamente se transforma em amor-companheiro, em que prevalecem a amizade, o companheirismo, a ajuda mútua e as vivências compartilhadas. Dessa maneira, criam-se ideais inatingíveis, como o de fazer uma paixão, cuja efemeridade é característica central, durar para sempre. Aprende-se, assim, que concretizar o amor romântico mostrado em filmes, revistas, novelas é tarefa simples, acessível a qualquer pessoa minimamente dentro dos padrões, e, uma vez que esse ideal não é alcançado — o que fatalmente acontece —, são comuns efeitos emocionais como sensação de fracasso, culpa, baixa autoestima, e não de revolta contra a imposição de um valor impraticável (Holmes, 2004; Solomon, 2017).

Rakos (1993) sugeriu um modelo de como a mídia, por meio de operações de controle de estímulos, pode afetar o comportamento dos indivíduos, de acordo com uma perspectiva analítico-comportamental. Segundo o autor, os conteúdos veiculados pela mídia exercem a função de estímulos antecedentes — regras, operações estabelecedoras, estímulos discriminativos e equivalência de estímulos —, induzindo a emissão de determinados comportamentos operantes de diferentes segmentos da sociedade. Esses estímulos podem ser manipulados de modo a favorecer a emissão de respostas coerentes com os valores disseminados pela mídia. Portanto, ao controlar a informação e sua disseminação, a mídia pode também contribuir para a emissão de respostas-alvo da população. Dessa maneira, faz-se necessária uma análise crítica dos valores propagados pela mídia sobre relacionamentos amorosos, por exemplo, em comédias românticas hollywoodianas, séries televisivas, novelas e diferentes redes sociais.

Ao se analisar a influência da mídia nas relações amorosas à luz do modelo proposto por Rakos (1993), nota-se que uma de suas importantes funções é a emissão de regras. O comportamento verbal tem enorme importância para o aprendizado. Assim, a mídia, ao emitir regras, especifica o que se deve fazer, em quais condições se deve fazer e quais serão as prováveis consequências (Skinner, 1986/1996). A sentença verbal funciona como estímulo antecedente que pode gerar e manter o comportamento antes que haja o contato direto com as consequências, o que permite um aprendizado mais rápido (Ayllon & Azrin, 1964; Catania, 1998/1999, 2003; Kerr & Keenan, 1997; Skinner, 1974/2004). Exemplificando, se uma pessoa que está em um relacionamento com o mesmo parceiro por um longo período assiste a filmes que favorecem a formulação da regra "É impossível ser feliz sozinho" ou "Casar-se é igual a ser feliz para sempre", é possível que ela evite ficar solteira a todo custo, mesmo sem entrar em contato direto com as propriedades reforçadoras ou aversivas de "estar solteira", mas sim em função da possibilidade de punição social (*e.g.*, ser chamada de "burra por deixar escapar um partidão" ou ameaçada de ficar "encalhada" ou "para titia").

Carvalho e Medeiros (2008) ressaltam que aprendizagem de que "estar só" tem caráter aversivo pode ocorrer até mesmo de maneira indireta, por modelação, apenas por observar as críticas sofridas por outras pessoas que estão solteiras. Portanto, a punição presente na mídia, como nos contos de fadas e nas comédias românticas, pode contribuir para que as pessoas discriminem o "estar solteiro(a)" como um estímulo aversivo condicionado. Nesse contexto, a alta frequência de punição relacionada ao "estar só" presente nos modelos midiáticos pode funcionar como operação estabelecedora, contribuindo para que as pessoas estabeleçam ou se mantenham em relacionamentos pouco reforçadores, esquivando-se da condição de solteiro(a), como foi exposto anteriormente neste capítulo.

Voltando à análise da importância das regras, apesar de seu papel facilitador na aquisição de repertórios, muitas vezes estas podem ser inacuradas, isto é, incoerentes em relação às contingências em vigor ou podem ser excessivamente simplórias, negligenciando a complexidade de determinadas contingências, o que pode favorecer o estabelecimento de repertórios comportamentais pouco adaptativos ao se seguirem essas regras (*e.g.*, Paracampo et al., 2001; Rosenfarb et al., 1992).

Para exemplificar a baixa sensibilidade às contingências que pode ser favorecida ao se seguir uma regra, no clássico filme *Love Story – Uma História de Amor*, lançado em 1970, uma regra muito marcante é dita por Jennifer, a personagem feminina do par romântico principal do filme: "*Amar é nunca ter que pedir perdão*". Ela diz essa frase quando seu marido volta para casa, muito arrependido, depois de um desentendimento dos dois, e pede-lhe perdão. Desenvolvendo melhor a contingência descrita por essa regra, o que ela diz é que "Se você ama, se comporta sempre da maneira adequada/correta e, consequentemente, sempre agrada o(a) parceiro(a), ao mesmo tempo em que evita magoá-lo(a)". Assim, essa regra está relacionada ao mito de que, quando alguém ama de verdade, sabe tudo o que deve fazer para agradar o outro e nunca o desaponta. É como se o outro fosse uma extensão de nós mesmos, uma alma gêmea, como referiu a cliente que disse que o marido deveria saber do que ela precisava sem que fosse necessário que ela falasse coisa alguma, o que, conforme destacam Bucay e Salinas (2000/2006), é pouco coerente com as contingências em vigor nos relacionamentos da vida real, os quais necessariamente envolvem conflitos, uma vez que os membros de um casal têm histórias de vida diferentes e estão sempre sob controle de contingências diversas, além daquelas que envolvem o relacionamento amoroso. A regra de que é possível viver acertando sempre, de modo que nunca seja necessário pedir desculpas, portanto, pode favorecer que as pessoas se comportem de forma pouco coerente com a complexidade das contingências envolvidas em relacionamentos reais, produzindo frustração e sofrimento.

Skinner (1986/1996) destaca, nesse contexto, que, apesar de as regras permitirem que o indivíduo evite os custos de se expor a novas contingências, diversos novos reforçadores que somente poderiam ser acessados por meio da exposição a essas novas contingências são perdidos quando se segue uma regra, e é isso o que acontece, por exemplo, quando o homem/a mulher espera que o(a) parceiro(a) adivinhe o que ele(a) quer, pensa ou sente sem dizer nada a ele(a) em função da regra de que os "amantes devem saber do que o outro precisa". Essa regra desconsidera que, ao expressar sentimentos, desejos e necessidades claramente, a chance de que o outro disponibilize os reforçadores adequados é consideravelmente maior do que quando se espera que este "leia a mente do parceiro". Regras podem, portanto, impedir ou retardar o acesso a determinados reforçadores e o desenvolvimento de repertórios comportamentais importantes, como o repertório de assertividade, no exemplo apresentado.

Grande parte dos estudos que analisam a relação entre a mídia e os relacionamentos amorosos envolve a análise do conteúdo de diferentes tipos de mídia e/ou a aplicação de questionários. Poucas pesquisas experimentais foram realizadas com participantes adultos. Babo e Jablonski (2002) e Diniz (2009) realizaram estudos sobre os conteúdos envolvendo casamento e relacionamentos amorosos veiculados em revistas impressas. A pesquisa dos primeiros comparou os conteúdos de revistas femininas e masculinas. Os resultados mostraram que as revistas analisadas frequentemente ainda apresentavam uma visão limitada e rígida dos papéis de gênero, o que poderia contribuir para o fortalecimento de preconceitos e estereótipos preexistentes na cultura, influenciando os relacionamentos amorosos e o estabelecimento de padrões de comportamento a serem seguidos. Contudo, nas revistas femininas, uma maior diversidade de temas era abordada, como vida conjugal, problemas afetivos e sexuais do casal, novas configurações dos papéis de gênero. Uma importante diferença entre as revistas femininas e masculinas era que o primeiro tipo estimulava a comunicação entre o casal, enquanto este aspecto não recebia a mesma ênfase nas revistas masculinas, indicando que estas, ainda mais que as femininas, não acompanhavam as revisões dos papéis de gênero na sociedade. Assim, as redefinições dos relacionamentos amorosos pautadas nas transformações dos papéis de gênero das últimas décadas foram temas raramente abordados nas revistas masculinas, nas quais predominavam temas relativos à busca do prazer, enfatizando-se aspectos visuais e a perfeição estética das mulheres nas fotografias.

Em sua análise sobre os conteúdos das revistas para homens e mulheres, Babo e Jablonski (2002) observaram, ainda, que, frequentemente, dicas ou regras estereotipadas sobre como se comportar ensinadas para homens e mulheres nas revistas eram diferentes e, não raro, conflitantes, o que poderia contribuir para desencontros amorosos. Assim, ao enfatizar as diferenças de gênero de maneira estereotipada, a imprensa dedicada aos públicos masculino e feminino favorecia a perpetuação de regras e modelos que não contribuíam para relacionamentos saudáveis e harmoniosos entre homens e mulheres. Pessoas de sexos/gêneros diferentes eram, portanto, incentivadas a se comportar em função do acesso a objetivos ou consequências diferentes e, frequentemente, contraditórios, o que dificultava o estabelecimento de um convívio íntimo e próximo em um relacionamento amoroso.

Ademais, nas últimas décadas, o sexo ganhou enorme destaque nas revistas, tanto nas masculinas quanto nas femininas. A visão sexista, entretanto, ainda está presente: nas revistas femininas, o sexo é tratado como uma estratégia importante para manter o relacionamento amoroso, para impressionar o parceiro, há uma relação estreita entre sexo e amor; enquanto, nas masculinas, o sexo não está associado a uma relação duradoura, mas, ao contrário, ao incentivo da sedução pela sedução, sem referências aos sentimentos da pessoa que será seduzida. Exemplificando o tipo de conflito que pode ser produzido por essas controvérsias entre os conteúdos de revistas masculinas e femininas, Babo e Jablonski (2002) apontam que as mulheres, depois de lerem diversas pesquisas e técnicas sexuais de como deve ser seu desempenho para "segurar" um homem, saem à procura de um relacionamento estável e encontram um homem que há anos é exposto a mídias que promovem o valor oposto, de que sexo bom é o casual, com uma variedade de parceiras, uma vez que, nas revistas masculinas, em geral, não é incentivada a construção de relacionamentos amorosos estáveis e duradouros. Esse tipo de desencontro de interesses é observado com frequência nos relatos frustrados de homens e mulheres que buscam terapia. Os autores concluem seu estudo afirmando:

> Afinal, como diz o título de certo livro de autoajuda bastante vendido junto aos segmentos da classe média, Homens são de Marte, Mulheres são de Vênus. O problema é que ambos vivem aqui na Terra mesmo, lendo revistas bem diferentes. (p. 50).

O estudo de Diniz (2009), por sua vez, envolveu a análise de conteúdo de revistas femininas e de revistas de conteúdo geral. Os resultados mostraram transformações nas funções sociais do casamento e nos comportamentos esperados dos homens e das mulheres nos relacionamentos amorosos. As reportagens analisadas ainda envolvem conflitos entre modelos novos e antigos de conjugalidade, de vida familiar, de exercício da sexualidade, de maternidade e paternidade, da divisão de atribuições e papéis entre homens e mulheres. Segundo a autora, é descartada a ideia do fim do casamento. O que as reportagens sugerem é que as pessoas estão vivendo um processo de adaptação às novas contingências, e a qualidade das relações vem se tornando aspecto central para a manutenção de um casamento nos dias atuais. Novos modelos de casamento, família e união estão sendo experimentados, o que inclui separações e divórcios, recasamentos, relacionamentos homoafetivos, famílias monoparentais, relações não monogâmicas, entre outros.

Em adição, as revistas indicam também que os casamentos estão acontecendo mais tarde, e que a quantidade de filhos está diminuindo. No contexto da valorização da realização pessoal e profissional também para as mulheres, o exercício da maternidade começa a ser questionado nas revistas, que discutem o impacto dos filhos na rotina profissional, pessoal e doméstica, uma vez que o cuidado dos filhos ainda é abordado como uma tarefa tipicamente feminina. Quanto à sexualidade, os resultados encontrados por Diniz (2009) corroboram os de Babo e Jablonski (2002), mostrando que a maneira como aspectos sexuais foram abordadas nas revistas analisadas era marcada por prescrições, estereótipos de gênero e conflitos de valores.

No que se refere à mídia televisiva, alguns estudos investigaram sistematicamente os conteúdos de filmes românticos e/ou os efeitos que estes podem produzir nos comportamentos de quem os assiste. Contudo, apesar dos interessantes resultados encontrados, os autores, em geral, enfatizam a necessidade de mais estudos experimentais a respeito dos efeitos da exposição à mídia em curto, médio e longo prazo sobre as formas de se relacionar amorosamente (*e.g.*, Hefner, 2011; Holmes, 2004, 2007; Holmes & Johnson, 2009a, 2009b; Johnson & Holmes, 2009).

Holmes realizou diferentes estudos investigando a relação entre a exposição à mídia e as crenças (regras) dos participantes sobre relacionamentos amorosos e seu nível de satisfação com sua própria vida amorosa. Dois dos estudos (Holmes, 2004, 2007) mostraram que, quanto mais os participantes eram expostos a programas de televisão com conteúdos românticos, mais idealizadas eram suas regras sobre o relacionamento e o(a) parceiro(a), por exemplo, mais eles(as) relatavam acreditar que "ler a mente" do(a) parceiro(a) era esperado em um relacionamento (de modo que seria possível compreender e prever todos os desejos e necessidades do outro sem que nenhuma palavra fosse dita), que discordâncias ou conflitos seriam maléficos e que o destino unia as almas-gêmeas (de maneira que pouco ou nenhum esforço seria necessário para que um casal se encontrasse e/ou se mantivesse junto, caso fossem realmente "feitos um para o outro").

Ainda no que se refere ao estudo de Holmes (2004), os resultados mostraram que, entre os homens, houve correlação negativa entre uma maior exposição a mídias com conteúdo erótico e o nível de satisfação com o próprio relacionamento, bem como uma maior percepção de discrepância entre seu ideal de relacionamento e o que de fato viviam. Além disso, no contexto de um experimento descrito na mesma publicação, o qual comparava regras sobre relacionamentos diante da exposição a dois filmes com conteúdos diferentes, observou-se, por meio de respostas a questionários, que os participantes de um grupo exposto a um filme que enfatizava fortemente o destino como determinante para um relacionamento apresentaram mais relatos de crenças românticas idealizadas coerentes com o filme do que aqueles que participaram de um grupo controle que assistiu a uma película dramática, que envolvia personagens complexos e situações de conflito, como traição amorosa (Holmes, 2004). Outro aspecto relevante nos estudos sobre mídias com conteúdos amorosos é que discussões e conflitos são, em grande parte de suas incidências, associados ao rompimento da relação, o que pode favorecer a interpretação equivocada de que são necessariamente destrutivos para relacionamentos amorosos (Johnson & Holmes, 2009).

Em outra pesquisa, na qual foi realizada uma análise de conteúdo de 40 comédias românticas hollywoodianas, os resultados mostraram que a grande maioria dos filmes selecionados apresentava apenas relacionamentos em sua fase inicial, o que incluía grandes demonstrações de afeto e sentimentos intensos entre os parceiros, excitação, desejo constante de proximidade física e contato, felicidade aparente. Contudo, algumas contradições apareciam, destacando-se, por exemplo, a alta frequência de declarações de um amor profundo (o que não é típico de relacionamentos em estágios iniciais, uma vez que esse tipo de sentimento costuma se desenvolver com o tempo de convivência), com os personagens frequentemente expondo sentimentos um para o outro muito no início do relacionamento, já nos primeiros encontros. Ademais, poucos modelos sobre como manter um relacionamento são apresentados. Johnson e Holmes (2009) enfatizam que essa mistura dos reforçadores típicos de diferentes fases de um relacionamento em uma mesma fase pode contribuir para uma avaliação negativa do próprio relacionamento, quando comparado aos modelos apresentados nas comédias românticas, como se em sua vida amorosa estivesse sempre faltando alguma coisa. Em adição, a crença de que os sentimentos de excitação típicos de relacionamentos iniciais vão permanecer para sempre pode ser favorecida, gerando frustração, caso isso não se concretize, o que é muito provável, já que os sentimentos costumam se transformar ao longo dos diferentes estágios de um relacionamento, sem que isso represente necessariamente perda de sua qualidade.

Outros exemplos de regras idealizadas ou mitos encontrados em grande parte de filmes e histórias com conteúdos românticos são: o verdadeiro amor acontece à primeira vista; o amor sobrevive a toda e qualquer provação; ainda que mal se conheçam, o príncipe/mocinho e a princesa/mocinha sabem tudo o que devem fazer para agradar um ao outro (sem que seja necessário expressar nada sobre gostos e preferências); o sofrimento da princesa/mocinha sempre é recompensado no final, quando o príncipe encantado/mocinho chega para salvá-la de sua provação; o príncipe/

homem é responsável pela iniciativa em relação à princesa/mulher e por salvá-la dos perigos do mundo; pessoas feitas uma para outra deveriam compreender tudo sobre o(a) parceiro(a) e prever seus desejos com pouca ou nenhuma comunicação direta; conflitos são necessariamente destrutivos em um relacionamento; uma princesa/mocinha virtuosa pode facilmente converter um homem mau-caráter ou malandro em um homem bonzinho ou um sapo em príncipe; o amor da vida, como se houvesse apenas um par certo no mundo para cada pessoa; o destino como aspecto determinante para unir os casais; no fim, tudo se resolve quando o príncipe/mocinho e a princesa/mocinha se casam e são "felizes para sempre"; o casamento é a solução para todos os problemas; entre tantos outros exemplos (Corso & Corso, 2006; Holmes, 2007; Johnson & Holmes, 2009; Passinato, 2009; Rael, 2003; Tanner et al., 2003). Nota-se, portanto, que a idealização do(a) parceiro(a) e do relacionamento amoroso pode ser favorecida por modelos e regras apresentados na mídia.

Outro aspecto importante é que ainda estão muito presentes, em grande parte das histórias infantis e das comédias românticas, estereótipos de gênero. Em geral, a princesa/mocinha é dependente, bonita, meiga, doce, branca, compreensiva, romântica. A aparência física da mulher é supervalorizada como um aspecto essencial para que ela consiga encontrar o amor de sua vida e, só então, ser feliz. O príncipe/mocinho, por sua vez, é inteligente, corajoso, forte, bem-sucedido. A responsabilidade pela iniciativa no relacionamento — aproximar-se, presentear, pedir em casamento — é do personagem masculino. Assim, em geral, aos personagens masculinos é atribuído um papel ativo, enquanto, aos femininos, atribui-se o papel passivo (Johnson & Homes, 2009; Nery, 2012, 2013; Passinato, 2009; Perlin & Diniz, 2005).

Ademais, como foi comentado, destaca-se que, na maioria dos filmes analisados, os pares românticos eram compostos prioritariamente por personagens brancos, jovens, estereotipicamente bonitos/atraentes, de classe média e cisheterossexuais (Johnson & Homes, 2009). Nesse contexto, as regras transmitidas pela mídia sobre como devem ser o(a) parceiro(a) e o relacionamento ideais podem exercer o papel de estímulo alterador de função de outros estímulos (FAS), termo utilizado quando se lida com o controle exercido por estímulos verbais, contribuindo para estabelecer quais tipos de companheiro(a) e de relação serão reforçadores para homens e mulheres (Kerr & Keenan, 1997). Apenas para exemplificar, veja as imagens a seguir e observe como eram (e, em geral, infelizmente ainda são!) limitadas/estereotipadas até recentemente as representações de mulheres e homens em diferentes mídias com as quais interagimos desde a infância:

Figura 1: *Até recentemente, a diversidade entre as bonecas Barbie era assim: todas loiras, magras, jovens, altas, de olhos azuis. Variavam apenas as cores/estampas de suas roupas*

Nota: imagem retirada da página Mercado Livre[17]

---

[17] Recuperado de https://produto.mercadolivre.com.br/MLB-1446165801-kit-ken-e-barbie-sapatos-e-roupas-blusa-camisa-calca-vestido-_JM

Figura 2: *Da mesma forma eram as "Paquitas" da Xuxa, uma das maiores referências em programação infantil em nosso país nas décadas de 80/90. Quem se lembra?*

Nota: imagem retirada da página Rádio Pampa[18]

Figura 3: *Apesar das seis décadas representando quase exclusivamente o padrão de beleza ocidental (bonecas magras, loiras e com olhos azuis), a companhia de brinquedos Mattel começou, na última década, a abraçar a diversidade, ampliando seu portfólio e fabricando novas bonecas, com diferentes silhuetas, etnias, tons de pele, cabelos, alturas e estilos. A linha Fashionistas, lançada em 2019, por exemplo, inclui 170 bonecas com características mais diversas: pardas, negras, pretas, carecas, com vitiligo, com deficiências, com próteses, asiáticas, altas, baixas, com variadas alturas e silhuetas, entre outras, representando, assim, de forma mais coerente com o mundo que as crianças observam ao seu redor, a riqueza das diferentes belezas femininas*

Nota: imagem retirada da página BBC[19]

---

[18] Recuperado de https://www.radiopampa.com.br/conheca-a-historia-do-livro-que-levou-a-demissao-todas-as-paquitas/

[19] Recuperado de https://www.bbc.com/portuguese/noticias/2016/01/160129_barbie_diversidade_fn

Figura 4: *Observe também que os super-heróis tanto da Marvel quanto da DC são basicamente brancos, jovens, magros/fortes, de olhos claros*

Nota: imagem retirada da página Pinterest[20]

Figura 5: *Apenas em 2018, o filme do super-herói Pantera Negra trouxe às telas um elenco de pessoas negras como protagonistas*

Nota: imagem retirada da página Revista Quem[21]

---

[20] Recuperado de https://br.pinterest.com/pin/494833077797964249/
[21] Recuperado de https://revistaquem.globo.com/Series-e-filmes/noticia/2021/05/marvel-anuncia-titulo-da-sequencia-de-pantera-negra.html

Nesse contexto, Zanello (2018) analisa que há uma qualificação diferenciada das mulheres nas relações amorosas, de acordo com uma lógica hegemônica patriarcal e branca, destacando a importância de intervenções no sentido de empoderar e de se construírem alternativas identitárias para as mulheres que fogem ao padrão estético estabelecido socialmente como ideal: as pretas, velhas, gordas, por exemplo, relegadas a um lugar de preterimento afetivo. A autora chama atenção especial para o racismo presente na hierarquia das escolhas amorosas masculinas e descreve que as mulheres negras são frequentemente tratadas como objetos sexuais, como menos valiosas ou descartáveis. Trata-se de uma das manifestações mais cruéis da intersecção entre dois marcadores sociais: gênero e raça. Essa análise traz à memória o relato de um cliente que confidenciou em uma sessão:

> Não sei explicar, eu queria ampliar o leque de pessoas por quem me interesso e até reconheço a beleza de mulheres com diferentes características, mas não tem jeito, só me atraio pelas loiras de olhos claros. Não me leve a mal, não é por preconceito, mas, por mais que eu tente, eu simplesmente não me sinto atraído pelas outras.

Diante da estereotipia dos modelos midiáticos excludentes a que somos recorrentemente expostos desde pequenos(as), faz todo o sentido a limitação de nossos interesses e daquilo que aprendemos a considerar atraente. Assim, não basta que sejam contempladas e discutidas as diferenças de privilégios entre homens e mulheres, mas também é necessário um olhar aprofundado para as diferenças entre as mulheres e entre os homens, ampliando os discursos, especialmente no que se refere àqueles não representados pelo perfil branco de classe média das sociedades ocidentais. Destaca-se, portanto, que a intersecção/interação entre marcadores identitários de uma pessoa deve ser considerada, quais sejam, raça, sexo designado ao nascer, identidade de gênero, orientação sexual, deficiências, classe, idade/geração, território, nacionalidade, entre outros (Davis, 2016; Diniz, 2022; Henning, 2015; Mizael, 2019; Mizael & de-Farias, 2023; Nogueira, 2001, 2017; Zanello, 2018).

Jha (2021) complementa a questão ao enfatizar que filmes podem ser disseminadores de estereótipos limitantes, mas também ótimos recursos para reflexões e análises críticas para a compreensão dos desafios dos relacionamentos. De acordo com a autora, a identificação do apagamento de mulheres — e, entre as mulheres, daquelas com determinadas características — nos filmes (seja como personagens, seja como atrizes, autoras ou espectadoras) alerta para o seu apagamento na vida real. Ela apresenta alguns critérios para a análise da representação das mulheres de forma justa em filmes, como o Teste de Bechdel, que propõe três perguntas: 1) a película tem pelo menos duas mulheres em papéis relevantes? 2) Elas conversam entre si? 3) Sobre temas que não se restrinjam a um homem? Outro conceito abordado é o de "mulheres na geladeira", que se refere à análise sobre o protagonismo da mulher na história em contraposição a papéis passivos, em que são meras coadjuvantes, guardadas na "geladeira" dos filmes. Todas essas reflexões críticas ensinam sobre o valor que se atribui às pessoas nas relações e à distribuição de poder entre elas.

Outro conceito importante para a compreensão de como a mídia pode afetar os comportamentos amorosos dos espectadores é a modelação. Na aprendizagem a partir de modelos midiáticos, os indivíduos, ao observar como os personagens se comportam e quais as consequências produzidas por suas ações, aprendem quais consequências são valorizadas ou consideradas apropriadas em nossa sociedade e quais não são, o que pode contribuir para que se comportem de maneira semelhante (no caso de consequências reforçadoras) ou diferente (no caso de consequências aversivas) do modelo apresentado (Bandura, 1965; Holmes, 2007). Contudo, como essas mídias frequentemente apresentam contingências simplistas, incompatíveis com a complexidade daquelas em vigor na sociedade contemporânea, as pessoas podem formular conclusões inacuradas e/ou se comportar de maneira pouco sensível às contingências, não obtendo, assim, acesso aos reforçadores prometidos nos modelos midiáticos.

Observa-se, portanto, que os modelos idealizados e mitos (regras), tão presentes nas mídias hegemônicas com conteúdos amorosos, são, muitas vezes, inacurados em relação às contingências atualmente em vigor nos relacionamentos amorosos e podem contribuir para a reprodução de padrões limitadores e, não raro, preconceituosos, discriminatórios e opressores no sentido de contribuírem para a manutenção de relações marcadas pela desigualdade de poderes e direitos. Não é por acaso, como foi exemplificado no início deste trabalho, que as pessoas que buscam terapia apresentam, com frequência, regras com conteúdos bastante semelhantes aos desses mitos ao longo de seu processo, descrevendo sofrimento intenso por sua inadequação em relação aos padrões estereotipados/pouco representativos presentes em grande parte das mais diferentes mídias, sejam filmes, séries, redes sociais, livros etc.

O que possivelmente também contribui para a significativa quantidade e variedade de demandas sobre questões amorosas no contexto da clínica psicológica é que, de maneira geral, em diferentes tipos de mídia com que se tem contato desde o início da vida, como contos de fadas, novelas, séries e filmes de comédia romântica, o relacionamento amoroso é apresentado como foco principal da vida, estabelecendo-se uma relação estreita entre relacionamento estável e felicidade. Assim, a mídia pode também favorecer a formação de relações de equivalência de estímulos ao apresentar dois ou mais estímulos juntos recorrentemente (ver Hayes et al., 2001). "Final feliz" é igual a casamento, casamento é igual a ser "feliz para sempre", amor é igual a demonstrações públicas e extraordinárias de afeto são alguns exemplos de relações de equivalência de estímulos favorecidas frequentemente em contos de fadas e comédias românticas. Destaca-se, entretanto, que essas relações podem contribuir para a formação de conceitos ou regras muito restritos e idealizados de felicidade, casamento e amor, limitando as experiências dos indivíduos, como no caso da cliente que chegou à terapia de casal relatando, muito frustrada, sobre seu parceiro:

> *Eu esperava que, com a formalização do nosso casamento, o comprometimento dele com a nossa relação se transformasse, esperava que ele se tornasse mais responsável no cuidado comigo, como quando fiquei doente, por exemplo, mas ele continua simplesmente a mesma pessoa descompromissada que namorei, saiu para beber com os amigos enquanto fiquei em casa sozinha passando mal. Meu conto de fadas não se concretizou, e isso me chateia muito. Eu esperava que tudo mudasse e já sei que me esqueci de combinar isso com ele, mas era meio óbvio, né?*

Mais um aspecto relevante é que, nas mídias que têm como foco relações conjugais, o amor — enquanto sentimento — é estabelecido como base quase exclusiva do casamento contemporâneo. Babo e Jablonski (2002) e Jablonski (1994) ressaltam a dificuldade de construir e manter um relacionamento alicerçado em apenas um sentimento. Essa é a visão que a sociedade e a mídia transmitem sobre o casamento e o amor atualmente: enfatiza-se um sentimento avassalador, extremamente intenso, e não o processo de amar, o compromisso com a relação e suas transformações ao longo do tempo. Dessa maneira, não há destaque algum para os comportamentos necessários à manutenção desse sentimento — o amor — no relacionamento, tampouco aos demais comportamentos importantes à manutenção do próprio relacionamento. Nesse sentido, o amor, enquanto um sentimento intenso, porém efêmero, se não cuidado, torna-se um fator de união e também de desagregação entre os casais, uma vez que, passada a empolgação inicial, os indivíduos tendem a se frustrar com o fim do amor idealizado e a se sentir perdidos, sem saber o que fazer a partir de então com a relação, abandonando-a, muitas vezes (Babo & Jablonski, 2002; Jablonski, 1994; Solomon, 2017).

Contos de fadas tradicionais

Os contos de fadas tradicionais frequentemente envolvem uma princesa ou mocinha que enfrenta, devido a diferentes circunstâncias, diversas situações de risco e humilhação, as quais têm como efeito grande sofrimento. Há, quase sempre, uma característica maniqueísta: personagens considerados totalmente bons, como a princesa e o príncipe; e aqueles totalmente maus, como bruxas e madrastas (para reflexões aprofundadas sobre o papel das madrastas nas histórias infantis, ver o capítulo 9, de Borges, neste volume), como se não existissem possibilidades infinitas entre esses dois extremos. Em geral, a princesa é salva de seu sofrimento com a chegada do príncipe, quando este lhe dá um beijo de amor verdadeiro. Logo em seguida, os dois casam-se e são "felizes para sempre". Assim, as princesas são moças jovens e estereotipicamente belas, porém frágeis e incapazes de se defender sozinhas. Estão sempre à espera de um grande amor para salvá-las. O príncipe, por sua vez, é ativo, corajoso, sempre toma a iniciativa (Grimm & Grimm, 2000; Passinato, 2009). Alguns exemplos de filmes clássicos cuja história central é basicamente essa (embora existam algumas variações entre eles) são: *A Branca de Neve e os Sete Anões*, *Cinderela*, *Rapunzel*, *A Bela Adormecida*, *A Bela e a Fera*, *A Pequena Sereia*.

Rael (2003) enfatiza que os filmes infantis vêm contribuindo para a manutenção de papéis socialmente estabelecidos, uma vez que ensinam o que é ser mulher, ser homem, ser branco e ser negro. Segundo a autora, os filmes infantis constroem um ideal de feminilidade, ensinando como uma menina/mulher deve agir: ela deve ser quieta e bem-comportada, sensível, tímida, alegre, sociável, passiva, romântica, bem-humorada, submissa, atraente, deve fazer de tudo para cuidar de seu homem e agradá-lo constantemente, seu ambiente é predominantemente o doméstico. Por sua vez, os meninos, para se adequar ao ideal de masculinidade, devem ser corajosos, assertivos, inteligentes, racionais, competitivos, fortes, ativos, líderes e capazes de realizar atos heroicos e resolver diferentes tipos de problemas. Crianças que são repetidamente expostas a esses padrões comportamentais estereotipados na mídia e, ademais, veem os mesmos padrões sendo reforçados no ambiente delas tendem a aprender que essa é a única maneira adequada de se comportar de acordo com o seu sexo/gênero (Witt, 2000).

Passinato (2009) destaca que a beleza física é um aspecto supervalorizado nos contos de fadas, especialmente no que se refere às mulheres. A beleza da princesa é basicamente um pré-requisito para que o relacionamento amoroso entre ela e o príncipe aconteça, uma vez que este se encanta ao vê-la pela primeira vez. A autora destaca que esses modelos podem favorecer a formulação de regras sobre a importância da beleza para homens e mulheres, como: "preciso ser bela para que um homem se encante por mim", para as mulheres, ou "para ser minha namorada, a mulher tem que ser bonita", para os homens. Enfatiza-se que, atualmente, na mesma linha dos contos de fadas tradicionais, há os filmes da boneca Barbie, com uma ênfase ainda maior na importância dos cuidados com a aparência física/beleza para as mulheres. Coerentemente, no estudo realizado por Nery (2012), a apresentação do filme da Barbie esteve correlacionada, em todos os quatro grupos de crianças que participaram da pesquisa, com o aumento das frequências de categorias de comportamento não verbal e verbal abordadas no vídeo, como: cuidados com a aparência/beleza, casamento e atividades domésticas.

Vale ressaltar que a concepção que o indivíduo tem de si mesmo é construída a partir das experiências que tem na interação com diversas situações ao longo da vida e corresponde às suas aprendizagens nas relações estabelecidas com o ambiente (Nobre et al., 2010). Assim, uma criança começa a formar sua autoimagem conforme a maneira como os outros a veem e se comportam em relação a ela, conforme os modelos a que é exposta e, ainda, as regras que lhe são ensinadas (Ingberman & Löhr, 2003).

De acordo com o sexo/gênero, há, portanto, expectativas sociais a respeito de como o corpo e a aparência devem ser e também de como não deveriam ser, ou seja, a criança aprende o que é reforçado ou valorizado socialmente no que se refere à imagem corporal e ao comportamento para cada sexo/gênero (Andrade, 2003; Dohnt & Tiggemann, 2006; Pierce & Epling, 1997). Com base nesses parâmetros, ela avalia em que medida sua aparência corporal e seus comportamentos são coerentes com o modelo que lhe é transmitido como socialmente aceito, de modo que aprende a valorizar em si aquilo que é valorizado pelo grupo em que se insere, bem como a desvalorizar o que o grupo desvaloriza (Ingberman & Löhr, 2003; Ribeiro et al., 2006). Nesse contexto, é importante uma postura crítica, por parte de pais e educadores, ao trabalharem com crianças mídias que enfatizam em excesso a importância dos cuidados com a aparência física, uma vez que parâmetros muito estereotipados podem contribuir para o desenvolvimento de padrões potencialmente maléficos à saúde.

As repercussões dos controles sociais e culturais no que se refere à beleza física na vida das pessoas, principalmente no caso das crianças, podem ser desastrosas, favorecendo até mesmo o desenvolvimento de prejuízos graves à saúde e ao bem-estar. Entre os problemas de saúde que podem estar relacionados às contingências sociais atuais, estão os transtornos alimentares, que são caracterizados por perturbações severas no comportamento alimentar, como é o caso da Anorexia e da Bulimia Nervosas. Nos últimos anos, houve um aumento da incidência desses dois transtornos, sobretudo entre mulheres jovens (APA, 2023; OMS, 1993/2008). A pressão cultural (*e.g.*, alta frequência de exposição a imagens e conteúdos), que define os padrões de beleza desejáveis, estabelece critérios com um nível de exigência cada vez mais alto, o que contribui para o desenvolvimento e a manutenção de comportamentos e hábitos alimentares considerados inadequados (Abreu & Cardoso, 2008).

Outro tema fortemente abordado nos contos de fadas é o casamento. Nesses filmes, em geral, o casamento é estabelecido como o objetivo maior da vida de uma mulher, a sua salvação (Passinato, 2009). Destaca-se, ainda, que o casamento é sempre apresentado como o clímax do filme, o momento mais esperado por todos, quando a princesa e o príncipe finalmente serão "felizes para sempre". Nesse contexto, a partir da apresentação recorrente do casamento pareado à felicidade, este adquire a função de um reforçador condicionado de alta magnitude para as mulheres, diretamente relacionado à admiração e ao reconhecimento social. Uma vez atingido esse objetivo, idealiza-se que a felicidade foi finalmente encontrada e presume-se que se manterá por toda a eternidade.

É interessante refletir que, nos contos de fadas que têm esse final, entretanto, nada é explorado sobre o que acontece após o casamento nem como a prometida felicidade é alcançada e, principalmente, mantida. É como se o simples rito do casamento solucionasse magicamente todos os problemas, conflitos e dificuldades para sempre sem demandar qualquer tipo de comportamento do casal (Nery, 2012, 2022).

Tanner et al. (2003) realizaram uma análise de conteúdo em 26 filmes clássicos da Disney que envolviam casais e famílias. Os resultados mostraram que o tema mais frequente foi "amor à primeira vista". No filme *A Pequena Sereia*, há uma frase importante do príncipe Eric que exemplifica o mito romântico do "amor à primeira vista". Ao conversar sobre o motivo de ainda estar solteiro, ele diz: *"Ela deve estar em algum lugar, só que eu ainda não a encontrei... Quando eu achar, eu saberei! Eu não terei dúvida! BAM!!! Irá me atingir como um raio!"* Esse mito de que, quando se encontra a pessoa certa, não se tem mais nenhuma dúvida desde o primeiro momento pode ser um grande gerador de sofrimento, na medida em que frequentemente clientes chegam aos consultórios psicoterápicos com dúvidas sobre seus relacionamentos, sob controle da regra de que "se fosse realmente a pessoa certa, teriam que saber sem que houvesse nenhum questionamento ou conflito".

Essa regra negligencia a complexidade das contingências envolvidas em relacionamentos reais, desconsiderando que envolver-se com um determinado(a) parceiro(a) é uma escolha, que, como tal, envolve reforçadores e punidores de diferentes magnitudes, bem como custos de resposta. Ademais, a regra restringe as possibilidades de encontrar um amor verdadeiro a uma única chance, como se só fosse possível ser feliz com uma pessoa: a alma gêmea predestinada. Contudo, em geral, as contingências da vida real permitem a escolha entre diferentes alternativas de parceiros, bem como possibilidade de ser feliz com parceiros diferentes em momentos diferentes da vida. Portanto, diante de alternativas variadas de escolha, frequentemente é comum que surjam dúvidas em relação ao parceiro escolhido, o que não necessariamente significa que ele não seja "a pessoa certa" para um relacionamento satisfatório.

Voltando ao "amor à primeira vista", é relevante observar que a história de amor entre a princesa e o príncipe, em geral, surge no primeiro encontro dos dois, sem que se estabeleça uma convivência entre eles até o casamento. Há o mito de que os parceiros ideais, ao se encontrarem, saberão sempre exatamente o que fazer para agradar e satisfazer um ao outro. Dessa maneira, grande parte das histórias infantis a que as crianças são expostas repetidamente, especialmente as meninas, apresenta um amor idealizado e passivo, que não demanda que o casal se engaje nos comportamentos necessários à manutenção de qualquer relacionamento. Esse modelo idealizado de relação amorosa apresentado nos contos de fadas pode constituir uma fonte de muitas frustrações para homens e mulheres devido à sua incompatibilidade com as contingências da realidade (Nery, 2012, 2022).

Ademais, é relevante comentar que grande parte dos filmes infantis fortalece estereótipos relacionados às performances de gênero, negligenciando as transformações sociais ocorridas nas últimas décadas. Um bom exemplo é o filme da Barbie denominado *A Princesa e a Plebeia*, cheio de regras sobre como uma mulher deve ou não se comportar. Nesse filme, há uma cena em que um funcionário do palácio ensina a plebeia a ser princesa. Inicialmente, ele lê algumas regras do livro de etiqueta para princesas: *"Não é permitido resmungar, se gabar, suar, se queixar, escorregar, mastigar alto, arrotar, se alvoroçar ou esbanjar nenhuma vez. Esteja presente, seja agradável, tenha altivez"*. Posteriormente, ele segue com as regras por meio da seguinte canção:

> *Uma princesa sabe usar uma colher/ Tem mil sapatos pra escolher o que quiser/ Tem conduta exemplar, é discreta ao jantar/ E demonstra interesse para ouvir/ Um princesa nunca esquece de sorrir/ Pés delicados ao dançar/ O protocolo respeitar/ Goste ou não a solução é dizer 'sim'/ Sua postura, por favor/ Mais elegante que uma flor/ Saber curvar e sempre acenar assim/ O seu porte é perfeito/ Sem manias ou trejeitos/ A cabeça vira devagar... Uma princesa sabe como se portar/ Uma princesa nunca pode descansar/ Ser paciente e ouvir/ Ter elegância ao dormir/ Quando falar saber mostrar erudição/ Condes e lordes conhecer/ Mil instrumentos aprender/ Ser afinada pra cantar qualquer canção.*

Há ainda outra música em que a princesa e a plebeia cantam o seguinte: *"Eu sou assim/ Como você/ Sabemos bem obedecer/ Não hesitar/ Se temos que sofrer/ Eu sou igual a você"*.

Como pode ser observado, por meio dessas canções, são transmitidos valores (regras) sobre como uma menina deve se comportar para corresponder às expectativas sociais de uma mulher ideal ou uma princesa. Enfatiza-se que o prestígio social/status do modelo é um aspecto importante que favorece a aprendizagem por observação (Baldwin & Baldwin, 1986; Baum, 1994/2006), o que contribui para que a referida personagem do filme da Barbie se torne um importante modelo a ser seguido pelas meninas, uma vez que a princesa é uma das figuras sociais femininas de maior prestígio. É necessário destacar, ainda, que os critérios para atingir os padrões ideais estabelecidos são extremamente altos, o que pode gerar grande sofrimento para meninas que não conseguirem alcançá-los.

Além disso, o segundo trecho enfatiza que não importa se a mulher é uma princesa ou uma plebeia: todas devem ser submissas, obedecendo e aceitando o sofrimento. Novamente, essas regras favorecem a formação de relações de equivalência de estímulos entre "ser mulher" e as características supostamente necessárias a uma princesa, o que se distancia cada vez mais da realidade da mulher contemporânea, que, como já foi discutido, não mais se restringe às funções de mãe e esposa. As referências femininas nas mídias infantis tradicionais exemplificam as análises de Zanello (2018, 2022) sobre como os dispositivos amoroso e materno são identitários para as mulheres, monopolizando-lhes o foco da vida, enquanto os homens lucram com sua dedicação e seu investimento nas relações amorosas/familiares.

Novas histórias Infantis

Os quatro filmes do Shrek (*Shrek*, 2001; *Shrek 2*, 2004; *Shrek Terceiro*, 2007; e *Shrek para Sempre – O Capítulo Final*, 2010), protagonizados por Shrek e Fiona, abordam temas semelhantes aos dos contos de fadas e filmes da Barbie, como o casamento, porém de maneira diferente. Fiona e Shrek apaixonam-se após diversos momentos compartilhados, dividindo dificuldades e alegrias. Assim, o amor desenvolve-se na convivência diária. Eles se casam e são muito felizes, mas também surgem conflitos com os quais ambos precisam lidar, como a monotonia às vezes favorecida pela rotina, os conflitos entre estar casado e solteiro (dois esquemas de reforçamento concorrentes relacionados a diferentes reforçadores e estímulos aversivos), o convívio com familiares e amigos além do relacionamento conjugal, a divisão de tarefas domésticas e parentais, entre outros. Conflitos muito pertinentes às contingências complexas características dos relacionamentos atuais são, portanto, discutidas ao longo dos quatro filmes. Ademais, a história do casal não termina com o casamento, e é possível notar que, para que o relacionamento deles se mantenha, ambos se engajam diariamente em comportamentos que contribuem para a construção de uma interação reforçadora, o que inclui, muitas vezes, abrir mão de reforçadores individuais (Nery, 2012, 2013).

Tanto o Shrek quanto a Fiona têm inúmeras qualidades e também dificuldades, como acontece na vida real. Eles divergem do padrão de beleza socialmente imposto, dividem as tarefas domésticas e os cuidados parentais de acordo com suas habilidades e afinidades, frequentemente distanciando-se dos ideais estereotipicamente estabelecidos para homens e mulheres. Por exemplo, o Shrek cozinha para a esposa; troca fraldas, prepara mamadeiras e brinca com os filhos; expressa sentimentos de tristeza e vulnerabilidade; durante a madrugada, quando os filhos choram, é ele quem se levanta para cuidar deles; mas, ao mesmo tempo, é forte e luta extremamente bem. A Fiona, por sua vez, também luta com muita habilidade; defende o marido em situações de risco, quando necessário; comanda um grupo de guerrilheiros; confronta Shrek quando algo que ele faz a desagrada; além de também cuidar dos filhos e brincar com eles (Nery, 2012).

Assim, as atividades desempenhadas por Fiona e Shrek são mais variadas, não se restringindo a papéis socialmente estabelecidos para cada sexo/gênero. Portanto, de maneira diferente dos filmes de contos de fada, em que aparentemente o casar-se é controlado predominantemente por reforçadores externos ao relacionamento do casal (como admiração social e cumprimento das obrigações monárquicas, já que frequentemente o príncipe e a princesa mal se conhecem), no caso de Fiona e Shrek, o casamento está fortemente relacionado aos reforçadores naturais da própria interação e convivência do casal. E fica claro que, após o casamento, ambos precisam liberar reforçadores para os comportamentos um do outro para que o relacionamento se mantenha reforçador/satisfatório e os faça felizes. Ainda assim, há momentos de crise e tristeza no casamento dos dois, de maneira semelhante ao que ocorre nos relacionamentos amorosos reais (Nery, 2012).

Dessa maneira, os filmes do Shrek abordam dilemas das novas configurações familiares da sociedade contemporânea: a necessidade de conciliar a vida conjugal com outros interesses individuais diários de cada membro do casal, formas de harmonizar as diversas atividades cotidianas sem negligenciar o cuidado dos filhos e a divisão das tarefas domésticas. As funções da mulher não se restringem mais aos papéis de mãe e esposa, sendo a carreira profissional uma nova e importante fonte de investimentos e também de renda para a família. Assim, são cada dia mais comuns os relacionamentos de duplo trabalho ou dupla carreira, em que tanto o homem quanto a mulher precisam conciliar a vida profissional com a pessoal, a familiar e a conjugal (Perlin & Diniz, 2005). Essas transformações na dinâmica conjugal e familiar, as quais demandam também mudanças e adaptações de papéis de gênero que eram bem definidos poucas décadas atrás, evidenciam a importância de que as crianças desenvolvam uma postura crítica diante de mídias que ainda relacionam a mulher e o homem a funções de gênero estereotipadas e rígidas.

Outro filme infantil recente que exemplifica o questionamento de papéis de gênero estereotipados é *Valente* (2012), protagonizado por Merida, uma princesa da Europa medieval que não se conforma com a imposição da mãe de que ela tem que se casar. Merida é uma menina corajosa, assertiva, aventureira e independente, que se preocupa mais com o conforto do que em agradar as pessoas com sua aparência. Casar-se nem passa pela cabeça dela. Ela gosta mesmo é do contato com a natureza, de andar a cavalo, de escalar montanhas e aventurar-se em cachoeiras perigosas. Além disso, é excelente no arco e flecha, assim como seu pai, o que deixa sua mãe inconformada, pois seus gostos não são coerentes com os de uma princesa. A mãe passa o dia repetindo para Merida regras sobre como uma princesa deve se comportar, contudo a menina não segue uma sequer.

Com o crescimento da filha, a mãe de Merida decide convidar pretendentes de todos os clãs vizinhos para disputarem sua mão. Nessa ocasião, a própria princesa inscreve-se e luta por sua independência. Ela diz: *"Eu sou Merida e pela minha própria mão eu vou lutar"*. A mãe, revoltada, argumenta *"Merida, foi para isso que se preparou a vida toda"*; ao que a menina responde gritando:

> *Não, foi para isso que você me preparou toda a minha vida. Eu não vou aceitar isso! Não pode me obrigar! Você não se importa comigo. Essa história de casamento é o que você quer. Você já pensou em perguntar o que eu quero?*

A mãe, então, retruca que uma princesa nunca levanta a voz, mas Merida não se importa e continua lutando por seu direito de não se casar. Em diferentes momentos do filme, ela afirma: *"Eu não quero que a minha vida acabe. Quero a minha liberdade"*. Nesse filme, portanto, é questionada a regra de que o casamento é algo necessariamente reforçador para todas as mulheres, apresentando-se alternativas reforçadoras para pessoas do sexo/gênero feminino além daquelas relacionadas a encontrar um grande amor.

As reflexões desta discussão não têm como objetivo estabelecer caminhos "certos" ou "errados" para crianças e adultos de acordo com seu sexo/gênero, mas apenas mostrar que concepções de gênero rigidamente estereotipadas limitam e restringem as possibilidades de atuação e desenvolvimento de meninos e meninas em diferentes contextos, especialmente quando se consideram as novas demandas da sociedade contemporânea, as quais requerem cada vez mais um repertório amplo e versátil dos indivíduos, independentemente do sexo/gênero. Assim, a proposta é de uma maior variabilidade de possibilidades e oportunidades para as crianças, sejam meninos, sejam meninas. Diniz (2003, 2009) ressalta a importância de desmistificar/desnaturalizar as restrições impostas culturalmente ao masculino e ao feminino, uma vez que existem diferentes formas de ser homem e de ser mulher. Segundo a autora, o movimento do singular para o plural, do simples para o complexo é um desafio que merece atenção para que se possa lidar adequadamente com os dilemas entre os velhos e os novos papéis sociais que homens e mulheres estão vivendo nos dias atuais.

Considerações finais

Grandes e rápidas mudanças vêm ocorrendo nas últimas décadas no mundo dos relacionamentos amorosos, do casamento e da família, diferentemente do que acontecia na Idade Média, quando até cinco gerações se seguiam sem significativas alterações em seu modo de viver (Jablonski, 1994). Essas mudanças aceleradas geram uma série de conflitos entre antigas e novas contingências, os quais requerem repertórios variados dos indivíduos. Nesse contexto, grande parte das queixas e demandas clínicas de clientes nos atendimentos psicológicos envolve frustrações e dificuldades nos relacionamentos amorosos, dada a complexidade das contingências atualmente em vigor quando se trata desse aspecto da vida (Babo & Jablonski, 2002; Diniz, 2009; Passinato, 2009; Pergher, 2010).

Poucas décadas atrás, havia basicamente um único modo de vida a ser adotado por quase todos os membros da sociedade: casar-se ainda jovem e constituir família, composta por marido, esposa e filhos. Não havia muitas opções de escolha: até mesmo a seleção dos parceiros era determinada por aspectos relativos à conveniência social, política e econômica das famílias envolvidas. A escolha do parceiro cabia, portanto, aos pais dos noivos, na maioria das vezes. As pessoas casavam-se cedo, mas também viviam menos. Amor e casamento não andavam juntos. O casamento era uma instituição de manutenção da ordem social vigente; e as possibilidades de separação, extremamente limitadas (Ansari, 2016; Babo & Jablonski, 2002; Féres-Carneiro, 1998; Foucault, 1984/2007; Jablonski, 1994; Perel, 2017, 2018).

Assim, o amor-paixão, em geral, restringia-se aos relacionamentos extraconjugais, especialmente no caso dos homens. Entre as mulheres, eram frequentes paixões platônicas. A divisão de tarefas entre os sexos/gêneros era bem definida: aos homens, cabia o sustento econômico-financeiro da família, devendo estes, dessa maneira, ser os provedores da esposa e dos filhos por meio de seu trabalho; enquanto, às mulheres, cabia o cuidado dos filhos e da casa. A família e o casamento, naquele tempo, tinham uma função de sobrevivência, diferentemente dos dias atuais, em que as funções econômicas e de produção foram transferidas da família para outras instâncias (e.g., escolas, hospitais, indústrias, supermercados, farmácias), destituindo a família e o casamento do posto de essencial à sobrevivência e, ao mesmo tempo, possibilitando e até encorajando a independência e autonomia das pessoas em relação ao grupo familiar (Babo & Jablonski, 2002; Féres-Carneiro, 1998; Foucault, 1984/2007; Jablonski, 1994).

Atualmente, embora alguns parâmetros desse modelo rígido ainda façam parte do sonho de muitas pessoas, como o casamento duradouro e a família nuclear (constituída por pais e filhos) vivendo sempre unida, o que foi exemplificado pelo relato da cliente que disse que, ao se separar do marido, destruiu o sonho da família completa e perfeita que gostaria de dar para o filho, muita coisa mudou. Parte considerável das crianças é criada, ainda que por um período, por apenas uma figura parental. Além disso, muitas crianças têm nascido fora do modelo de casamento/família tradicional. A própria definição de família vem sofrendo um processo de transformação, uma vez que o antigo modelo patriarcal, caracterizado pela autoridade do pai provedor que sai para trabalhar enquanto a mulher se dedica exclusivamente ao cuidado da casa e dos filhos já não corresponde à realidade de grande parte das famílias brasileiras. No Brasil, a inserção das mulheres no mercado de trabalho já é equivalente à dos homens (Del Priore, 2005; Féres-Carneiro, 1998; Foucault, 1984/2007; IBGE, 2018; Perlin & Diniz, 2005).

Ademais, além das famílias em que pai e mãe saem para trabalhar, há famílias constituídas por mães ou pais que se casam novamente, trazendo os filhos de relacionamentos anteriores; famílias monoparentais, lideradas somente por uma mãe ou um pai; casais que decidem não ter filhos; casais que vivem juntos sem oficializar sua união; casais divorciados; mulheres e homens que priorizam outras atividades e decidem não se casar; casais sexo/gênero diversos; casais que vivem em casas diferentes; relacionamentos não monogâmicos, entre inúmeras outras possibilidades. Assim, o modelo tradicional não é mais a única opção, e essas diferentes formas alternativas de se relacionar vêm ganhando espaço cada vez maior. Jablonski (1994) denominou de pluralística ou pós-moderna a nova configuração que vem se estabelecendo, caracterizada por uma maior flexibilidade, igualdade e maior aceitação e convivência de diversas formas de arranjos não tradicionais.

Vale destacar, ainda, que aspectos antes determinados por discussões de toda a família atualmente se tornaram escolhas mais individuais. Quando e com quem se casar, qual o papel de homens e mulheres no relacionamento amoroso, nos cuidados da casa e na criação dos filhos não são mais aspectos puramente impostos socialmente, há uma margem maior de escolha pessoal e de negociação na relação conjugal (Jablonski, 1994, 2010). Dessa maneira, a permanência ou não em um relacionamento estável atualmente está sob controle de outros reforçadores, provavelmente menos poderosos que a sobrevivência, de modo que a qualidade da relação se torna um aspecto crucial na decisão por permanecer ou não com um parceiro (Babo & Jablonski, 2002; Diniz, 2009; Jablonski, 1994). Contudo, a mídia, em geral, frequentemente ainda negligencia a riqueza desse universo de novas possibilidades, oferecendo poucos modelos de comunicação e negociação de responsabilidades e funções numa relação conjugal, de modo que, entre a decisão pela vida compartilhada e o "felizes para sempre", muitos parceiros ficam ainda perdidos em decisões como quem vai lavar a louça do dia, que tipo de vínculo cada um terá com suas respectivas famílias primárias e quais limites gostariam que fossem estabelecidos nessa convivência, qual será a proposta pedagógica da escola em que as crianças estudarão, qual é o seu papel como madrasta/padrasto na educação do(a) filho(a) do(a) parceiro(a), quem vai abrir mão de quê para incluir o sonho profissional de um dos parceiros no orçamento e na rotina familiar, qual sonho será priorizado primeiro, entre muitos outros dilemas do cotidiano dos casais contemporâneos.

Coerentemente com os resultados das pesquisas de Holmes (2004, 2007) e Johnson e Holmes (2009), observa-se que uma infinidade de contos de fadas e comédias românticas, em geral, é ainda permeada por mitos (regras) e/ou modelos idealizados, o que sugere a possibilidade de que as pessoas expostas com frequência a esse tipo de mídia apresentem expectativas semelhantemente idealizadas sobre relacionamentos amorosos, e pode favorecer grandes frustrações quando se deparam com as complexas contingências dos relacionamentos da vida real. Modelação, comportamentos governados por regras, operação estabelecedora e equivalência de estímulos estão entre os conceitos analítico-comportamentais utilizados para explicar como comportamentos podem ser aprendidos ou favorecidos pela exposição à mídia (Bandura, 1965; Rakos, 1993).

Jablonski (1994) e Singly (2007) destacam que a sociedade atual incentiva padrões igualmente promissores, porém incompatíveis entre si. Por exemplo, a excessiva valorização da individualidade/realização pessoal e do desenvolvimento profissional para homens e mulheres versus a grande valorização da construção de uma família e do cuidado com os filhos. Já foi discutido neste trabalho o desafio atual de conciliar a individualidade com a conjugalidade e a família, uma vez que um maior investimento de tempo e dedicação no desenvolvimento pessoal e/ou profissional necessariamente implica algum tempo a menos para cuidados com o relacionamento amoroso e/ou com os filhos, do mesmo modo que um maior investimento na família quase sempre envolve alguma perda no trabalho ou na concretização de objetivos pessoais. Ademais, as escolhas de um membro do casal produzem efeitos nos comportamentos do outro, e o contrário também é verdadeiro. Assim, o relacionamento amoroso duradouro produz uma grande mudança nas contingências de vida de um indivíduo, demandando também, portanto, repertórios mais variados e a elaboração de novas regras.

Sabe-se que o contato com mídias que abordam aspectos relativos aos relacionamentos amorosos, ao casamento e ao gênero de modo estereotipado é frequentemente inevitável, uma vez que elas estão presentes em diversos contextos. Entretanto, psicólogos, pais e educadores podem contribuir para que valores estereotipados se disseminem com menos força ao promoverem discussões e reflexões críticas junto a clientes/filhos/estudantes sobre a pertinência de regras e valores ensinados pelos diferentes meios de comunicação. Ribeiro (2019) ressalta a importância de questionarmos ativamente a cultura que consumimos. Assim, pais, educadores, psicólogos, pesquisadores e a própria mídia têm um papel fundamental nesse processo de reflexão e mudança, pois participam do mundo dos clientes/dos casais/das crianças como modelos e/ou provedores de consequências.

Diferentes autores (*e.g.*, Abib, 2001; Abib & Dittrich, 2004; Andery & Sério, 2001/2006; Skinner, 1971/2002, 1989/2006) propõem que o(a) analista do comportamento deve ter um compromisso com o planejamento e a modificação de práticas culturais com o objetivo de promover o desenvolvimento e a melhor adaptação dos membros de uma cultura. Entretanto, Ruiz (2003) chamou atenção para o fato de que, por muito tempo, a Análise do Comportamento negligenciou as questões de gênero. Nicoldi e Arantes (2019), bem como Pinheiro e Oshiro (2019), enfatizam a necessidade de especial cuidado ao considerar variáveis de gênero nas análises e intervenções dos analistas do comportamento, no sentido de reparar negligências históricas que podem contribuir para a perpetuação de padrões de opressão e desigualdades de direitos e poderes, de acordo com o sexo/gênero. Nesse contexto, diferentes tipos de mídia, como revistas, filmes, novelas, livros, artigos, entre outros, podem servir de recurso do(a) analista comportamental clínico(a) para a promoção de reflexões críticas acerca de práticas sociais/culturais que limitam repertórios, direitos e oportunidades junto a seus(suas) clientes. Analistas do comportamento devem, portanto, se comprometer com a promoção de relações mais reforçadoras entre os indivíduos e destes com o seu ambiente.

Complementando, Andery & Sério (2001/2006), ao analisar a contribuição do behaviorismo radical para a análise e transformação da cultura, ressaltam a importância dada por Skinner a intervenções sociais que objetivem a promoção de um mundo melhor e mais feliz. Para tal, é importante que contingências aversivas sejam substituídas por interações mais reforçadoras, que fortaleçam relações de equilíbrio e igualdade de poderes e direitos entre as pessoas, em toda a sua diversidade de variáveis e características, quais sejam, raça/etnia, classe social, sexo/gênero, idade, orientação afetiva e sexual, status de deficiência etc. (Abib, 2001). O importante é que estratégias sejam desenvolvidas em busca de uma convivência mais reforçadora e harmoniosa entre as pessoas, com todas as suas semelhanças e diferenças.

Assim, como conclusão deste trabalho, destaca-se a necessidade de que tenhamos contato com mídias, histórias e modelos mais variados, o que poderá contribuir para a construção de uma sociedade com papéis sociais menos rígidos e estereotipados, em que as pessoas compartilhem dos mesmos direitos e oportunidades e convivam em harmonia, encontrando soluções e estratégias criativas para as novas dificuldades que decorrem das constantes transformações culturais, sociais e familiares da contemporaneidade. No filme *Sex and the City 2*, a protagonista Carrie Bradshaw faz uma afirmação emblemática: "*Mesmo que um filme em preto e branco seja maravilhoso, quando se trata de relacionamentos, há uma enorme diversidade de cores e opções para se explorar*", ou seja, não há regras gerais que especifiquem o que é melhor ou mais adequado para todos os casais, mas sim uma infinidade de possibilidades a serem experimentadas e descobertas para cada relação. Destaca-se, portanto, a importância do respeito à diversidade, a riqueza do encontro com as diferenças. Nesse contexto, filmes e séries que contemplem a representação da diversidade podem ter um papel importante no desenvolvimento de repertórios respeitosos com as diferenças no contexto das relações afetivas. *Sex and the City*, *Shrek*, *Grey's Anatomy*, *Private Practice*, *The Good Doctor*, *Atypical*, *This is us*, *Amor no Espectro*, *Grace and Frankie*, *Sense 8*, *The Big Bang Theory*, *Modern Family*, *Orange is the New Black* e *Anne with an E* são apenas alguns exemplos de mídias que podem oferecer modelos inúmeros e compatíveis com a diversidade do amor, em todas as suas cores e formas.

Antes de nos encaminharmos para o fim, mais uma reflexão é válida: os resultados de um estudo que analisou os conteúdos de 26 filmes da Disney mostraram que a maioria deles (18) apresentava modelos de casais que se apaixonavam em minutos, que se casavam e eram "felizes para sempre" (Tanner et al., 2003), de modo que este é ainda um modelo muito presente não apenas nos contos de fadas e nas histórias infantis, mas também em grande parte das comédias românticas. Entretanto, como foi amplamente discutido neste trabalho, a realidade é, com frequência, bem diferente dos contos de fadas... Mas será que a vida dos contos de fadas, tão previsíveis e com alternativas de escolha tão limitadas, nos permitiria realmente ser "felizes para sempre"? E será que alguém é realmente feliz sendo "feliz para sempre"? Será que "tudo bem para sempre" não faz a vida monótona e, por que não, até um pouco chata? Dúvidas e incertezas; empenho em acertar, mas também erros aqui e acolá; brigas, discussões e reconciliações; encontros e desencontros; uniões e separações; desafios, dificuldades e superações; permanências e efemeridades; empolgação, ansiedade e monotonia; rotina com aventuras ou loucuras, **às** vezes; altos e baixos; sucessos e fracassos; amor, alegria, gratidão, raiva, tristeza, mágoa... Talvez seja tudo isso, junto e misturado, ou em diferentes ocasiões, o que torna a vida mais emocionante, alegre e divertida. Talvez seja isso — essa instabilidade, exatamente a não certeza de ser eternamente feliz — o que nos faz reconhecer certos momentos como "felicidade".

Referências

Abib, J. A. D. (2001). Teoria moral de Skinner e desenvolvimento humano. *Psicologia: Reflexão e Crítica, 14*, 107-117.

Abib, J. A. D., & Dittrich. (2004). O sistema ético skinneriano e consequências para a prática dos analistas do comportamento. *Psicologia: Reflexão e Crítica, 17*, 427-433.

Abreu, P. R., & Cardoso, L. R. D. (2008). Multideterminação do comportamento alimentar em humanos: Um estudo de caso. Psicologia: Teoria e Pesquisa, 24, 355-360.

Adichie, C. N. (2015). *Sejamos todos feministas* (C. Baum, Trad.). Companhia das Letras.

Adichie, C. N. (2017). *Para educar crianças feministas: Um manifesto* (D. Bottmann, Trad.). Companhia das Letras.

Adichie, C. N. (2019). *O perigo de uma história única* (J. Romeu, Trad.). Companhia das Letras.

Andery, M. A., & Sério, T. M. (2006). A violência urbana: Aplica-se a análise da coerção? In R. A. Banaco (Org.), *Sobre comportamento e cognição* (Vol. 1, pp. 382-392). ESETec. (Trabalho original publicado em 2001).

Andrade, S. S. (2003). Mídia impressa e educação dos corpos femininos. In G.L. Louro, J.F. Neckel & S. V. Goelner (Orgs.), *Corpo, gênero e sexualidade: um debate contemporâneo na educação* (pp. 28-40). Vozes.

Ansari, A. (2016). *Romance moderno: Uma investigação sobre relacionamentos na era digital* (C. Schwartz, Trad.). Paralela.

Associação Psiquiátrica Americana (APA, 2023). *Manual Diagnóstico e Estatístico de Transtornos Mentais (DSM-5-TR)*. Artmed.

Ayllon, T., & Azrin, N. H. (1964). Reinforcement and instructions with mental patients. *Journal of the Experimental Analysis of Behavior, 7*, 327-331.

Babo, T., & Jablonski, B. (2002). Folheando o amor contemporâneo nas revistas femininas e masculinas. *Alceu, 4*, 36-53.

Baldwin, J. D. & Baldwin, J. I. (1986). *Behavior principles in everyday life*. Prentice Hall.

Bachen, C. M., & Illouz, E. (1996). Imagining romance: Young people's cultural models of romance and love. *Critical Studies in Mass Communication, 13*, 297-308.

Bandura, A. (1965). Influence of model's reinforcement contingencies on the acquisition of imitative responses. *Journal of Personality and Social Psychology, 1*, 589-595.

Baum, W. M. (2006). *Compreender o behaviorismo: Comportamento, cultura e evolução* (M. T. A. Silva, M. A. Matos & G. Y. Tomanari, Trads.). Artmed. (Trabalho original publicado em 1994)

Boris, G. D. J. B. (2004). A violência como produto da crise da condição masculina. In G. Maluschke, J. S. F. N. Bucher-Maluschke, & K. Hermanns (Orgs.), *Direitos humanos e violência: Desafios da ciência e da prática* (pp. 187-212). Fundação Konrad Adenauer.

Bucay, J., & Salinas, S. (2006). *Amarse con los ojos abiertos*. Del Nuevo Extremo. (Trabalho original publicado em 2000)

Caillé, P. (1994). *Um e um são três: O casal se auto-revela* (J. de Souza & M. Wernek, Trads.). Summus. (Trabalho original publicado em 1991)

Carvalho, M. C. G. B., & Medeiros, C. A. (2008). Determinantes do seguimento da regra: "Antes mal acompanhado do que só". *Universitas Ciências da Saúde, 1*, 47-64.

Catania, A. C. (1999). *Aprendizagem: Comportamento, linguagem e cognição* (A. Schimidt, D. G. Souza, F. C. Capovila, J. C. C. Rose, M. J. D. Reis, A. A. Costa, L. M. C. M. Machado & A. Gadotti, Trads.). Artmed. (Trabalho original publicado em 1998).

Catania, A. C. (2003). Verbal governance, verbal shaping, and attention to verbal stimuli. In K. A. Lattal, & P. N. Chase (Eds.), *Behavior theory and philosophy* (pp. 301-321). Kluwer Academic; Plenum Publishers.

Corsi, J. (2006). Masculinidad y violencia. In J. Corsi (Org.), *Violencia masculina en la pareja: Una aproximación al diagnóstico y a los modelos de intervención* (pp. 27-40). Paidós.

Corso, D. L., & Corso, M. (2006). *Fadas no divã: Psicanálise nas histórias infantis*. Artmed.

Dantas-Berger, S. M., & Giffin, K. (2005). A violência nas relações de conjugalidade: Invisibilidade e banalização da violência sexual? *Caderno de Saúde Pública, 21*, 417-425.

Davis, A. Y. (2016). *Mulher, raça e classe* (H. R. Candiani, Trad.). Boitempo.

Del Priore, M. (2005). *História do amor no Brasil*. Contexto.

Diniz, D. (2022). Aproximar. In D. Diniz & I. Gerbara (Orgs.), *Esperança feminista* (pp. 65-74). Rosa dos Tempos.

Diniz, G. (2003). Gênero e psicologia: Questões teóricas e práticas. *Revista Psicologia Brasil, 1,* 16-21.

Diniz, G. (2009). O casamento contemporâneo em revista. In T. Féres-Carneiro (Org.), *Casal e família: Permanências e rupturas* (pp. 135-155). Casa do Psicólogo.

Diniz, G., & Pondaag, M. (2004). Explorando significados do silêncio e do segredo nos contextos de violência doméstica. In G. Maluschke, J. S. F. N. Bucher-Maluschke, & K. Hermanns (Orgs.), *Direitos humanos e violência: Desafios da ciência e da prática* (pp. 171-185). Fundação Konrad Adenauer.

Dohnt, H., & Tiggemann, M. (2006). The contribution of peer and media influences to the development of body satisfaction and self-esteem in young girls: a prospective study. *Developmental Psychology, 42,* 929-936.

Doyle, G. (2020). *Indomável* (G. Alonso, Trad.). HarperCollins Brasil.

Espínola, C. V. (2000). *A mulher no Islã: Gênero, violência e direitos humanos* [Apresentação]. 10.ª Jornada sobre Alternativas Religiosas - Sociedad y Religión en el Tercer Milenio, Buenos Aires.

Féres-Carneiro, T. (1998). Casamento contemporâneo: O difícil convívio da individualidade com a conjugalidade. *Psicologia: Reflexão e Crítica, 11,* 379-394.

Féres-Carneiro, T. (2001). Casamento contemporâneo: Construção da identidade conjugal. In T. Féres-Carneiro (Org.), *Casamento e família: Do social à clínica* (pp. 67-80). NAU Editora.

Foucault, M. (2007). *História da sexualidade 3: O cuidado de si* (M. T. C. Albuquerque, Trad.). Graal. (Trabalho original publicado em 1984)

Greig, A. (2008). Sexo e os direitos do homem. In A. Cornwall, & S. Jolly (Orgs.), *Questões de sexualidade: Ensaios transculturais* (J. de Freitas, Trad.; pp. 167-174). Abia.

Grimm, J., & Grimm, W. (2000). *Contos de fadas* (C. M. Paciornik, trad.). Iluminuras.

Hayes, S. C., Barnes-Homes, D., & Roche, B. (2001). *Relational frame theory: A post-skinnerian account of human language and cognition*. Plenum Press.

Hefner, V. (2011). *From love at first sight to soul mate: Romantic ideals in popular films and their association with young people's beliefs about relationships* [Ph.D thesis, University of Illinois at Urbana-Champaign].

Henning, C. E. (2015). Interseccionalidade e pensamento feminista: As contribuições históricas e os debates contemporâneos acerca de entrelaçamento de marcadores sociais da diferença. *Mediações, 20*, 97-128.

Holmes, B. M. (2004). *Romantic partner ideals and dysfunctional relationship beliefs cultivated through popular media messages: Implications for relationship satisfaction* [Ph.D thesis, University of Massachusetts].

Holmes, B. M. (2007). In search of my "one-and-only": Romance-oriented media and beliefs in romantic relationship destiny. *Electronic Journal of Communication, 3*, 1-24.

Holmes, B. M., & Johnson, K. R. (2009a). Advice, self-help and media advice about relationships. In H. T. Reis, & S. Sprecher (Orgs.), *Encyclopedia of human relationships*. Sage.

Holmes, B. M., & Johnson, K. R. (2009b). Where fantasy meets reality: Media exposure, relationship beliefs and standards, and the moderating effect of a current relationship. In E. P. Lamont (Org.), *Social psychology: New research* (pp. 117-132). Nova Science Publishers.

hooks, b. (2020). *O feminismo é para todo mundo*. Rosa dos Tempos.

hooks, b. (2021). *Tudo sobre o amor: Novas perspectivas*. Elefante.

hooks, b. (2023). *Cinema vivido: Raça, classe e sexo nas telas*. Elefante.

Ingberman, Y. K. & Löhr, S. S. (2003). Pais e filhos: compartilhando e expressando sentimentos. Em F. C. Conte & M. Z. S. Brandão (Orgs.), *Falo? Ou não falo? Expressando sentimentos e comunicando ideias* (pp. 85-95). Mecenas.

Instituto Brasileiro de Geografia e Estatística. (2018). *Censo 2018*.

Jablonski, B. (1994). Até que a vida nos separe: O enfoque psicossocial. *Temas em Psicologia, 2*, 65-73.

Jablonski, B. (2010). A divisão de tarefas domésticas entre homens e mulheres no cotidiano do casamento. *Psicologia, Ciência e Profissão, 30*, 262-275.

Jha, S. (2021). *Como educar um filho feminista: Maternidade, masculinidade e a criação de uma família* (G. Alonso, Trad.). Agir.

Johnson, K. R., & Holmes, B. M. (2009). Contradictory messages: A content analysis of Hollywood-produced romantic comedy feature films. *Communication Quarterly, 3*, 352-373.

Kerr, P. F., & Keenan M. (1997). Rules and rule-governance: New directions in the theoretical and experimental analysis of human behavior. In K. Dillenburger, M. F. O´Reilly, & M. Keenan (Eds.), *Advances in behaviour analysis* (pp. 205-226). University College Dublin Press.

Lewis, J., & Gordon, G. (2008). Termos de contato. Em contato com a transformação: Pesquisando o prazer numa epidemia de HIV. In A. Cornwall, & S. Jolly (Orgs.), *Questões de sexualidade: Ensaios transculturais* (J. Freitas, Trad.; pp. 213-224). Abia.

Manus, R. (2019*). Mulheres não são chatas, mulheres estão exaustas: Direitos, trabalho, família e outras inquietações da mulher do século XXI.* Sextante.

Michael, J. (1982). Distinguishing between discriminative and motivational functions of stimuli. *Journal of Experimental Analysis of Behavior, 37*, 149-155.

Michael, J. (1993). Establishing operations. *The Behavior Analyst, 16*, 191-206.

Mizael, T. M. (2019). Pontes entre o feminismo interseccional e a análise do comportamento. In R. Pinheiro, & T. Mizael (Orgs.), *Debates sobre feminismo e análise do comportamento* (pp. 40-63). Imagine Publicações.

Mizael, T. M., & de-Farias, A. K. C. R. (2023). Análise funcional de microagressões raciais. *Comportamento em Foco, 15*, 113-128.

Moreira, M. B., & Medeiros, C. A. (2019). *Princípios básicos de análise do comportamento.* Artmed.

Nery, L. B. (2012). *Estereótipos de gênero: O efeito da exposição à mídia filme sobre brincadeiras de crianças* [Dissertação de mestrado, Universidade de Brasília].

Nery, L. B. (2013). *Relacionamentos amorosos e casamento nas comédias românticas e suas possíveis implicações na prática clínica: Uma abordagem analítico-comportamental* [Monografia de especialização, Instituto Brasiliense de Análise do Comportamento].

Nery, L. B. (2022). "O luto é o preço do amor": diferentes lutos nas relações amorosas. In F. N. Fonseca, L. B. Santos, & A. L. L. Freire (Orgs.), *Luto: Teoria e intervenção em análise do comportamento* (pp. 267-300). CRV.

Nery, L. B., & Fonseca, F. N. (2018). Análises funcionais moleculares e molares: Um passo a passo. In A. K. C. R. de-Farias, F. N. Fonseca, & L. B. Nery (Orgs.), *Teoria e formulação de casos em análise comportamental clínica* (pp. 1-22). Artmed.

Nicoldi, L. & Arantes, A. (2019). Poder e patriarcado: Contribuições para uma análise comportamental das desigualdades de gênero. In R. Pinheiro, & T. Mizael (Orgs.), *Debates sobre feminismo e análise do comportamento* (pp. 40-63). Imagine Publicações.

Nobre, G. I. F., de-Farias, A. K. R.C., & Ribeiro, M. R. (2010). "Prefiro não comer a começar e não parar!": um estudo de caso de bulimia nervosa. In A. K. R. C de-Farias & cols., *Análise comportamental clínica: aspectos teóricos e estudos de caso* (pp. 274- 294). Artmed.

Nogueira, C. (2001). Contribuições do construcionismo social a uma nova psicologia do gênero. *Cadernos de Pesquisa da Fundação Carlos Chagas, 112,* 37-153.

Nogueira, C. (2017). *Interseccionalidade e psicologia feminista.* Devires.

Organização Mundial de Saúde – OMS (1993/2008*). Classificação de Transtornos Mentais e de Comportamento da CID-10: Descrições clínicas e diretrizes diagnósticas* (D. Caetano trad.). Artmed.

Paracampo, C. C. P., Souza, D. G., Matos, M. A., & Albuquerque, L. C. (2001). Efeitos de mudanças em contingências de reforço sobre o comportamento verbal e não verbal. *Acta Comportamentalia, 9,* 31-55.

Passinato, V. (2009). *Análise comportamental de contos de fada: Uma questão de gênero* [Monografia de conclusão de graduação, Centro Universitário de Brasília].

Perel, E. (2017). *The state of affairs: Rethinking infidelity.* Yellow Kite.

Perel, E. (2018). *Sexo no cativeiro: Como manter a paixão nos relacionamentos* (A. C. Silva, Trad.). Objetiva. (Trabalho original publicado em 2006).

Pergher, N. K. (2010). Variáveis que devem ser consideradas na avaliação da qualidade do relacionamento conjugal. *Revista Perspectivas em Análise do Comportamento, 2,* 116-129.

Perlin, G., & Diniz, G. (2005). Casais que trabalham e são felizes: Mito ou realidade. *Psicologia Clínica, 17,* 15-29.

Pierce, W. D., & Epling, W, F. (1997). Activity anorexy: the interplay of culture, behavior and biology. In P. A. Lamal (Org.), *Cultural contingencies: behavior analytic perspectives on cultural practices* (pp. 53-85). Praeger Publisher

Pierce, W. D., & Cheney, C. D. (2004). *Behavior analysis and learning.* Lawrence Erlbaum.

Pinheiro, R. C. S., & Oshiro, C. K. B. (2019). Variáveis de gênero que terapeutas devem estar atentas no atendimento a mulheres. In R. Pinheiro, & T. Mizael (Orgs.), *Debates sobre feminismo e análise do comportamento* (pp. 40-63). Imagine Publicações.

Pondaag, M. C. M. (2003). *O dito pelo não dito: Desafios no trabalho com mulheres vítimas de violência* [Dissertação de mestrado, Universidade de Brasília].

Rael, C. C. (2003). Gênero e sexualidade nos desenhos da Disney. In G. L. Louro, J. F. Neckel, & S. V. Goellner (Orgs.), *Corpo, gênero e sexualidade: Um debate contemporâneo na educação* (pp. 160-171). Vozes.

Rakos, R. (1993). Propaganda as stimulus control: The case of Iraqi invasion of Kwait. *Behavior and Social Issues, 3*, 35-62.

Ribeiro, D. (2019). *Pequeno manual antirracista.* Companhia das Letras.

Ribeiro, P.G., Silva, E. P., Costa, G., & Heller, D.C. (2006). Imagem corporal e transtornos alimentares. In Gilhardi, H. J. e Aguirre, N. C. (Orgs.), *Sobre Comportamento e Cognição: Expondo a Variabilidade* (pp. 325-330). ESETec.

Rosenfarb, I. S., Newland, M. C., Brannon, S. E., & Howey, D. S. (1992). Effects of self-generated rules on the development of schedule-controlled behavior. *Journal of the Experimental Analysis of Behavior, 58*, 107-121.

Saffioti, H. I. B. (2015). *Gênero, patriarcado, violência.* Editora Expressão Popular.

Ruiz, M. R. (2003). Inconspicuous sources of behavioral control: The case of gendered practices. *The Behavior Analyst Today, 4*, 12-16.

Singly, F. (2007). *Sociologia da família contemporânea* (C. E. Peixoto, Trad.). Editora FGV.

Skinner, B. F. (1981). Selection by consequences. *Science, 213*, 501-504.

Skinner, B. F. (1996). *Upon further reflection.* Prentice Hall. (Trabalho original publicado em 1986)

Skinner, B. F. (2002). *Beyond freedom and dignity.* Hackett Publishing. (Trabalho original publicado em 1971)

Skinner, B. F. (2003). *Ciência e comportamento humano* (J. C. Todorov & R. Azzi, Trad.). Martins Fontes. (Trabalho original publicado em 1953)

Skinner, B. F. (2004). *Sobre o behaviorismo* (M. P. Villalobos, Trad.). Cultrix. (Trabalho original publicado em 1974)

Soares, M. R. (2017). *Influência das relações desiguais de gênero no adoecimento emocional de mulheres: Contribuições da Análise do Comportamento e das terapias feministas*. Monografia de especialização. Instituto Brasiliense de Análise do Comportamento, Brasília.

Solomon, A. H. (2017). *Loving bravely: 20 Lesson of self-discovery to help yo get the love you want*. HarperCollins Publishers.

Tanner, L. R., Haddock, S. A., Zimmerman, T. S., & Lund, L. K. (2003). Images of couples and families in Disney feature-length animated films. *American Journal of Family Therapy, 31*, 355-373.

Todorov, J. C. (1982). Behaviorismo e análise experimental do comportamento. *Cadernos de Análise do Comportamento, 3*, 10-23.

Todorov, J. C. (1989). A psicologia como estudo de interações. *Psicologia: Teoria e Pesquisa, 5*, 325-347.

Touray, I. (2008). A sexualidade e os direitos sexuais das mulheres na Gâmbia. In A. Cornwall, & S. Jolly (Orgs.), *Questões de sexualidade: Ensaios transculturais* (J. de Freitas, Trad., pp. 155-166). Abia.

Witt, S. D. (2000). The influence of television on children's gender role socialization: a review of the literature. *The Journal of Childhood Education, 5*, 322-324.

Zanello, V. (2018). *Saúde mental, gênero e dispositivos: Cultura e processos de subjetivação*. Appris.

Zanello, V. (2022) *A prateleira do amor: Sobre mulheres, homens e relações*. Appris.

Zordan, E. P., Falcke, D., & Wagner, A. (2005). Copiar ou (re)criar? Perspectivas histórico-contextuais do casamento. In A. Wagner (Org.), *Como se perpetua a família? A transmissão dos modelos familiares* (pp. 47-66). EdiPUCRS.

MONOGAMIA E NÃO MONOGAMIA: UM CONVITE A UMA NOVA PRÁXIS PSICOLÓGICA

Marina Rangel de Lima
João Gabriel Carvalho Araújo Mello de Oliveira

Desde sua constituição, a psicologia teve a função de criar e reforçar noções pressupostas de normalidade, a partir do estabelecimento da anormalidade. O insano em oposição ao são, a família disfuncional em oposição à funcional, o depravado em oposição ao casto. Baseando-se em uma lógica binarista que dita o que é certo ao determinar o que é errado, a psicologia historicamente se pôs no papel de corrigir ou eliminar os divergentes — ou seja, "consertar" os excluídos da norma que ela própria criou.

O indivíduo "normal", tomado como ponto de partida e base das teorias psicológicas, é implicitamente o homem branco cisgênero heterossexual criado na/pela sociabilidade burguesa. Apesar desse problema fundante, a psicologia tem sido disputada e reconstruída por diversos indivíduos e grupos, os quais buscam acolher e considerar as existências que são negligenciadas, ignoradas e inferiorizadas, valendo-se de práticas que não só têm como horizonte a inclusão dessas existências, mas também a libertação humana das formas de opressão diversas (as quais a psicologia tem historicamente dado suporte e auxiliado a perpetuar).

Todavia, um recorte costumeiramente esquecido (ou propositalmente ignorado) é o da monogamia. O sujeito "normal" também é monogâmico: casado e com filhos (ou em vias de sê-lo, em uma perspectiva evolutiva e naturalizante de adultez), e sem "desvios morais" (lê-se sexuais). No nosso caso, resumido como membro da "família tradicional brasileira". Assim, até por teóricos da perspectiva crítica, a monogamia continua intocada; não se pensa sobre ela, pois está dada como natural e ideal.

A "não monogamia" — termo guarda-chuva para formas alternativas de relacionamento (poliamor, anarquia relacional, relações livres...) — não é estudada amplamente, e, quando é, não costuma ser acolhida como válida. Dessa forma, seja na clínica individual, seja na familiar, ou ainda na conjugal, pode-se facilmente haver, por parte dos psicólogos, o reforço, por exemplo, dos papéis de gênero e da divisão desigual do trabalho doméstico e emocional, esferas que, como veremos, fazem parte necessariamente (mas não exclusivamente) da organização social monogâmica. No caso do atendimento de casais ou indivíduos que se relacionam não monogamicamente, o total despreparo para lidar com essas realidades pode ocasionar a imposição de regras e a interpretação do caso por meio dos parâmetros da monogamia, por fim desrespeitando essas formas de ser e de se relacionar.

Um estudo empírico de Grunt-Mejer e Łys (2019), realizado com psicoterapeutas na Polônia, é bastante ilustrativo a esse respeito. Ao apresentar a uma amostra de 324 psicoterapeutas diversos casos hipotéticos de casais não monogâmicos, monogâmicos e em situação de infidelidade com queixas a respeito de assuntos como sofrimento psíquico, abuso de substância e disfunção erétil, convidaram tais profissionais a formular hipóteses explicativas e propostas terapêuticas para tais demandas clínicas. Após uma análise qualitativa das respostas, as autoras encontraram conclusões preocupantes: a maioria dos participantes do estudo avaliaram casais não monogâmicos como menos satisfeitos conjugalmente, além de apontar falhas morais e cognitivas nestes. Além disso, houve a tendência de atribuir os problemas dos casais não monogâmicos à falta de exclusividade afetiva, enquanto, para os casais monogâmicos, a vivência daquelas queixas não aparecia relacionada ao arranjo monogâmico. Assim, elas indicaram tendências negativas no sentido de patologização de casais não monogâmicos, com propostas terapêuticas orientadas ao abandono da não monogamia (Grunt-Mejer & Łys, 2019).

Para refletir sobre, e repensar essas questões, neste capítulo faremos um breve panorama sobre a relação entre o histórico da terapia de casal e da monogamia, entendida aqui como uma forma de organização social baseada na centralidade do casal e na hierarquização afetiva (Vasallo, 2022), além de resgatarmos recentes desdobramentos de práticas alternativas abrangendo relações não monogâmicas. Posteriormente, realizaremos um resgate histórico do passado e presente da monogamia, trazendo como contraponto entendimentos e conclusões críticas com base na não monogamia.

Esclarecemos desde já que partimos da monogamia como forma de organização social histórica, (re)produtora de um sistema de pensamento e de um conjunto de relações sociais. Ou seja, nossa crítica à monogamia se dá num âmbito macro, da imposição cultural-jurídica-social, e não no das relações particulares. Trabalhos como o de Porto (2018) trazem o conceito de "mononormatividade" para expressar o caráter histórico, estrutural e estruturante da valoração monogâmica presente nas mais diversas esferas da nossa sociabilidade. Portanto, explicitamos também que, ao criticar a monogamia, não desejamos individualizar, reforçar um senso liberal de moralidade, ou apontar "formas mais corretas" contra "formas mais erradas" de se relacionar, e sim jogar luz a uma questão social e coletiva que deve perpassar qualquer debate sobre conjugalidade.

Esperamos, com esse itinerário, trazer a importância da crítica da monogamia enquanto fundamento para um novo horizonte para a terapia de casal. Tais apontamentos poderão subsidiar mudanças no raciocínio clínico, incorporando à análise funcional de casos particulares a compreensão de outras dinâmicas que são mediações relevantes nas demandas clínicas de relações amorosas, abrindo possibilidades para a constituição de um novo panorama para a terapia de casais, orientado por uma indissociabilidade do acolhimento terapêutico, do combate às opressões e da luta pela emancipação.

Historicizando a terapia de casal: das práticas tradicionais a suas alternativas

Resgates históricos da terapia conjugal tendem a revelar múltiplas fontes de surgimento do campo, de modo que essa prática terapêutica não tenha uma origem rastreável a uma única abordagem (Féres-Carneiro & Diniz Neto, 2008). Uma possível periodização é dada por Gurman e Fraenkel (2002), que localizam, ao longo do surgimento da terapia conjugal, quatro fases: (1) aconselhamento matrimonial, marcada por uma heterogeneidade teórica e metodológica; (2) influência de perspectivas psicanalíticas (década de 1940-1960); (3) perspectivas sistêmicas e familiares (década de 1960-1980); e, por último (4), uma fase baseada na inflexão de diversos modelos e teorias em um sentido integrativo. De certa forma, replicamos aqui, para a terapia de casal, o apontamento que o psicólogo salvadorenho Ignacio Martín-Baró faz em relação à Psicologia Social hegemônica, apontando que seu problema central "reside mais em seus pressupostos, na maioria das vezes implícitos, do que em seus resultados finais, cuja avaliação objetiva só pode ser efetiva a partir de uma perspectiva histórica e não da aplicação dos esquemas que o produzem" (Martin-Baró, 1983/2017a, p. 103).

Uma observação crítica a se fazer nesses resgates históricos é que, mesmo com as mudanças históricas de enfoques no trabalho terapêutico do casal, de acordo com as particularidades teóricas, epistemológicas e metodológicas de cada abordagem, e mesmo com a importância de abordagens críticas como a terapia familiar feminista na problematização de papéis de gênero reproduzidos em teorias psicológicas tradicionais (Narvaz & Koller, 2007), tais mudanças de enfoque não se traduzem necessariamente em um questionamento mais amplo acerca das categorias que sustentam o trabalho do terapeuta de casal.

Se o esforço integrativo entre diversas abordagens é um objetivo de diversas perspectivas da terapia de casal contemporânea, como ressalta Féres-Carneiro (1994), apresentamos aqui, enquanto hipótese provocadora, que tal "integração", involuntariamente, talvez já esteja parcialmente realizada: enquanto ponto de partida, as mais diversas abordagens compartilham enquanto pressupostos categorias como casal e família, além dos papéis relacionais derivados de esposa, marido, filhos etc. Um acordo tácito em torno dessas categorias, indissociáveis da conjugalidade em seu modelo monogâmico em toda sua heterocisnormatividade, implica, em última análise, a naturalização de um fenômeno histórico-social, e o ocultamento das determinações macrossociais que permitiram a emergência da esfera do casal e da família enquanto unidades de análise e sujeitos para intervenção terapêutica. Resgatamos, diante de tais mistificações comuns no cotidiano e na prática psicológica, a provocação da Brigitte Vasallo: "O que é mais natural? A monogamia ou a Coca-Cola?" (Vasallo, 2022, p. 47).

No campo da psicologia, verificamos que há atualmente uma disparidade na produção acadêmica sobre temas relacionados à não monogamia e terapia conjugal entre os trabalhos produzidos internacionalmente (sobretudo na América do Norte) — que têm tido um crescimento expressivo em produções e organização/institucionalização da categoria em torno do tema —, e no contexto brasileiro, no qual há um crescimento ainda incipiente nas publicações. Uma revisão sistemática sobre o tema do poliamor na literatura acadêmica da psicologia brasileira entre 2004 e 2021 (Carvalho, 2021) demonstrou o início tardio do estudo desses temas em periódicos psicológicos, remontando a 2015 o primeiro artigo específico do campo da psicologia abordando o poliamor. Este autor aponta, também, que os campos mais prevalentes em termos de produção de conhecimento sobre formas de não monogamia no Brasil são o Direito e a Antropologia.

No âmbito estadunidense, Hamiltons et al. (2021) destacam que a produção acadêmica[22] sobre não monogamia naquele contexto poderia ser dividida em três ondas: (1) na pesquisa sobre práticas de *swing* e relacionamentos sem exclusividade sexual (relações abertas), principalmente ao longo da década de 1970; (2) no estudo da não monogamia no âmbito da comunidade LGBTQIA+, sobretudo em periódicos *queer* ao longo das décadas de 1990 e 2000; (3) na maior profusão de estudos empíricos sobre a não monogamia ao longo dos anos de 2010, buscando compreender tais arranjos relacionais nas mais diversas comunidades, investigando também os vieses discriminatórios contra a população não monogâmica.

A pesquisa psicológica estadunidense abarca as práticas não monogâmicas sob o conceito guarda-chuva *Consensual Non-Monogamy* (CNM), que traduzimos aqui por "Não Monogamia Consensual". Não obstante a importância dessas publicações e do grande esforço de institucionalização, sistematização e produção de conhecimento dessas autoras e desses autores, alertamos aqui quanto a uma armadilha conceitual presente na concepção de Não Monogamia Consensual. Conceber a infidelidade enquanto uma forma de viver a não monogamia dentro de uma relação pautada na exclusividade afetiva é, em última análise, reiterar a compreensão de que o que diferencia a monogamia e a não monogamia é a exclusividade afetiva. Dessa forma, acaba-se incorrendo em uma compreensão individualista e fragmentada da potência política da não monogamia, na medida em que, quando o debate sobre mono vs. não mono se restringe à escolha individual de casais, perde-se de vista que a monogamia diz respeito a um conjunto de relações sociais sustentadas por uma superestrutura jurídica e cultural, propiciadas por um grau determinado de desenvolvimento da força produtiva e das relações sociais de produção. Entender a infidelidade enquanto uma forma de não monogamia também é problemático, pois, nessa perspectiva, a infidelidade aparece como se fosse um problema *exterior* à monogamia, como seu rompimento, e não como um problema *interno* à ordem monogâmica, dialeticamente, como sua afirmação pela negação. Em outras palavras, quase beirando a tautologia, a quebra do contrato monogâmico é um problema do complexo relacional monogâmico.

---

[22] Ressaltamos aqui que essa periodização está restrita às produções acadêmicas no contexto estadunidense. Como as próprias autoras Hamilton et al. (2021) apontam, antes de a não monogamia ser abordada academicamente, ela já era vivida, teorizada e coletivamente mobilizada como força política, principalmente a partir de esforços de comunidades *queer* e não brancas.

Feita tal ressalva, é importante reconhecer o avanço que diversas autoras e autores do campo de pesquisa da CNM fizeram tanto em termos de produção de conhecimento quanto em termos de institucionalização da pesquisa sobre não monogamia no campo psicológico, fortalecendo também conexões interdisciplinares. Em 2014, os pesquisadores Drs. Heath Schechinger e Amy Moors (2014) publicaram um artigo defendendo a necessidade de se criar uma força tarefa para debater a não monogamia no âmbito da Associação Americana de Psicologia (APA). Em 2018, uma proposta das pesquisadoras anteriormente citadas junto à Dra. Amy Moors de institucionalizar a força tarefa foi unanimemente aprovada pela Divisão 44 da APA, Sociedade pela Psicologia da Orientação Sexual e Diversidade de Gênero (https://www.div44cnm.org/about). Desde então, o Comitê sobre Não Monogamia Consensual, vinculado à Divisão 44 da APA, tem estado em atividade e contribuído para a produção de pesquisas e disponibilização de recursos para educação e treinamento de psicólogos quanto às demandas da população não monogâmica.

Sobre a monogamia: origem e atualidade

Segundo Engels (1884/2010)[23], a opressão de gênero ocorreu primeiramente na história com a instituição da monogamia, após a criação da propriedade privada. Partindo de estudos antropológicos, o teórico discorre sobre como, no processo de evolução humana, foi a domesticação de animais, especialmente o gado, que possibilitou uma acumulação de fontes de riquezas como nunca antes. Tal acumulação privada foi diluindo gradativamente as relações comunitárias, de forma que a consolidação da família monogâmica apareceu como necessária para a manutenção e perpetuação transgeracional dessas riquezas. O controle da sexualidade das mulheres, por meio da exigência da fidelidade (ou melhor, a exclusividade afetivo-sexual) feminina, tornou-se essencial para que os homens

---

[23] Friedrich Engels (1820-1895) foi um importante intelectual e figura política alemã. Sua colaboração com Karl Marx em torno da formulação do socialismo científico e seu trabalho político foram fundamentais para a organização internacional da classe operária. Sua obra aqui citada, *A origem da família, da propriedade privada e do Estado*, é baseada nos estudos de Engels sobre pesquisas do antropólogo evolucionista Lewis Morgan. Desde essa época, novas evidências antropológicas e debates críticos apontaram limites e até mesmo erros na abordagem de Morgan. Contudo, o caráter ultrapassado de alguns dos achados de Morgan não implicam uma invalidação das contribuições de Engels. São exemplos de trabalhos que fazem um debate e diálogo antropológico mais atual, mas confirmando a validade dos contributos engelsianos, os posfácios de Leacock (1971/2010) e Moschkovich (2018/2019) à obra de Engels das editoras Expressão Popular e Boitempo, respectivamente. Ademais, recomendamos Vasallo (2022) para um debate crítico sobre monogamia e antropologia.

tivessem certeza de sua paternidade biológica. A forma de controle e a própria monogamia tiveram reelaborações ao longo da história, porém a gênese está no processo supracitado de acumulação privada, e na relação com o patriarcalismo.

Na invasão do continente americano, a colonização portuguesa do solo brasileiro envolveu, também, a imposição da monogamia. A "missão civilizatória" em relação aos povos indígenas, ditos "selvagens", foi encabeçada por jesuítas, os quais consideravam pecados condenáveis a nudez desses povos, a orientação de ensinamentos de seus pajés, e a poligamia (Núñez et al., 2021). É interessante destacar que, dentro do que classificavam como poligamia, estavam não só relações afetivo-sexuais múltiplas como também relações entre dois que não seguissem o "até que a morte nos separe". Sobre os indígenas guarani, em 1633 um padre escreveu:

> Vivem juntos quanto tempo querem, e quando o marido quer se casar com outra mulher deixa aquela, e o mesmo faz a mulher, e não parece que estes índios em seu natural conhecem a perpetuidade do matrimônio. A nenhum deles isso soa ofensivo. (Ferrer, 1633 citado em Núñez et al., 2021, p. 81).

Ou seja, o que hoje é dado como natural e costumeiro, como os términos de relações e ter vínculos afetivo-sexuais (no plural) ao longo da vida, foi motivo de violência e opressão dos povos indígenas durante a colonização. As ferramentas para isso foram desde a catequização destes, até assassinatos e torturas de pajés, movimentos que foram recebidos com resistência, atos rebeldes e práticas silenciosas de oposição (Núñez et al., 2021).

Entre as mudanças ocorridas para chegar aonde estamos hoje, é importante considerar aquelas que a família monogâmica (inicialmente somente a europeia) sofreu com a Revolução Industrial (Federici, 2019). Naquela época houve um intenso processo de adoecimento e altas taxas de mortalidade decorrentes das péssimas condições de trabalho e habitação da classe trabalhadora — composta por homens, mulheres e crianças. A burguesia, classe revolucionária da época, observou a insustentabilidade do uso desenfreado da força de trabalho, e, por isso, passou a ser interessante responsabilizar as mulheres pelo cuidado estrito do lar, de forma a reproduzir a força de trabalho presente (seus respectivos maridos) e a futura (seus filhos). A reprodução envolvia desde tarefas domésticas de manutenção da casa até o cuidado dos outros, abarcando do nível fisiológico ao emocional (e sexual, no caso de seus maridos), produzindo e reproduzindo a disponibilidade e o bem-estar da força de trabalho. Com a mulher somente em casa, ainda se diminuía o ônus do salário mínimo de subsistência, visto que o cuidado doméstico é um trabalho não remunerado (Federici, 2019). Esse processo, cujo ápice de maturação ocorre na Era Vitoriana, e que fez com que as mulheres fossem retiradas da vida coletiva e comunitária, só foi possível com a intensificação dos mecanismos de controle social, visto que não foi assimilado nem aceito de forma passiva (Lessa, 2012).

Outro momento de relevância histórica para a monogamia é a Primeira Guerra Mundial. Os milhões de mortos, os sobreviventes com ferimentos de longo prazo e ditos doentes mentais decorrentes da Guerra, em sua maioria homens em idade produtiva, fizeram as mulheres terem que tomar o local de "provedor" da família, processo que é iniciado durante o conflito (Lessa, 2012). A isso é combinado o crescimento do movimento sufragista das mulheres, da visibilidade social da homossexualidade e do movimento social-democrata europeu de base operária, os quais, juntos, intensificam a consciência social quanto às contradições nas relações de gênero. Adicionalmente, o movimento revolucionário da Rússia, seguido de outras vitórias socialistas,

> Abriram – entre muitos outros horizontes – novas possibilidades ao desenvolvimento do amor sexuado individual. ... [O] surgimento de uma geração de mulheres de intelectuais, escritoras, poetisas, jornalistas etc. que não mais se encaixava no modelo esposa/prostituta, além de alargar o espaço para as individuações femininas, também tornam o padrão vitoriano de marido em parte obsoleto. Esse avanço, todavia, foi seguido por um recuo. A crise de 1929, o fortalecimento do casamento monogâmico tanto na URSS de Stálin ..., o fortalecimento da ideologia burguesa (e, portanto, da família monogâmica) pela ação do Estado de Bem-Estar nos países capitalistas centrais, favoreceram a perda de muitos dos avanços parciais conseguidos contra o casamento burguês nos anos que se seguiram à I Grande Guerra. (Lessa, 2012, p. 76).

Ou seja, por mais que estejam relacionadas aos movimentos sociais da época, a inserção da mulher (branca, sobretudo) no mercado de trabalho e as consequentes mudanças no seio familiar ocorreram de acordo com demandas do Capital — neste caso, decorrentes da massa faltante de trabalhadores homens devido à Guerra Mundial. Lessa (2012) mostra que essa inserção foi feita de forma a perpetuar a subalternização das mulheres ao colocá-las nas ocupações mais inseguras, mal pagas e com mais exigências, favorecendo os interesses capitalistas e mantendo simultaneamente a condição da mulher. As alterações, porém, permitem brechas na nossa visão, embaçada pela naturalização das relações sociais; brechas as quais foram parcialmente aproveitadas pela segunda onda feminista[24]. Sobretudo nas décadas de 1960 e 1970, o movimento trouxe o questionamento dos papéis de gênero (em destaque à feminilidade), estabeleceu a distinção entre sexo e gênero, e realizou

> A crítica dos costumes, o desafio aos padrões morais estabelecidos, o "amor livre", a libertação da libido feminina e a recusa furiosamente justa das teorias patriarcais sobre a sexualidade (ou a falta de) das mulheres. Tudo isso foi acompanhado pela tentativa de se criar uma nova [sic] forma de organização da vida doméstica, na qual as atividades de criação dos filhos, da alimentação e da organização da moradia passassem a ser tarefas comuns: as comunidades *hippies*. (Lessa, 2012, pp. 79-80).

Nesse contexto, é possível observar um giro no Ocidente relativo ao conceito de amor romântico (dito aqui no sentido da formulação hegemônica, não a ser confundida com amor cuidadoso e afetuoso). Wigdor (2018) apresenta teóricos que observaram que, nessa fase, o mercado passou a se importar menos com o produto em si e mais com o serviço, com a experiência que se vende ao consumi-lo. A indústria, então, intensifica a venda de experiências de amor e sexo, com a promessa da felicidade

---

[24] A metáfora das "ondas feministas" é convencionalmente utilizada para nomear períodos de grande mobilização do movimento, auxiliando a compreensão das lutas feministas como contínuas e facilitando a conexão entre seu passado, presente e futuro. A primeira onda, que pode ser situada entre a segunda metade do século XIX e o início da Primeira Guerra Mundial, teve como destaque a luta pela isonomia e pelo sufrágio, porém não estava restrita a esta, existindo diversas pautas relativas às injustiças advindas da nova ordem societária — o capitalismo. A segunda onda pode ser traçada desde os anos de 1940, com seu ápice nas décadas de 60 e 70, e teve como marco comum a crítica feminista da sociedade e a ideia de opressão, com diversas linhas teóricas se fortalecendo, como o feminismo socialista, o liberal e o radical. A existência de uma terceira onda (e de uma quarta) é uma questão controversa, porém é possível observar, sobretudo no século XXI, uma mudança material com o avanço das tecnologias da comunicação, proporcionando mais visibilidade a debates novos e antigos que não eram evidenciados pela mídia tradicional (como produções de feministas latinas, negras, revolucionárias, proletárias, lésbicas, pró-sexo e antipornografia). Dessa forma, pode-se considerar como características desta onda o uso de mídias sociais para mobilização e conscientização, e a perspectiva interseccional. Apesar de utilizarmos aqui o conceito de "ondas", não desejamos contribuir para a homogeneização, redução e desqualificação de temáticas ou ações de ondas anteriores, comumente tomadas de forma equivocada como superadas ou ultrapassadas. Para mais, ver Zirbel (2021).

material. Neste período, o amor romântico começa a ser associado à igualdade de gênero e à transgressão das normas, tornando-se um fetiche descrito como uma emoção acima das trocas comerciais e relações sociais. O casal ganha um caráter mais individualizado, porém continua com sua tradição heteronormativa e centrada na família, e com suas características estruturais de possessividade e exclusividade e da posição da mulher como objeto (Wigdor, 2018). Além disso, continua a hierarquização das relações, segundo a qual as românticas aparecem acima das sexuais, que, por sua vez, são colocadas como superiores às amizades e às relações comunitárias (Vasallo, 2022).

O amor romântico não pode ser compreendido, segundo Wigdor (2018, p. 69), "sem perceber a ficção naturalizada dos sexos opostos que se complementam". "Metade da laranja" e "alma gêmea" são expressões que explicitam a imbricação das relações de sexo-gênero e a heteronormatividade típicas da sociabilidade capitalista, pois a ideia da complementaridade do amor romântico pode ter nascido com o mito platônico, porém só ganha corpo com a criação do "sexo oposto". Nas propagandas do século XX, é possível ver o amor sendo utilizado para convencimento da aquisição de produtos que prometem oferecer "juventude, beleza, charme, glamour e poder de sedução [tradução nossa]" (Illouz, 2009 citado em Wigdor, 2018, p. 82). A produção do amor romântico, portanto, assim como a produção da feminilidade e masculinidade, é benéfica para o sistema capitalista. A própria indústria elabora a *necessidade* do amor individuado sexual e *como* ele deve ser afirmado. As mudanças apresentadas não geram rupturas, e, embora a instituição casamento começasse a entrar em crise, o ideal do casal unido por amor continuava em vigor, assim como atualmente (Wigdor, 2018).

Sobre a não monogamia: teorias e reflexões

Agora que compreendemos a história da monogamia como estrutura de organização da sociedade e seus afetos, podemos responder: o que é a não monogamia? O prefixo "não" não diz de pontos opostos da mesma régua. Afinal, se a monogamia diz de um sistema hegemônico, como a não monogamia estaria em seu pé de igualdade? Nesse sentido, somos contrários à ideia de existir uma pura e simples escolha por trás da adoção de tais arranjos relacionais, pois somos jurídica e culturalmente orientados para o molde monogâmico.

A não monogamia surge, assim, como uma contranorma (Gonçalves, 2021): um projeto de reorientação ético-política dos afetos realizado de maneiras singulares por cada um que a vive, visto que ser uma contranorma neste caso não diz respeito somente a se opor à norma vigente, mas também à existência de normas, por assumi-las como cerceadoras e excludentes de outras formas de ser e viver. A não monogamia, porém, não é homogênea, nem isenta de contradições. Apresentamos aqui uma perspectiva não monogâmica crítica e política, a qual se volta não só à monogamia como a si mesma.

Não é possível, todavia, falar de não monogamia sem se debruçar sobre o que é a monogamia. Entendemos sua história, mas devemos adentrar ainda mais suas produções subjetivas. No livro *O Desafio Poliamoroso: por uma Nova Política dos Afetos*, Vasallo (2022) defende a monogamia como um sistema, uma superestrutura que determina a vida privada com implicações materiais e subjetivas. Desde a forma de desejar, passando pelos "objetos" de desejo, pela escalada relacional, até a organização de nossas casas, a divisão do trabalho doméstico (reprodutivo) e as leis que privilegiam certas formas de relacionamento em detrimento de outras, somos moldados pela monogamia desde o nascimento, ensinados sobre quais são as maneiras "certas" de ser, sentir e agir.

Como elaboramos na seção anterior, a monogamia é imposta para a reprodução e individualização da população, o que é concretizada desde formas sutis até as mais brutais. Não se trata, portanto, de uma prática individual, ou de um tipo de relação romântico-sexual a dois, mas de toda a estrutura produzida para a exigência do mito de uma única forma de amar como autêntica e válida, superior a outros amores e afetos, como laços de amizade e comunitários (Bastos, 2020; Vasallo, 2022).

Vasallo (2022) teoriza a monogamia como fundamentada pela dinâmica de hierarquia, confronto e exclusão. Hierarquia, por colocar o amor romântico acima de outros afetos, centralizando o casal na organização da vida privada. Confronto, pela competição de pares para "conquistar" esse amor, expresso pela necessidade de ser o melhor para ser "escolhido". Exclusão, por negar a possibilidade da coexistência de afetos romântico-sexuais múltiplos, a grande escolha novelesca: "ou eu, ou ela"! As dinâmicas estão profundamente imbricadas, porém tentaremos exemplificá-las ainda mais.

Em pesquisa de Wigdor (2018), homens argentinos foram entrevistados acerca de noções de amor romântico e sua (hetero)sexualidade. Como resultado, houve em seus discursos a divisão de mulheres entre "mulheres da noite" — com as quais só desejavam ter relações sexuais e cuja classificação se assentou em questões raciais, culturais e econômicas — e "mulheres da vida" — colocadas em local santificado e maternal (em que a feminilidade tradicional se expressa), e, portanto, dignas e "merecedoras" do amor. Vemos então que o amor romântico está acima do afeto sexual (hierarquia), que mulheres são postas contra si mesmas na luta por esse merecimento (confronto), e apenas algumas são selecionadas como merecedoras desse prêmio dourado (exclusão).

Não somente: quem são as mulheres inferiorizadas e anuladas nesse processo? A hierarquia dos afetos também diz, portanto, de uma hierarquia de pessoas (Lima Junior, 2020; Oliveira et al., 2020). Travestis, pessoas negras, com deficiência e transgêneros são alguns exemplos de grupos marginalizados por essas divisões. É possível observar, então, uma relação indissociável entre monogamia e raça, gênero, sexualidade e classe, os quais estão assentados em uma sociabilidade burguesa. Afinal, um ideal de amor que surge em uma sociedade marcada pela concorrência e pelo conflito só poderia apresentar essas marcas de subjetivação (Lessa, 2012). Isso gera diversos sofrimentos nessas pessoas, que, já vulneráveis por outros sistemas, são colocadas em uma lógica artificial de competição por afeto, uma dinâmica que está tão naturalizada que até as pessoas de grupos minoritários desejam participar e nela se incluir.

Isso se deve a uma promessa do amor romântico: o casal, nessa realidade hostil e individualista, aparece como um refúgio. Não somente: trata-se de um refúgio identitário, algo que você "é", em uma fusão de um em dois: *somos* um casal, não *estamos* em um. Todavia, ao contrário do prometido, o casal não impede a solidão e a falta de vínculos, nem garante a duração deles, pois ele está situado em um sistema que o produz ao mesmo tempo que gera hierarquias relacionais e a exclusão de uns em detrimento de outros (Vasallo, 2022). Mesmo sendo "escolhida", persiste o medo da perda do vínculo, o momento em que estarão comprovadas nossas inseguranças. A perda do vínculo amoroso torna-se a perda de parte de si.

Algo que envolve bastante esse medo é a figura do "outro" e da "outra" (Vasallo, 2022). Aquele(a) que pode nos "roubar" o afeto no qual centralizamos nosso valor (e até o sentido de nossa vida), a alteridade que gera pânico por ameaçar o suposto equilíbrio do casal: é a justificativa que usamos para reforçar nosso apego interdependente e comportamentos de controle. Não se cogita que esse(a) outro(a) pode ser bom para nós —

novos laços, novos conhecimentos, novas energias. Não se reflete se há necessidade dessas fronteiras e dessa segregação (Vasallo, 2020, 2022). Ao contrário, a esse "outro" é acoplado o ciúme, o qual, por sua vez, é altamente valorizado e romantizado. O sentimento positivado como uma prova de amor esconde os significados particulares por trás de cada história pessoal e negligencia os atos violentos, coercitivos e cerceadores que usam o ciúme como base e justificativa (Oliveira et al., 2020). O ciúme independe do ato de traição, pois alimenta-se desde o imaginário (eternamente possível) de o "outro" invadir sua segurança.

Porém a traição acontece, e mais do que acreditamos. Se a infidelidade é tão costumeira, por que a pomos como um rompimento do pacto monogâmico, e não parte (indesejada) desse arranjo? Se traições forem a exceção, quem está vivendo realmente relações monogâmicas? Aqui não se negam os efeitos deletérios e causadores de sofrimento de uma traição, mas questionam-se as bases de um amor que se sustenta pelo cerceamento de afetos e por uma dinâmica de hierarquização em que não é possível a coexistência de afetos múltiplos. Questiona-se o amor em que a traição ou infidelidade (os nomes que damos já dizem muito) é uma negação do amor, uma impossibilidade. Questiona-se a homogeneização das traições como algo que necessariamente diz da falta de amor ou de respeito na relação, ou então, quando se culpa a pessoa traída, a falta de atenção, de sexo, de "romantismo" que supostamente causaria o ato alheio. Teóricas como Esther Perel (2006) tem interessantes elaborações sobre traições e formas não tradicionais de os casais lidarem com esses momentos de crise, porém não há um aprofundamento em relações não monogâmicas como uma possibilidade para novos arranjos.

As traições e os ciúmes, alguns dos protagonistas da novela monogâmica, são exemplos de fontes de desestabilização do casal e, por consequência, desestabilização de si. Centralizada a relação romântica em frente a outras , sem ter rede de apoio ou com esta enfraquecida, são fechadas as saídas objetivas e subjetivas para o rompimento (um que seja seguro física e emocionalmente) de relações não saudáveis e até abusivas (Vasallo, 2022). Seguimos o que aprendemos, o que é normativo, para manter a unidade do casal. Nisso, envolvem-se os papéis de gênero.

O ideal da mulher confunde-se com o amor romântico, fazendo-a não só ser cobrada por outros como se autoexigir a atender demandas domésticas (e monogâmicas, o que abarca trabalho físico, emocional e sexual), tanto para se afirmar mulher quanto para provar seu amor. Zanello (2018) coloca o dispositivo amoroso e o maternal como os de maior controle sobre a mulher na contemporaneidade (para mais informações sobre a compreensão dos dispositivos de gênero na perspectiva da Análise do Comportamento, ver capítulo 1, de Picoli, Aggio & Zanello, neste volume), os quais incluem e são incluídos ao ideal feminino — ser mulher, ser mãe e ser esposa tornam-se, assim, sinônimos. E, como mulheres não se constituem em isolamento, isso também é subjetivado pelos homens.

A pesquisa de Wigdor (2018) apresenta também que as ficções de gênero ("mulher da vida" e "mulher da noite" como exemplos caricaturais) se transformam em expectativas e mandatos por parte dos homens que, ao entrarem em contato com a real pluralidade de mulheres, apresentam comportamentos e discursos violentos diante delas. O amor romântico, assim,

> Constitui uma armadilha para os... homens, que, condenados a reproduzir mandatos de gênero e buscas estereotipadas de que seria a mulher escolhida, acabam prisioneiros de emoções patriarcais como o ciúme, o impulso de controle, a insegurança permanente, além da necessidade de demonstrar heterossexualidade em cada prática [tradução nossa]. (Wigdor, 2018, p. 94).

Quando e se conseguimos terminar as relações (re)produtoras de sofrimento, somos deixados com um vazio, um sentimento de solidão, de incapacidade, de insuficiência. Porém, logo nos preparamos para a próxima relação, e depois para a próxima, até encontrar a "pessoa certa". A lógica monogâmica em que estamos afundados não considera que não existe pessoa certa, porque não somos um quebra-cabeça faltando peças. Se somos, então não é uma única peça que nos completará, e não deveria ser desejável que assim o fosse (afinal, que peso gigantesco de se colocar!). O preenchimento (ou o transbordar, dependendo de como se vê) é feito por todas as nossas relações, não só as romântico-sexuais — e como ensinam Núñez et al. (2021), nem só as humanas! É uma falácia liberal a ideia de que estamos sozinhos; uma mentira que desconsidera que fazemos parte de um todo que inclui não somente outras pessoas, mas também a natureza, os animais e até o ar que respiramos.

Para sair do *loop* do medo do(a) outro(a), da busca da "metade da laranja", das violências romantizadas, urge pensar em outras formas de se relacionar. Outras formas de ser, estar e sentir, existências que nos fortaleçam no nível pessoal e coletivo, em que a saúde mental seja pensada como processo de produção de vida, de relação com o outro e com o mundo (Martín-Baró, 1984/2017b). No brilhante artigo de Núñez et al. (2021), são trazidas perspectivas indígenas de não monogamia, destacando-se as do povo guarani. Não existindo a noção de propriedade privada como um valor relacional, em que a própria linguagem expressa relações em termos de companhia, e não de posse, a hierarquia não fazia parte da organização desses povos originários. Não havia sequer a centralidade do humano em face das outras existências, de forma que a comparação, a competição e o sofrimento não tinham os mesmos moldes. A imposição da monogamia por jesuítas enfrentou percalços por questões como essas, as quais causavam estranhamento aos colonizadores, como observado por relatos em que a ausência de ciúmes é lida como ausência de vínculos verdadeiros entre indígenas.

Neste sentido, os autores pensam a não monogamia desde o princípio da floresta, em que a concomitância e a pluralidade são possíveis e fundamentam a vivência de relações mais saudáveis (Núñez et al., 2021). Relações em que não há receita de bolo, e sim diálogo, construção e criatividade — uma "artesania dos afetos", como diz Geni Núñez. Vasallo (2022) também usa a ideia de floresta ao propor como horizonte não monogâmico a criação de redes afetivas. Se somos construídos por nossas relações, e as pessoas com quem nos relacionamos também o são, trata-se de pensar a rede de forma extensa, quilométrica, rizomática. Em uma realidade de competição, isso envolve construir outros caminhos de relação com o(a) "outro(a)" que tanto tememos. Por essa razão, Vasallo (2022, p. 68) defende que a não monogamia não se define pela quantidade de relações, mas pelo tipo de vínculo que os meta-amores (pessoas que se relacionam com quem eu me relaciono) têm entre si: "se de cooperação e cuidado mútuo, ou de disputa pelo topo".

O processo de construção de novas formas relacionais não será linear, muito menos perfeito, tanto porque ideais são, justamente, inatingíveis quanto porque crescemos e ainda existimos na sociabilidade capitalista-monogâmica. Assim, estamos alinhados com a perspectiva de Núñez et al. (2021) de potabilidade:

> Se no mundo colonial as relações com nosso território emocional também são agrotóxicas, como redução de danos podemos pensar em relações potáveis como um horizonte possível. Aqui, lembramos que a água potável não é um

> líquido em que não há substâncias tóxicas, mas é aquela em que esses fatores estão reduzidos a um nível que não nos prejudica. A água saudável para nosso consumo não é pura, é potável. Nesse sentido pensamos na potabilidade não como uma ausência de toxinas, mas como uma redução delas a um ponto que não nos destrua. (p. 86).

O ciúme, o anseio pela centralidade do casal e o impulso de hierarquizar corpos e relações não vão sumir. É preciso, portanto, acolher coletivamente os sentimentos, permitindo sua existência sem um julgamento paralisante para que se possa crescer com eles (Oliveira et al., 2020). No caso do ciúme, recomendamos as perguntas elaboradas por Núñez (2020) para a sua compreensão, por exemplo: "por que opto por lidar com minhas inseguranças pela via de mais controle, e não pelo caminho de construção da autonomia (minha e alheia)?"; e "meu amor demonstra afeto, acolhimento e cuidado por mim? Se sim, por que estou me centralizando em relações que não são sobre mim?"

Entendemos, então, o ciúme como um sentimento que pode ser trabalhado como qualquer outro, e o caminho potável não é esperar sua eliminação completa, mas não utilizá-lo para justificar ações coercitivas e cerceadoras (Núñez, 2020; Oliveira et al., 2020; Vasallo, 2022). E, quanto à hierarquia de corpos, com alguns sendo reduzidos à sexualização e limitados a um suposto merecimento de serem amados, reforçamos a necessidade de uma não monogamia que incorpore na sua prática a consciência da exploração e das opressões imanentes da nossa sociabilidade, e que componha uma luta unitária entre as interseccionalidades em direção a uma perspectiva emancipatória, que se materializa nas/pelas práticas cotidianas (Lima Junior & Miranda, 2022).

Entendemos, assim, a não monogamia como um projeto ético-político, uma orientação, um fazer que deve estar acompanhado de outros fazeres. Existem formas variadas de vivê-la, até mesmo entre aqueles que têm uma visão política da questão [uma pluralidade linda de ser observada, por exemplo, no livro organizado por Takazaki et al. (2020), *Não Monogamia LGBT+: Pensamento e Artes Livres*]. Aqui, fizemos a escolha de destacar os caminhos em que acreditamos, perspectivas que falam conosco diretamente. Não cremos em uma neutralidade asséptica e artificial dita científica, nem desejamos estar de acordo com ela. Defendemos um posicionamento ético-político não só em torno da monogamia, mas relativo a este "moinho de gastar gente" (Ribeiro, 1995) que é o sistema opressivo em que vivemos.

À guisa de conclusão... Por uma nova ética de cuidado na terapia de casal!

O presente capítulo foi um exercício preliminar de examinar os fundamentos da terapia de casal a partir de uma crítica da monogamia, apontando reflexões da não monogamia enquanto alternativas para uma prática psicológica não normalizante. Não desejamos aqui propor apenas uma reflexão, mas servir de base para uma reorientação da práxis psicológica, acompanhada de outras frentes de luta, como a anticapitalista, a antirracista, a feminista e a antiLGBTfóbica. Defendemos que não existe algo como uma psicologia apolítica. A própria criação de terapias direcionada para casais e famílias (e nunca uma para amigos ou vizinhos) diz de uma necessidade reprodutiva de uma sociedade específica. Assim, defendemos que psicólogos devem se posicionar ao lado das maiorias populares, auxiliando-as em seus processos de libertação; uma psicologia que não só questione como se posicione contra as estruturas que oprimem e afligem a sociedade (Martín-Baró, 1986/2011).

Algo em que não havíamos nos debruçado até agora é a questão de saúde mental de pessoas não monogâmicas. Sem poder, muitas vezes, contar com o apoio de familiares e amigos, e sem ter na cultura hegemônica validação e respeito por relações não monogâmicas, essa população entra (ou se aprofunda, no caso de pessoas pertencentes a outras minorias sociais) em situação de vulnerabilidade e sofrimento (Oliveira et al., 2020). No livro organizado por Takazaki et al. (2020), há diversos relatos sobre a vivência da culpa e a confusão quando pessoas não monogâmicas se relacionavam anteriormente de forma monogâmica, ou quando elas percebiam não se encaixar nesse molde, mas não conheciam outras formas de se relacionar. Não somente: o sofrimento quando conheciam, mas assumiam ser modelos negativos, ou não desejáveis pelo julgamento alheio. No caso de mulheres, ainda aparece a culpa ao se perceberem como "promíscuas" por desejarem outras relações.

Considerando os casos narrados, o que faz o psicólogo? Reforça as violências e papéis estereotipados de gênero? Constrange o paciente para encaixá-lo na norma monogâmica? Perpetua o desconhecimento acerca de outros caminhos relacionais? E o terapeuta conjugal que atende casais não monogâmicos: faz o mesmo? Quando se assume que relações não monogâmicas não "dão certo", é importante fazer duas perguntas: quando e onde a monogamia dá certo? E, mais importante, o que é "dar certo"? Se nosso critério de sucesso incluir a indissolubilidade e eternização dos vínculos, essa será uma expectativa do pensamento monogâmico, não de quem se opõe a ele. Ademais, se o psicólogo atende pessoas ou casais não monogâmicos e atribui à forma relacional todos os problemas dos clientes, ou vê o sofrimento destes como uma comprovação da ineficácia ou falibilidade da não monogamia, questionamos: a que/quem esse psicólogo serve? Pois este certamente não trabalha para o fortalecimento das pessoas que atende, nem para que elas tenham garantidos naquele espaço o respeito e a segurança.

Pesquisas como a de Schechinger et al. (2018) fazem um importante inventário acerca de experiências terapêuticas de pessoas em relações não monogâmicas, mapeando, assim, práticas profissionais consideradas terapêuticas ou prejudiciais. Os clientes de psicoterapia abordados na pesquisa apontam a importância de uma postura sem julgamentos e afirmativa quanto ao modo de vida não monogâmico por parte de seus terapeutas, trazendo enquanto queixas os casos em que seus terapeutas demonstravam não ter conhecimento sobre a não monogamia, patologizando-os ou julgando a não monogamia como inadequada ou moralmente desviante. Sistematizando tais dados, os pesquisadores apontam a importância de que terapeutas se eduquem quanto às questões da não monogamia, fortalecendo a aliança terapêutica com os clientes com base em uma atitude aberta, afirmativa e positiva, em direção a uma prática de psicoterapia verdadeiramente inclusiva (Schechinger et al., 2018).

É necessário, assim, um olhar que se atenha à singularidade do indivíduo e da relação. Isso inclui o trato das diversas intersecções que se encontram nos casos e na própria relação terapêutica, por exemplo, a questão racial em relações não monogâmicas, que deve não só ser trabalhada entre o casal, mas deve dizer de uma orientação do psicólogo.

Para além das elaborações já feitas, é possível citar preliminarmente alguns recursos que podem ser interessantes para o trabalho terapêutico e para fomentar o aprofundamento nas questões sobre a não monogamia. Disponíveis em língua inglesa, há diversos recursos no site do Comitê de Não Monogamia Consensual, que vão desde cartilhas até grandes bancos de dado de literatura sobre não monogamia (https://www.div44cnm.org/resources). Contudo, fazemos a ressalva de que tais recursos não devem ser encarados com fórmulas prontas a serem aplicadas esquematicamente nos casos clínicos, até porque se originam de realidades sociais distintas das que encontramos no Brasil. Propostas padronizadas retiram a potência coletiva de criação e realizam uma tentativa de normatização [sobre as "não monogamias de mercado", recomendamos a leitura de Lima Jr. e Miranda (2022)]. Nesse sentido, realçamos a importância de nos apropriar-mos das vozes que estão fazendo o debate da não monogamia no Brasil [como Geni Núñez e o projeto NM Em Foco, que contribuíram de maneira inestimável para este capítulo, e outras vozes que podem ser encontradas em Gonçalves (2021)]. Além disso, recomenda-se a psicoterapeutas que busquem coletivos locais e grupos de pessoas não monogâmicas de modo a ter referências na própria comunidade de recursos extraterapêuticos que possam subsidiar o trabalho clínico.

Por fim, valendo-se dessa identificação preliminar das lacunas na nossa produção na psicologia brasileira sobre a não monogamia, próximos passos possíveis são buscar fomentar a produção de estudos dos mais diver-sos tipos (empíricos, teóricos, estudos de caso) sobre a não monogamia, aliando esse estudo e produção à organização da categoria psicológica e pesquisadoras e pesquisadores associados em grupos de trabalho, pro-curando sistematizar esses trabalhos conjuntamente, buscando sempre o diálogo, desde as necessidades e demandas de grupos, organizações cole-tivas, e movimentos sociais não monogâmicos. Ressaltamos a importância de articular esse movimento crítico, prático e teórico também em torno do combate às estruturas sociais subjacentes à monogamia, entendendo que a superação da alienação oriunda da organização social monogâmica pressupõe uma mudança nas relações sociais de produção e reprodução da vida. Podemos almejar, com base nesses acúmulos, a construção de uma prática clínica que seja prefiguração, mediação e suporte para os processos de transformação social e emancipação humana. Em oposição ao sistema de terra arrasada, nos guiaremos pelo princípio da floresta.

Referências

Bastos, M. (2020, 22 jul.). O que a não-monogamia tem a ver com as amiza-des? *Medium*.

Carvalho, P. H. C. (2021). *A produção sobre relações poliafetivas na psicologia brasi-leira: Uma revisão sistemática sobre não monogamia de 2004 a 2021* [Trabalho de conclusão de curso, Pontifícia Universidade Católica de São Paulo].

Committee on Consensual Non-Monogamy (s.d.a). *About*. APA Divison 44 Con-sensual Non-Monogamy Task Force.

Committee on Consensual Non-Monogamy (s.d.b). *Resourcer*. APA Divison 44 Consensual Non-Monogamy Task Force.

Porto, D. (2018). Mononormatividade, intimidade e cidadania. *Revista Direito GV*, 14(2), 654–681. https://doi.org/10.1590/2317-6172201825

Engels, F. (2010). *A origem da família, da propriedade privada e do Estado*. Expressão Popular. (Trabalho original publicado em 1884)

Federici, S. (2019). *O ponto zero da revolução: Trabalho doméstico, reprodução e luta feminista* (Coletivo Sycorax, Trad.). Elefante.

Féres-Carneiro, T. (1994). Diferentes abordagens em terapia de casal: Uma articulação possível? *Temas em Psicologia, 2*, 53-63.

Féres-Carneiro, T., & Diniz Neto, O. D. (2008). Psicoterapia de casal: Modelos e perspectivas. *Aletheia, 27*(1), 173-187.

Gonçalves, I. V. (2021). Matemática dos afetos, dissensos e sentidos sociais acerca das noções de "monogamia" e "não-monogamia". *Teoria e Cultura, 16*(3), 61-75.

Grunt-Mejer, K., & Łys, A. (2019). They must be sick: Consensual nonmonogamy through the eyes of psychotherapists. *Sexual and Relationship Therapy, 37*(1), 58-81.

Gurman, A. S., & Fraenkel, P. (2002). The history of couple therapy: A millenial review. *Family Process, 41*(2), 199-260.

Hamilton, L. D., De Santis, C., & Thompson, A. E. (2021). Introduction to the Special Session on Consensual Non-Monogamy. *Archives of Sexual Behavior, 50*, 1.217-1.223.

Leacock, E. B. (2010). Introdução à edição estadunidense. In Engels, F., *A origem da família, da propriedade privada e do Estado*. Expressão Popular.

Lessa, S. (2012). A família burguesa. In S. Lessa, *Abaixo à família monogâmica!* (pp. 69-99). Instituto Lukács.

Lima Junior, N. S. (2020). Eu e as hierarquias relacionais. In S. S. Takazaki, J. C. Tavares, & G. Núñez (Orgs.), *Não monogamia LGBT+: Pensamento e artes livres*. Ape'ku.

Lima Junior, N. S., & Miranda, R. C. (2022). Não-monogamia política: Por um projeto coletivo e emancipatório. In C. E. Villalón, V. F. Silva, & M. Verlard (Orgs.), *Em movimento: Memórias, experiências e performances coletivas*. Edições EACH.

Lima Junior, N. S., & Miranda, R. (2022, 1 jul.). Um espectro ronda as redes: O espectro da não-monogamia política. *NM em Foco*.

Martín-Baró, I. (2011). Para uma psicologia da libertação. In R. S. L. Guzzo, & F. Lacerda Jr. (Orgs.), *Psicologia social para América Latina: O resgate da psicologia da libertação* (pp. 101-120). Alínea. (Trabalho original publicado em 1986)

Martín-Baró, I. (2017a). Entre o indivíduo e a sociedade. In I. Martín-Baró, *Crítica e libertação na psicologia: Estudos psicossociais* (F. Lacerda Júnior, Trad.; pp. 101-161). Vozes. (Trabalho original publicado em 1983)

Martín-Baró, I. (2017b). Guerra e saúde mental. In I. Martín-Baró, *Crítica e libertação na psicologia: Estudos psicossociais* (F. Lacerda Júnior, Trad.; pp. 251-270). Vozes. (Trabalho original publicado em 1984)

Moors, A. C., & Schechinger, H. (2014). Understanding sexuality: Implications of Rubin for relationship research and clinical practice. *Sexual and Relationship Therapy*, *29*(4), 476-482.

Moschkovich, M. (2019). Entre marxismo, feminismo e antropologia. In Engels, F., *A origem da família, da propriedade privada e do Estado*. Boitempo.

Narvaz, M. G., & Koller, S. H. (2007). Feminismo e terapia: A terapia feminista da família. Por uma psicologia comprometida. *Psicologia Clínica*, *19*(2), 117-131.

Núñez, G. (2020). Dicas não mono sobre ciúme. In S. S. Takazaki, J. C. Tavares, & G. Núñez (Orgs.), *Não monogamia LGBT+: Pensamento e artes livres*. Ape'ku.

Núñez, G., Oliveira, J. M., & Lago, M. C. (2021). Monogamia e (anti)colonialidades: Uma artesania narrativa indígena. *Teoria e Cultura*, *16*(3), 76-88.

Oliveira, M., Lima Junior, N. S., & Miranda, R. C. (2020, 13 maio). Como uma não--monogamia política pode contribuir para uma boa saúde mental. *NM em Foco*.

Perel, E. (2006). *Mating in captivity: Unlocking erotic intelligence*. HarperCollins.

Ribeiro, D. (1995). *O povo brasileiro: A formação e o sentido do Brasil*. Companhia das Letras.

Moors, A. C., & Schechinger, H. (2014). Understanding sexuality: implications of Rubin for relationship research and clinical practice. *Sexual and Relationship Therapy*, 29(4), 476–482. https://doi.org/10.1080/14681994.2014.941347

Schechinger, H., Sakaluk, J. K., & Moors, A. C. (2018). Harmful and helpful therapy practices with consensually non-monogamous clients: Toward an inclusive framework. *Journal of Consulting and Clinical Psychology*, *86*(11), 879-891.

Takazaki, S. S., Tavares, J. C., & Núñez, G. (Orgs). (2020). *Não monogamia LGBT+: Pensamento e artes livres*. Ape'ku.

Vasallo, B. (2020). Abrir amores, fechar fronteiras? *Caderno de Leituras*, *1*(112), 1-7.

Vasallo, B. (2022). *O desafio poliamoroso: Por uma nova política de afetos*. Elefante.

Wigdor, G. B. (2018). Las violencias romantizadas: Masculinidades hegemónicas en el capitalismo tardío y heteropatriarcal. *Aposta: Revista de Ciencias Sociales*, *77*, 59-100.

Zanello, V. (2018). Estudos de gênero, dispositivos e caminhos privilegiados de subjetivação. In V. Zanello (2018), *Saúde mental, gênero e dispositivos: Cultura e processos de subjetivação* (pp. 39-58). Appris.

Zirbel, I. (2021). Ondas do feminismo. *Blogs de Ciência da Universidade Estadual de Campinas: Mulheres na Filosofia*, *7*(2), 10-31.

8

AMOR EM TEMPOS DE TINDER: COMO A TECNOLOGIA MUDOU OS RELACIONAMENTOS AMOROSOS

Patrícia Luque Carreiro

A conexão entre seres humanos sempre foi essencial para a sobrevivência do grupo e da espécie. A necessidade de encontrar pessoas que compartilham ideias semelhantes para uma convivência mais próxima tem direcionado os nossos passos. Com a tecnologia cada vez mais presente nos dias atuais, nada mais previsível do que os comportamentos de procura por parceiros sexuais e afetivos, de paquera e de namoro também serem impactados por novas formas de aproximação que a tecnologia tornou possível. Este capítulo pretende explorar diferentes maneiras pelas quais a tecnologia tem transformado os relacionamentos amorosos.

Tecnologia a serviço dos relacionamentos

Andrea e Bruno começaram a namorar recentemente. Eles se conheceram de forma "tradicional", apresentados por amigos em comum. A primeira coisa que eles fizeram foi trocar perfis de Instagram. Como demonstração de interesse, Bruno curtiu todas as fotos disponíveis de Andrea, até as mais antigas. Com frequência, Andrea envia a Bruno posts, reels e stories de temas interessantes para conversar com ele depois.

Paquerar, flertar e namorar não são fenômenos novos. Ao contrário, estão presentes no repertório dos indivíduos de muitos sistemas culturais no mundo. Com o avanço dos meios digitais e com a influência da internet sobre nossa vida social, é natural que certos comportamentos sejam transformados em razão da tecnologia (Degim et al. 2015; Harari, 2013). Nesse contexto, as relações amorosas também sofreram um grande impacto das inovações tecnológicas, especialmente com o desenvolvimento de smartphones, que facilitaram o acesso à internet e permitiram o contato com milhares de pessoas a qualquer momento, de forma fluida e intuitiva (Hobbs et al., 2017; Lomanowska & Guitton, 2016). Como dizem Ansari e Klinenberg (2016), o celular é como "um bar, disponível a qualquer momento no próprio bolso" (p.39).

A necessidade de conexão e a dificuldade de encontrar pessoas, embora permaneçam questões atuais, não são recentes, e seres humanos parecem ter usado todos os meios e as tecnologias disponíveis para facilitar encontros. Em 1695, em um jornal agrícola da Inglaterra, houve o primeiro registro de uma tentativa de encontro e paquera: um anúncio pessoal de um jovem fazendeiro de 30 anos que gostaria de conhecer jovens mulheres para relacionamento. Na época, anúncios em jornais representavam uma "tecnologia de ponta", já que os primeiros jornais haviam surgido apenas 40 anos antes, e grande parte da população permanecia analfabeta (Carr, 2011; Cocks, 2015). Naquele tempo, é possível que a procura tenha se dado mais por pressão social e financeira que por amor, mas este continua sendo um dos primeiros mecanismos de encontros de que se tem notícia.

Figura 1: *Anúncio de procura por namorada em jornal agrícola na Inglaterra, 1695*

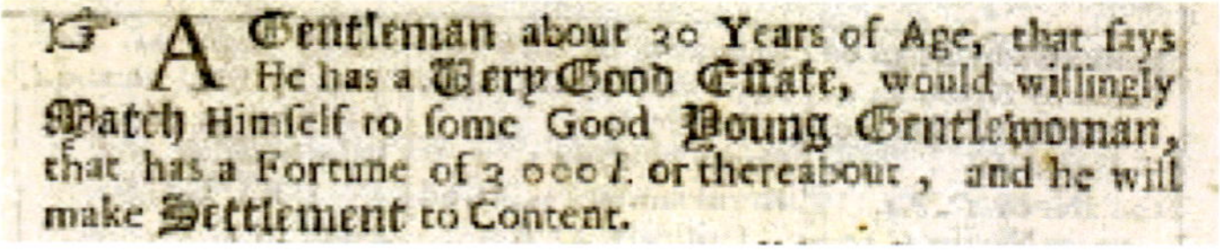
☞ A Gentleman about 30 Years of Age, that says He has a Very Good Estate, would willingly Match Himself to some Good Young Gentlewoman, that has a Fortune of 3 000 l. or thereabout, and he will make Settlement to Content.

Nota: imagem retirada de The Guardian[25]

De lá para cá, muita coisa aconteceu. Novas tecnologias de comunicação surgiram e a imprensa popularizou-se. Até o começo do século XX, os jornais foram o principal mecanismo de encontro e paquera, com publicações em anúncios classificados e posterior correspondência por troca de cartas (Cocks, 2015).

Em 1959, pesquisadores da Universidade de Stanford[26], da área de matemática e computação, desenvolveram um teste para formar casais, por meio de cartões perfurados. Com o auxílio do computador, foram

[25] Recuperado de https://www.theguardian.com/lifeandstyle/2010/feb/12/valentine-17th-century-lonely-hearts http://archive.pov.org/apps/xoxosms/infographic/index.html

[26] Recuperado de https://www.eharmony.com/history-of-online-dating/ h'tps://stanfordmag.org/contents/punch-card-love

formados 49 casais, que se encontraram presencialmente em uma festa para avaliar o teste e o algoritmo. Nenhum casal se manteve junto, mas o experimento foi uma das primeiras tentativas de racionalizar o processo de escolha, por meio de algoritmos que processassem informações e identificassem probabilidades de sucesso na formação de vínculos.

Até então, ainda eram priorizados encontros românticos com intenção de formação de famílias. Apenas na segunda metade do século XX é que mudanças tecnológicas, como o desenvolvimento da medicina, a disponibilidade de contraceptivos e a legalização do aborto em alguns países, facilitaram que encontros pudessem incluir a possibilidade de sexo pré-marital, com a chamada revolução sexual (Timmermans & Courtois, 2018).

Assim, pode-se dizer que a tecnologia sempre esteve a serviço dos relacionamentos. Diante das incertezas que relacionamentos afetivos podem trazer, a tecnologia pode ser muito sedutora, ao oferecer algo que vai exatamente ao encontro das nossas maiores vulnerabilidades (Turkle, 2010). E uma das principais preocupações humanas é ainda nossa necessidade de intimidade e conexão.

A internet suplantou intermediários para o movimento de encontrar pessoas. Se anteriormente era comum ir a bares e restaurantes, ou conhecer pessoas por meio de amigos ou familiares, ou ainda em ambientes sociais como escolas, igrejas, universidades e trabalho (Thompson, 2019), a tecnologia deu autonomia ao indivíduo que queria conhecer alguém.

O primeiro website de paquera, o Match.com, surgiu em 1994 (Bonilla-Zorita et al., 2021; Ranzini & Lutz, 2016). De lá até os dias de hoje, novas soluções tecnológicas para conhecer, flertar, conversar e iniciar relacionamentos amorosos surgiram. Com os smartphones, aplicativos que permitem localização geográfica em tempo real ganharam maior popularidade, principalmente em razão da mobilidade e facilidade de uso (Lomanowska & Guitton, 2016; Ranzini & Lutz, 2016; Timmermans & Courtois, 2018). Algoritmos passaram a exercer o papel de cupidos virtuais, agrupando perfeitos estranhos com interesses semelhantes e geograficamente próximos, com o propósito de estabelecer interações ou relacionamos íntimos off-line (Lomanowska & Guitton, 2016; Timmermans & Courtois, 2018).

Portanto, é compreensível que aplicativos de encontros e paqueras tenham sido tão bem-sucedidos. Aplicativos respondem hoje pela forma mais popular de conhecer pessoas (Thompson, 2019). Conforme a paquera on-line vai se tornando mais popular, também se vai reduzindo o estigma associado a ela, resultante de regras culturais que defendem a maneira face a face de encontrar parceiros românticos (Bonilla-Zorita et al., 2021; Ranzini & Lutz, 2016; Rosenfeld et al., 2019). Além disso, é preciso considerar que os algoritmos também vão se tornando mais precisos, oferecendo aos usuários estímulos mais próximos dos desejados. Os aplicativos e outros recursos digitais ganham mais potencial com o avanço tecnológico, enquanto conhecer pessoas de modo analógico permanece estático (Rosenfeld et al., 2019).

Pesquisas demonstram que relacionamentos iniciados no formato on-line podem ter estabilidade, intimidade e significado semelhante àqueles iniciados no formato convencional off-line. Além disso, há evidência de que o contato on-line pode ajudar a enriquecer relacionamentos em que já tenha havido contato pessoal (Lomanowska & Guitton, 2016; Ranzini & Lutz, 2017). Atualmente é frequente que pessoas, nos estágios iniciais de um relacionamento, entrem em redes sociais mutuamente e compartilhem conteúdos.

Embora relacionamentos tenham sido desafiadores e possam representar uma sucessão de términos e recomeços, as pessoas ainda acreditam em encontrar um amor verdadeiro (Hobbs et al., 2017). Mas, por outro lado, a vida moderna e a era de individualismo, consumismo e rápidas mudanças tecnológicas e sociais dificultam esse encontro. Bauman (2004) considera que os encontros on-line são evidência prática do que ele chamou de amor líquido, que transformou a noção de uma parceria monogâmica, exclusiva e permanente por uma sucessiva rede de possibilidades românticas (Hobbs et al., 2017).

Amor ao primeiro clique

Carlos e Diana conheceram-se no Happn. Em uma noite de solidão, logo depois de completar 33 anos, Diana rendeu-se ao que as amigas diziam e instalou o aplicativo. Carlos já usava Tinder, Happen e Inner Circle há muitos meses, desde o fim de seu último relacionamento. Diana começou a navegar e deu "match" com vários candidatos com quem identificou afinidades. Carlos deu "match" em Diana. Naquela mesma noite, começaram a conversar por mensagem. Duas semanas depois, marcaram o primeiro encontro: um piquenique em um parque próximo à casa de Diana. Estão juntos há oito meses.

Atualmente há cerca de 8 mil aplicativos e sites de relacionamento[27] no mundo, dirigidos a públicos específicos e conforme orientação sexual, afinidades gerais, faixa etária, grupo religioso, aplicativos em que o contato deve ser iniciado pelas mulheres, plataformas para pessoas que procuram relacionamento extraconjugal. Há também versões gratuitas e pagas, que dão acesso a funcionalidades extras, como ampliar a área georreferenciada da busca, ter o perfil em destaque, visitar perfis sem ser rastreado, ou livrar-se de anúncios. Estima-se que até 2024 haja 280 milhões de usuários de serviços de encontros no mundo[28], em uma curva crescente, sem sinais de desaceleração. A receita vinda de aplicativos em 2021 foi de US$ 5,6 bilhões[29], mesmo com versões gratuitas disponíveis dos aplicativos mais populares.

Muitos dos casais que se conheceram on-line afirmam que o relacionamento pode ser tão bem-sucedido quanto um que tenha começado pessoalmente (Dai et al., 2021). É possível que o uso de aplicativos e novas tecnologias tenha aberto maiores possibilidades para a nova geração de usuários de formarem relações e possibilidades românticas do que para gerações que nos antecederam, que dependiam do encontro presencial para conhecer pessoas de seu interesse (Hobbs et al., 2017).

Aplicativos de encontros, como o Tinder e o Happn, ofereceram uma alternativa muito dinâmica para a paquera, atuam como intermediários para a busca de companhia, amor, sexo e intimidade e ampliam as possibilidades tanto de forma quantitativa como qualitativa (Timmermans & Courtois, 2018). Eles foram desenhados para retirar os aspectos mais estressores dos encontros amorosos potenciais (tais como o tempo gasto no encontro, a incerteza da paquera, o alto custo de resposta de mobilização para um evento presencial), reduzindo o tempo e o investimento emocional tradicionalmente envolvidos em uma paquera típica, e incorporando também aspectos de "gamificação"[30]. Além disso, uma característica de extrema relevância é o georreferenciamento, que permite

---

[27] Recuperado de https://www.forbes.com/sites/martinzwilling/2013/03/01/how-many-more-online-dating-sites-do-we-need/?sh=3273735b7882, https://www.datingnews.com/industry-trends/online-dating-statistics-what-they-mean-for-future/

[28] Recuperado de https://www.statista.com/forecasts/891146/eservices-dating-services-online-user-by--segment-worldwide

[29] Recuperado de https://www.cloudwards.net/online-dating-statistics/#:~:text=How%20Many%20People%20Use%20Online,sites%20to%20meet%20new%20people

[30] Gamificação pode ser entendida como a inserção de recursos típicos de jogos, como pontuação e competição, em outros contextos, para promover engajamento e diversão (Eiterer, 2023).

que apenas pessoas localizadas dentro de um determinado perímetro sejam vistas na plataforma virtual, a fim de promover com mais facilidade encontros reais.

Basicamente, todos os aplicativos funcionam de forma semelhante. A tela principal apresenta o perfil de candidatos filtrados por critérios mínimos de geolocalização. Para sinalizar que o usuário gosta do perfil, a foto pode ser empurrada para a direita (*swipe right*), ao passo que, para sinalizar que não houve interesse, o usuário empurra-a para a esquerda (*swipe left*). Se dois usuários mutuamente fazem o *swipe right*, diz-se que houve um "*match*" e ambos são notificados da combinação formada. Não necessariamente a combinação precisa ser romântica, é possível que haja apenas interesse em encontrar novos amigos. A partir daí, fica estabelecido um canal de comunicação que pode ir além dos aplicativos para favorecer, em algum momento, um encontro na vida real.

O uso de aplicativos fornece reforçamento imediato ao usuário, já que perfis estão permanentemente disponíveis para escolha e interação. Nessas condições, em que há reforço imediato disponível, ainda que de baixa magnitude, com pouco ou nenhum estímulo aversivo, há uma boa chance de o comportamento tornar-se aditivo. Pesquisas sobre adição a aplicativos de paquera ainda estão em estágio inicial (Bonilla-Zorita et al., 2021).

Meta-análise conduzida por Bonilla-Zorita et al. (2021) revelou aspectos gerais do uso de aplicativos on-line para paqueras. Os principais resultados indicam que há correlações entre o uso excessivo de aplicativos e sociabilidade, busca de sensações, permissividade sexual, apego ansioso, autoestima elevada e busca sexual. Usuários consideram que a paquera on-line é mais perigosa e objetificante que as paqueras tradicionais off-line.

Criação do perfil on-line

Edson, 48 anos, divorciado há três meses, decidiu que era hora de abrir um perfil no Tinder. Cuidadosamente, ele se preparou para as fotos. Buscou cenários que mostrassem a vida de aventuras que ele gostaria de ter. Para demonstrar que gostava de ciclismo, tirou uma foto em um dia que saiu com a turma do pedal, estreando seu equipamento. Para mostrar que gostava de viajar, editou uma foto que tirou com a ex-esposa em Paris, mostrando a Torre Eiffel logo atrás. Para evidenciar que era legal e confiável, pegou emprestado o Thor, cão labrador do irmão, e tirou uma foto abraçado a ele.

Nos aplicativos de encontros, a criação do perfil social passa a ter importância estratégica. Embora haja diferenças entre os vários aplicativos de encontro disponíveis, basicamente a formação do perfil do usuário é definida por um número limitado de fotos e um espaço pequeno destinado à autodescrição. Usuários contam com poucas informações para formar uma impressão do perfil e decidir iniciar ou não uma interação (Dai et al., 2021; Ward, 2017). Demonstrar atratividade e atributos positivos é um preditor para o sucesso da interação em aplicativo.

A escolha de fotos e elaboração do texto descritivo seguem de maneira análoga à preparação e à apresentação pessoal, como ocorre em qualquer situação social. Ao sair com amigos, o indivíduo escolhe roupas que o favoreçam de forma a garantir aprovação do grupo e de indivíduos com quem quer flertar. Identicamente, imagens que favoreçam os atributos que deseja evidenciar também são preferidas no ambiente on-line.

Na definição do perfil, aspectos tradicionais continuam relevantes. Classicamente, a literatura mostra que, no estabelecimento da impressão sobre o outro, os indivíduos buscam manipular o cenário, a aparência e o comportamento, tanto no contato on-line quanto no cara a cara. Nos aplicativos, pode-se dizer que o usuário cria um perfil, observa como outros constroem seus perfis e o reforço positivo dali resultante, apenas a partir das interações bem-sucedidas e dos *"matches"*. Não há informações disponíveis sobre o que não foi apreciado no perfil (Ward, 2017). A criação do perfil on-line de qualquer rede social embute a ideia de um *self* ideal, mas usuários precisam equilibrar o desejo de se mostrar atraentes com uma autoapresentação razoavelmente acurada (Hobbs et al., 2017; Ranzini & Lutz, 2017).

Portanto, é preciso considerar que o ambiente de paquera on-line é baseado em dicas reduzidas, controle total na construção do perfil pelo usuário, proximidade geográfica e filtros mínimos, como local, sexo, gênero e idade (Dai et al., 2021; Ranzini & Lutz, 2017; Ward, 2017). Esse formato possibilita enganos propositais na formação do perfil on-line, que vão desde exagero na autorrepresentação até um perfil falso, também conhecido como *"catfishing"*, com o objetivo de capturar a atenção de usuários para aplicar pequenos golpes (Dai et al., 2021).

É importante relembrar que não são apenas aplicativos específicos de encontros e paqueras que promovem interação on-line. Diversas redes sociais podem ser usadas de forma complementar ao contato inicial para dar seguimento à conversa, ou como início de um relacionamento on-line, de forma não anônima. A intimidade necessária para aprofundamento das relações pode ser acelerada em contextos off-line, sobretudo em termos de contato físico, já que mecanismos de realidade virtual, aumentada ou mista ainda não superam o contato presencial (Lomanowska & Guitton, 2016).

O paradoxo da escolha

> *Fernanda vive um dilema. Ela acabou de chegar à cidade, após uma transferência do trabalho, e quer ter um relacionamento amoroso ou pelo menos ter mais amigos. Mas não conhece ninguém em sua cidade nova, exceto o pessoal do escritório. A escolha óbvia é abrir um aplicativo de relacionamento. Passa horas em suas noites pós-expediente escolhendo, "curtindo", "swiping". Ela conta que, depois de algumas semanas de uso, está pronta para desistir: ela vê tanta gente que não consegue mais ver diferencial em ninguém. Todas as pessoas parecem iguais. Ela decidiu deixar o emprego e voltar para a cidade de origem.*

Nos aplicativos, para ser bem-sucedidos, isto é, encontrar parceiros satisfatórios, usuários precisam conhecer, selecionar e especificar requisitos desejados de seus parceiros, criar seu próprio perfil on-line e torná-lo interessante por meio de fotos e descrição escrita curta (a chamada "*bio*"). Também fazem parte do processo os comportamentos de filtrar e capturar as indicações de potenciais parceiros, com base em fotos e descrições curtas, bem como determinar o valor de cada candidato. Essa interação premeditada pode levar a engessamento dos padrões de comunicação interpessoal (LeFebvre, 2018). Evoluindo das interações face a face para comunicação assíncrona, aplicativos envolvem critério de seleção explícito e consciente ao formar o perfil, em que usuários precisam otimizar autoapresentação enquanto estabelecem credibilidade como bons candidatos simultaneamente. Portanto, é possível que a busca de perfis se baseie apenas na atratividade do candidato, de acordo com os critérios subjetivos definidos por cada usuário, e valendo-se principalmente de aspectos físicos evidenciados nas fotos do perfil.

Tyson et al. (2016) desenvolveram estudo que investigou como 14 perfis fictícios on-line foram recebidos. Foram criados perfis de homens e mulheres que utilizavam uma, duas ou três fotos de banco de imagens ou fotos reais de voluntários, e ainda perfis sem fotos. Entre outros achados, o que se constatou foi que perfis de homens receberam mais curtidas que os perfis femininos, mas perfis femininos receberam mais *"matches"*. Fotos reais de homens foram mais atrativas que as fotos de banco de imagens, recebendo mais *"likes"* e *"matches"*, porém, para os perfis femininos, não houve diferença entre o tipo de imagem, se real ou de banco. Perfis masculinos sem fotos receberam quantidade semelhantes de *"likes"*, porém perfis femininos sem fotos foram menos curtidos. Houve mais interação em perfis com duas fotos que com uma ou três fotos.

Há diferença entre gêneros no que diz respeito à interação em perfis on-line. Homens tendem a se comportar de forma menos seletiva, e os filtros são definidos após terem obtido um *"match"*. Mulheres costumam ser mais seletivas no *"swipe"* (Tyson et al., 2016; Timmermans & Courtois, 2018). Entretanto, a escolha é feita de forma muito veloz. Pesquisas indicam que usuários navegam por fotos na velocidade de duas a cinco fotos por segundo (Tyson et al., 2016), de modo que parece ser pouco real que a escolha seja feita baseando-se em critérios específicos.

Se, por um lado, não ter opções tornaria a vida limitada, ter muitas opções também evoca aspectos negativos da obrigação de fazer a escolha certa e definitiva. Pode ocorrer uma sobrecarga de informações, quando usuários dos aplicativos de relacionamento se veem diante de tantas opções de candidatos, muito semelhantes, na média.

Escolhas feitas com múltiplas opções com pouca diferenciação entre elas levam ao paradoxo da escolha (Schwartz, 2004). Em tese, imagina-se que ter mais opções deixaria as pessoas mais felizes e satisfeitas, mas ocorre exatamente o contrário. Muitas opções deixam as pessoas ansiosas, estressadas, frustradas e infelizes (Miller, 1956; Schwartz, 2004). Um dos experimentos apresentados por Schwartz (2004) é o de degustação de geleias em supermercados. No grupo 1, foram apresentadas aos consumidores 24 opções de sabores, mas apenas 3% dos consumidores concluíram a compra. No grupo 2, foram apresentados seis sabores de geleias, e a compra foi realizada por 30% dos consumidores. Os autores concluem que a limitação de opções torna a escolha mais fácil e direta, trazendo mais satisfação ao consumidor. Quando o consumidor se vê diante de muitas opções, há uma tentativa de garantir que aquela alternativa escolhida é a melhor possível, gerando indecisão e ansiedade no momento da escolha.

De maneira semelhante, fazer a escolha certa no aplicativo, dando um *"swipe"* preciso, pode trazer alta dose de insegurança e ansiedade para muitos usuários, assim como previsto no paradoxo da escolha.

Cyberrelacionamento

Gabriel e Heloísa estão casados há dez anos. Recentemente, Heloísa descobriu que Gabriel tem usado sites de pornografia on-line, durante momentos em que ela não está em casa. Percebeu também que ele vem se isolando para interagir com homens e mulheres desconhecidos em redes sociais, donos de perfis eróticos. Ele envia e recebe "nudes". Para ela, o casamento acabou.

No pós-paquera, após o encontro presencial ocorrer ou ainda ao longo do estabelecimento de uma relação, a tecnologia continua se fazendo presente como facilitadora ou precorrente da interação sexual. Comportamentos sexuais on-line pertencem a três categorias (Vendemia & Coduto, 2022):

a. Atividades de excitação do parceiro, que podem incluir *"sexting"*, entendido como troca de mensagens de cunho sexual, ou cybersexo, que incluir masturbação mediada por videochamada entre parceiros;

b. Atividades de excitação individual, que incluem consumo de pornografia on-line;

c. Atividades de não excitação, como buscar informações sobre comportamento ou saúde sexual on-line.

Novos estudos estão buscando explorar a infidelidade on-line. Aplicativos como Tinder podem facilitar formas de infidelidade, por representarem um custo baixo de resposta de engajamento em uma traição. Aliás, a tecnologia também fomenta novas discussões a respeito do que vem a ser infidelidade. Apenas ter o Tinder instalado seria uma forma de infidelidade? A decisão sobre o momento de desinstalar aplicativos de paquera talvez dê a dimensão de quão sério é o relacionamento e das intenções de cada parceiro na relação.

Infidelidade on-line pode incluir, portanto, diversos comportamentos que ocorrem no mundo virtual, como ter um caso apenas on-line sem encontro presencial, engajar-se em cybersexo, acessar pornografia on-line, "sexting", visualizar perfis de pessoas fora do relacionamento, ter aplicativos de paquera instalados, manter interações via outras redes sociais (Instagram, por exemplo, com curtidas e comentários em perfis). Vale lembrar que estudos já demonstraram que a infidelidade on-line pode ser tão destrutiva quanto a infidelidade convencional (Weiser et al., 2018).

Desde a pandemia da covid-19, nos primeiros meses de 2020, a utilização de aplicativos de paquera para conhecer pessoas e conversar e o uso de plataformas para consumo de pornografia aumentaram, até mesmo com o acesso gratuito que plataformas ofereceram a usuários em razão do distanciamento social (Vendemia & Coduto, 2022; Wiederhold 2021). Relata-se que houve, em um único dia, no início das medidas de distanciamento social, em março de 2020, 3 bilhões de *"swipes"* (sinalização de interesse) no Tinder e 700% de aumento de encontros na plataforma OkCupid. Nesse período, comportamentos sexuais on-line, mais seguros do que encontros presenciais, aumentaram em frequência, com diversas opções sendo oferecidas para estimular ou satisfazer fantasias; muitos indivíduos incorporaram novos repertórios sexuais, como *"sexting"* e compartilhamento de fantasia; e os aplicativos também mudaram para adaptar-se às novas necessidades do mundo em pandemia (Lehmiller et al., 2020; Vendemia & Coduto, 2022; Wiederhold, 2021).

O comportamento típico de aproximação antes da pandemia era conectar-se, conversar e encontrar-se presencialmente. Durante a pandemia, o encontro presencial passou a ser antecedido por uma nova etapa de videochamada (Wiederhold, 2021). Além disso, aplicativos também se tornaram uma das únicas formas de conhecer pessoas para relações de amizade, já que festas, restaurantes e locais de conexão social típicos foram suspensos.

No entanto, o uso de aplicativos permite que o usuário não apenas tenha contato como também fantasie sobre seus(suas) parceiros(as), sobre relacionamentos, diálogos e relações sexuais, criando e recriando parceiros(as) em sua imaginação. Tal idealização, em conjunto com a probabilidade de que os parceiros não necessariamente voltem a se encontrar, acelera as oportunidades de encontro presencial (LeFebvre, 2018). Em outras palavras, usuários interagem superficialmente com algumas pessoas no aplicativo, já que há poucas informações disponíveis sobre cada perfil. As lacunas de informação são preenchidas com as próprias fantasias e a imaginação sobre parceiros ideais. Assim, há uma certa urgência em encontrar o(a) outro(a) usuário(a) para confirmar (ou não) sua própria imaginação.

Pesquisas revelam que 39,4% dos usuários deletam o aplicativo após iniciarem uma relação ou conhecerem uma pessoa (LeFebvre, 2018). Mostra-se com isso que o uso de aplicativos tem uma função específica e, uma vez cumprida, ele pode e deve ser encerrado. Outras razões para deletá-lo incluem fracasso no encontro para 34,7% dos participantes; ausência de respostas, "*matches*" ou parceiros potenciais, ou mesmo experiências negativas.

O futuro do amor

Isabel adora literatura. Ela lê romances em que mulheres maravilhosas encontram homens perfeitos. Em um certo livro, ela se apaixonou pelo personagem principal: Alex, 30 anos, advogado, 1,85m, físico atlético, cabelos escuros, olhos de um azul profundo, gosta de vinhos, de tocar violão e de viajar, trabalha na empresa da família e quer encontrar o amor verdadeiro. Isabel suspira e sonha com Alex. Por que não existem homens assim na vida real?

O que a tecnologia reserva para o amor? A popularização dos automóveis nos anos 1940 deu mais privacidade aos casais de namorados. A pílula anticoncepcional nos anos 1960 favoreceu o sexo pré-marital, ainda um tabu na época. Os smartphones com grandes telas coloridas em 2007 facilitaram o acesso à pornografia. Desde 2018, robôs sexuais, que antigamente eram apenas bonecas infláveis, são agora equipados com inteligência artificial para aprender com a preferência de seu usuário[31].

Na perspectiva de diversos pesquisadores, o casamento e o amor romântico entre humanos e robôs já está sendo previsto. O cinema traz exemplos como o filme *Her*, de 2013, em que um usuário se apaixona por uma entidade de inteligência artificial, que se adapta a sua personalidade (Bidshahri, 2016).

Para muitos, a interação romântica com robôs poderá ensinar o usuário, por fornecer feedback imediato, sem os aversivos normalmente associados a um relacionamento humano-humano, como incerteza, possi-

---

[31] Recuperado de https://futureofsex.net/robots/state-of-the-sexbot-market-the-worlds-best-sex-robot--and-ai-love-doll-companies/

bilidade de traição, questões familiares, dificuldade de diálogo, divergência na educação dos filhos, entre outras questões (Turkle, 2010). Se considerarmos que, há algumas décadas, amor era limitado, em determinadas sociedades, por gênero, classe social ou raça, podemos pensar que talvez a díade natural-artificial não impeça o amor de continuar no futuro.

A necessidade de conexão continuará sempre premente entre nós, humanos. É bem provável que qualquer tecnologia que se disponha a facilitar ou aproximar pessoas em relacionamentos de forma mais simples e promissora seja bem recebida. Mas, quando encontrar uma conexão íntima se tornar uma atividade muito complexa, talvez, em algum momento do futuro, a tecnologia se encarregue de criar, na forma de softwares com inteligências artificiais, perfis para realidade virtual, ou ainda arquivos NFT[32] para o metaverso, com os quais humanos poderão se relacionar.

Referências

Ansari, A., & Klinenberg, E. (2016) *Romance moderno*. Paralela.

Bauman, Z. (2004). *Amor líquido: Sobre a fragilidade dos laços humanos*. Companhia das Letras.

Bidshahri, R. (2016). How AI will redefine love. *Singularity Hub*.

Bonilla-Zorita, G., Griffiths, M. D., & Kuss, D. J. (2021). Online dating and problematic use: A systematic review. *International Journal of Mental Health and Addiction*, *19*(6), 2.245-2.278. https://doi.org/10.1007/s11469-020-00318-9

Carr, N. (2011). *O que a internet está fazendo com os nossos cérebros: A geração superficial*. Agir.

Cocks, H. (2015). The pre-history of print and online dating, c. 1690-1990. In I. A. Degim, J. Johnson, & T. Fu (Eds.), *Online courship: Interpersonal interactions across borders*. Institute of Network Cultures.

Dai, M., & Robbins, R. (2021). Exploring the influences of profile perceptions and different pick-up lines on dating outcomes on Tinder: An online experiment. *Computers in Human Behavior*, *117*, 106.667. https://doi.org/10.1016/j.chb.2020.106667

Dègim, I. A., Johnson, J., & Fu, T. (Eds.) (2015). *Online courtship:* Interpersonal *interactions across borders* (16). Institute of Network Cultures.

---

[32] *Non-Fungible Token*, um tipo único de *token* criptográfico (N. R.).

Eiterer, P. (2023, 28 mar.). Gamificação: o que é e o que ela tem a ver com a análise do comportamento? *Boletim Contexto Blog.*

Harari, Y. N. (2013). *Sapiens: História breve da humanidade.* Elsinore.

Hobbs, M., Owen, S., & Gerber, L. (2017). Liquid love? Dating apps, sex, relationships and the digital transformation of intimacy. *Journal of Sociology, 53*(2), 271-284. https://doi.org/10.1177/1440783316662718

LeFebvre, L. E. (2018). Swiping me off my feet: Explicating relationship initiation on Tinder. *Journal of Social and Personal Relationships, 35*(9), 1.205-1.229. https://doi.org/10.1177/0265407517706419

Lehmiller, J. J., Garcia, J. R., Gesselman, A. N., & Mark, K. P. (2020). Less sex, but more sexual diversity: Changes in sexual behavior during the covid-19 coronavirus pandemic. *Leisure Sciences, 43*(1-2), 295-304. https://doi.org/10.1080/01490400.2020.1774016

Lomanowska, A. M., & Guitton, M. J. (2016). Online intimacy and well-being in the digital age. *Internet Interventions, 4*, 138-144. https://doi.org/10.1016/j.invent.2016.06.005

Miller, G. A. (1956). The magical number seven, plus or minus two: Some limits on our capacity for processing information. *Psychological Review, 63*(2), 81. https://doi.org/10.1525/9780520318267-011

Ranzini, G., & Lutz, C. (2016). Love at first swipe? Explaining Tinder self-presentation and motives. *Mobile Media & Communication, 5*(1), 80-101. https://doi.org/10.1177/2050157916664559

Lutz, C., & Ranzini, G. (2017). Where Dating Meets Data: Investigating Social and Institutional Privacy Concerns on Tinder. Social Media + Society, 3(1), 1–12. https://doi.org/10.1177/2056305117697735

Rosenfeld, M. J., Thomas, R. J., & Hausen, S. (2019). Disintermediating your friends: How online dating in the United States displaces other ways of meeting. *Proceedings of the National Academy of Sciences, 116*(36), 17.753-17.758. https://doi.org/10.1073/pnas.1908630116

Schwartz, B. (2004). *The paradox of choice: Why more is less.* Harper Perrenial.

Shapiro, G. K., Tatar, O., Sutton, A., Fisher, W., Naz, A., Perez, S., & Rosberger, Z. (2017). Correlates of Tinder use and risky sexual behaviors in young adults. *Cyberpsychology, Behavior, and Social Networking, 20*(12), 727-734. https://doi.org/10.1089/cyber.2017.0279

Thompson, D. (2019). Why online dating can feel like such an existential nightmare. *The Atlantic.*

Timmermans, E., & Courtois, C. (2018). From swiping to casual sex and/or committed relationships: Exploring the experiences of Tinder users. *The Information Society, 34*, 59-70. https://doi.org/10.1080/01972243.2017.1414093

Turkle, S. (2010). *Alone together: Why we expect more from technology and less from each other.* Basic Books.

Tyson, G., Perta, V. C., Haddadi, H., & Seto, M. C. (2016, Aug.). A first look at user activity on Tinder. In *IEEE/ACM International Conference on Advances in Social Networks Analysis and Mining (Asonam)* (pp. 461-466). IEEE.

Vendemia, M. A., & Coduto, K. D. (2022). Online daters' sexually explicit media consumption and imagined interactions. *Computers in Human Behavior, 126*, 106.981. https://doi.org/10.1016/j.chb.2021.106981

Ward, J. (2017). What are you doing on Tinder? Impression management on a matchmaking mobile app. *Information, Communication & Society, 20*(11), 1.644-1.659. https://doi.org/10.1080/1369118x.2016.1252412

Warren, C. S. (2019, September 17). How honest are people in online dating profiles? *Psychology Today.*

Weiser, D. A., Niehuis, S., Flora, J., Punyanunt-Carter, N. M., Arias, V. S., & Baird, R. H. (2018). Swiping right: Sociosexuality, intentions to engage in infidelity, and infidelity experiences on Tinder. *Personality and Individual Differences, 133*, 29-33. https://doi.org/10.1016/j.paid.2017.10.025

Wiederhold, B. K. (2021). How covid has changed online dating: and what lies ahead. *Cyberpsychology, Behavior, and Social Networking, 24*(7), 435-436. https://doi.org/10.1089/cyber.2021.29219.editorial

9

A PSICOTERAPIA DA MADRASTA

Marianna Braga de Oliveira Borges

*It is not just an evil woman in the role but
a role that turns any woman evil
(Leslie Jamison, 2017)*

*É preciso haver um ambiente favorável
para que as emoções humanas prosperem.
(Elizabeth Church, 2005)*

Quem é a madrasta? O ordenamento jurídico brasileiro considera que é madrasta a mulher que se casa ou mantém união estável com alguém que já teve filhos, formando, assim, uma família reconstituída. Essa formação familiar também é chamada de mosaico, família reconstruída, multinuclear, entre outros nomes que fazem referência ao fato de que aquela família se constituiu a partir de outra, que já existia, formada pelo(a) genitor(a) e seu(suas) filho(as) (Valadares, 2007). A mulher que é madrasta é considerada parente (por afinidade) dos seus enteados, mas o laço matrimonial com o(a) genitor(a) das crianças/adolescentes não lhe confere o poder familiar sobre estes, tipicamente restrito aos pais. Nos consultórios de psicoterapia, deve prevalecer a autodenominação da mulher, mas o(a) psicoterapeuta precisa conhecer os limites de responsabilidades e de direitos, determinados social e juridicamente, uma vez que incontáveis conflitos conjugais e familiares advêm do desequilíbrio entre a dedicação às tarefas de cuidados com os enteados e as possibilidades de poder decisório da madrasta em uma família reconstituída.

Entre os papéis prescritos pela sociedade para que as mulheres performem, o posto de madrasta é um dos mais desafiadores disponíveis. Ele é também um dos títulos mais impregnados de sentidos pejorativos, propagados na cultura, e a aversividade a ele ligada antecede qualquer experiência direta com as contingências reais e particulares de cada formação conjugal/familiar. A palavra "madrasta", que deriva do latim *"mater"* (assim como a palavra "mãe"), tem a infelicidade de contar com o prefixo *ma-*, que remete diretamente àquilo que se opõe à bondade, incrementando as relações de equivalências de estímulos que determinam a presumibilidade da maleficência de uma mulher com relação aos filhos do(a) companheiro(a).

De acordo com Martin (2009), uma mulher, quando se torna madrasta, é imediatamente constrangida a habitar o espaço entre o real e a fantasia estereotipada da sórdida vilã dos contos de fadas. Para a autora, a ubiquidade do aprendizado social desse estereótipo de gênero faz com que, diante de dificuldades típicas da vida de uma família reconstituída, todo o sistema em que a madrasta está inserida acate, como nexo causal dos problemas, a noção preestabelecida de que ela é mesmo egoísta, mal-intencionada, insensível e inapta (mesmo a madrasta que tem seus próprios filhos) para cuidar de filhos que não são seus.

Martin (2009), que entrevistou inúmeras madrastas para escrever seu livro *Stepmonster: a New Look at Why Real Stepmothers Think, Feel, and Act the Way We Do*, comenta que é comum que, intimidada pela representação cultural que a precede, a madrasta se esforce para provar que é, na verdade, uma boa pessoa e uma "mãe-bônus" para os filhos do parceiro, apenas para:

- Ser criticada por tentar ocupar o lugar da mãe *verdadeira* (que pertence à genitora dos enteados), e cobrada quando tenta se afastar desse lugar de cuidado maternal (que esposa é ela, afinal, que não ajuda o companheiro a cuidar dos filhos dele?);

- Ser antagonizada por enteados que (re)vivem o luto da separação dos pais quando a madrasta surge (e permanece) em suas vidas, que se ressentem do estabelecimento de novas regras de convivência familiar que atribuem à madrasta, e que precisam navegar por conflitos de lealdade quando estabelecem vínculos afetivos com essa mulher;

- Ser criticada por ser *dura demais*, por um pai culpado pelo divórcio e inerte em seus deveres parentais, que muitas vezes tem um repertório insuficiente de cuidado com os próprios filhos e baixa motivação para desenvolvê-lo, e que considera que a mãe biológica das crianças/adolescentes é responsável pela criação da prole, ao mesmo tempo que demanda envolvimento da nova companheira na execução de tarefas parentais cotidianas.

Essa condição de ambiguidade de papel, de regras imprecisas a respeito do que devem ou não devem fazer/dizer/pensar/sentir, contribui para que as madrastas sejam, não raro, o elo mais estressado e mais comumente deprimido das famílias reconstituídas (Doodson, 2009).

Church (2005), a respeito do estereótipo da vilã das histórias infantis, destaca que as tentativas da madrasta de se proteger de encarnar esse rótulo podem se dar com o seu isolamento e com o seu silêncio. A autora, que escreveu o livro *Uma Estranha no Ninho* com base nos relatos de 104 mulheres canadenses cujos companheiros eram pais de filhos que tiveram com outras mulheres, aponta que "o estigma da madrasta má também funciona como uma mordaça" (p. 28). Inúmeras entrevistadas declararam *pisar em ovos* na relação com enteados, cônjuges e membros das famílias extensas, e apontaram uma relação de equivalência entre *sentirem-se irritadas* nas interações familiares e serem *pessoas maldosas*.

O isolamento da madrasta, muitas vezes bem-recebido por membros da família reconstituída, encapsula seus temores de ser mesmo detestável por sentir qualquer coisa além de felicidade conjugal e familiar, e o contexto da psicoterapia aparece como uma rara oportunidade de livre expressão, em que essa equivalência entre manifestar necessidades e ser uma madrasta má pode ser desafiada com o apoio de uma audiência não punitiva.

Segundo Skinner (1953/2003), no início de um processo de psicoterapia, "do ponto de vista do paciente, o terapeuta em princípio é apenas mais um membro de uma sociedade que tem exercido excessivo controle. É tarefa do terapeuta colocar-se em situação diferente" (p. 403). Para que possa realmente colocar-se em uma posição diferente, o psicoterapeuta deve, além de atuar como audiência não punitiva (e para que seja possível não punir), conhecer detalhadamente os determinantes culturais que estabelecem o caráter coercitivo de certas relações nas quais o cliente está envolvido, especialmente porque o profissional participa daquela cultura e é por ela influenciado. Para Pinheiro e Oshiro (2023):

> Vivemos em uma sociedade desigual em vários aspectos: social, racial, econômica, de gênero, orientação sexual, religião, e terapeutas tanto fazem parte desse ambiente quanto podem perpetuá-lo inadvertidamente, contribuindo para o sofrimento da cliente, de uma maneira mais ampla, para a perpetuação dessas desigualdades. Perceber que essas desigualdades estão imbricadas em nossas

> ações, concepções e valores, e lutar por uma sociedade mais justa e igualitária é também nosso papel, dentro e fora da terapia. (p. 180).

O objetivo deste capítulo é contribuir para a elaboração das análises funcionais de queixas frequentes nos processos psicoterápicos de mulheres que são madrastas, enfatizando a importância da compreensão da dimensão cultural da determinação de sofrimentos relatados no consultório, a partir da articulação do dispositivo amoroso e do dispositivo materno, categorias analíticas propostas pela pesquisadora Valeska Zanello (2018, 2022), que apontam para o caráter de aprendizagem de determinados papéis e relações sociais estabelecidos em uma sociedade pautada pela lógica binária de designação de gênero. A maior parte do material disponível sobre o tema das madrastas nas famílias reconstituídas faz referência a mulheres em relacionamentos heterossexuais, o que é representativo da perspectiva cisheteronormativa dominante, tanto nas pesquisas sobre famílias reconstituídas quanto nos manuais populares de prescrição de comportamentos para as madrastas, e denota a necessidade de uma produção atenta às famílias constituídas para além do padrão cisheterossexual estabelecido como norma.

O psicoterapeuta deve levar em conta que, uma vez que as mulheres em sociedades patriarcais têm socializações marcadas pelo dispositivo amoroso e pelo dispositivo materno, é esperado que as implicações desses aprendizados sociais se manifestem também para mulheres em relações homossexuais. Entretanto, como aponta Zanello (2018),

> Faz-se mister destacar, assim, que o investimento afetivo/pulsional em uma relação heterossexual e na manutenção dela quase nunca é o mesmo para mulheres e homens. Ele é gendrado. São relações mais ou menos assimétricas, em que a reciprocidade de investimento raramente existe. Isso faz com que nas relações entre mulheres lésbicas haja maior simetria, pois uma mulher "lucra" com o dispositivo amoroso da outra. Faz com que, também, no mundo lésbico, seja comum a brincadeira de que "lésbicas não namoram, se casam": isso aponta para o fato de que a subversão da heterossexualidade compulsória não necessária nem automaticamente leva à desconstrução do dispositivo amoroso. Para isso, é preciso um lento e dedicado esforço de descolonização afetiva. (pp. 91-92).

Este trabalho enfatizará a importância de que as análises funcionais, no contexto da psicologia clínica, sejam elaboradas levando-se em conta essa disparidade de investimento entre mulheres e homens em um relacionamento heterossexual, bem como a dinâmica social vigente que faz com que os comportamentos de mulheres recebam determinadas consequências, com vistas à manutenção do "regime da dominação-exploração das mulheres pelos homens" (Saffioti, 2015, p. 47). Deve-se atentar também para esse desequilíbrio estrutural no caso de um relacionamento reconstituído entre duas mulheres em que os filhos tenham um pai biológico que faz parte de suas vidas, situação em que a disparidade de poder entre homens e mulheres provavelmente estará presente de alguma forma.

A construção social e a propagação cultural do estereótipo da Madrasta Má

Em histórias como *Branca de Neve e os Sete Anões*, *Cinderela* e *João e Maria*, as crianças são expostas, desde cedo, a relações de equivalência entre as *madrastas* e a *maldade*, um treino persistente de reconhecimento do perigo diante desta figura, que é consistentemente apresentada como egoísta, invejosa, violenta e sem escrúpulos, capaz de atos desprezíveis, geralmente direcionados às suas virtuosas, inocentes e pacíficas enteadas (em um treino de equivalência entre a bondade e a passividade feminina).

De acordo com Church (2005), "as madrastas maldosas são comuns na literatura popular e aparecem em épocas, culturas e tradições religiosas distintas. Um relato egípcio que remonta ao ano de 1500 a.C. conta a trajetória de uma terrível madrasta que persegue seu enteado inocente" (p. 20). Segundo a autora, no século XIX foram encontradas 345 variações da história da Cinderela, em diversos países, com versões indianas, francesas, chinesas e japonesas, entre outras. Martin (2009) aponta que a madrasta má, como personagem arquetípico, está presente em mitos romanos e gregos da Antiguidade, que associam essa figura ao perigo e a atos criminosos contra seus enteados. Sobre o predomínio de narrativas pautadas na crueldade de madrastas, Wu (2023) ressalta que esse tipo de representação pode servir para destacar os valores e as necessidades de uma sociedade patriarcal, contrapondo a vilania mesquinha da madrasta à lealdade, à integridade e à retidão de caráter incorporadas pelas figuras dos enteados. Phillips (1997) reflete sobre o fato de que, na Europa pré--industrial, as representações culturais das famílias reconfiguradas eram pouco elogiosas, a despeito da relevância desse rearranjo relacional para o regime demográfico da época. O autor comenta que é provável que, no início da Idade Moderna, houvesse mais viúvos com filhos do que mães viúvas, e que o comportamento das madrastas, especificamente, sofresse maior escrutínio por elas estarem diretamente envolvidas no cuidado cotidiano com as crianças.

Pela reprodução das diversas histórias populares, em que é punida exemplarmente por se comportar de maneiras que desafiam as expectativas acerca do papel das mulheres, a madrasta (tanto a mítica quanto a real) foi transformada em bode expiatório daquilo que é considerado disruptivo e ameaçador, qualquer que seja o ideal de família e pátria de uma determinada sociedade (Behrooz, 2016).

Entre as narrativas mais disseminadas, estão os escritos dos irmãos Grimm, dois acadêmicos alemães que se tornaram figuras proeminentes do século XIX, e cujos trabalhos reverberam na literatura e nos costumes da atualidade. Jacob e Wilhelm Grimm se dedicaram a eternizar em livros a tradição oral do folclore alemão, e sua coletânea de contos de fadas teve ao todo sete edições diferentes. Compreender os determinantes culturais da época, que contribuíram para as escolhas editoriais feitas por eles, é um projeto fascinante: nas primeiras versões escritas pelos irmãos, as bruxas canibais das histórias da *Branca de Neve* e de *João e Maria* eram, na verdade, as mães biológicas dos protagonistas (Behrooz, 2016; Church, 2005; Martin, 2009). Estudiosos do tema especulam que a mudança foi feita para amenizar o terror dos contos, quando os Grimm adaptaram os volumes para o público infantil. Originalmente voltadas para o meio acadêmico, em um projeto para fortalecer e propagar a tradição oral do folclore alemão, as narrativas sangrentas e brutais foram modificadas, especula-se, para disseminar a tradição para todos sem envilecer, para os filhos, a imagem sagrada das mães.

Uma complexa rede de acontecimentos, que inclui as mudanças sociais e políticas provocadas pelas Guerras Napoleônicas (presenciadas pelos Grimm, em que a França conquistou território alemão), teceu o panorama motivacional para o esforço deliberado dos irmãos de fortalecerem, pela escrita na língua alemã, um sentido de unidade nacional alicerçada na resiliência germânica. Supõe-se que a escolha de transformar as mães em madrastas nas histórias infantis levou em conta a preservação da equivalência benigna entre os estímulos *mãe* e *pátria*. Uma vez que as vilãs dos contos eram bruxas canibais violentas, ou seja, a completa antítese da pátria-mãe acolhedora e benevolente cuja reputação os irmãos intencionavam instalar e difundir com sua coletânea de histórias, a madrasta, representando aquela que *é de fora* e se infiltra, aquela que não pertence, serviu melhor aos propósitos dos Grimm.

Com versões diferentes em diversas partes do mundo, e surgidas em períodos distintos, a história da *Branca de Neve*, que apareceu na obra dos irmãos Grimm pela primeira vez em 1812, ainda não trazia, na primeira edição da coletânea *Children's and Household Tales*, a hoje icônica madrasta como vilã (Berhooz, 2016; Church, 2005; Martin, 2009). Nessa primeira versão, a rainha malvada era a mãe biológica da protagonista, e a história começava com ela desejando ter uma filha com a pele branca como a neve, lábios vermelhos como sangue e cabelos pretos como o ébano. A rainha dá à luz essa criança, que ela chama de Branca de Neve. Com o tempo, os atributos que havia desejado para a filha passam a ser matéria de inveja para a mãe, que fica obcecada pela ideia de permanecer sendo a mulher mais bela do reino e teme perder tal posição para a menina. Ela então tenta assassinar a filha, primeiro ordenando que um caçador a levasse para a floresta e a matasse, depois ela mesma fazendo diversas tentativas de matar Branca de Neve.

Na edição de 1819, os autores substituíram a rainha filicida por uma madrasta: a mãe da princesa morre no parto (causa de morte com alta incidência para as mulheres naquele século) e um ano depois seu pai se casa novamente. A segunda esposa, ao ser informada por seu espelho mágico de que não era mais a mulher mais bonita do reino, e que tal título agora pertencia à sua enteada, é consumida pela inveja e pelo ciúme, e dá sequência às tentativas de assassinato descritas pelos Grimm nas primeiras versões do conto, ordenando a morte de Branca de Neve, e exigindo que o caçador lhe trouxesse o pulmão e o fígado da menina.

Para Martin (2009), a dramatização dessa sanha assassina, que é movida pela inveja da beleza de uma mulher mais jovem, destaca o narcisismo da madrasta (encarnação do mal) em oposição ao ideal cultural do altruísmo maternal (personificação do bem). Ao fim do conto, malogradas as tentativas de assassinato, a Rainha Má vai ao casamento da enteada (sem saber que as núpcias para as quais havia sido convidada eram de Branca de Neve) e lá é obrigada (não fica claro por quem) a calçar sapatos de ferro incandescente, e forçada a dançar até a morte na frente dos convidados. Church (2005) discorre sobre um aspecto menos frequentemente discutido sobre as histórias infantis desse tipo, o de que o funesto destino da madrasta ensina à mãe sobre tudo o que ela mesma não pode ser:

> A figura da madrasta maldosa sinaliza para os atos e sentimentos que as mães não devem ter em relação aos seus filhos: ciúme, raiva e falta de amor. Em geral, as madrastas más são as únicas mulheres dos contos de fadas a deter algum poder, muitas vezes na condição de bruxas. As heroínas, por outro lado, são sempre passivas e doces. Assim, as madrastas maldosas constituem um vigoroso exemplo de como não se deve ser. E, como no final das histórias as vilãs sempre se prejudicam, os relatos podem ser interpretados como lições de moral para as mulheres ansiosas por transpor as barreiras do comportamento considerado aceitável. (p. 23).

É possível afirmar, então, que a moral da história apontava para uma pedagogia do amor materno e das restrições sociais que uma mulher deveria observar para ser considerada valorosa e respeitável. De acordo com Jamison (2017), a madrasta dos contos de fadas, no exercício da função de bode expiatório, é constituída por aspectos normalmente interditados para as mulheres, como a criatividade, a inquietação e a ambivalência, dimensões por demais *feias* (quando exibidas por mulheres, e não por homens) para serem atribuídas às mães idealizadas. Na versão de *Cinderela* dos irmãos Grimm, a madrasta má privilegia as próprias filhas em detrimento da enteada, que ela explora e persegue ao longo da trama. Pode-se argumentar que, ao fim, a vilã é punida como mãe por ter sido a madrasta que foi: na cena do casamento de Cinderela, pombos arrancam os olhos das suas duas filhas biológicas.

A partir do século XX, Walt Disney adaptou diversos contos de fadas da literatura mundial, e obteve com esses filmes imenso prestígio e sucesso internacional. Em animações como *A Bela Adormecida*, *Cinderela* e *Branca de Neve e os Sete Anões*, Walt Disney criou versões memoráveis, que suavizaram a explicitude de violências presentes em narrativas populares anteriores (tanto as perpetradas contra as princesas dos contos quanto aquelas que serviam de punição para as vilãs), mas que mantiveram desfechos lúgubres para as personagens antagonistas das tramas.

Zanello, com base no conceito de *tecnologia de gênero* proposto por Teresa de Lauretis (1994 citada por Zanello, 2018), enfatiza o poder das histórias infantis como dispensadoras de regras a respeito dos comportamentos desejáveis/permitidos para as mulheres em sociedades patriarcais. A hegemonia da figura da madrasta má nas representações culturais serve, então, como um aviso, como uma prescrição: a mulher boa é aquela que tudo cede, que dá a sua vida (ao morrer no parto) por um filho, e que nada deseja para si mesma. A mulher má, que é invejosa, que deseja exercer poder sobre os outros e ter autonomia sobre a sua própria vida, é incapaz de amar verdadeiramente qualquer pessoa além de si mesma. Para que não restem dúvidas, seu merecido desfecho é dançar com sapatos de fogo até a morte, diante da eminente sociedade.

A objeção do patriarcado às mulheres poderosas

Behrooz (2016) aponta que a maldade das madrastas nos contos dos Grimm está associada a formas de terror já conhecidas pelo público da época: a tendência ao canibalismo traça um paralelo com os ogros representados no folclore europeu[33], enquanto a associação à bruxaria resgata a história real da perseguição às mulheres acusadas de praticar feitiçaria na Europa, e a relação que tais histórias estabeleceram entre o poder feminino e a maldade e sua exemplar punição, com a espetacularização da morte daquela que foi acusada de ser uma bruxa. A autora nota que os poderes mágicos das bruxas dos contos de fadas permitem que elas façam mudanças determinantes para a história, que se desenrola de forma passiva para as *mocinhas*: toda a ação em *Branca de Neve* é comandada pelas investidas de assassinato iniciadas pela Rainha Má, que demonstra força e persistência nas tentativas de aniquilar aquela que considera sua inimiga, alguém que está impedindo seu acesso a um lugar de prestígio e status elevado.

Essas poderosas mulheres geralmente são derrotadas não pelas heroínas que perseguiram (com a exceção de Maria em *João e Maria*), mas por homens que escolhem as princesas como seu interesse romântico e passam a defendê-las, destituindo as madrastas da posição de agentes ativas das histórias.

A estrutura do patriarcado, para Mummert (2019), gera a força mantenedora da imagem da madrasta como figura maligna, uma vez que a ideia de uma mulher com poder e agência sobre a própria vida se opõe à

---

[33] Na obra dos irmãos Grimm, a Rainha Má come órgãos de javali acreditando serem o pulmão e o fígado da Branca de Neve, trazidos pelo caçador que deveria assassiná-la, mas que, compadecido pela situação da princesa, a deixara fugir. A bruxa em *João e Maria* pretende comer o menino, e obriga Maria a ajudar a *engordar* o irmão. Em *A Amoreira*, talvez o conto mais sangrento e (literalmente) visceral da coleção dos Grimm, a madrasta decapita o enteado e faz dele um cozido, que serve para o pai do garoto.

presunção de uma superioridade masculina. Uma mulher poderosa não precisa ser salva por um homem em posição de autoridade e não necessita acatar uma suposta soberania masculina para garantir a sua sobrevivência em um contexto dominado pelo dito salvador.

Behrooz (2016), a respeito dessas representações de personagens femininas, observa que:

> Esses contos de fadas se tornam parte de uma tradição literária patriarcal que procura debilitar mulheres poderosas e dominantes apresentando-as como malignas e associando-as à bruxaria e ao canibalismo. A mudança de mãe para madrasta, vista através de uma lente patriarcal, também se torna mais profunda: mães destrutivas e más representariam uma contestação dos valores familiares patriarcais, enquanto as madrastas, *outsiders*, poderiam funcionar como uma lição para outras mulheres sem desafiar as estruturas patriarcais. Essas representações das madrastas eram tão poderosas que, mesmo hoje, nós internalizamos a narrativa de que uma mulher poderosa é equivalente a uma mulher má. [tradução minha]. (p. 10).

As mulheres como inimigas

Mummert (2019) argumenta que o sentimento de impotência que muitas madrastas da atualidade experimentam tem suas raízes na oposição fundamental de uma *essência má* à bondade e à legitimidade dos outros integrantes da trama familiar. Tal maleficência é comumente expressa pela inveja e pelo ciúme (rótulo atribuído a determinados comportamentos encobertos e/ou públicos), que são considerados como confirmações de sua mesquinhez, e como evidências do seu caráter pestilento. Não raro, o relato das madrastas reais (quando estas se sentem seguras para admiti-lo) confessa ciúme e inveja nas relações com enteados, companheiros(as) e a respeito das mães dos enteados. Church (2000) contribuiu com uma proposta de contextualização desses sentimentos, levando em conta seus determinantes culturais e as dinâmicas de poder comumente em vigor nas relações entre os membros de uma família reconstituída.

Tão fortes são as associações entre o ciúme e a inadequação, entre a inveja e o desajuste, que o simples *sentir* (a estimulação aversiva encoberta) é suficiente para sinalizar para a madrasta que ela é má e inadequada, e que será punida (por determinadas pessoas, e dependendo do contexto), caso expresse qualquer insatisfação. Várias madrastas entrevistadas por Church (2000) disseram que o *sentir* indica que elas devem exercer o auto-controle em determinadas situações, fazendo, não raro, o oposto do que gostariam de fazer. A autora considera que tais sentimentos, geralmente empregados de forma intercambiável, são produtos emocionais de rela-ções de contingências específicas, e propõe a seguinte diferenciação entre eles: o ciúme seria ensejado por situações de privação, em que a escassez de determinados recursos (reforçadores condicionados como atenção e dinheiro) promoveria a competição entre os indivíduos, enquanto a inveja seria uma resposta à identificação de atributos desejáveis em outras pessoas, bem como a percepção de vantagens que estas teriam sobre a pessoa que inveja.

No contexto da psicoterapia, qualquer que seja o conjunto de res-postas rotuladas de inveja ou ciúme, a tarefa do psicoterapeuta é a de contextualizar o mal-estar da madrasta, desfazendo o caráter essencia-lista atribuído aos sentimentos, refazendo com ela a trama das relações de causalidade, para além das explicações circulares de seus comporta-mentos. Diante de um relato da madrasta a respeito da inveja ou do ciúme que sentiu, o psicoterapeuta deverá desvendar com ela os determinantes culturais e os controles íntimos desses sentimentos, que muitas vezes são produtos do desequilíbrio de poder nas relações familiares, e estão alicerçados nas práticas culturais que promovem a competição entre as mulheres. Essa dinâmica de disputa entre as mulheres é vantajosa para os homens tanto individualmente, na intimidade de suas relações, quanto para a manutenção do sistema social patriarcal.

O espelho, que diz à rainha que ela já não é a mais bela, que há uma outra mulher com quem ela deve competir, é um porta-voz de ditames patriarcais que servem à manutenção da desigualdade entre mulheres e homens, colocando-as na posição de eterna *falta*. Zanello (2018, 2022) elaborou a metáfora da *prateleira do amor* para abordar a forma como a subjetivação das mulheres é submetida ao olhar e à escolha de um homem, o que as coloca em uma relação de competição pela aceitação amorosa. Sobre essa construção social de identidade para uma mulher, Zanello (2022) afirma que:

> Sua autoestima é construída e validada pela possibilidade de "ser escolhida" por um homem. Essa prateleira é regida por um ideal estético, o qual vem se constituindo desde o começo do século passado e possui a característica de

ser branco, louro, jovem e magro. Quanto mais distante desses ideais, maior o impacto sobre a autoestima da mulher e maiores são as chances de se sentir "encalhada" na prateleira, ficando em posições desfavoráveis nela. (pp. 61-62).

De acordo com Bernstein (1999), o trabalho do psicoterapeuta com famílias reconstituídas consiste em desconstruir mitos e contextualizar historicamente as representações culturais que perpassam o sofrimento das pessoas naquele sistema, reescrevendo as histórias de fracasso e de insuficiência, contribuindo para que seus membros estabeleçam relações que sejam tanto pessoalmente mais satisfatórias quanto mais congruentes com o bem-estar da família. Para tanto, é preciso que as relações de poder sejam examinadas e reequilibradas, especialmente naquelas em que há um descompasso baseado nas diferenças determinadas pelo sexo/gênero de seus componentes.

A interseção entre o dispositivo amoroso e o dispositivo materno: uma proposta de compreensão do lugar da madrasta na cultura

O trabalho clínico de contextualização das relações de poder passa pela compreensão do estabelecimento destas naquele determinado sistema, dos mecanismos usados para tal, e de como esses controles estão mantidos nas vidas das pessoas que chegam à psicoterapia. Zanello (2018) utiliza as categorias analíticas de dispositivo amoroso e dispositivo materno para especificar o aprendizado das mulheres acerca de seus papéis sociais estereotipados de gênero.

O dispositivo amoroso

Zanello (2018) observa que as mulheres são expostas a regras e consequências sociais que não apenas ditam a forma como elas devem se comportar nos relacionamentos amorosos, mas também determinam o valor que essa dimensão da vida terá para elas, e o espaço que esta deve ocupar em suas existências. Segundo a autora, o Brasil herdou um modelo de amor burguês e romântico que é opressor para as mulheres, e "diz respeito à sua identidade, como uma experiência vital. O amor, em nossa cultura, se apresenta como a maior forma (e a mais invisível) de apropriação e desempoderamento das mulheres" (p. 83).

Stephanie Coontz (2006), historiadora do casamento que dedica sua carreira a documentar e comentar os determinantes históricos e culturais das transformações dessa instituição, aponta que, no princípio, a função do casamento era a de produzir relações de parentesco entre grupos familiares distintos, e não a de conferir sentido à vida de quem quer que fosse, mulher ou homem. Segundo a autora, casar-se por razões prioritariamente políticas e econômicas foi comum ao redor do mundo até o fim do século XVIII, quando a Revolução Industrial e a consolidação do capitalismo como sistema econômico dominante no Ocidente determinaram o *amor* como *o* motivo privilegiado para o casamento. Até esse momento histórico, o casamento era uma espécie de carreira única dividida por duas pessoas, que nenhuma delas conseguiria conduzir sozinha, uma parceria na qual poderia florescer um amor, mas que prescindia dele para ser iniciada e para se manter:

> Certamente, as pessoas se apaixonaram ao longo daqueles milhares de anos, às vezes até por seus cônjuges. Mas o casamento não era fundamentalmente sobre o amor. Ele era uma instituição econômica e política muito vital para se entrar nele unicamente com base em algo tão irracional como o amor. (Coontz, 2006, p. 7).

O estabelecimento social do amor como critério absoluto e indispensável para as uniões foi tal que, atualmente, os ditos *casamentos por interesse* são malvistos, e alguém que seja suspeito de fazer a escolha matrimonial orientado por questões financeiras e/ou de status social costuma ter que se esforçar para produzir provas de um amor *verdadeiro*. "Ele se casou por interesse" e "ela se casou com ele por falta de opção" são frases comuns utilizadas para avaliar essas uniões, que o grupo social considera menos legítimas, uma vez que outro "interesse" não deve se sobrepor ao amor como determinante da escolha de um(a) parceiro(a).

Esse ideal romântico, hoje considerado tradicional, na verdade é recente e foi incorporado graças às mudanças das relações de trabalho ocorridas com a Revolução Industrial (Coontz, 2006; Zanello, 2018), e pela expansão das oportunidades de trabalho assalariado, impactantes alterações da estrutura social que fizeram com que os interesses da família extensa perdessem a força como determinantes primordiais dos matrimônios. Podendo os noivos garantir seu sustento para além das ligações de parentesco que o casamento costurava, a liberdade de casar-

-se por amor estava alinhada aos valores capitalistas de livre escolha. Zanello (2018) aponta que essa realização se deu de forma distinta para mulheres e homens:

> Esse sistema trouxe profundas mudanças sociais, mas talvez umas das principais tenha sido a ideia da possibilidade de mobilidade social. Ou seja, no início do século XV, nascer em certa família tinha um caráter quase destinal, daí a repetição de ofícios (ou a própria servidão) por várias gerações. Havia uma separação social bem clara e delimitada. Porém, o advento crescente do capitalismo trouxe o sonho da possibilidade de mobilidade social para todos, e não para todas. Trouxe também uma distinção, histórica e cultural, entre o âmbito público e privado. Como justificar que uma parte da população (feminina, branca) não tivesse acesso a essa mobilidade? E ainda, como justificar que essa mesma parte ficasse dedicada aos trabalhos do agora âmbito privado? (p. 41).

Se antes dessa transformação as relações de gênero já eram desiguais em matéria de poder, uma grande mudança se deu na divisão de trabalho intrafamiliar, e no discurso que passou a justificar tal diferença. As diferenças sexuais entre homens e mulheres passaram a ser associadas a determinadas aptidões para o trabalho, tendo as ocupações domésticas sido causalmente ligadas a uma suposta "feminilidade", uma espécie de dom, de destino vocacional da mulher para as tarefas da confecção e da manutenção do lar burguês (Coontz, 2006; Zanello, 2018). No discurso público, passou a correr o argumento do talento feminino para a domesticidade, alegação que, paulatinamente, destituiu o trabalho na esfera doméstica de seu caráter econômico.

Essa nova ideologia estabeleceu o contexto para a ampla divulgação de regras de comportamento que justificaram a separação do trabalho da mulher da remuneração direta. A mulher deveria trabalhar por *amor* ao lar e à família, enquanto o homem era remunerado por seu trabalho na esfera pública. A partir desse momento histórico, embora o tipo de trabalho reservado às mulheres (a depender da classe social a qual pertenciam) se parecesse com o que elas faziam antes, na época em que a domesticidade era compartilhada por mulheres e homens, ele deixou de ser considerado uma atividade econômica. Esse movimento estabeleceu a noção de família nuclear, que encontrou seu apogeu por volta de 1950, e que teve como epítome a formação familiar de classe média estadunidense. Branca, heterossexual, religiosa e marcadamente consumista, essa família é reverenciada como modelo de tradição e sucesso adaptativo até hoje, apesar de (e justamente por) sua mudança ter surgido de avanços sociais que as próprias contingências dessa suposta época de ouro da família promoveram (Coontz, 1993).

O casamento que hoje é reconhecido como tradicional, aquele que conta com um homem, uma mulher e os filhos que tiveram juntos, evoluiu com (e para) o avanço do modo capitalista de subsistência. Nessa proposta, os homens eram recompensados com o dinheiro e com o prestígio social ligados às conquistas no mundo do (que era considerado como) trabalho, e as mulheres eram pagas com o título de *rainhas do lar*, por uma construção de equivalência entre a boa esposa e a boa mulher, para a qual estava reservada a validação social supostamente compensatória da falta de poder real sobre si mesma e sobre seus corpos, uma vez que sua vontade continuava, na prática, submetida à de seu marido.

Zanello (2018) comenta que as práticas sociais que seguiram imperturbadamente dominantes até 1960 foram disseminadas e fortalecidas por tecnologias de gênero que estabeleceram o dispositivo amoroso como a via principal de construção de identidade e de valor social para as mulheres. Esse convencimento social se deu por meio da intensificação da propagação da noção de que o amor seria a principal esfera da vida de uma mulher, e da repetição incansável da promessa de que ela encontraria sua realização maior no casamento com um homem.

Em culturas intensamente influenciadas pelo ideal capitalista da América do Norte, como é o caso do Brasil[34], o acesso à noção de superioridade do modelo tradicional de família nuclear deu-se, marcadamente, pela produção audiovisual dos Estados Unidos. De acordo com Chapa e Zertuche (2019), o projeto de imperialismo estadunidense pretendia estabelecer o país como modelo de excelência para o resto do mundo, com vistas a dominar os mercados internacionais, expandindo sua influência com o objetivo de se consolidar como a maior potência econômica do mundo. Uma vez que esse modelo de capitalismo dependia da família nuclear e da divisão gendrada de tarefas, bem como do trabalho não remunerado

---

[34] A maior parte do material que orientou este capítulo foi produzida na América do Norte, que se destaca na pesquisa sobre as famílias reconstituídas. Isso aponta para a necessidade de mais estudos que considerem as realidades brasileiras. Todavia, uma vez que os intentos imperialistas norte-americanos foram bem-sucedidos, é possível delinear paralelos acerca das prescrições e preconceitos entre as populações pesquisadas e a brasileira, pela ampla adoção do modelo estadunidense como norma para os relacionamentos no Brasil.

das mulheres para o sustento do trabalho remunerado dos homens, o amor como via principal para a realização das mulheres foi amplamente propagandeado pelas produções audiovisuais hollywoodianas.

A animação de 1937 *Branca de Neve e os Sete Anões*, de Walt Disney, é um clássico do cinema e um exemplo cabal das tecnologias de gênero que construíram (para as mulheres) o ideal romântico vigente. As relações de equivalência entre a passividade das mulheres e a sua bondade, a atribuição dessas características como critérios determinantes do seu valor social, a vilanização de uma mulher poderosa que tem agência sobre o seu destino e a competição entre mulheres, baseada em atributos físicos de um ideal de beleza determinado pelo outro (em que o espelho propaga a voz patriarcal que avalia as mulheres principalmente pela sua aparência física), são elementos das histórias dos irmãos Grimm que a adaptação de Walt Disney manteve, e, ainda, sofisticou.

Na versão de Walt Disney, o destino da Rainha Má é uma morte subentendida, na cena de perseguição em que ela cai de um precipício, ao tentar fugir dos sete anões, que estavam no seu encalço após descobrirem o envenenamento da Branca de Neve. A suavização do desfecho da madrasta reside no fato de que a sua morte é *apenas* sugerida, em vez de ser graficamente descrita em agonia, como ocorre na versão dos Grimm. Em outra mudança narrativa, Walt Disney nomeou os anões com cada nome indicando uma distinta personalidade e desenvolveu a relação entre a princesa e seus anfitriões para além da barganha (na versão dos Grimm, ela também recebe abrigo em troca de executar tarefas domésticas para os anões, que a admiram por sua beleza, mas o aspecto afetuoso da relação entre eles foi introduzido por Walt Disney). Essa alteração se coaduna com a proposta capitalista para o lugar social das mulheres, ligando o trabalho doméstico que elas executam à expressão de afeto pelos homens presentes em sua vida, que saem para trabalhar enquanto elas cuidam do lar familiar.

Na história dos irmãos Grimm, a Rainha Má, depois de duas tentativas de envenenamento, das quais a princesa é salva pelos anões, recorre à célebre maçã para dar cabo do seu plano funesto. Usando os feitiços que domina, a rainha/madrasta/bruxa envenena apenas metade de uma maçã, e come a parte sã da fruta na frente da enteada, que presume que é seguro aceitar o presente, apenas para cair em um sono profundo com a primeira mordida.

Quando os anões a encontram desacordada, presumem que ela está morta, mas sentem pena de enterrá-la, por ela ser tão *bonita* e parecer tão "fresca", como se estivesse viva. Eles decidem colocá-la em um caixão de vidro (justamente para que pudessem olhá-la) e passam a se revezar para vigiar o *corpo* da princesa, que repousa em uma montanha, até o dia em que um príncipe passa por ali e fica *encantado* pela beleza de Branca de Neve. Ele pede aos anões para levar a princesa (que ele também achava que estava morta) consigo, para poder continuar a observá-la, fascinado pela aparência dela. Quando os anões concordam com a proposta, e os servos do príncipe começam a descer a montanha carregando o caixão de vidro, um deles tropeça, e o pedaço de maçã envenenada desloca-se da garganta da princesa, despertando-a. Nesse instante, o príncipe declara seu amor, que Branca de Neve aceita e retribui, e os dois seguem para o casamento, sem qualquer menção à felicidade eterna.

Na versão de Walt Disney, a Rainha Má, transfigurada em uma mulher idosa, apresenta a fruta envenenada à Branca de Neve como uma maçã mágica do desejo e urge a princesa a fazer um pedido antes de morder um pedaço. Ela diz: "*Deve haver algo que seu coração deseja, talvez haja alguém que você ama*". A introdução de um ideal romântico é uma impactante novidade na narrativa de Walt Disney: no início do filme, a princesa vê (de longe) o príncipe, eles cantam juntos (à distância) uma canção de amor e, a partir daí, ela passa a ansiar por um reencontro e pela realização desse amor em um matrimônio. Branca de Neve, então, morde a maçã *desejando* que o príncipe apareça e a leve para um castelo, onde eles se casarão e viverão felizes para sempre. Ela imediatamente adormece, a madrasta comemora seu êxito e vai embora, deixando a enteada desacordada e aparentemente morta. Os anões, alertados pelos animais da floresta, correm para casa e encontram a princesa inconsciente, que eles presumem estar morta, e colocam-na em um caixão de vidro (por ser tão linda que dá pena enterrá-la).

Embora esse final seja semelhante ao da versão dos irmãos Grimm, há uma diferença sensível e transformadora: o príncipe não apenas encontra Branca de Neve casualmente, ele estava a sua procura, *porque* ele também *a desejava*. O príncipe, então, beija a princesa, que imediatamente desperta, sobe no cavalo do amado e segue para as núpcias do instantâneo casal, sem que um deles diga uma palavra sequer. A pedagogia afetiva aqui, subentende-se, é a de que o amor fala por si só, e é, em si mesmo, motivo suficiente para seguir com alguém. Nessa construção, quando tudo já foi fantasiado previamente, o mero aceite romântico de um homem é suficiente para preencher os requisitos de um relacionamento amoroso baseado em altas expectativas, porém impreciso acerca de quais são os seus reais componentes comportamentais.

A herança dessa pedagogia afetiva aparece nos consultórios de psicoterapia, nas queixas cotidianas de mulheres que ainda têm que lutar contra a imposição do ideal do amor romântico, e que são amiúde punidas quando se comportam de maneiras que o questionam.

O dispositivo materno

O dispositivo materno, proposto por Zanello (2018) como categoria de análise para a compreensão das prescrições sobre a maternidade em uma sociedade alicerçada no desequilíbrio de poder entre homens e mulheres, aponta para esforços de convencimento da população de mulheres pela imposição da superioridade da maternidade como via de realização pessoal. Apresentada como um privilégio íntimo, como apogeu de realização e de sentido de vida, a maternidade, enquanto conquista pessoal, foi estabelecida também para dar suporte às transformações advindas da Revolução Industrial.

Na nova forma de organização socioeconômica, cujo objetivo de geração de lucro dependia do trabalho remunerado e em larga escala, as mulheres foram exclusivamente responsabilizadas pelo cuidado com os filhos, cuidando, assim, não apenas da força de produção ativa (maridos), mas também garantindo a sobrevivência da mão de obra excedente do futuro (filhos). O que não equivale a dizer, assim como no caso do amor conjugal, que o afeto materno tenha sido inventado nessa época. Ocorre que, a partir (e por meio) da implementação do modo de produção capitalista, o trabalho de cuidado cotidiano com as crianças transformou-se de uma tarefa que já era prioritariamente das mulheres, em uma via privilegiada de realização pessoal, paulatinamente mais exigente conforme o avanço da contribuição da psicologia como campo dedicado ao desenvolvimento humano, que passou a ligar aspectos das capacidades de uma criança à dedicação de atenção da mãe e aos seus esforços educativos diretos. Essa transformação do papel social do cuidado materno foi acompanhada por um incremento do valor atribuído às mulheres mães:

> Se, por um lado, aumentaram as tarefas, por outro, houve um apogeu da promoção da imagem da mãe. Devotamento e sacrifício fizeram "brilhar" ainda mais a maternidade.

> É por meio dos valores que se firmaram nessa transição que se pode compreender a configuração do dispositivo materno. Assim, se, de um lado, solicitava-se às mulheres um trabalho cada vez maior de autoabnegação, por outro, construía-lhes um lugar, de certa forma, "empoderado", ainda que, é necessário destacar, um empoderamento colonizado (Zanello, 2018, p. 127).

O incremento do cuidado com a higiene, com a alimentação, com a segurança e com a educação das crianças foi indispensável para a diminuição da mortalidade infantil, que ameaçava a continuidade do projeto burguês, que não poderia prescindir do excedente de mão de obra para ser sustentado. A designação das mães biológicas para a tarefa do cuidado com os filhos, entretanto, não era a única saída possível para isso, mas foi uma solução que se coadunou com o projeto da manutenção da diferença de poder entre homens e mulheres, em um contexto patriarcal. Na família considerada tradicional (Coontz, 1993, 2006), a maternidade fulgurava como uma medalha de honra no peito das mulheres dedicadas ao cuidado familiar. Era considerada como bem-sucedida a família que pudesse sobreviver exclusivamente (uma vez que o trabalho doméstico não era tido como a força econômica que era) do salário do marido, na qual a esposa pudesse se dedicar integralmente às atividades de manutenção do lar, ao cuidado com a casa, com o marido e com os filhos.

Essa família nuclear, alicerçada em uma rígida divisão de tarefas, e cujas esferas de influência foram determinadas de forma gendrada, não era, é claro, a única formação familiar existente no contexto de uma organização capitalista de subsistência. Baseada precisamente em uma dinâmica de exploração das desigualdades, essa formação familiar dependia do trabalho remunerado de mulheres negras, imigrantes e pobres (Coontz, 1993, 2006; Zanello, 2018). Totalmente ajustada à lógica capitalista da falta que só pode ser compensada por meio do consumo, a família nuclear tradicional estabeleceu-se como modelo, como ideal a ser alcançado. Para as mulheres, esse ideal é um destino de trajeto único, que passa, obrigatoriamente, pelo aceite de um homem (solteiro) e pela realização da maternidade.

A avaliação dessa complexa rede comportamental que formou o ideal da família nuclear, bem como o exame das regras de socialização para mulheres a respeito dos relacionamentos amorosos e da realização pessoal pela maternidade, é um trabalho imprescindível para compreender as motivações e os demais controles determinantes das escolhas feitas pelos clientes que chegam ao consultório clínico dos psicoterapeutas. Boa parte dos relatos de sofrimento feitos por mulheres na clínica psicoterápica é produto de contingências ligadas, de alguma forma, a esse ideal baseado na disparidade entre mulheres e homens. A imposição desse modelo é mantida por um convencimento social incansável a respeito de uma suposta falta existencial que assombra as mulheres solteiras, as que se divorciaram e as viúvas, e pressiona especialmente aquelas que não tiveram filhos.

A interseção entre o dispositivo amoroso e o dispositivo materno nas famílias reconstituídas

Martin (2009) comenta que, diferentemente da família nuclear, a família reconstituída se alicerça, necessariamente, sobre perdas. Para aqueles que se tornam enteados na ocasião do recasamento de viúvos(as), houve a morte real de um dos genitores, situação menos comum do que nas sociedades pré-industriais, com maior ocorrência para enteados adultos no presente momento histórico. Entretanto, segundo Nery (2022, p. 268), "a morte não é a única via para o processo de luto, mas somente uma das possibilidades de perdas que enfrentaremos ao longo da vida e que podem trazer grande sofrimento". Segundo a autora, o processo do luto, considerado uma reação à perda, é perpassado por adaptações e demanda o desenvolvimento de repertórios novos. No caso das famílias reconstituídas, o psicoterapeuta deve estar atento à expectativa social de que as expressões desses lutos sejam manejadas primariamente pela madrasta, e de que seu companheiro e os filhos dele sejam poupados dessa tarefa, especialmente se eles relataram sofrimentos relacionados às mudanças de configurações pelas quais passaram.

Os enteados comumente se encontram em alguma fase do luto pelo término do relacionamento amoroso entre os pais, quer seja pelo divórcio recente, quer seja pela perda da fantasia de uma eventual reconciliação dos genitores, ou por outros eventos marcantes sinalizadores de mudanças no convívio familiar. Nesse sentido, acontecimentos importantes como novos casamentos e nascimentos de irmãos podem intensificar o contato com a irrevogabilidade da dissolução da família que o filho formava com os pais. Mesmo para os ex-casais que se propõem a continuar se tratando (de alguma forma) como familiares, a convivência dá-se, necessariamente, em uma configuração diversa da precedente. Mesmo as crianças/adolescentes que não têm lembranças do relacionamento dos pais, seja porque eram muito pequenas quando os pais conviveram conjugalmente, seja porque eles nunca o fizeram, podem viver um luto do modelo tradicional de família e expressar o desejo de que esses pais se casem para que formem uma família nuclear.

O ex-cônjuge também pode experimentar esse sofrimento pela perda do relacionamento (de fato) e pela perda de esperança de uma reversão desse término conforme o(a) ex-parceiro(a) se envolve com outra pessoa. Não raro, acontecimentos como novas núpcias e gravidezes são ocasião para renovadas disputas e antagonismos entre o ex-casal, o que muitas vezes se dá à guisa de conflitos (aparentemente) a respeito da criação dos filhos que compartilham. Ex-parceiros podem expressar esse sofrimento de diversas formas: com a flexibilização das regras de comportamento exigidas dos filhos (fazendo sua casa ser mais *atraente* para as crianças/adolescentes), desmarcando compromissos acordados no exercício da coparentalidade, descumprindo acordos de convivência (inclusive aqueles determinados judicialmente), ou mesmo sinalizando diretamente para os filhos que a nova união do ex ou o nascimento de um irmão representam uma ameaça ao vínculo das crianças/adolescentes com o outro genitor.

O genitor que inicia um novo relacionamento pode, ele mesmo, viver uma experiência de luto. A ocasião de um novo casamento, por exemplo, pode relembrar a perda da primeira união conjugal (ou da formação familiar anterior), e o sofrimento ligado a essa mudança depende também da forma como a perda da primeira família foi experimentada e cuidada por ele. Alguém que se casa novamente depois do encerramento de uma união majoritariamente conturbada por desentendimentos e marcada por interações coercitivas pode experimentar mais alívio do que tristeza, ao passo que alguém que inicia um novo relacionamento após um divórcio involuntário pode viver uma reprise da perda do ideal de felicidade da primeira família. O nascimento de um filho no novo relacionamento pode realçar, por contraste, a privação do tempo de convivência com os primeiros filhos, para os pais que não residem com eles em tempo integral.

É relevante ressaltar que, embora os homens possam sofrer (e que até sofram muito) com os términos de relacionamentos amorosos e com a perda de tempo de convivência com os filhos, eles o fazem em um contexto de privilégio social, em que obtêm diversas vantagens, advindas da disparidade de poder entre eles e as mulheres (Zanello, 2018).

Deixando espaço para a consideração das idiossincrasias de cada formação familiar, e para as peculiaridades dos seus participantes, o psicoterapeuta deve ficar atento ao fato de que a construção da noção de identidade, para os homens, se dá sobre outros pilares, ligados à eficácia sexual e à eficácia laborativa, e não sobre o ideal romântico da realização de sentido por um relacionamento amoroso e pela paternidade (Zanello, 2018).

A mulher que se torna madrasta, e que teve uma socialização que não apenas enalteceu os relacionamentos amorosos e a maternidade, mas que também os estabeleceu como os alicerces do seu senso de identidade e de valor social, está posicionada no ponto de encontro entre o dispositivo amoroso e o dispositivo materno. Uma mulher pode ser mãe fora do contexto de um relacionamento amoroso, e pode estar em uma relação amorosa sem ser mãe. Essas duas dimensões comumente se entrelaçam, mas podem prescindir uma da outra, sem prejuízo de anulação. A madrasta, por sua vez, tem sua ligação de parentesco com os enteados determinada pela união amorosa que estabelece com o pai deles (ou com a mãe deles). Esse enlace determina que, ainda que a madrasta não esteja, ela mesma, vivendo o luto de relacionamentos anteriores, ela seja confrontada por uma perda inevitável, a do ideal de uma família nuclear composta apenas por ela, um(a) parceiro(a) e seus filhos em comum. Evidentemente, essa será uma causa de sofrimento quanto mais rígida for a ligação dessa mulher (e das pessoas que compõem sua comunidade verbal) com o modelo tradicional estabelecido, e nem todas as madrastas se queixarão de estar fora desse padrão estipulado como modelo de adequação, ainda que estejam. Por esse motivo, o psicoterapeuta deve investigar as contingências específicas em que cada madrasta está envolvida, sabedor de que cada experiência depende do entrelaçamento de diversas variáveis, e de que deve nortear suas intervenções pelas análises funcionais de cada caso.

Uma madrasta também pode sofrer ao ser interpelada pelas expressões de lutos dos outros membros da família, que costumam surgir justamente nos momentos que, para ela, seriam os mais felizes. Em ocasiões como passar a coabitar com o companheiro, no dia do seu casamento, na ocasião do nascimento dos seus filhos, a madrasta pode ser confrontada por lamentos de diversos entes da família, e ainda ser punida por expressar qualquer descontentamento com relação a isto. Em situações mais graves, as mães ou os pais dos enteados (ex-companheiros) podem ativamente sabotar as ocasiões mais festivas, proibindo a participação dos filhos em celebrações e viagens importantes, ou expressando descontentamento e sinalizando que o vínculo com a madrasta pode comprometer o vínculo com essa mãe/esse pai.

É comum que essas mulheres, tanto no contexto da psicoterapia quanto nas pesquisas sobre as famílias reconstituídas, relatem sofrimentos ligados à falta de repertório para ocupar o papel de madrasta. Nas brincadeiras infantis, que têm por objetivo preparar as meninas para o exercício das tarefas da domesticidade, o modelo de madrasta é o da antagonista dos contos de fadas. As madrastas não aprenderam a desejar esse posto, nem foram instruídas a respeito dos comportamentos que compõem o seu novo papel.

A performance dos aprendizados do dispositivo materno esbarra no impedimento apresentado pela maternidade da genitora dos enteados, enquanto a socialização romântica lhe imputa culpa por não ser uma boa companheira, quando decide dar um passo atrás como figura materna na família reconstituída. Nesse tipo de situação, a madrasta sofre na interseção entre o dispositivo amoroso e o dispositivo materno, muitas vezes sacrificando seu bem-estar em nome da realização de um papel impreciso, em que suas tentativas de cuidado com os enteados são consideradas como avanços ilegítimos sobre uma maternidade que não é sua, ao mesmo tempo que a sinalização de indisponibilidade para o manejo de tarefas cotidianas de cuidados com os enteados é considerada como falta de amor e insuficiência conjugal.

De acordo com Scholtz e Spies (2023), a prática cultural de atribuir prioritariamente às mães os cuidados com os filhos, e a outorga compulsória da guarda dos filhos menores de idade a elas, faz com que as crianças e adolescentes tipicamente residam com a mãe após um divórcio, o que contribui para que as famílias reconstituídas mais pesquisadas sejam aquelas formadas por mães biológicas e padrastos. A pesquisa específica sobre as experiências das madrastas, além de escassa, é majoritariamente composta por uma população de mulheres brancas, ocidentais, de classe média e em relacionamentos heterossexuais. O psicoterapeuta deve atentar para essas limitações, que perpassam a maior parte da literatura (tanto a técnica quanto a de autoajuda) sobre o tema das famílias reconstituídas. O que esses estudos apontam, e que possivelmente se estende a mulheres nos mais diversos recortes de um contexto de dominação masculina, é que as madrastas geralmente são mais afetadas por estresse nas famílias recompostas do que os padrastos, têm maior prevalência de depressão e ansiedade do que as mães biológicas e sofrem com as tentativas de se ajustar a regras imprecisas e conflitantes sobre seu papel na relação com os enteados.

Em sua pesquisa sobre os estudos focados nas experiências das madrastas, e sobre as variáveis determinantes do bem-estar ou do adoecimento dessas mulheres, Scholtz e Spies (2023) destacam as seguintes variáveis: a ambiguidade de papel, os sentimentos de ambivalência, as experiências emocionais de isolamento e frustração e a falta de controle sobre os acontecimentos da vida familiar. Segundo os autores, as experiências negativas destacadas como mais impactantes foram a falta de apoio e a falta de reconhecimento dos companheiros, dos enteados, das mães dos enteados e dos sistemas sociais nos quais as famílias reconstituídas estão inseridas. Em contrapartida, as madrastas que se sentiam apoiadas e reconhecidas relataram uma sensação de pertencimento e interpretaram o ajustamento familiar como positivo.

Esses achados apoiam a noção de que o que uma madrasta sente depende de uma rede complexa de interações. Miller (s.d.) considera que o ciúme, a raiva e a culpa sentidos por uma madrasta, longe de serem atestado de sua maldade inerente, são produto de contingências próprias dos sistemas familiares reconstituídos.

Queixas comuns na psicoterapia das madrastas e das famílias reconstituídas

O psicoterapeuta precisa, em seu trabalho cotidiano, conciliar duas afirmações igualmente válidas: a de que cada família tem sua própria rede de interações que determinam potencialidades e sofrimentos, e a de que esses entrelaçamentos específicos acontecem em um contexto histórico e cultural, que influencia as dimensões mais íntimas de cada um dos familiares. A seguir, será apresentado um caso hipotético para auxiliar a compreensão de situações comuns para madrastas em famílias reconstituídas, acompanhado de pontos de reflexão que o psicoterapeuta deve considerar para realizar as análises funcionais de cada caso que atender.

Desafios na relação com o parceiro e o descompasso entre responsabilidade e autonomia decisória

Lígia e Pedro namoraram por cinco meses antes que ela conhecesse os filhos do parceiro: Alice, uma menina de 11 anos, e Bruno, um menino de 9 anos de idade. Lígia não era a primeira namorada de Pedro, mas foi a única que ele apresentou aos filhos, que não moravam com ele desde o seu divórcio, há dois anos e meio. Pedro mantém um relacionamento cordial com a ex-esposa, Sara, que passa a maior parte do tempo com os filhos, e o convívio do pai com as crianças se dá em fins de semana alternados.

No início da convivência com os filhos do namorado (que geralmente preferia passear com as crianças a ficar no apartamento, que dividia com o irmão mais velho desde o divórcio), Lígia dedicou-se a criar laços de amizade com eles, levando-os ao cinema, a parques de diversões e a clubes. Alguns meses depois, o casal decidiu morar junto, e os dois se mudaram para um novo endereço em comum. Logo nos primeiros fins de semana com as crianças, Lígia notou que eles não tinham hora certa para fazer as refeições, que eles não arrumavam seus respectivos quartos (o casal mudou-se para um apartamento de três quartos, para que cada criança tivesse seu espaço individual), e que nem sequer tomavam banho regularmente quando estavam com o pai. Tudo isso foi novidade para Lígia, que, tendo convivido com as crianças apenas nos momentos de lazer, ficou consternada ao identificar a forma como Pedro manejava os dias com os filhos.

Pedro, no dia do casamento, fez um discurso emocionado em que declarou, na frente dos convidados da festa, que, a partir daquele dia, ele estava ganhando uma esposa, mas, ainda mais importante que isso, seus filhos ganhavam um novo lar familiar. Presumidamente, todos estavam de acordo que a nova família se comportaria nos moldes de uma família nuclear, apesar de se tratar de uma segunda núpcia para Pedro. Nas primeiras semanas de casada, Lígia ocupou-se principalmente da organização dos quartos das crianças, da limpeza dos ambientes e de preparar refeições para a família. Ela também comprou roupas novas para os enteados, para que Sara não tivesse mais que mandar as mochilas das crianças com as roupas para o fim de semana.

Depois de alguns meses, Lígia passou a pedir que as crianças arrumassem o quarto, tomassem banho e escovassem os dentes, entre outras atividades de autocuidado, em consonância com o que entendia ser o seu papel de "mãe" da casa. As crianças negaram-se a cumprir qualquer tarefa, alegando que Lígia não era mãe delas e que, portanto, não precisariam obedecer a qualquer regra estabelecida por ela. Alice e Bruno, com quem Lígia tinha uma relação que considerava boa, agora evitam falar com ela e, quando falam, dizem coisas como "chegou quem não devia" e "lá vem a chata".

Ao conversar com Pedro sobre essa situação, o marido disse-lhe que as crianças haviam sofrido muito com o divórcio, e que seria melhor que elas não se aborrecessem no pouco tempo que passavam juntos. Quando Lígia insistiu, Pedro disse que não precisava dos palpites da esposa para criar os próprios filhos. Lígia sentiu-se triste e desamparada, mas continuou a realizar as tarefas de cuidados com os enteados, como preparar refeições frescas todos os dias e levá-los a compromissos sociais nos fins de semana, como festas de aniversário dos colegas de escola e competições esportivas, uma vez que Pedro agora trabalhava em alguns sábados, contando com o apoio da esposa para o cumprimento desses trabalhos parentais.

Essa situação hipotética contém diversos elementos comumente encontrados nos relacionamentos nucleares que são marcados pela disparidade entre as contribuições dos cônjuges para o funcionamento da casa e para o cuidado com os filhos: a sobrecarga materna, pouco investimento do pai, a expectativa de que que o pai seja aliviado do trabalho parental quando há uma mulher presente. Uma grande diferença, no caso de Lígia, é que, por ser a madrasta, e não a mãe das crianças, ela conserva as responsabilidades, mas não tem a autoridade parental. Pedro lucra com o alto investimento de Lígia na relação conjugal, na manutenção do lar e no cuidado com as crianças, mas não aceita que a esposa ultrapasse o que considera o limite do seu papel de madrasta. Não raro, esse bloqueio é feito quando o comportamento da madrasta sinaliza alguma demanda que requer esforço desse pai, que espera não ser perturbado em sua relação de amizade despreocupada com os filhos, e que considera que o papel de educadora das crianças é da mãe biológica.

Lígia, ao chegar a um consultório de psicoterapia, presumivelmente contaria que não é reconhecida por seus esforços, e que às vezes pensa em parar de fazer o que faz no lar conjugal, mas que se sente muito culpada só de pensar nesse cenário de afastamento. A rejeição dos enteados é algo que a machuca e que ela tenta desesperadamente reverter, sem sucesso.

A demanda apresentada por Lígia, melhorar seu relacionamento e conquistar o amor dos enteados, enseja reflexões sobre:

Ambiguidade de papel: parte do sofrimento das madrastas está ligado às tentativas de negociação das suas atribuições na família reconstituída. Esse exercício é comumente afetado pelo controle parental das mães e pais biológicos, por determinantes de papéis de gênero, pelas experiências gravadas na história da madrasta e pelos níveis de apoio e de reconhecimento por parte das pessoas que participam da formação familiar. No caso de Lígia, a transposição das regras ditadas pelo dispositivo materno é acatada apenas parcialmente pelos outros membros da família, que rejeitam os aspectos que os desagradam, mas não abrem mão dos serviços não remunerados que a madrasta lhes presta.

Sentimentos ambivalentes: ao mesmo tempo que Lígia ama o marido e os enteados, e que se declara feliz por poder realizar os cuidados com eles e com a casa, ela lamenta a rejeição dos enteados e sofre pela falta de apoio do marido. A culpa que sente quando experimenta raiva diante de um comportamento grosseiro dos enteados, ou quando pensa em se separar do marido, que mina sua autoridade e não se compromete com qualquer mudança, sinaliza para ela que está se tornando a madrasta má das histórias infantis.

Sobrecarga de papéis: Lígia não está apenas sobrecarregada por tarefas cotidianas, que ela coordena no que seria seu tempo de descanso, já que trabalha presencialmente em tempo integral em um escritório. Ela também é responsável por lidar, sozinha, com os efeitos produzidos por essa relação de desconsideração à qual está submetida.

Solidão e isolamento da madrasta: caso Lígia não conviva com outras madrastas, ou que as famílias reconstituídas que ela conhece difiram muito da sua, em termos de equilíbrio de poder e de reconhecimento social, seu isolamento pode contribuir para que ela se cale, cada vez mais, como forma de evitar ser punida. Ao procurar na internet por casos semelhantes ao seu, ela pode se deparar com prescrições genéricas como "converse com o seu parceiro", coisa que ela já fez, e que não funcionou. Esse cenário é propício para que Lígia acate a noção de que ela é inabilidosa para manejar a relação conjugal e a família, e de que há algo de (estruturalmente) errado com ela. Nos filmes disponíveis sobre o tema das famílias recompostas, Lígia encontrará a representação de estereótipos como o da madrasta má, o da madrasta inábil, que precisa conquistar o afeto e a aprovação dos enteados, e o da madrasta que não quer ter filhos (que é uma versão da madrasta má, mas que se corrige quando é conquistada pelos enteados). O resultado das suas tentativas de conexão pode, então, contribuir ainda mais para o seu isolamento, incrementando, assim, o seu sentimento de solidão e de inadequação.

Papernow (2017, 2023) apresenta o conceito de *arquitetura da família reconstituída* para discutir as diferenças entre famílias nucleares e recompostas. Segundo a autora, um casal de primeiro casamento costuma ter algum tempo de convivência antes da chegada dos filhos, que, geralmente, nascem em momentos distintos. Esse casal tem mais tempo para se estruturar como sistema e pode se ajustar aos poucos às mudanças que o nascimento de um filho promove na dinâmica familiar. Comumente, nos estágios iniciais de uma família reconstituída, a madrasta ocupa uma posição de forasteira com relação ao sistema composto por pai (ou mãe) e filhos, ao mesmo tempo que sua família instantânea demanda cuidados esperados das esposas e mães de uma família nuclear tradicional.

Como propõe Papernow (2017, 2023), forjar uma nova cultura familiar é um estágio do desenvolvimento da família reconstituída, e depende da participação de todos os envolvidos no novo sistema familiar. Se a responsabilidade pela condução do estabelecimento dessa nova cultura é dos adultos/cônjuges, o mais adequado, no contexto da psicoterapia, é que as queixas relativas aos entraves significativos para a construção de uma cultura familiar (reforçadora para todos) sejam abordadas em parceria, na psicoterapia de casal/familiar.

No caso da família de Lígia, dificilmente haverá progresso com relação às queixas trazidas por ela sem que Pedro lide com questões pessoais, de culpa e de transferência de responsabilidades, por exemplo, ou sem que ele desenvolva repertórios de comunicação e de cuidados com os filhos. Se Pedro se negasse a participar da psicoterapia, e não fosse possível iniciar um trabalho com o casal e com os outros integrantes do sistema familiar, o psicoterapeuta, obviamente, poderia atender Lígia individualmente, mas com o cuidado de não acatar a demanda de resolução unilateral dos conflitos familiares, sob pena de participar funcionalmente do contexto que oprime a cliente, justamente aquele que enseja as queixas que ela expressa no consultório. Mesmo que Lígia pudesse desenvolver essas habilidades interpessoais pelo marido, o que é impossível, isso a manteria em uma posição de desigualdade de poder. Apenas auxiliar a cliente a "se esquivar mais e melhor" também iria contra o propósito da psicoterapia de promover equidade e participação respeitosa nos sistemas familiares.

Quaisquer que sejam as queixas, deve-se sempre avaliar a disparidade na atribuição de responsabilidades em um sistema familiar, considerando-se a prática cultural patriarcal dominante que estabelece que as mulheres (tanto as mães quanto as madrastas) são mais aptas para os cuidados parentais, e que pune menos severamente os homens que não cumprem seus já menos exigentes deveres de parentalidade.

Nos contos de fadas, os pais, respectivos maridos das madrastas, pouco aparecem. Ou estão mortos, ou simplesmente não participam ativamente da trama. A propagação do estereótipo da madrasta má também conserva a tradição de não responsabilizar o único mediador do laço entre madrasta e enteados. Isso se dá também para as mães em recasamentos: elas são responsabilizadas pela escolha do padrasto, quando é violento e culpado de crimes. As pessoas que perguntam "onde é que estava essa mãe", quando um padrasto machuca (de alguma forma) os enteados, comumente não têm a expectativa de que o pai estivesse em algum lugar de responsabilidade, quando é uma madrasta a autora de violência em um sistema familiar reconstituído.

A psicoterapia da madrasta

Uma das primeiras tarefas do psicoterapeuta, ao receber no consultório uma madrasta com queixas conjugais/familiares, é avaliar (com ela, usando como instrumento as análises funcionais que construirão juntos) a pertinência do modelo de atendimento individual para aquele caso. Ainda que se considere preferível o atendimento individual, ou que essa modalidade de trabalho seja a única possível naquele momento, é importante que raciocínio clínico do psicoterapeuta se desenvolva em termos dos sistemas relacionais nos quais essa madrasta está inserida, e que ele cuide para não contribuir para uma hiperresponsabilização daquela mulher acerca de questões que são partilhadas com o cônjuge e com os outros membros da família reconstituída.

As possíveis limitações de um trabalho exclusivamente individual com a madrasta devem ser discutidas com ela em sessão, para que as potencialidades do contexto psicoterápico possam ser exploradas de forma mais rica e cuidadosa. Caso a análise funcional aponte para a pertinência de um trabalho com o casal, ou em família, o psicoterapeuta que não tem repertório para trabalhar com essas modalidades poderá encaminhar os clientes para um profissional que tenha habilidade e experiência com esses formatos de psicoterapia.

Os desafios das famílias reconstituídas são múltiplos e diversos, mas, embora cada sistema seja composto por entrelaçamentos comportamentais únicos, diferentes topografias podem guardar, entre si, funções semelhantes, em uma sociedade patriarcal, justamente aquelas que garantem o desequilíbrio de poder entre mulheres e homens. Portanto, embora o psicoterapeuta, mesmo o experiente, não deva presumir que compreendeu um caso antes de analisar cuidadosamente cada dinâmica familiar, cada avaliação deve ser feita sempre segundo a identificação de controles opressivos nos sistemas familiares. Uma vez que o psicoterapeuta que é psicólogo deve ter sua prática orientada pelos princípios que fundamentam as normas éticas da profissão, ele deve levar em conta, impreterivelmente, as dinâmicas dos controles sociais que determinam as queixas particulares dos clientes.

Ruiz (1998 citada em Lopes et al., 2023) ressalta a importância da identificação de controles opressivos patriarcais, que "consiste em descrever verbalmente contingências sociais responsáveis por manter as mulheres em um lugar social inferior ao dos homens" (p. 124). Esse trabalho, imprescindível para que o profissional de psicologia possa atuar com base nos princípios do Código de Ética Profissional do Psicólogo (Conselho Federal de Psicologia, 2005), deve passar pelo exame das determinações históricas de fenômenos tidos como "naturais". O estereótipo da madrasta má e a imposição da formação de uma família nuclear como modelo de ajustamento social são fatores que o psicoterapeuta deve considerar em qualquer modalidade de atendimento da qual uma mulher que é madrasta participe.

De acordo com Papernow (2023), o psicoterapeuta não deve presumir um funcionamento de família nuclear para as famílias reconstituídas. Caso utilize um mapa nuclear tradicional para auxiliar a família reconstituída a se orientar, o profissional pode acabar contribuindo para a intensificação da desconexão entre os membros de um sistema. Parte dos sofrimentos relatados por madrastas e por outros integrantes em contextos recompostos deriva de tentativas de adequação ao padrão determinado para um primeiro casamento, e do seguimento de regras que descrevem contingências muito diferentes das suas. Mesmo entre as famílias reconstituídas, há variações significativas, o que faz com que determinadas dicas e sugestões funcionem muito bem para determinados sistemas, e para outros sejam não apenas inúteis como desastrosas. Famílias que lidam com ex-parceiros hiperconflituosos, por exemplo, podem precisar recorrer ao modelo de parentalidade paralela, depois de anos de sofrimento advindo das tentativas de exercer uma coparentalidade com um genitor coercitivo.

O tema dos recasamentos, então, por ser perpassado por preconceitos rigidamente estabelecidos socialmente, deve ser abordado pelo psicoterapeuta de uma forma contextualizada. É importante que ele tenha um bom autoconhecimento e consiga identificar quais noções predeterminadas socialmente podem afetar seu trabalho na clínica. Ele deve estar atento ao modo como a sociedade na qual seu consultório está inserido se posiciona a respeito dos casamentos e dos ideais de família, bem como às consequências sociais dispensadas àqueles que se comportam em desacordo com esses ditames culturais.

Coontz (1993, 2006) afirma que, não obstante o *choque* da sociedade diante das mudanças com relação ao recém-estabelecido padrão ideal de família nuclear (branco, heterossexual e de classe média), as famílias reconstituídas não representam nenhuma novidade. Muitas vezes anunciadas como inovações pós-modernas, as famílias que se constroem a partir de uma existente (formada por pai e filhos ou mãe e filhos) são tão antigas quanto as uniões monogâmicas, por um motivo óbvio: cônjuges sempre *morreram*. Práticas que hoje seriam consideradas escandalosas, como casar-se com a cunhada ou com o cunhado (irmãos dos cônjuges falecidos), eram comuns em tempos de taxas mais altas de mortalidade de adultos com filhos pequenos, especialmente em contextos sociais em que o casamento fora daquela comunidade fosse proibido ou pouco vantajoso.

Como aponta Phillips (1997), as famílias compostas por pais/mães, seus filhos biológicos e por novos cônjuges (madrastas e padrastos) eram comuns nas sociedades pré-industriais, e sua prevalência dependia de inúmeras variáveis, incluindo eventos demográficos básicos, como taxas de fertilidade e de mortalidade. Nas sociedades que tinham na família nuclear a base do seu sustento, a morte de um cônjuge deveria ser seguida de um casamento, quanto mais esse falecimento houvesse abalado a estrutura financeira daquela família. Segundo o autor, se as famílias reconstituídas não são novidade, uma grande diferença no presente é que elas surgem majoritariamente do divórcio (ou após o término de relações não formalizadas) de um casal. Com o advento do ex-cônjuge vivo para as famílias recompostas, surgiu uma série de desafios, que se desenrolam em um contexto de expectativas de manutenção de um ideal tradicional nuclear romantizado.

O psicoterapeuta deve levar em conta, sempre que receber uma madrasta em seu consultório, que, qualquer que seja a história privada daquela mulher, ela se desenrola em um panorama cultural constituído por estereótipos rígidos e expectativas ambíguas, que costumam ser danosas para todos os envolvidos em uma família reconstituída, e especialmente aprisionantes para as mulheres.

Para Bernstein (1999), "ao ouvir a história de uma família, o terapeuta escuta superimposições de parágrafos, ou mesmo de capítulos, que foram copiados e colados, fora de contexto, das histórias de outras famílias [tradução minha]" (p. 5). No atendimento a madrastas e aos seus familiares, então, a tarefa máxima do psicoterapeuta é a de auxiliá-los a (re)escrever suas próprias histórias da forma mais livre possível, repensando conjuntamente os controles culturalmente determinados e facilitando a construção de narrativas reconstituídas pela equanimidade entre os membros daquela composição familiar, realçando a potência das singularidades.

Referências

Behrooz, A. (2016). Wicked women: The stepmother as a figure of evil in the Grimms' fairy tales. *Retrospect Journal*.

Bernstein, A. (1999). Reconstructing the brothers Grimm: new tales for stepfamily life. *Family Process, 38*, 415-429.

Chapa, P. R. S. & Zertuche, N. G. S. (2019). Globalización e imperialismo cultural: Críticas hacia la mujer occidental en los medios y redes Sociales. *La Ciencia Política en la Agenda Global (pp.64-79)*

Church, E. (2000). The poisoned apple. *Journal of Feminist Family Therapy, 11*(3), 1-18. 10.1300/J086v11n03_01

Church, E. (2005.). *Uma estranha no ninho*. Globo Livros.

Conselho Federal de Psicologia. (2005). *Resolução CFP nº 010/2005*. Código de Ética Profissional do Psicólogo.

Coontz, S. (1993). *The way we never were: American families and the nostalgia trap*. Basic Books.

Coontz, S. (2006). *Marriage, a history*. Penguin.

Doodson, L. (2009). *Understanding the stepmother's role: Quantifying the impact on quality of life and mental health. How stepmothers' adaptability is mediated by coping style, social support and relationship satisfaction* [Thesis, University of West London].

Jamison, L. (2017, 6 Apr.). In the shadow of a fairy tale. *The New York Times*.

Martin, W. (2009). *Stepmonster: A new look at why real stepmothers think, feel, and act the way we do*. Houghton Mifflin Harcourt.

Miller. (s.d.). https://www.blendedfamilyfrappe.com/7-stages-of-becoming-a-stepparent

Mummert, H. (2019, 2 Apr.). The problem of the evil stepmother. *Retelling the Tales*.

Nery, L. B. (2022). O luto é o preço do amor: Diferentes lutos nas relações amorosas. In F. N. Fonseca, L. B. Santos, & A. L. L. Freire (Orgs.), *Luto: Teoria e intervenção em análise do comportamento* (pp. 267-300). CRV.

Papernow, P. L. (2017). Clinical guidelines for working with stepfamilies: What family, couple, individual, and child therapists need to know. *Family Process, 57*. 10.1111/famp.12321.

Papernow, P. L. (2023). Therapy with stepfamily couples. In J. L. Lebow, & D. K. Snyder (Eds.), *Clinical handbook of couple therapy* (6th ed., pp. 492-511). The Guilford Press.

Phillips, R. (1997). Stepfamilies from a historical perspective. In *Stepfamilies: History, research, and policy*. Routledge.

Pinheiro, R. C. S., & Oshiro, C. K. B. (2023). Variáveis de gênero que terapeutas devem estar atentas no atendimento a mulheres. In R. Pinheiro, & T. Mizael (Orgs.), *Debates sobre feminismo e análise do comportamento* (pp. 165-181). Instituto Par Ciências e Tecnologia do Comportamento.

Saffioti, H. (2015). *Gênero, patriarcado e violência*. Editora Fundação Perseu Abramo.

Scholtz, S., & Spies, R. (2023). Where is the research about stepmothers? A scoping review. *Psych., 5*. 209-223. 10.3390/psych5010016.

Skinner, B. F., Todorov, J. C., & Azzi, R. (2003). *Ciência e comportamento humano*. Martins Fontes. (Trabalho original publicado em 1953)

Valadares, M. G. M. (2007). *Os meus, os seus e os nossos: As famílias reconstituídas e seus efeitos jurídicos* [Tese de mestrado, Pontifícia Universidade Católica de Minas Gerais].

Wu, Z. (2023). Analysis of the phenomenon and causes of stepmother culture. *Academic Journal of Management and Social Sciences, 5*, 151-154. 10.54097/ajmss. v5i1.14069.

Zanello, V. (2018). *Saúde mental, gênero e dispositivos: Cultura e processos de subjetivação*. Editora Appris.

Zanello, V. (2022). *A prateleira do amor: Sobre mulheres, homens e relações*. Editora Appris.

10

CONTRIBUIÇÕES DA PSICOTERAPIA COMPORTAMENTAL PRAGMÁTICA NA COMPREENSÃO DAS RELAÇÕES AMOROSAS A PARTIR DO O CONTROLE CULTURAL NO COMPORTAMENTO

Carlos Augusto de Medeiros

Queixas amorosas constituem-se em umas das mais comuns em terapia (Carvalho & Medeiros, 2005; Medeiros & Medeiros, 2016). Estas vão desde problemas no casamento/relacionamento a falhas na comunicação, dificuldades em iniciar relacionamentos, histórico de rejeições, relações abusivas, ciúmes, traições etc. Fiz um levantamento breve levando em consideração apenas os terapeutizandos que atendo no momento e concluí que, dos 30, pelo menos 28 apresentaram ou apresentam alguma queixa de cunho amoroso ao longo do tratamento. Portanto, compreender as relações de controle dos comportamentos envolvidos nas queixas amorosas é fundamental para qualquer psicoterapeuta, uma vez que um volume considerável dos casos que atendemos contém esse tipo de queixa.

Parte do sofrimento presente nas relações amorosas decorre de imposições culturais. A cultura estabelece, por meio de modelos, de regras e de estímulos reforçadores ou punitivos condicionados generalizados, padrões comportamentais quanto às relações amorosas, os quais, supostamente, resultariam em sucesso e felicidade (Andery, 2017; Skinner, 1948/2005, 1953/2003). Todavia, nem todas as pessoas que se adequam aos modelos culturalmente impostos de relacionamentos serão felizes por isso. Além disso, se adequar a tais modelos não é fácil para todas as pessoas, o que é acompanhado de fortes respostas de ansiedade e frustração. A título de exemplo, muitas pessoas são casadas com parceiros aparentemente ideais aos olhos dos outros, porém têm mínima convivência entre si e reportam sensação de vazio. Outras tentam iniciar um relacionamento amoroso estável e sofrem diversas rejeições, atribuindo a si mesmas o fracasso em atingir esse critério socialmente imposto de valor como pessoa.

A Psicoterapia Comportamental Pragmática (PCP), modelo de terapia analítica comportamental proposto por Medeiros e Medeiros (2011/2012), dá ênfase, em suas análises funcionais, aos efeitos de determinantes culturais do comportamento. Os comportamentos-alvo, ou seja, aqueles que representam foco de análise e intervenção, são multideterminados, e aspectos sociais, como regras, modelos e consequências sociais são os mais importantes na sua determinação.

Este capítulo pretende, portanto, apresentar e discutir como determinantes culturais controlam comportamentos implicados nas relações amorosas e, assim, munir o leitor de hipóteses de análises funcionais úteis para os casos com os quais se depara. Inicialmente será apresentada, de modo didático, uma breve revisão sobre os determinantes culturais do comportamento. Em seguida, serão apresentadas e discutidas demandas comuns de cunho amoroso em termos de determinantes culturais do comportamento. Por fim, serão feitas considerações acerca das contribuições da PCP para a compreensão das relações amorosas na perspectiva dos determinantes culturais do comportamento.

Determinantes culturais do comportamento

O comportamento do indivíduo é multideterminado (Skinner, 1953/2003, 1974; Tourinho, 2003) e seus determinantes podem ser divididos em três grandes categorias: 1) filogenéticos; 2) ontogenéticos individuais; e 3) ontogenéticos culturais. Os determinantes filogenéticos decorrem da dotação genética advinda da espécie e dos genitores. Fatores como estatura, acuidade visual, alergias etc. são de ordem genética e vão interferir de modo importante nas interações do indivíduo com o ambiente. Já a ontogenética individual se refere à aprendizagem operante e respondente a partir do contato do indivíduo com o meio.

Assim, aprendemos a enjoar diante do gosto de vinho barato após termos passado mal com o seu consumo exagerado no passado. Também aprendemos a molhar certas plantas semanalmente e outras diariamente conforme os efeitos que a frequência de irrigação produziu na saúde de cada uma delas. O exemplo do vinho refere-se ao condicionamento respondente, e o da irrigação, ao condicionamento operante (Moreira & Medeiros, 2019).

Podemos aprenderque devemos molhar jabuticabeiras todos os dias; e orquídeas semanalmente, por modelagem (Moreira & Medeiros, 2019), ou seja, pelas consequências diferenciais proporcionadas por cada planta (ontogenética individual). O problema desse tipo de aprendizagem é que, além de demorado, pode resultar em punições negativas, como a morte de uma ou das duas plantas. A aprendizagem social supera esses obstáculos (ontogenética cultural). Podemos aprender quando molhar certas plantas ao vermos um jardineiro fazendo-o (Baldwin & Baldwin, 1986; Bandura, 1971, 1974). Porém, teremos de acompanhá-lo em seu ofício, o que pode ser bem demorado e trabalhoso (Skinner, 1988). Também podemos aprender ao sermos instruídos pelo jardineiro, por meio de um vídeo no YouTube, ou ainda por intermédio de um livro de jardinagem, sobre quando molhar cada tipo de planta (Skinner, 1969, 1974). Neste caso, não precisamos observar o jardineiro se comportando, nem mesmo de um jardim para aprender quando molhar certas plantas num primeiro momento. Por fim, podemos fazer um curso de jardinagem, que, além da aprendizagem por observação de modelos, de instruções, ainda pode conter a modelagem arbitrária de um professor, que proverá consequências aos nossos comportamentos em relação às plantas (Dorigon & Andery, 2015; Ferster, 1967; Moreira & Medeiros, 2019). Esse último tipo de modelagem se difere da modelagem direta pelo contato com as plantas, uma vez que as consequências arbitrárias providas pelo professor são imediatas.

As vantagens listadas do uso de consequências sociais, de observação de modelos e de instruções fazem com que tais formas de controle do comportamento sejam amplamente utilizadas nas interações sociais. O nosso contato com a cultura determina como vamos nos vestir, de que forma cuidaremos da higiene pessoal, como cortaremos o cabelo, a que seriados assistir, que estilo musical consumir e, entre incontáveis outros padrões comportamentais, como vivenciar nossos relacionamentos amorosos (Baldwin & Baldwin, 1986, Skinner, 1948, 1953/2003).

A despeito das vantagens do controle social para o indivíduo e para a espécie, esse tipo de controle também pode ser problemático, por algumas razões:

1. As coisas mudam. Ou seja, certos modos de se comportar que outrora eram passíveis de reforçamento deixam de sê-lo. A moda é o exemplo mais claro. O modelo de família com genitores hete-

rossexuais não representa mais o único tipo de família e não necessariamente é o modelo mais bem correlacionado com o que se denomina "felicidade" para toda e qualquer pessoa.

2. Em benefício de quem? Como o controle é exercido por outras pessoas, cujos comportamento também são determinados por eventos ambientais, temos que refletir sobre o que controla o comportamento do controlador (Ferster, 1967; Goldiamond, 1974). Nem sempre o bem-estar do indivíduo controlado é o que controla o comportamento do agente social que o controla. Muitos pais forçam seus filhos a uma sexualidade heterorientada quando, na realidade, seus filhos são homossexuais, por exemplo. Provavelmente o comportamento dos pais está mais sob o controle da opinião da sociedade acerca de uma família com membros homossexuais do que sob controle daquilo que traria mais felicidade aos seus filhos.

3. Liberdade. O controle social também pode diminuir as alternativas de resposta do indivíduo, na medida em que estabelece modelos, instrui e provê consequências a padrões específicos (Baum, 2005/2006; Medeiros, 2020, 2021). Caso o indivíduo aja em desacordo com o que é imposto pelo grupo a que pertence, consequências aversivas são apresentadas, como críticas, repreensão e castigos corporais, assim como consequências reforçadoras positivas são retiradas, levando a isolamento, exclusão, ostracismo e até prisão (Skinner, 1953/2003). Em se tratando de relacionamentos amorosos, por exemplo, comportamentos femininos considerados promíscuos são passíveis de punições severas, ao passo que os mesmos comportamentos masculinos podem ser passíveis de reforçamento positivo, como reconhecimento e prestígio (Carvalho & Medeiros, 2005; Medeiros & Medeiros, 2016; Ruiz, 1995). Dessa forma, a liberdade de homens e mulheres para viver as suas sexualidades de modos diferentes é cerceada pelo controle social.

4. Qual o meu valor? Por fim, o modo como nos descrevemos e avaliamos depende de como nos saímos frente ao grupo a que pertencemos. Vitórias e prêmios, como exemplos de reconhecimento, não reforçam apenas por servirem de ocasião para a emissão de outras respostas passíveis de reforçamento positivo

(*i.e.*, reforçadores condicionados generalizados), e sim porque afetam o modo como nos descrevemos. Paralelamente, insucessos, fracasso, repreensões, ostracismo, isolamento e rejeição também punem por possibilitar descrições pejorativas, como perdedor, fracassado e rejeitado. Estamos falando sobre o que se entende cotidianamente por autoestima (Guilhardi, 2002, 2007, 2013; Medeiros, 2012; Silva & Marinho, 2003).

Consequências sociais como as ilustradas anteriormente podem ser denominadas consequências simbólicas, porque mantêm relações arbitrárias com as respostas autodescritivas, ainda que não representem, necessariamente, efeitos práticos. Alguns exemplos ilustram esse ponto: "Quem não consegue uma promoção no trabalho é incompetente"; "Aquela que passa nos concursos públicos que presta é inteligente"; "Aquela que consegue ajudar os pais é uma boa filha" etc.

Quando uma mulher rompe o relacionamento com o seu marido, além da perda do convívio, diminuição do acesso aos filhos e queda no poder aquisitivo (efeitos práticos), a rejeição, em si, tem o efeito simbólico sobre o modo como o ex-marido passa a se descrever. O contato com a cultura faz com que adjetivos elogiosos sejam emparelhados por condicionamento respondente e operante a diversos reforçadores. O efeito contrário ocorre com os adjetivos pejorativos. Esse aspecto do controle social afeta sobremaneira o comportamento dos indivíduos, na medida em que consequências de efeitos práticos têm seu controle suplantado por consequências simbólicas. Em resumo, podemos passar a agir de acordo com o que é admirado pelo grupo, ainda que isso nos traga importantes perdas em termos práticos.

As quatro desvantagens descritas anteriormente vão nos ajudar a compreender como os determinantes culturais do comportamento podem afetar negativamente nossos terapeutizandos e, mais especificamente, podem afetar sobremaneira a sua vida amorosa.

Comparação e competição

Equivocadamente, somos forçados a acreditar que possuímos um valor pessoal, na medida em que diferentes pessoas podem ser comparadas com base no que cada uma delas vale. Quem nunca ouviu frases do tipo "Ele não chega aos meus pés"; "Eu sou mais eu"; "Você nunca vai encontrar alguém tão bom quanto eu" etc.?

Medir significa, no fim das contas, comparar. Para sabermos a estatura de alguém, devemos compará-la com uma escala chamada "metro", cujo original se encontra no Escritório Internacional de Pesos e Medidas, localizado na França. Balanças usadas para medir o peso corporal (massa, para os físicos) funcionam por comparações entre um peso-padrão, geralmente em escala de quilogramas, que também pode ser em libras ou onças.

A possibilidade de medirmos e compararmos pessoas quanto ao seu valor pessoal representa uma metáfora em relação a tudo que medimos. Mais uma vez, o senso comum e a psicologia pecam por levar as metáforas ao pé da letra (Ryle, 1949/2009; Skinner, 1945/1984). Todavia, o fazemos o tempo todo. A medição que fazemos de nós mesmos se constitui no que denominamos autoestima (Guilhardi, 2002, 2007, 2013; Medeiros, 2012; Silva & Marinho, 2003).

Seguindo a metáfora, da mesma forma que fazemos uma reforma de nosso imóvel para aumentar o seu valor, também nos exercitamos, estudamos, visitamos museus, fazemos dietas, nos submetemos a cirurgias estéticas. Ademais, nos submetemos às práticas que são valorizadas pelos grupos a que pertencemos, como na escolha da profissão, nas marcas de roupas que compramos, nos cortes de cabelo que usamos, nas tatuagens que fazemos, no uso de tabaco e, obviamente, nas escolhas amorosas.

O desempenho nas mais variadas situações sociais afeta o modo como as pessoas são avaliadas pelo grupo e, consequentemente, por si mesmas (Medeiros, 2012). Um exemplo de comportamento masculino que pode ser considerado promíscuo na adolescência ilustra esse ponto. É muito comum, em nossa cultura heteronormativa, que adolescentes do sexo masculino sejam incentivados a competir com seus pares quanto ao número de meninas que conseguem seduzir para trocas de beijos e carícias. Ao fim de um evento ("rolê"), seja uma festa, seja um show ou uma boate, os adolescentes comparam seus escores, congratulando-se uns aos outros pelos números e fazendo chacota dos que perderam a disputa. Nesse exemplo, as congratulações são reforçadores generalizados conhecidos cotidianamente por reconhecimento, status e prestígio (Moreira & Medeiros, 2019). Na denominação da PCP, são reforçadores simbólicos, porque possuem relação com tatos autodescritivos, como "pegador", "galinha" e "garanhão", no caso dos bem-sucedidos; e "arroz", "encalhado" e "fraco", para os que não tiveram o mesmo sucesso.

A PCP é uma modalidade de psicoterapia analítico-comportamental que tem como meta principal estabelecer repertórios de autoanálise e de resolução de problemas nos terapeutizandos. Com isso, espera-se que os usuários do serviço de psicoterapia sejam mais autônomos e independentes em relação à figura do terapeuta. Em PCP, pressupõe-se que grande parte do sofrimento de terapeutizandos decorra de conflitos entre imposições dos grupos culturais que habitam e as consequências práticas de seus comportamentos. Os determinantes culturais constituem-se em regras (*e.g.*, conselhos, valores e crenças), modelos e consequências sociais. Esse tipo de controle é denominado por Medeiros (2020) como um controle ostensivo do comportamento, o qual é reproduzido em muitos modelos de terapia. Ou seja, a terapia, como agência de controle (Skinner, 1953/2003), muitas vezes reproduz o mesmo tipo de controle aplicado pela cultura e responsável pelo sofrimento. Em PCP, preconizam-se intervenções que minimizem o controle social, utilizando-se procedimentos que prescindam do controle ostensivo, como o questionamento reflexivo e o treino de habilidades sociais assistemático, por exemplo.

As reações dos pares são as avaliações do grupo, e as respostas autodescritivas daí decorrentes são as autoavaliações. As autoavaliações relacionam-se ao que se denomina "autoestima" no senso comum e podem exercer funções discriminativas e alteradoras de função sobre comportamentos futuros. Assim como os sucessos passados e recentes nos flertes podem fortalecer o comportamento de flertar, autodescrever-se com adjetivos como "garanhão" pode também torná-lo mais provável. Esses adjetivos podem ter funções similares às das regras como estímulos alteradores de função (Schlinger, 1993; Schlinger & Blakely, 1987) e discriminativas (Skinner, 1969, 1974).

Comportamentos valorizados pelos grupos, portanto, produzirão consequências simbólicas reforçadoras. Uma mulher receberia vários elogios ao iniciar um relacionamento com um homem desejado por suas amigas e seus familiares, seja pela sua aparência, seja pela cultura, por caráter ou renda. Caso esse relacionamento culminasse em casamento e maternidade, mais reconhecimento social ocorreria. Por outro lado, comportamentos em desacordo com o que é valorizado pelo grupo resultariam em punições simbólicas. Se um homem começa a se relacionar afetivamente de modo estável com uma mulher que já teve relações sexuais com todos os seus amigos, muito provavelmente receberá duras críticas por isso. O mesmo ocorreria se continuasse um relacionamento após ser traído. Não importa, no caso da mulher, se o homem cobiçado é um chato ou que ela nunca desejou ser mãe. Também não importa se a relação com a mulher considerada promíscua ou infiel é ou poderá tornar-se maravilhosa por ela ser parceira, divertida e bem-humorada.

Fica evidente a falta de liberdade dos indivíduos para que seus comportamentos fiquem sob o controle de consequências práticas. A coação social quanto às relações homo-orientadas é muito mais severa, todavia (para mais análises sobre relações LGBTQIAPN+, ver capítulo 5, de Lopes & Nery, neste volume). A repressão a relações homoafetivas coage indivíduos homo-orientados a viverem relações heterossexuais, ou mesmo a embotarem a própria sexualidade. O mesmo ocorre com relações heterodoxas, como as poliamorosas, relações abertas ou trocas de casais (para mais análises sobre relações não-monogâmicas, ver capítulo 7, de Lima & Carvalho, neste volume).

Não existe apenas uma forma de amar, e o papel de uma psicoterapia é criar condições para o terapeutizando identificar os reforçadores práticos que controlam o seu comportamento cuja efetividade possa estar sendo diminuída pela atuação de consequências simbólicas (Medeiros, 2020, 2021; Medeiros & Medeiros, 2011/2012).

O impacto desse quadro é justamente a existência de muitas pessoas frustradas com os seus relacionamentos amorosos. Uma queixa comum, de acordo com a minha prática clínica, é a depressão, com frases do tipo "Todo mundo diz que eu tenho tudo para ser feliz, mas não me sinto assim. Sinto apenas um vazio". Como o divórcio, principalmente quando solicitado pela mulher, é desaprovado socialmente, insiste-se em relacionamentos falidos por anos. Períodos longos de infelicidade proporcionalmente à totalidade da vida de um indivíduo. Como veremos a seguir, o divórcio é considerado um fracasso do casal, principalmente da mulher, uma vez que, na nossa cultura machista, "é papel da mulher manter a harmonia do lar". Divorciar-se, portanto, representa um atestado de fracasso, e as autodescrições pejorativas podem enfraquecer tal comportamento.

Controle, reforçamento intermitente e autoestima

Alguns de nossos comportamentos emitidos no meio não social são reforçados de modo contínuo, como girar uma maçaneta e poder abrir uma porta, destravar o celular e ter acesso às suas diversas funções, selecionar uma série em um serviço de *streaming*, e esta começar a ser exibida. Porém, quando as consequências dos nossos comportamentos são providas por outras pessoas, normalmente o reforçamento é intermitente. Mesmo nos exemplos não sociais, a porta pode estar trancada; o celular, sem bateria; e o serviço de *streaming*, fora do ar. O que vigora no ambiente de humanos, portanto, principalmente o social, é o reforçamento intermitente, definido por Medeiros e Medeiros (2019) como aquele em que nem sempre a resposta-requisito da contingência é reforçada.

Quando alguém chama um amigo para sair, envia uma mensagem pedindo um orçamento de um conserto de uma máquina de lavar, pede um carro por aplicativo, manda o filho arrumar o quarto, ou pede ao marido para comprar pão, por exemplo, pode ter seus comportamentos reforçados, ou não. A intermitência decorre justamente da necessidade de o reforçador ser provido por outra pessoa, que pode fazê-lo, ou não; pode demorar para fazê-lo; ou pode fazer de um modo diferente do solicitado.

A questão da intermitência do reforçamento remete justamente ao nível de controle que temos sobre as consequências de nossos comportamentos. Muitas vezes é difícil emitir as respostas que atendam aos requisitos da contingência. Em uma resposta como girar uma maçaneta, a relação mecânica é de fácil descrição e também de fácil aquisição. Estou excluindo, é claro, maçanetas modernas de desenhistas premiadas que podem ser bem complicadas. Já tocar uma bossa-nova de Tom Jobim no violão com mais de 30 acordes difíceis é bem mais complicado, assim como estacionar um carro grande de baliza em uma vaga apertada e em declive acentuado. Esses dois últimos exemplos envolvem situações em que emitir as respostas requisito da contingência requer treino e, por isso, são ocasião para utilizarmos termos como competência, habilidade e capacidade.

Dizemos que alguém é um bom motorista ou um motorista habilidoso quando o vemos estacionar sua caminhonete em vagas apertadas em pouco tempo. Chamamos de "barbeiro" aquele que não tem o mesmo desempenho. Por outro lado, a resposta-requisito para estacionar em um shopping lotado, cujas vagas são do mesmo tamanho, não precisa ser muito habilidosa. Tanto faz a pessoa ser um ás no volante ou um barbeiro, estacionar num shopping depende muito mais de aspectos não controlados, como acidentalmente entrar em um corredor com uma vaga disponível ou ver alguém prestes a sair da vaga.

Nessa metáfora do estacionamento, é óbvio que, se o motorista dirigir muito rápido, não ficar observando atentamente os outros carros ou pessoas a pé que se aproximam dos carros estacionados, dificilmente conseguirá estacionar, mas a perícia em manobrar um carro, em si, é de pouca ou nenhuma utilidade. O problema é que tratamos as interações sociais de modo similar atocar uma música difícil no violão ou estacionar em uma vaga de difícil manobra. Em outras palavras, se a pessoa for "capaz", "competente", "talentosa", "atraente", "sedutora", "bonita", "sexy" etc., seus comportamentos serão reforçados nas interações sociais. Ao mesmo tempo, se suas respostas não forem reforçadas, é porque são "incompetentes", "incapazes", "inabilidosas", "feias", "burras" etc. Equivocamente, portanto, as pessoas passam a emitir respostas autodescritivas a partir dos resultados de seus comportamentos, resultados dos quais se tem pouco ou nenhum controle.

O sucesso nas relações amorosas assemelha-se mais a encontrar uma vaga em um shopping lotado do que a estacionar em uma vaga apertada de baliza em declive ou tocar uma música de Tom Jobim no violão. Em primeiro lugar, é preciso deixar claro o que se denomina sucesso ou fracasso nas relações amorosas, cujos critérios variam em função de sexo/gênero, orientação sexual e idade e são determinados culturalmente. Além disso, vale ressaltar que o sucesso nas relações amorosas com base em critérios culturais não implica necessariamente felicidade. Há um conjunto de ações que modificam moderadamente a probabilidade de êxito nas relações amorosas, mas, além de adotar algumas práticas e evitar outras, não há muito mais o que se possa fazer: o que impera, como no caso das vagas no shopping, é a casualidade. O fracasso em algumas relações amorosas, portanto, não deveria implicar autodescrições pejorativas como "mal-amada", "encalhado", "ficar para titia", "rejeitado", "coitado", "sofredor" etc.

Devemos trabalhar com nossos terapeutizandos para que tentem controlar os aspectos das relações amorosas sobre os quais têm algum controle. Do mesmo modo que ficar em casa anula qualquer chance de encontrar uma vaga no shopping, não se expor a eventos sociais (festas, shows, bares, pubs e boates), não utilizar aplicativos de relacionamentos (para mais análises sobre aplicativos e relacionamentos amorosos na atualidade, ver capítulo 8, de Carreiro, neste volume), e não fazer convites para parceiros em potencial resultará inevitavelmente em insucesso na vida amorosa. Andar pelos corredores sem olhar com atenção para as vagas ou para as pessoas dirigindo-se para os carros também atrapalha conseguir vagas, do mesmo modo que frequentar eventos sociais e não olhar para as pessoas. Mal conhecer a pessoa e já falar de planos de casamento, cobrar respostas rápidas em aplicativos de mensagens, apresentar respostas agressivas em situações de ciúmes e de frustrações por desmarcações também pode dificultar o estabelecimento de novas relações ou a manutenção de relações já existentes.

Portanto, recomenda-se, no máximo, expor-se a situações nas quais relações amorosas podem começar; ser cortês; convidar; aceitar convites; ouvir; elogiar de modo pertinente e não forçado; estar ciente das próprias qualidades; aceitar os "nãos"; dar carinho e atenção; cuidar da própria higiene; caprichar um pouco na aparência; entre outros, como práticas salutares para ter sucesso nas relações amorosas. Fora isso, há pouco mais que se possa fazer. É óbvio que conseguir falar de vários assuntos também é bom, porém isso não agradará todo mundo. Mesmo ter dinheiro, que, aparentemente, seria atraente para qualquer pessoa, pode afugentar outras. O mesmo pode acontecer com a cultura, a aparência ou a forma física.

Rejeição: de quem estamos falando no fim das contas?

Um elemento fundamental da rejeição é meramente sintático. A frase "ela não me ama mais" pode ser particularmente esclarecedora. Nessa frase, o sujeito da oração é "ela", e não "me". Ou seja, o verbo "amar" refere-se ao que o sujeito faz ou é. Portanto, essa frase diz respeito ao sujeito da oração, e não ao objeto. Quando eu digo que não gosto de sertanejo universitário, por exemplo, essa frase se refere a mim, e não ao estilo musical. As propriedades desse estilo musical não se alteram em nada por eu gostar dele ou não. Mais importante que isso, o fato de eu não gostar desse estilo musical não implica que outras pessoas não gostem.

Infelizmente, isso raramente é levado em consideração quando falamos de rejeição nas relações amorosas. Um homem abandonado pela esposa perde acesso a diversos reforçadores práticos, como companhia, carinho, sexo, convívio diário com os filhos etc. Essas perdas práticas são suficientes para concluirmos que dificilmente alguém ficaria feliz em ser rejeitado. Porém, os efeitos simbólicos da rejeição costumam ser os mais dolorosos. A rejeição implica passarmos a nos descrever de modo pejorativo, como se fôssemos piores meramente por termos sido rejeitados. A interpretação mais comum é a de que a rejeição se refere ao rejeitado, e não a quem rejeita. Novamente, o fato de essa mulher não querer mais permanecer casada com o ex-marido não implica que ele é uma pessoa pior e que outras pessoas não gostariam de se relacionar com ele.

Novamente, é importante lembrar que não estou me referindo aos aspectos que podemos controlar. Caso o ex-marido tenha sido grosseiro, violento, omisso nas responsabilidades do lar, infiel, pouco carinhoso e indisponível, a probabilidade de rejeição aumenta e, de certa forma, diz respeito a como ele agiu durante o casamento. Entretanto, o que eu gostaria de salientar nessa análise é que, ainda que ele tenha controlado tudo que estava ao seu alcance, a rejeição poderia ter ocorrido do mesmo jeito, de modo que falaria mais acerca da ex-mulher do que dele. A mesma lógica funciona quanto ao flerte, às relações casuais ou à traição.

Um processo psicoterápico deve ajudar o terapeutizando a identificar os aspectos de um relacionamento dos quais se tem controle e a tentar operar apenas sobre esses aspectos. As tentativas de operar naqueles aspectos de que não se tem controle podem justamente favorecer a rejeição em si. Vamos analisar um novo exemplo para ilustrar esse ponto:

Fernando (22 anos) começa a se relacionar com Paulo (35 anos). Fernando teve poucos relacionamentos após assumir a sua homossexualidade, enquanto o seu parceiro já teve vários relacionamentos homoafetivos, além de ter sido casado com uma mulher.

Após alguns meses de relacionamento, Paulo passa a demorar mais tempo para responder as mensagens de Fernando, desmarca alguns encontros, torna-se menos disponível para sexo e passa a interagir com outros homens em redes sociais. Fernando, diante dessa mudança de comportamento, passa a cobrar presença, atenção e carinho. Também passa a perseguir Paulo nas redes sociais, pega o celular dele escondido para espionar as conversas, vai até a sua casa para ver se ele saiu escondido etc.

Provavelmente o que controla tais práticas é a prevenção do abandono ou da traição. Porém, além de serem ineficazes em evitá-las, podem até torná-las mais prováveis. Tornam-nas mais prováveis, porque as cobranças, interpelações e invasões de privacidade são aversivas e, assim, resultam em respostas de contracontrole de Paulo, como evitar mais ainda o contato, o que pode culminar no término da relação.

Quando os reforçadores que controlam nossos comportamentos em uma relação são prioritariamente evitar a rejeição e a traição, as contingências em vigor são de reforçamento negativo, as quais cerceiam a liberdade e, assim, de acordo com Baum (2005/2006), afetam dramaticamente o que chamamos de felicidade. As contingências de reforçamento que supostamente deveriam preponderar no controle do comportamento de relacionar-se afetivamente, como sugere Skinner (1989/1991), são as de reforçamento positivo. É óbvio que em uma relação não vigora apenas o reforçamento positivo. Fazemos coisas que normalmente não faríamos porque, se não as fizermos, estímulos aversivos serão apresentados, como ir almoçar na casa dos pais do cônjuge, mesmo preferindo ficar em casa, de preguiça, assistindo a séries. A recusa da ida aos almoços provavelmente produzirá expressões de desagrado que fortalecem, por reforçamento negativo, as idas aos almoços na casa dos sogros. Porém, a partir do momento em que as contingências aversivas se sobrepõem às de reforçamento positivo, dificilmente o relacionamento resultará em felicidade para o casal.

As contingências de reforçamento negativo vigoram, principalmente, quando há a possibilidade de rejeição. O que denominamos cotidianamente de insegurança se refere justamente a comportamentos mantidos por evitar a traição e a rejeição; e as respostas emocionais reflexas que acompanham tais contingências. Voltando ao exemplo anterior, caso, por cobrança, Fernando convença Paulo a fazerem uma viagem de fim de semana, o que controla de modo mais relevante o comportamento de insistir na viagem é o que ela simboliza, e não os reforçadores práticos da viagem em casal em si. Paulo aceitar viajar simboliza a disponibilidade em continuar o relacionamento, o que afasta o risco de rejeição ("se ele quis viajar comigo, é porque ainda gosta de mim. E, se ainda gosta de mim, não vai me deixar"). O relacionamento, para quem está inseguro, constitui-se, portanto, na busca de indícios de que ainda há afeto ou não. Em outras palavras, as respostas no relacionamento são mantidas predominantemente por consequências simbólicas, e não práticas.

A busca de indícios é particularmente relevante em relações que estão sendo iniciadas. Pode-se considerar, inclusive, que vários comportamentos emitidos no início de uma relação se constituem em respostas de observação (Catania, 1999), isto é, aquelas que são reforçadas apenas pela produção de estímulos discriminativos para novas respostas:

Digamos que Júlia, uma mulher de 36 anos, extremamente pressionada pela sua família, pelas amigas e pela sociedade para se casar, começa um relacionamento instável com Roberto, de 33 anos.

Júlia e Roberto conheceram-se em aplicativos de relacionamentos e têm se visto uma vez por semana, em média. Alguns comportamentos de Júlia podem ser mantidos justamente por indícios de que Roberto está realmente interessado por ela e que provavelmente continuará o relacionamento. Assim, Júlia pode medir o tempo que Roberto leva para responder suas mensagens; observar quais dias da semana Roberto fica disponível para vê-la; se Roberto propõe encontros, ou meramente aceita os seus convites; qual porcentagem dos convites ele aceita; qual porcentagem de postagens de Júlia nas redes sociais ele curte ou comenta; se ele curte ou comenta postagens de outras mulheres etc.

Caso os indícios sejam compatíveis com o interesse do Roberto em manter o relacionamento com Júlia, ela provavelmente se sentirá momentaneamente segura e feliz. Pensando em uma sessão de terapia logo em seguida a tais indícios, Júlia pode chegar animada, relatando as coisas boas da vida e, até, elogiando o terapeuta.

Por outro lado, caso os indícios sejam no sentido contrário, são prováveis as respostas emocionais intensas de ansiedade e frustração. Em um ciclo muito doloroso, ela pode emitir respostas que possam produzir indícios de interesse de Roberto, como arrumar desculpas para entrar em contato, dar indiretas, checar se ele está on-line nos aplicativos etc. Além disso, pode pensar em sua relação com Roberto de modo obsessivo. Entre os diversos pensamentos, Júlia pode conjecturar sobre o que significa cada indício, sobre o que ela pode ter feito de errado, que, se fosse mais bonita ou mais magra, Roberto corresponderia mais etc.

Duas consequências principais controlam tais comportamentos: 1. refutar a hipótese de rejeição; 2. a identificação de algo que possa ser feito para evitar a rejeição. Em ambos os casos, temos uma tentativa de controle do incontrolável. A resposta que define se Roberto perdeu o interesse ou não virá com o tempo, e sua evidência irrefutável é o comportamento público dele, e não os estímulos privados produzidos pelo comportamento de pensar de Júlia. Ademais, dificilmente Júlia encontrará algo que fez de errado que seja capaz de reverter a situação em curto prazo. Mesmo que ela identifique o que mudar, como ser menos controladora ou mais magra, nada disso se modifica em curto prazo. Fora o fato de que esses eventos já ocorreram e não é possível operar sobre eles retroativamente.

Essa relação ficará muito mais dolorosa para Júlia, caso a rejeição simbolize quanto ela vale. Se Roberto a pede em namoro ou noivado, Júlia tem valor como mulher na sociedade machista. Caso contrário, ela passa a ser ver como "encalhada", "rejeitada", "pouco atraente", "mal-amada" e "desinteressante".

Assim, o grande problema ilustrado por Júlia e Fernando, mas que vale para uma enormidade de terapeutizandos com queixas amorosas, é a tentativa de se aferir o próprio valor como pessoa com base nos comportamentos de outras pessoas, sobre os quais temos mínimo controle. Afinal, a não ocorrência de rejeição ou de traição está muito mais para encontrar uma vaga em um shopping lotado do que tocar uma música do Tom Jobim no violão.

Vamos continuar utilizando a história hipotética de Júlia para ilustrar outro efeito da rejeição a ser abordado neste capítulo: as esquivas. Dando seguimento à narrativa de Júlia, após mais algumas semanas de relacionamento, Roberto simplesmente desaparece (dá um *ghosting*, na nomenclatura contemporânea). Roberto é apenas mais um dos diversos relacionamentos recentes de Júlia nos últimos anos.

Um padrão nesses casos em que há rejeição e/ou abandono da relação sem explicação é a esquiva de se relacionar. As esquivas podem ser de dois tipos. A primeira praticamente impede a ocorrência de relacionamentos, como dedicar-se excessivamente ao trabalho ou estudo, cuidar de familiares idosos, atuar na proteção animal, descuidar-se totalmente da aparência etc. Júlia poderia tornar-se *workaholic*, por exemplo, o que reduziria a disponibilidade de tempo para se relacionar. Mesmo em seu escasso tempo livre, Júlia estaria muito cansada para se engajar em atividades que resultariam em um relacionamento. Nesses exemplos, Júlia evitaria a cobrança de não estar se relacionando por justamente estar tão focada em outros aspectos da sua vida de modo que não há espaço para a sua vida amorosa. Notem, não estou sugerindo que alguém que faz essas coisas está sempre se esquivando da rejeição, mas essa é uma relação funcional recorrente. Para compreender, portanto, a alta frequência de certos comportamentos, como trabalhar, estudar, cuidar dos outros etc., é necessário fazer uma análise não linear, ou seja, investigar as relações entre diversos comportamentos do mesmo terapeutizando (Goldiamond, 1974; Medeiros & Medeiros, 2011/2012). Enfim, trabalhar demais diminui a probabilidade de tentar iniciar ou manter um relacionamento e, assim, de modo indireto, impede o insucesso dessas tentativas.

A outra forma de esquiva diz respeito a respostas que reduzem o valor aversivo da rejeição, ainda que não impeçam a ocorrência dos relacionamentos em si. Quem nunca ouviu falar de "autossabotagem" ou "autoboicote"? Caso Júlia passe a se interessar apenas por homens com características que sugerem indisponibilidade para um relacionamento monogâmico estável, como aqueles comprometidos, que moram em outros estados, que têm filhos adolescentes particularmente possessivos ou que são reconhecidamente promíscuos, consegue diminuir o valor aversivo da rejeição. Os fracassos em relacionamentos fadados a dar errado passam a ser atribuídos à situação em si, em vez de dizerem respeito à pessoa que sofreu a rejeição. Investir em alguém disponível e sem impedimentos é muito arriscado, afinal a rejeição seria atribuída, novamente de modo equivocado, à pessoa rejeitada. Ela que não foi interessante, inteligente, atraente, sexy, competente na cama etc. o suficiente para manter esse relacionamento. Por outro lado, caso se inicie relacionamento com menores chances de sucesso, pensamentos de menos valia são mais facilmente evitados por justificativas do tipo "A filha dele morria de ciúmes e atrapalhou nosso relacionamento"; "Não deu certo porque ele morava em outro país"; "Como ia dar certo? Ele era um galinha imaturo" etc.

Muitas pessoas falam que " têm o dedo podre" ou que só "atraem quem não presta". Na realidade, parece mais provável que apenas se atraiam por pessoas cujo sucesso em um relacionamento seja improvável, diminuindo, assim, o valor aversivo da rejeição. Esse tipo de esquiva também se relaciona a uma tendência muito comum de algumas pessoas não sentirem atração ou mesmo perderem a atração por aquelas que demonstram muito interesse nelas. É a velha máxima: "só gosto de quem não gosta de mim". Caso a pessoa tenha uma opinião muito ruim de si mesma, provavelmente verá pouco valor nas pessoas que realmente querem se relacionar com ela. Ao mesmo tempo, valorizam aquelas que não demonstram muito interesse por elas. Se o que controla o comportamento de relacionar-se é ter evidências do próprio valor como pessoa, a conquista de pessoas menos acessíveis tem alto valor reforçador. Por outro lado, a conquista de pessoas que já estão conquistadas tem baixo valor reforçador. Em uma metáfora de futebol, ganhar de um time freguês tem muito menos graça que ganhar do grande rival.

Por outro lado, um efeito importante da rejeição é o aumento do valor reforçador da reconquista. Não seria de se estranhar, por exemplo, que, se Júlia desistisse de Roberto e começasse a se relacionar com outra pessoa, reconquistá-la poderia ter o potencial de reforçar os comportamentos de Roberto investir em Júlia. Nesse caso, Roberto estaria sendo rejeitado, e evitar a rejeição poderia fazer com que seus comportamentos em relação a Júlia se modificassem completamente. O mais importante em todos esses casos é que Júlia continua sendo a mesma mulher. Porém, a possibilidade de sofrer uma rejeição e seus efeitos simbólicos alteram o comportamento de Roberto em relação a ela.

Daí temos outra máxima comum dos relacionamentos "só damos valor quando perdemos". Desse processo decorre um fenômeno muito comum em relacionamentos: os términos manipulativos. Muitos casais rompem e reatam com frequência. Geralmente, é um dos dois que sempre propõe o término. Todavia, não é o fim da relação em si que controla o comportamento de romper a relação, e sim mudanças no comportamento dà outra pessoa. Caso um dos membros do casal esteja insatisfeito com o comportamento do outro, em vez de solicitar e insistir na solicitação de mudanças, pode simplesmente propor o término. Provavelmente, promessas de mudanças de comportamento ou mudanças de comportamento efêmeras ocorrem com a função de evitar a rejeição. Porém, com o passar do tempo, caso as contingências não se modifiquem, os mesmos padrões comportamentais que incomodavam voltam a ocorrer. Como o término anterior foi reforçado com a promessa de mudanças e com mudanças em si, é muito provável que torne a ocorrer.

Esse tipo de término é considerado manipulativo, uma vez que o que o controla é a mudança de comportamento, e não o fim da relação em si. De acordo com Medeiros (2013), os términos manipulativos ilustram mandos distorcidos[35], uma vez que o que controla a resposta verbal "vamos terminar" não é o fim da relação em si, e sim a mudança de comportamento. Em curto prazo, os términos manipulativos geram muito sofrimento para o casal. Em longo prazo, desgastam a relação a ponto de pô-la em risco. Afinal, ameaças não cumpridas deixam de controlar o comportamento.

---

[35] Medeiros (2013) define mandos distorcidos como aqueles cuja topografia da resposta específica um reforçador, e, porém, o que controla a sua ocorrência é outro reforçador específico. O mando "o que você vai fazer no sábado à noite?" especifica como reforçador o ouvinte reportar a sua programação para o sábado à noite. Porém, caso a emissão desse mando esteja sob o controle de o ouvinte dizer "nada, você quer fazer alguma coisa?", temos um exemplo de mando distorcido. Um mando "puro", nesse caso, seria "Vamos nos ver no sábado à noite?" O mando é distorcido por especificar um reforçador diferente daquele que torna a resposta provável.

Considerações finais

O presente capítulo apresentou diversas relações funcionais comumente observadas em questões relativas aos relacionamentos amorosos, demonstrando a importância de se levar em consideração os determinantes culturais do comportamento. Sem esgotar as possíveis intercessões entre relacionamentos amorosos e os determinantes culturais dos comportamentos, foram discutidos diversos conceitos como de comparação, competição, controle, reforçamento intermitente, autoestima e rejeição.

Vale ressaltar que muitas das respostas aqui discutidas, como buscar indícios, tentar controlar eventos incontroláveis, esquivar-se da rejeição, terminar de modo manipulativo, são emitidas sem autoconhecimento (Skinner, 1953/2003, 1974, 1989/1991). Em outras palavras, as pessoas não têm condições de descrever acuradamente as variáveis de controle de seus comportamentos. Ademais, não o fazem de modo planejado, no sentido de que raramente verbalizam os determinantes do comportamento antes de emiti-los. Um passo inicial do tratamento, portanto, é levar o terapeutizando a descrever acuradamente as variáveis de controle de seus comportamentos nas relações amorosas, assim como quais são as consequências aversivas em longo prazo, caso continuem se comportando do mesmo jeito.

Um aspecto central que permeia todo o capítulo é a relação simbólica que se estabelece entre os desfechos de certos comportamentos e as respostas autodescritivas, conjecturando-se as funções que tais autodescrições exercem sobre os comportamentos das pessoas. Foi enfatizada a problemática do controle preponderante por reforçadores e estímulos aversivos simbólicos sobre o comportamento nas relações amorosas em detrimento dos práticos. O tratamento consistiria, portanto, na laboriosa e demorada tarefa de enfraquecer o controle por consequências simbólicas e fortalecer o controle por consequências práticas. Para tanto, em PCP, aliam-se as aplicações do reforçamento diferencial e do questionamento reflexivo, cujas descrições e ilustrações de como podem ser aplicados para tal fim fogem ao escopo deste capítulo.

Referências

Andery, M. A. P. A. (2017). Comportamento e cultura na perspectiva da análise do comportamento. *Perspectivas em Análise do Comportamento*, 2(2), 203-217. https://doi.org/10.18761/perspectivas.v2i2.69

Baldwin, J. D., & Baldwin, J. I. (1986). *Behavior principles in everyday life.* Universidade da Califórnia.

Bandura, A. (1971). *Social learning theory.* General Learning Press.

Bandura, A. (1974). Behavior theory and the models of man. *American Psychologist, 29*(12), 859-869. https://doi.org/10.1037/h0037514

Baum, W. M. (1994/2006). *Compreender o behaviorismo: Comportamento, cultura e evolução* (M. T. A. Silva, M. A. Matos & G. Y. Tomanari, trad.). Artmed. (Trabalho original publicado em 1994)

Carvalho, M. C. G., & Medeiros, C. A. (2005). Determinantes do seguimento da regra: "Antes mal acompanhado do que só". *Universitas: Ciências da Saúde, 3*(1), 47-64. https://doi.org/10.5102/ucs.v3i1.545

Catania, A. C. (1999). *Aprendizagem: Comportamento, linguagem e cognição* (4a ed.; A. Schimidt, D. G. Souza, F. C. Capovila, J. C. C. Rose, M. J. D. Reis, A. A. Costa, L. M. C. M. Machado & A. Gadotti, Trads.). Artmed. (Trabalho original publicado em 1994)

Dorigon, L. T., & Abib Andery, M. A. P. (2015). Estímulos reforçadores automáticos, naturais e arbitrários: Uma proposta de sistematização. *Acta Comportamentalia: Revista Latina de Análisis de Comportamiento, 23*(3), 307-321.

Ferster, C. B. (1967). Arbitrary and natural reinforcement. *The Psychological Record, 17*(3), 341-347.

Goldiamond, I. (1974). Toward a constructional approach to social problems: Ethical and constitutional issues raised by applied behavior analysis. *Behaviorism, 2*(1), 1-84.

Guilhardi, H. J. (2002). Auto-estima, autoconfiança e responsabilidade. In H. J. Guilhardi et al. (Orgs.), *Comportamento humano: Tudo (ou quase tudo) que você precisa saber para viver melhor* (pp. 63-98). Instituto de Terapia por Contingências de Reforçamento.

Guilhardi, H. J. (2007). *Autoestima e autoconfiança são metáforas, não causas.* Instituto de Terapia por Contingências de Reforçamento.

Guilhardi, H. J. (2013). *Um pouco mais sobre autoestima.* Instituto de Terapia por Contingências de Reforçamento.

Medeiros, C. A. (2012). Existe espaço para o conceito de autoestima na psicoterapia analítico comportamental? O papel dos reforçadores condicionados generalizados. *Comporte-se*.

Medeiros, C. A. (2013). Mentiras, indiretas, desculpas e racionalizações: Manipulações e imprecisões do comportamento verbal. In C. V. B. B. Pessoa, C. E. Costa, & M. F. Benvenuti (Eds.), *Comportamento em foco* (Vol. 2, pp. 157-170). Associação Brasileira de Psicologia e Medicina Comportamental.

Medeiros, C. A. (2020). Psicoterapia comportamental pragmática: Da mudança no comportamento verbal à mudança do comportamento fora do consultório. In C. A. A. Rocha et al. (Eds.), *Comportamento em foco* (Vol. 12, pp. 111-125). ABPMC.

Medeiros, C. A. (2021). Psicoterapia comportamental pragmática: Uma aplicação da análise do comportamento à clínica. In A. R. Fonseca Júnior et al. (Eds.), *Comportamento em foco: Ciências do comportamento: Teoria, método e aplicação* (Vol. 13, pp. 89-99). ABPMC

Medeiros, C. A., & Medeiros, N. N. F. A. (2012). Psicoterapia comportamental pragmática. In C. V. B. B. Pessôa, C. E. Costa, & M. F. Benvenuti (Orgs.), *Comportamento em foco* (Vol. 1, pp. 417-436). ABPMC. (Trabalho original publicado em 2011)

Medeiros, C. A., & Medeiros, N. N. F. A. (2016). Correspondência verbal nas relações amorosas. In A. A. B. Varella (Ed.), *Diálogos em análise do comportamento* (pp. 191-213). UCDB.

Moreira, M. B., & Medeiros, C. A. (2019). *Princípios básicos de análise do comportamento* (2a ed.). Artmed.

Ruiz, M. R. B. F. (1995). Skinner's radical behaviorism: Historical misconstructions and grounds for feminist reconstructions. *Behavior and Social Issues, 5*, 29-44. https://doi.org/10.1111/j.1471-6402.1995.tb00285.x

Ryle, G. (2009). *The concept of mind*. Routledge. (Trabalho original publicado em 1949)

Schlinger, H. (1993). Separating discriminative and functionaltering effects of verbal stimuli. *The Behavior Analyst, 16*, 9-23. https://doi.org/10.1007/BF03392605

Schlinger, H., & Blakely, E. (1987). Function-altering effects of contingency-specifying stimuli. *The Behavior Analyst, 10*, 41-45. https://doi.org/10.1007/BF03392405

Silva, A. I., & Marinho, G. I. (2003). Auto-estima e relações afetivas. *Universitas: Ciências da Saúde, 1*(2), 229-237. https://doi.org/10.5102/ucs.v1i2.507

Skinner, B. F. (1957). *Verbal behavior.* Appleton-Century-Crofts.

Skinner, B. F. (1969). *Contingencies of reinforcement.* AppletonCentury-Crofts.

Skinner, B. F. (1974). *About behaviorism.* Alfred A. Knopf.

Skinner, B. F. (1984). The operational analysis of psychological terms. *Behavioral and Brain Sciences, 7*(4), 547-553. (Trabalho original publicado em 1945). https://doi.org/10.1017/S0140525X0002718

Skinner, B. F. (1988). A fable. *The Analysis of Verbal Behavior, 6*, 1. https://doi.org/10.1007/BF03392823

Skinner, B. F. (1991). *Questões recentes na análise comportamental* (A. L. Neri, Trad.). Papirus. (Trabalho original publicado em 1989)

Skinner, B. F. (2003). *Ciência e comportamento humano* (J. C. Todorov, & R. Azzi, Trads.). Martins Fontes. (Trabalho original publicado em 1953)

Skinner, B. F. (2005). *Walden two.* Hackett Publishing Company, Inc. (Trabalho original publicado em 1948)

Tourinho, E. Z. (2003). A produção do conhecimento em psicologia: A análise do comportamento. *Psicologia, Ciência e Profissão, 23*, 30-41. https://doi.org/10.1590/S1414-98932003000200006

11

RELAÇÃO CONJUGAL E AS MUDANÇAS COM A CHEGADA DO FILHO: UMA PERSPECTIVA ANALÍTICO-COMPORTAMENTAL

Karen Vargas de Araújo

Muitas mudanças ocorrem na vida da mulher no momento da gestação e no pós-parto. Tais mudanças abrangem aspectos fisiológicos e psicológicos. Entre os aspectos fisiológicos, podemos citar as alterações hormonais, no trato urinário, mudanças no corpo, fadiga, enjoos, entre outras alterações comuns durante esse período. Assim, nem sempre tais transformações são esperadas e/ou desejadas. Quando pensamos no aspecto psicológico, estamos falando de mudanças contextuais que afetam essa mulher, sendo a gravidez planejada ou não, como a cobrança para se adaptar aos novos papéis que ocupará, resolução das demandas voltadas para o período gravídico-puerperal, rede de apoio com pouco suporte, situações que produzem algum sofrimento para a gestante/puérpera (Carvalho & Benincasa, 2019; Fonseca et al., 2018; Silva & Silva, 2009).

Diante desse novo contexto, muitas famílias não estão preparadas para lidar com esse mundo novo e seus desafios, o que é extremamente comum. Entre o casal, a forma de enfrentamento dessas mudanças poderá ocorrer de maneiras diferentes. Em uma das configurações estereotipicamente mais comuns em nossa cultura, a mulher pode abnegar de suas atividades, de seu trabalho, dos cuidados pessoais e das suas relações nesse momento; e o homem, focar a sua atenção no trabalho remunerado, reforçando a ideia do papel de provedor e de apoio para a sua companheira.

Esses padrões estereotipados de comportamento caracterizam papéis e funções sociais vinculados aos gêneros feminino e masculino de maneiras diferentes em nossa cultura (para mais informações sobre como repertórios de gênero são aprendidos em nosso contexto sociocultural, ver capítulos 1 e 2, neste mesmo volume). Sabemos que mudanças existiram na dinâmica familiar após a inserção da mulher (branca de classe média) no mercado de trabalho: as mulheres/mães, com mais responsabilidades; e os pais, mais presentes nos trabalhos domésticos. Todavia, essa mudança não tem ocorrido de maneira proporcional ao longo dos anos, e o que é estereotipicamente estabelecido para cada gênero ainda exerce influência nos relacionamentos (Azevedo & Arrais, 2006; Nicolodi & Hunziker, 2021).

A chegada de um filho mexe com toda a estrutura da relação conjugal. Nesse contexto, o relacionamento do casal corre o risco de ficar em segundo plano na nova dinâmica, e situações que eram negligenciadas antes da vinda do bebê podem passar a se sobressair, além de gerar situações de conflitos e desgaste entre parceiros (Bornholdt et al., 2007; Jager & Bottoli, 2011; Silva & Lopes, 2009; Zanatta et al., 2017). Por isso, é importante entender o máximo de informações e variáveis que envolvem esse casal, com os medos, as expectativas e os padrões comportamentais, para, assim, entendermos como atuar em cada caso.

Para compreendermos um pouco melhor as mudanças que ocorrem e as variáveis que podem influenciar a vida do casal, serão abordadas a seguir alguns aspectos culturais e ontogenéticos na construção dos papéis de mãe e pai.

Variáveis ontogenéticas e culturais na construção do papel de pai e mãe

Antes de iniciar essa parte, é importante explicar como o behaviorismo radical de Skinner compreende que fatores filogenéticos, ontogenéticos e culturais podem favorecer a seleção de comportamentos, fazendo uma breve explicação sobre os níveis de variação e seleção. Seguindo os princípios de Darwin sobre a seleção natural, de acordo com os quais sobrevivia a espécie ou exemplar de uma espécie que melhor se adaptava ao ambiente, aquele organismo que tivesse a característica necessária para adaptar-se ao ambiente teria maior probabilidade de sobreviver e perpetuar tal característica da espécie. De forma semelhante, Skinner compreendia que a seleção de comportamentos poderia ocorrer de acordo com sua adaptabilidade ao ambiente e descreveu três níveis de variação e seleção: filogenético, ontogenético e cultural (Skinner, 1981; Valério et al., 2022).

A seleção filogenética parte do princípio da seleção natural das espécies de Darwin: trata-se de comportamentos selecionados por sua função adaptativa ao longo da evolução da espécie. Já a seleção em nível ontogenético, compreende as respostas que são selecionadas pelas consequências com as quais o organismo interage ao longo de sua vida, ou seja, quando o responder persiste devido à consequência reforçadora que produz no ambiente. Por exemplo, se a resposta de uma pessoa produz alguma mudança no ambiente que aumenta a probabilidade de esse comportamento voltar a ocorrer, estamos nos referindo a um comportamento selecionado pelas suas consequências (Catania, 1999; Skinner, 1981).

Quando as contingências são mantidas por valores, crenças e fatores sociais, estamos nos referindo à seleção em nível cultural. As práticas culturais são transmitidas de uma geração para outra por meio de contingências, mantendo tal repertório nos indivíduos que fazem parte daquela comunidade (Skinner, 1981).

A compreensão de que os comportamentos são selecionados nesses três níveis nos ajuda a desconstruir a ideia de que tanto o maternar quanto o paternar são funções inatas/instintivas: as habilidades necessárias para lidar com os cuidados do bebê e a criação de filhos são aprendidas ao longo da vida do indivíduo (seleção ontogenética) e levam também em consideração contextos culturais (seleção cultural). Para entendermos um pouco mais do papel da maternidade e paternidade, é importante explorarmos brevemente esses contextos que influenciam mulheres e homens ao longo da vida.

Os estudos sobre gênero nos ajudam a compreender como se estabelecem as desigualdades que existem entre os sexos/gêneros masculino e feminino, antes entendidas apenas como fatores biológicos, trazendo reflexões de como a cultura exerce influência nesse processo. Dessa forma, quando compreendemos aspectos culturais e o que é reforçado para cada gênero, é possível entender o que e por que determinados comportamentos são selecionados e mantidos na sociedade (Forna, 1999; Nicolodi & Arantes, 2019; Valério et al., 2022).

Segundo Zanello (2018), o papel da maternidade foi ganhando diferentes formas ao longo da história. No século XVII, as mulheres tinham pouca responsabilidade nos cuidados com os filhos, que, após o nascimento, eram enviados para amas ou amamentados por estas na própria casa da família, pois as mães tinham outras prioridades. Com o passar dos anos, a criança ganhou um papel diferente na sociedade, não era mais vista como miniadulto, mas como alguém que necessitava de cuidados específicos. Além disso, passam a aumentar publicações que trazem a ideia de que o amor que a mãe tem pelo filho é espontâneo e inato. Com a Revolução Industrial, os cuidados passaram a ser principalmente das mães, que não conseguiam mais delegar para outras pessoas o papel de cuidadora, sendo as principais responsáveis pela criação dos filhos. Neste momento, ser mãe passou a acarretar mais responsabilidade e, ao mesmo tempo, um maior reconhecimento do seu papel na família perante toda a sociedade.

A perspectiva da mulher como responsável pela família, o casamento, a criação dos filhos e a demonstração de afeto pelo que era feito foi se tornando cada vez mais enraizada na cultura, ensejando o sentimento de culpa das mulheres, caso não correspondessem a essas expectativas. De acordo com essa visão, a mulher, ao olhar para si, em detrimento dos cuidados com filho e marido e das vontades deles, era considerada errada. A mulher socialmente valorizada deveria colocar filho e casamento em primeiro lugar. O comportamento de priorizar-se vinha acompanhado de um sentimento de culpa (Azevedo & Arrais, 2006). O sentimento de culpa/vergonha surgia como efeito da imposição social/cultural que controlava ou suprimia, com contingências coercitivas, o comportamento da mulher de priorizar-se, determinando o que era e o que não era aceitável, favorecendo a emissão de respostas de fuga-esquiva (Rico et al., 2012; Sidman, 1989/2003).

Com toda essa responsabilidade, a mulher deveria passar uma imagem de devotamento e sacrifício, assim seria vista como uma boa mãe. Essa boa mãe deveria se apagar em favor de sua responsabilidade com filho e marido, ou seja, a mulher voltada para o outro, e não para si, trazendo aquela regra de que "ser mãe é padecer no paraíso". Além disso, a mulher-mãe deveria ser institivamente maternal, dedicada em tempo integral aos cuidados com a família e a casa, tranquila, pronta para fazer sacrifícios, e era reforçada a ideia de que só a mulher "cuida bem" (Arrais, 2005; Forna, 1999; Zanello, 2018).

No contexto da paternidade, durante muitos anos, o homem exerceu a função de provedor. A mulher ficava em casa, responsável pelos cuidados dos filhos e do lar; e o homem, pelo sustento da família. Assim, homens e mulheres eram culturalmente valorizados por exercer funções e atividades diferentes na dinâmica familiar. Por volta do século XVIII, a definição de pai, no dicionário, descrevia essa função social como aquele que "faz o filho, o chefe da família, a cabeça do casal". Depois a definição foi reduzida para "autor, inventor", no século seguinte. Não existiam o envolvimento e a participação do pai na rotina de cuidado com os filhos, sua função consistia em ser o genitor, sendo o trabalho fora de casa e outras atividades externas a sua prioridade. Cobrava-se do pai que passasse a imagem de pessoa forte, cabia a ele o comando das coisas como trabalho e família. Ele era o responsável por solucionar os problemas, castigar, estabelecer as regras em casa, e, por isso, frequentemente passava uma imagem de dominador e insensível (Del Priore, 2013; Zanello, 2018). Não se esperava que os cuidados com o bebê fossem realizados pelo pai, como acontecia com a mãe (Ribeiro et al., 2015).

Ainda no início do século XIX, mantinha-se a ideia da mulher dentro de casa e o homem fora, o cuidado era responsabilidade da mãe; e o educar, do pai. Embora, de meados do século XIX em diante, tenha começado a se transformar a imagem do pai rigoroso para a do pai amoroso, com a paternidade passando a ser um desejo para o pai, o exercício da paternidade ainda não envolvia as mesmas responsabilidades da mãe, e a figura do pai continuava sendo a da pessoa a que todos deveriam obedecer (Del Priore, 2013). Nesse contexto, o homem adquire o privilégio do exercício da paternidade voluntária, enquanto a mulher se submete à maternidade obrigatória (Azevedo & Arrais, 2006).

Considerando essas análises, podemos observar algumas das influências culturais que eram exercidas em mulheres e homens nesses períodos e como seus comportamentos foram sendo selecionados ao longo dos anos. Destaca-se que ainda exercem influência em nossa cultura atual esses padrões estereotipados do papel do pai e do papel da mãe na relação conjugal.

Trazendo alguns contextos que selecionam os comportamentos da mulher de cuidar, se prestarmos atenção à nossa criação, vamos perceber que esses comportamentos vão sendo selecionados quando são disponibilizados para meninas brinquedos coerentes com as funções de cuidado, como bonecas, jogo de panelas e outros utensílios domésticos, objetos de casa, por exemplo. Assim, como aponta Nery (2012), essas atividades acabam por selecionar comportamentos, regras e valores para as crianças por meio dessas contingências e práticas culturais em que estão inseridas, reforçando a concepção de sexo/gênero estereotipada. Os estereótipos também são ensinados quando é cobrado da menina/mulher o cuidado com os outros irmãos e com a casa, a pedido dos pais. Além disso, o foco no cuidado com os outros pode acontecer também por modelação (Moreira & Medeiros, 2019), quando observamos nossa mãe e outras mulheres do nosso convívio colocando o cuidado do outro como prioridade, principalmente os cuidados com os filhos e a casa.

As regras e/ou autorregras também são comumente aprendidas diante desses contextos, por exemplo: "ser mãe é fazer tudo pelos filhos" é uma regra que pode ser passada de mãe para filha, contribuindo para que o padrão de cuidado com o outro em detrimento das próprias necessidades se perpetue entre gerações. Entende-se que regras são estímulos discriminativos verbais que descrevem contingências e que passam a controlar o comportamento do ouvinte; e autorregra é quando o indivíduo está sob controle de uma regra que foi emitida por ele mesmo, ou seja, ele assume, ao mesmo tempo, o papel de ouvinte e falante (Matos, 2001; Skinner, 1985).

É possível identificar que os homens são geralmente beneficiados por contingências que favorecem o estabelecimento de comportamentos patriarcais[36], devido ao fato de estas exercerem função discriminativa para uma resposta que foi reforçada, sinalizando disponibilidade maior de reforçadores. Dessa maneira, é comum que essas contingências contribuam para a seleção, entre os homens, de comportamentos que caracterizam pouco comprometimento/pouca responsabilidade com os cuidados com a casa e a família.

Nesse contexto, a participação dos homens no ambiente doméstico/familiar é vista mais como uma ajuda ou um suporte para as mulheres da família (muitas vezes rendendo até elogios) do que como o simples cumprimento de suas responsabilidades nas demandas compartilhadas em família. Assim, destaca-se que os homens são reforçados por seu compromisso com outras atividades, como esporte, lutas, estar com os amigos (Doyle, 2021). Quando crianças, as brincadeiras dos meninos com os amigos normalmente não envolvem ter uma casa, fazer comidinha e cuidar de uma criança. A participação do homem em casa, quando existe, na maioria das vezes envolve cuidar do jardim, consertar alguma coisa quebrada, limpar o carro, para citar alguns exemplos.

Diante dessa construção social, os indivíduos têm os seus comportamentos reforçados diferencialmente de acordo com o sexo/gênero e o papel que é esperado para eles. Sendo assim, os comportamentos ditos

---

[36] Aqui, "comportamentos patriarcais" são os selecionados pelo contexto social do patriarcado em que o indivíduo está inserido, no qual existe uma relação de poder do homem sobre a mulher, favorecendo uma desigualdade de gênero, exercendo um controle de estímulo discriminativo para os homens, cujas respostas são reforçadas.

masculinos são reforçados quando emitidos por homens; enquanto o mesmo repertório, quando emitido por uma mulher, tem alta probabilidade de não ser reforçado, e muitas vezes ainda é punido. Sendo o contrário verdadeiro também: homens e meninos têm seus comportamentos punidos quando apresentam comportamentos atribuídos socialmente ao estereótipo feminino (Ruiz, 2003; Valério et al., 2022). Ou seja, os comportamentos são selecionados pelo ambiente do indivíduo levando em consideração o que se entende por cada sexo/gênero na sociedade. Dessa forma, compreendemos que o que era/é passado para mulheres e homens a respeito da responsabilidade pela criação e cuidado com os filhos difere em aspectos culturais e ontogenéticos no que se refere às funções atribuídas à maternidade e à paternidade.

Como a seleção desses comportamentos pode influenciar a vida do casal

A compreensão sobre a construção do padrão social por gênero ajuda-nos a analisar como cada um entende o seu papel na criação do filho e como isto acaba interferindo na relação. Para a Análise do Comportamento, o repertório do indivíduo é aprendido pelas relações do organismo com acontecimentos nos contextos dos ambientes imediatos e históricos (Fonseca & Nery, 2018; Nery & Fonseca; 2018; Nicolodi & Arantes, 2019; Skinner, 1953/1985; Todorov, 1989). Parceiros(as) precisam lidar com as mudanças que estão acontecendo na vida do casal, quando nasce um filho, sob controle de regras estabelecidas pela sociedade, influências culturais e padrões que estabeleceram ao longo da vida em relação ao seu papel. Destaca-se que, na verdade, pouco se fala sobre como fica a relação do casal diante desse contexto de tantas transformações.

O nascimento de um filho marca uma nova etapa na vida de um casal, que implica uma reorganização familiar e mais responsabilidades. Nesse momento, o casal enfrenta a dificuldade em lidar com as emoções que a mulher vivencia desde as etapas da gestação, do parto e do pós-parto e com a divisão de responsabilidades e tarefas familiares, sobre as quais pouco se conversa, mesmo sendo muito relevantes, devido às modificações que impactam de maneira intensa a dinâmica do relacionamento do casal (Azevedo & Arrais, 2006; Maldonado & Dickstein, 2010; Rodrigues & Schiavo, 2011).

Maldonado e Dickstein (2010) relatam que o impacto da primeira gestação para o casal acontece quando os(as) parceiros(as) percebem a mudança da relação a dois para uma relação formada por três ou mais pessoas, e, com a chegada dessa(s) criança(s), iniciam-se outras responsabilidades acompanhadas de expectativas e medos.

Os homens, em geral, percebem os momentos da gestação, o parto e pós-parto, os cuidados com o filho, principalmente na primeira infância, como uma responsabilidade da mulher, inerente ao sexo/gênero feminino. Nesse contexto, a mãe é vista como a pessoa mais capacitada a cuidar dos compromissos que envolvem o filho, trazendo novamente a ideia de que a função de cuidado é inata/instintiva, de modo que a mãe seria a responsável pelo bem-estar psicológico e emocional do filho e da família, como se o homem não pudesse ou devesse ter acesso a essa função (Azevedo & Arrais, 2006; Maldonado & Dickstein, 2010). Assim, nas relações hetero, em que os estereótipos de gênero ainda estão muito presentes, há uma tendência de que a mãe fique sobrecarregada com a nova rotina com o bebê.

Alguns parceiros pensam que cuidar de bebê é "coisa de mulher". Em alguns casos, o homem se envolve ainda mais no trabalho. O seu pouco investimento na dinâmica familiar após o nascimento de um filho pode gerar mais conflitos para o casal, com o acúmulo de mágoas e ressentimentos, rompendo um equilíbrio que já se encontra abalado pelo período de muitas mudanças pelas quais os parceiros estão passando (Maldonado & Dickstein, 2010).

A vida da mulher quase sempre se modifica mais do que a vida do homem. A mãe geralmente fica responsável pela rotina do bebê, pela organização e compra das coisas do bebê e algumas pelas tarefas da casa também, não sobrando tempo para os próprios cuidados básicos. Essas demandas depois aumentam quando ela precisa retornar ao trabalho, gerando uma sobrecarga. Já o homem, muitas vezes, continua trabalhando e envolvido em outras atividades (Maldonado & Dickstein, 2010).

No período de preparação para a chegada de um filho, pouco se fala sobre o relacionamento do casal. Além disso, existem tabus entre o casal para dialogar sobre sexo e/ou ter relações sexuais e como o homem se sente nessa díade mãe-bebê. Quando se fala da família, comenta-se sobre educação dos filhos, mas frequentemente se negligenciam os possíveis impactos e as transformações no relacionamento do casal. Volta-se a atenção totalmente para o bebê, com a mulher na função de responsável pelo cuidado, e o parceiro dedicado a "ajudar"/dar o suporte e prover, afinal eles teriam sido preparados ao longo da vida para exercer esse papel (Maldonado & Dickstein, 2010).

Assim, não é raro que a relação seja deixada de lado, de modo que os cuidados com o casal pouco existem. O foco dos cuidados é direcionado para a dinâmica da família para auxiliar a fluidez das tarefas, mas sem se importar com o casal. O casal já não sai; o sexo, que normalmente é deixado de lado antes mesmo do nascimento do bebê, demora a voltar a ser como era; as carícias diminuem; o diálogo sobre o assunto do casal não é frequente (Arrais, 2005).

Há casais que renunciam às próprias necessidades para focar apenas as do filho, deixando de se dedicar um ao outro, e não reservam tempo para os próprios interesses, deixando a relação em segundo plano. A questão pode se tornar um problema quando esses comportamentos persistem (Maldonado & Dickstein, 2010).

Na perspectiva da Análise do Comportamento, para um bom funcionamento da vida do casal, são necessárias trocas de reforçamento positivo, com compartilhamento de tarefas e responsabilidades de forma equilibrada, estabelecendo, por meio de seus comportamentos, as contingências que controlam o comportamento do outro. As dificuldades acontecem quando o casal faz uso excessivo de estratégias de controle aversivo ou quando os padrões habituais de reforçamento não são recíprocos, o que pode ocasionar um desequilíbrio na relação (Vandenberghe, 2006).

Possíveis demandas na clínica: análises de variáveis

Partindo do que foi abordado por Vandenberghe (2006) a respeito das contingências de reforçamento necessárias para o "bom funcionamento" do casal, quando uma criança chega, as contingências mudam, e o casal precisa aprender a se comportar de maneira diferente para conseguir manter as contingências de reforçamento na relação.

Contudo, o primeiro ponto seria entender: quais contingências mudaram na relação que estão incomodando o casal? E quais são as possíveis queixas que podem ocorrer nesse momento? Por qual(is) motivo(s) o relacionamento pode não estar bem? Com certeza vários motivos podem estar associados. Dessa forma, serão relatadas algumas variáveis que podem estar relacionadas, diante do que foi exposto anteriormente, e o que é identificado na clínica. O objetivo não é esgotar as possibilidades, mas identificar variáveis que possam auxiliar nas análises funcionais de outros casos na clínica.

É relevante ressaltar, antes de iniciar esse ponto, que o atendimento clínico fundamentado em princípios analíticos comportamentais deve sempre começar com a avaliação comportamental do caso, tendo por base as informações coletadas sobre os(as) clientes e suas queixas, compreender a manutenção dos comportamentos do casal, identificar as demandas dos(as) parceiros(as), levantar hipóteses, traçar estratégias de intervenção para que os(as) clientes aprendam habilidades necessárias. Destaca-se, ainda, a importância de que sejam realizadas constantes avaliações dos resultados, das estratégias de intervenções e formulações comportamentais (Fonseca & Nery, 2018; Otero & Ingberman, 2004).

Seguindo com as reflexões, vamos pontuar algumas queixas que os clientes podem trazer para a terapia nos momentos que se seguem ao nascimento de um bebê e que interferem na relação do casal. São elas: distanciamento que ocorre entre o casal, a mulher se sentir sobrecarregada, diminuição do diálogo sobre as demandas do casal, poucas atividades que envolvam só o casal, prioridade de atenção e cuidado com os filhos, dificuldade em achar o equilíbrio e sentimento de culpa quando deixam o filho para fazer algo que envolve somente o casal. Além disso, transtornos psiquiátricos/questões de saúde mental podem ocorrer nesse período.

O que podemos analisar quando a mulher relata que está se sentindo sobrecarregada com os cuidados da criança e a rotina de casa? Uma hipótese é que os pais fiquem sob controle da regra de que a mãe é responsável pelos cuidados do filho, e o pai seja o provedor. Sendo assim, as atividades que envolvam cuidados, a mãe acaba executando sozinha. Nesse caso, a mãe entra em contato com contingências de reforçamento negativo quando o cuidado acontece com a função de evitar ou diminuir o choro e outros desconfortos do bebê, por exemplo. Além de ser um momento de privação para a mulher, de sono, de atenção e de tempo para se engajar em comportamentos de autocuidado. Os comportamentos de cuidado da mãe também são reforçados positivamente por meio do reconhecimento das pessoas, por exemplo, o que contribui para que mantenha seu padrão cuidador, apesar dos aversivos. Porém, ao manter esse padrão de ser a principal cuidadora do filho, ela fica sobrecarregada e tem pouco tempo para fazer outras atividades de que gostaria, por exemplo, cuidar-se, dormir um pouco mais, fazer algo de que gosta, sair com o marido. Dessa forma, dividir as tarefas com o parceiro pode ajudar com essa queixa. É importante investigar o que está mantendo o padrão da mulher em realizar todas essas demandas, mesmo entrando em contato com os aversivos. A sobrecarga pode estar relacionada a um padrão de passividade, perfeccionismo, controle por regras e/ou autorregras, entre outras possibilidades.

Após o nascimento do bebê, a mãe pode perceber uma modificação da sua autoimagem devido às mudanças que ocorrem no corpo nesse momento, demonstrando insatisfação com a sua aparência. Algumas sentem vergonha por não estarem no padrão que aprenderam ser o correto, o imposto pela sociedade, ou preocupação sobre como o parceiro pode percebê-las, distanciamento do parceiro e diminuição da frequência de elogios feitos por ele, como também as privações de situações de mais intimidade com o parceiro, por exemplo (Cantilino et al., 2010; Zanatta et al., 2017). Essas variáveis podem interferir na autoestima da mulher pela diminuição de acesso a contingências reforçadoras.

Alguns casais se queixam da diminuição de diálogo entre eles, principalmente no que se refere às conversas sobre a relação. Investigar como era esse diálogo antes da chegada do bebê pode ser um bom começo. A maneira como o outro cônjuge reage às tentativas de diálogos sobre o casal pode influenciar na probabilidade de essas conversas estarem acontecendo com menor frequência, quando, por exemplo, um responde de maneira aversiva às tentativas do outro. Outra possibilidade de análise é o diálogo ter acontecido, mas o dizer não corresponder ao fazer. Essa queixa também pode ter relação com o excesso de demandas que o casal passou a ter após a chegada do filho. O casal passa a ter a conversa com o foco em resolver situações que envolvem diferentes consequências, e os diálogos que tenham relação com o casal vão diminuindo de frequência. O diálogo para resolução de demandas que envolvem a família de maneira assertiva torna-se reforçador para eles, no papel de pai e mãe. Todavia, situações de conversas assertivas que envolvam o casal contribuem para que os(as) parceiros(as) entrem em contato com contingências reforçadoras para eles (Elias & Britto, 2007; Vandenberghe, 2006).

A prioridade nos cuidados com os filhos repercute na vida do casal de diversas maneiras. Pode haver reforçamento para os comportamentos da mulher de exercer bem o seu papel de mãe, pelas outras pessoas e nas próprias contingências no contato com o filho. O homem, ao emitir o comportamento de "ajudar" a esposa nos cuidados com o filho para que ela possa realizar outras atividades, também tem seus comportamentos reforçados. Dessa forma, aumenta a probabilidade de eles emitirem comportamentos relacionados ao cuidado do filho e pode diminuir a frequência de outros comportamentos, como atividades que envolvam somente o casal.

O sentimento de culpa também pode ocorrer nessa situação, quando os pais se permitem realizar algum programa somente entre eles. A culpa, para a Análise do Comportamento, segundo Rico et al. (2012), ocorre diante da apresentação de uma estimulação aversiva ou da retirada de um estímulo reforçador feita por outra pessoa. Esse sentimento pode acontecer devido às regras que a nossa sociedade emite sobre o papel de pai e mãe ditando o que é certo e errado. Podem existir os julgamentos de outras pessoas, e, ao ser julgado nesse sentido, o casal pode diminuir a frequência do comportamento de sair sem os filhos, sem avaliar se a regra é pertinente para o seu contexto ou as contingências relacionadas ao seu comportamento.

O parceiro pode se queixar da atenção que a esposa dedica à criação do filho e do pouco tempo dedicado ao casal. É importante analisar o modelo de parentalidade e relacionamento que o homem pode ter tido com os seus pais, pois ele pode ter sido criado em um contexto em que a mãe se dedicava totalmente aos filhos e, quando os filhos cresceram, os pais podem ter tido dificuldade no relacionamento, e esse contexto pode ser aversivo para o marido. Além disso, é relevante avaliar o repertório de assertividade para solicitar à esposa que gostaria que tivessem mais tempo para a relação, ou como ele poderia contribuir no cuidado com o(s) filho(s) para que tivessem mais tempo juntos, entre outras possibilidades de mudança para desenvolver o padrão de comportamento de assertividade e quais habilidades ele tem para exercer o papel de pai, e não somente o de provedor, para dividir a responsabilidade com a parceira na criação do(s) filho(s) (Silva & Vandenberghe, 2007).

Outro ponto que é importante destacar envolve os transtornos psiquiátricos relacionados ao puerpério e que interferem na vida da mulher e do homem. Serão abordados brevemente os mais conhecidos, sendo os identificados nas mulheres a Disforia Puerperal (*baby blues*/tristeza materna), Depressão Pós-Parto, Psicose Puerperal e Ansiedade Puerperal (Camacho et al., 2006; Cantilino et al., 2010). Nos homens, ainda que em pequena proporção, também existe a possibilidade de ter Depressão Pós-Parto (Brites, 2006; Falceto et al., 2012; Kerber et al., 2011).

A Disforia Puerperal ocorre com mais frequência e de maneira mais branda. Os sintomas iniciam-se nos primeiros dias após a chegada do bebê e desaparecem de forma espontânea em média após duas semanas. Nesse momento a mãe pode apresentar choro fácil, labilidade emocional, irritabilidade, sensação de incapacidade ou medo de não saber o que fazer ou não dar conta das demandas do bebê. Não necessita de intervenção farmacológica, mas é importante a intervenção com o objetivo de suporte emocional adequado, empatia e auxílio no cuidado com o bebê (Albuquerque & Rollemberg, 2021; Cantilino et al., 2010; Iaconelli, 2005).

A Depressão Pós-Parto, como foi mencionado, pode ocorrer com pais e mães, embora a porcentagem de mulheres seja superior em comparação com os homens. Os sintomas desse quadro são: humor deprimido, perda de prazer e interesse nas atividades, alteração de apetite e sono, agitação ou retardo psicomotor, sensação de fadiga, sentimento de inutilidade ou culpa, dificuldade para concentrar-se ou tomar decisões e, em alguns casos, pensamentos de morte ou suicídio (Arrais, 2005; Cantilino et al., 2010; Moraes et al., 2006).

Alguns dos fatores relacionados à Depressão Pós-Parto da mãe são históricos de depressão ou ansiedade, situações estressantes, rede de apoio deficitária, pouco suporte financeiro e relacionamento conjugal conflituoso (Cantilino et al., 2010). A intervenção psicológica com o objetivo de prevenção tem apresentado bons resultados nessa situação. Contudo, o acompanhamento pelos profissionais, mesmo após o diagnóstico, também é importante para a mãe com Depressão Pós-Parto (Almeida & Arrais, 2016; Arrais & Araújo, 2016, 2017). Na Depressão Pós-Parto masculina ou paterna, como é chamada, os sintomas serão os mesmos, e ambos vivenciam mudanças nos seus papéis, o que pode diferenciar são as demandas relacionadas aos fatores associados à depressão (Brites, 2016; Falceto et al., 2012; Zanatta et al., 2017).

A Psicose Puerperal é o transtorno considerado mais grave que pode acontecer no período do puerpério, principalmente pelos riscos à mãe e ao bebê, porém a sua prevalência é baixa. Os sintomas que podem ocorrer na psicose puerperal são humor irritável, euforia, logorreia, agitação motora, insônia, delírios, ideias persecutórias, alucinações, desorientação, confusão mental e despersonalização. Nesse caso é indicada a internação da mãe, buscar ajuda dos profissionais indicados, e a proteção do bebê com alguém da família (Camacho et al., 2006; Cantilino et al., 2010; Iaconelli, 2005).

Quando a mulher apresenta preocupações persistentes, agitação, fadiga, dificuldade em se concentrar, irritabilidade, tensão muscular, hiperventilação, taquicardia e perturbação do sono, ela pode estar dando sinais de Ansiedade Puerperal (Pereira et al., 2013). Por ser um momento de muitas mudanças, a mulher pode apresentar sentimentos de ambivalência nesse novo papel para a puérpera. Além disso, quando há um histórico de ansiedade, isso também pode contribuir (Beltrami et al., 2013; Chemello et al., 2017; Correia & Linhares, 2007; Faisal-Cury & Menezes, 2006; Pereira et al., 2013).

Em todas essas situações, o suporte do(a) parceiro(a) é fundamental. Não existindo esse apoio, além de interferir no vínculo do casal, pode interferir na díade mãe-bebê e pai-bebê (Beltrami et al., 2013; Cantilino et al., 2010). Dessa forma, buscar ajuda de profissionais para identificar os sintomas ou os fatores de risco na gestação de modo precoce para intervir de maneira preventiva e protetiva é de extrema importância para que os pais vivenciem esse momento da melhor forma possível (Chemello et al., 2017).

Levando em consideração algumas possibilidades mencionadas neste capítulo, é importante realizar o seguinte questionamento: quais são os possíveis comportamentos relacionados quando o casal se queixa da dificuldade em achar um equilíbrio? Esse ponto é muito idiossincrático e, ao mesmo tempo, muito importante para o casal. Será abordado o equilíbrio de acordo com Vandenberghe (2006) (maior frequência de trocas de reforçamento positivo, compartilhando tarefas e responsabilidades, habilidade de comunicação e resolução de problema e menor frequência de comportamentos coercitivos) neste capítulo. Vale analisar com o casal de que especificamente cada um sente falta na relação e o que gostaria que mudasse. Os pontos que foram levantados neste texto, os quais destacam as mudanças que ocorrem nos comportamentos dos cônjuges, poderiam contribuir para que esse "equilíbrio" acontecesse. Ou seja, divisão de tarefas relacionadas à casa e ao(s) filho(s), diminuindo o contato com estímulos aversivos, privações e contribuindo para o contato com mais contingências reforçadoras em outras relações e na relação do casal são algumas situações em que a mudança do comportamento pode favorecer o acesso às consequências desejadas (Elias & Britto, 2007).

O processo clínico de um casal que teve um filho recentemente inclui trabalhar a aceitação desse novo contexto, que anteriormente envolvia somente a díade homem e mulher, no caso das relações hetero. Dessa maneira, entre o casal provavelmente havia mais tempo para realizarem atividades reforçadoras, individualmente e entre eles, tendo mais atenção um do outro. Com a tríade mulher-filho-homem, outros compromissos passam a coexistir. Não se pode pensar em um trabalho padronizado para esses casais, cada casal tem a sua história de relacionamento, e todo o processo terapêutico deverá atender a essas especificidades (Delitti & Derdyk, 2012).

Considerações finais

O presente capítulo teve por objetivo abordar como os papéis de pai e mãe, socialmente estabelecidos, podem influenciar na relação de casal com a chegada de um bebê e algumas das variáveis que podem estar presentes nesse momento. Muitas coisas mudaram nas famílias e nas relações conjugais ao longo dos anos, assim como a relação entre homens e mulheres, e os papéis que eles exercem na criação dos filhos. O objetivo não foi apresentar padrões de gênero como sendo a única referência, e sim trazer a reflexão de que nosso contexto social seleciona alguns comportamentos em função de estereótipos, para algumas pessoas mais e outras menos, e refletir até que ponto esses comportamentos podem interferir e gerar consequências aversivas para o casal.

Ou seja, existem muitas maneiras possíveis de ser mulher e diferentes maneiras de exercer a maternidade. Não há uma única forma de ser mãe (Baracat et al., 2021), e são também múltiplas as possibilidades para os homens/pais. A maternidade é estabelecida em nossa cultura que fortalece regras e estereótipos que podem negligenciar e oprimir comportamentos que diferem do que é esperado, como em situações em que mães não falam como se sentem ou sobre desejos por falta de acolhimento ou por julgamento, sendo inconfessáveis por elas, embora façam todo sentido no contexto das contingências sociais/culturais em que estão inseridas (Zanello, 2018). Dessa forma, pode haver sofrimento por não corresponderem ao rígido padrão imposto socialmente.

Esse texto não aborda todas as variáveis que podem influenciar uma relação após a chegada de uma criança, e não é essa a intenção, nem seria possível esgotar o assunto. A proposta é contribuir para a produção de mais textos que tragam esse tema, principalmente dentro da Análise do Comportamento. O objetivo também é contribuir para o conhecimento de terapeutas que acompanham casais que passam por essas mudanças. O importante é termos informação sobre esse conteúdo para analisar essas variáveis e a contribuição dos contextos social e ambiental na seleção dos comportamentos dos casais.

Nesse texto foi abordada de forma mais aprofundada a relação cisgênero heterossexual, no entanto sabe-se da importância de que sejam consideradas questões relativas a outras configurações de casais/famílias no contexto das intervenções analítico-comportamentais. Tendo conhecimento de que esse tema pode abarcar muitas outras constituições de famílias e casais, destaca-se a importância de textos abordando temas voltados para esses públicos com o objetivo de ter mais conteúdo dentro na Análise do Comportamento e mais contribuição para a atuação do psicólogo na clínica, lembrando sempre que é preciso avaliar individualmente cada caso que chega ao contexto clínico (sugere-se ver os capítulos 5 e 7, neste mesmo volume, que abordam, respectivamente, o atendimento a casais LGBTQIAPN+ e relações não monogâmicas).

Referências

Albuquerque, R. N., & Rollemberg, D. V. S. (2021). Fatores de risco e cuidados à mulher com baby blues. *Saúde em Revista, 21*(1), 239-249.

Almeida, N. M. C., & Arrais, A. R. (2016). O Pré-Natal Psicológico como programa de prevenção à depressão pós-parto. *Psicologia: Ciência e Profissão, 36*(4), 847-863.

Arrais, A. R. (2005). *As configurações subjetivas da depressão pós-parto: Para além da padronização patologizante* [Tese de doutorado, Universidade de Brasília].

Arrais, A. R., & Araújo, T. C. C. F. (2016). Pré-Natal Psicológico: perspectivas para atuação do psicólogo em saúde materna no Brasil. Revista *Sociedade Brasileira de Psicologia Hospitalar, 19*(1), 103-116.

Arrais, A. R., & Araújo, T. C. C. F. (2017). Depressão pós-parto: Uma revisão sobre os fatores de risco e de proteção. *Psicologia, Saúde e Doença, 18*(3), 828-845.

Azevedo, K. R., & Arrais, A. R. (2006). O mito da mãe exclusiva e seu impacto na depressão pós-parto. *Psicologia: Reflexão e Crítica, 19*(2), 269-276. https://doi.org/10.1590/S0102-79722006000200013

Baracat, A., Bastos, D., Batista, G., Moreiras, L., Tiboni, M., & Camardelli, M. (2021). *Maternidades no plural: Retratos de diferentes formas de maternar*. Fontanar.

Beltrami, L., Moraes, A. B., & Souza, A. P. R. (2013). Ansiedade maternal puerperal e risco para o desenvolvimento infantil. *Distúrbios da Comunicação, 25*(2), 229-239.

Bornholdt, E. A., Wagner, A., & Staudt, A. C. P. (2007). A vivência da gravidez do primeiro filho à luz da perspectiva paterna. *Psicologia Clínica, 19*(1), 75-92.

Brites, T. J. C. (2006). *Depressão pós-parto paterna: Família em risco* [Dissertação de mestrado, Universidade de Coimbra].

Camacho, R. S., Cantinelli, F. S., Ribeiro, C. S., Cantilino, A., Gonsales, B. K., Braguitonni, E., & Rennó Jr., J. (2006). Transtornos psiquiátricos na gestação e no puerpério: Classificação, diagnóstico e tratamento. *Revista Psiquiatria Clínica, 33*(2), 92-102. https://doi.org/10.1590/S0101-60832006000200009

Cantilino, A., Zambaldi, C. F., Sougey, E. B., & Rennó Jr., J. (2010). Transtornos psiquiátricos no pós-parto. *Revista Psiquiatria Clínica, 37*(6), 278-284. https://doi.org/10.1590/S0101-60832010000600006

Carvalho, M. T., & Benincasa, M. (2019). Depressão pós-parto e afetos predominantes na gestação, parto e pós-parto. *Interação em Psicologia, 23*(2), 125-134. http://dx.doi.org/10.5380/psi.v23i02.57188

Catania, A. C. (1999). *Aprendizagem: Comportamento, linguagem e cognição* (4a ed.; A. Schimidt, D. G. Souza, F. C. Capovila, J. C. C. Rose, M. J. D. Reis, A. A. Costa, L. M. C. M. Machado & A. Gadotti, Trads.). Artmed. (Trabalho original publicado em 1994)

Chemello, M. R., Levandowski, D. C., & Donelli, T. M. S. (2017). Ansiedade materna e maternidade: Revisão crítica da literatura. *Interação em Psicologia, 21*(1), 78-89.

Correia, L. L., & Linhares, M. B. M. (2007). Ansiedade materna nos períodos pré e pós-natal: Revisão da literatura. *Revista Latino-Americana de Enfermagem, 15*(4), 677-683. https://doi.org/10.1590/S0104-11692007000400024

Del Priore, M. (2013). País de ontem: Transformações da paternidade no século XIX. In M. Del Priore, & M. Amantino (Orgs.), *História dos homens no Brasil* (pp. 153-184). Unesp.

Delitti, M., & Derdyk, P. (2012). O trabalho da análise do comportamento com grupos: Possibilidades de aplicação a casais e famílias. In N. B. Borges, & F. A. Cassas (Orgs.), *Clínica analítico-comportamental: Aspectos teóricos e práticos* (pp. 259-269). Artmed.

Doyle, G. (2021). *Indomável*. Harper Collins.

Elias, P. V. O., & Brito, I. A. G. S. (2007). A função da assertividade no relacionamento afetivo. In R. R. Starling (Org.), *Sobre comportamento e cognição: Temas aplicados* (pp. 23-26). ESETec.

Faisal-Cury, A., & Menezes, P. R. (2006). Ansiedade no puerpério: Prevalência e fatores de risco. *Revista Brasileira de Ginecologia e Obstetrícia, 28*(3), 171-178. https://doi.org/10.1590/S0100-72032006000300006

Falceto, O. G., Fernandes, C. L. C., & Kerber, S. R. (2012). Alerta sobre a depressão pós-parto paterna. *Revista Brasileira de Ginecologia e Obstetrícia, 34*(7), 293-295. https://doi.org/10.1590/S0100-72032012000700001

Fonseca, F. N., & Nery, L. B. (2018). Formulação comportamental ou diagnóstico comportamental: Um passo a passo. In A. K. C. R. de-Farias, F. N. Fonseca, & L. B. Nery (Orgs.), *Teoria e formulação de casos em análise comportamental clínica* (pp. 23-48). Artmed.

Fonseca, M. N. A., Rocha, T. S., Cherer, E. Q., & Chatelard, D. S. (2018). Ambivalência do ser mãe: Um estudo de caso no em psicologia hospitalar. *Estudos Interdisciplinares em Psicologia, 9*(2), 141-155.

Forna, A. (1999). *Mãe de todos os mitos: Como a sociedade modela e reprime as mães*. Ediouro.

Iaconelli, V. (2005). Depressão pós-parto, psicose pós-parto e tristeza materna. *Revista Pediatria Moderna, 41*(4), 210-216.

Jager, M. E., & Bottoli, C. (2011). Paternidade: Vivência do primeiro filho e mudanças familiares. *Psicologia: Teoria e Prática, 13*(1), 141-153.

Kerber, S. R., Falceto, O. G., & Fernandes, C. L. C. (2011). Problemas conjugais e outros fatores associados a transtornos psiquiátricos do pós-parto. *Revista Brasileira de Ginecologia e Obstetrícia, 33*(6), 281-187. https://doi.org/10.1590/S0100-72032011000600004

Maldonado, M. T., & Dickstein, J. (2010). *Nós estamos grávidos*. Integrare Editora.

Matos, M. A. (2001). Comportamento governado por regras. *Revista Brasileira de Terapia Comportamental e Cognitiva, 3*(2), 51-66.

Moraes, I. G. S., Pinheiro, R. T., Silva, R. A., Horta, B. L., Sousa, P. L. R., & Faria A. D. (2006). Prevalência da depressão pós-parto e fatores associados. *Revista de Saúde Pública, 40*(1), 65-70. https://doi.org/10.1590/S0034-89102006000100011

Moreira, M. B., & Medeiros, C. A. (2019). *Princípios básico da análise do comportamento*. Artmed.

Nery, L. B. (2012). *Estereótipos de gênero: O efeito da exposição à mídia filme sobre brincadeiras de crianças* [Dissertação de mestrado, Universidade de Brasília].

Nery, L. B., & Fonseca, F. N. (2018). Análises funcionais moleculares e molares: Um passo a passo. In A. K. C. R. de-Farias, F. N. Fonseca, & L. B. Nery (Orgs.), *Teoria e formulação de casos em análise comportamental clínica* (pp. 1-22). Artmed.

Nicolodi, L. G., & Hunziker, M. H. L. (2021). O patriarcado sob a ótica analítico--comportamental: Considerações iniciais. *Revista Brasileira de Análise do Comportamento, 17*(2), 164-175. http://dx.doi.org/10.18542/rebac.v17i2.11012

Nicolodi, L. G., & Arantes, A. (2019). Poder e patriarcado: Contribuições para uma análise comportamental da desigualdade de gênero. In R. Pinheiro, & T. Mizael (Orgs.), *Debates sobre feminismo e análise do comportamento* (pp. 67-86). Imagine Publicações.

Otero, V. R. L., & Ingberman, Y. K. (2004). Terapia comportamental de casais: Da teoria à prática. In M. Z. S. Brandão, F. C. S. Conte, F. S. Brandão, Y. K. Ingberman, V. L. M. Silva, & S. M. Oliana (Orgs.), *Sobre o comportamento e cognição. Contingências e metacontingências: Contextos socioverbais e comportamento do terapeuta* (Vol. 13, pp. 363-373). ESEtec.

Pereira, V. A., Rodrigues, O. M. P. R., Carvalho, S. Z. L. C., & Chiodelli, T. (2013). Influências do estresse e ansiedade puerperal nos primeiros meses do desenvolvimento do infantil. *Cadernos de Pós-Graduação em Distúrbios do Desenvolvimento, 15*(1), 89-100.

Ribeiro, C. R., Gomes, R., & Moreira, M. C. N. (2015). A paternidade e a parentalidade como questões de saúde frente aos rearranjos de gênero. *Ciência e Saúde Coletiva, 20*(11), 3.589-3.598. https://doi.org/10.1590/1413-812320152011.19252014

Rico, V. V., Golfeto, R., & Hamasaki, E. I. M. (2012). Sentimentos. In M. M. C. Hubner, & M. B. Moreira (Orgs.), *Temas clássicos da psicologia sob a ótica da análise do comportamento* (pp. 88-99). Guanabara Koogan.

Rodrigues, O. M. P. R., & Schiavo, R. A. (2011). Stresse na gestação e puerpério: Uma correlação com a depressão pós-parto. *Revista Brasileira de Ginecologia e Obstetrícia, 33*(9), 252-257. https://doi.org/10.1590/S0100-72032011000900006

Ruiz, M. R. (2003). Inconspicuous sources of behavioral control: The case of gendered practices. *The Behavior Analyst Today*, *4*(1), 12-16. https://doi.org/10.1037/h0100005

Sidman, M. (2003). Coerção e suas implicações (M. A. Andery & T. M. Sério, Trads.). (Trabalho original publicado em 1989)

Silva, I. M., & Lopes, R. C. S. (2009). Reprodução assistida e relação conjugal durante a gravidez e após o nascimento do bebê: Uma revisão da literatura. *Estudos de Psicologia*, *14*(3), 223-230. https://doi.org/10.1590/S1413-294X2009000300006

Silva, L. J., & Silva, L. R. (2009). Mudanças na vida e no corpo: Vivências diante da gravidez na perspectiva afetiva dos pais. *Esc. Anna Nery*, *13*(2), 393-401. https://doi.org/10.1590/S1414-81452009000200022

Silva, L. P., & Vanbenberghe, L. (2007). A importância do treino de comunicação na terapia comportamental de casal. *Psicologia em Estudo*, *13*(1), 161-168. https://doi.org/10.1590/S1413-73722008000100019

Skinner, B. F. (1981). Selection by consequences. *Science*, *213*, 501-504.

Skinner, B. F. (1985). *Ciência e comportamento humano* (11a ed.; J. C. Todorov & R. Azzi, Trads.). Martins Fontes. (Trabalho original publicado em 1953)

Todorov, J. C. (1989). A psicologia como estudo de interações. *Psicologia: Teoria e Pesquisa*, *5*, 325-347. https://doi.org/10.1590/S0102-37722007000500011

Valério, A., Castro, D. P., & Florêncio, T. (2022). Reflexões sobre masculinidades: Possibilidades de interpretação a partir de uma visão analítico-comportamental. *Revista Perspectivas em Análise do Comportamento*, *13*(1), 41-53. https://doi.org/10.18761/VEEM.13796

Vandenberghe, L. (2006). Terapia comportamental de casal: Uma retrospectiva da literatura internacional. *Revista Brasileira de Terapia Comportamental e Cognitiva*, *3*(2), 145-160. https://doi.org/10.31505/rbtcc.v8i2.97

Zanatta, E., Pereira, C. R. R., & Alves, A. P. (2017). A experiência da maternidade pela primeira vez: As mudanças vivenciadas no tornar-se mãe. *Pesquisa e Práticas Psicossociais*, *12*(3), 1-16.

Zanello, V. (2018). *Saúde mental, gênero e dispositivos: Cultura e processos de subjetivação*. Appris.

12

AFETIVIDADE E SEXUALIDADE DURANTE O ENVELHECIMENTO

Anna Laura Leal Freire
Amanda Landi de Brito
Isadora Carneiro Ávila
Renata Bellato Menezes

Uma declaração de amor aos amores que não são centrados no sexo. [...] Quando me ensinaram sobre procurar o amor da minha vida, o subtexto era de que esse amor só seria encontrado com alguém com quem eu fizesse sexo. Mas com você percebo que sexo é apenas uma das muitas coisas que poderíamos fazer juntos. E agora sei que, para além do que se faz, os amores da vida estão mesmo é na companhia. Na não monocultura dos afetos, o seu é a floresta.
(Núñez)

O sistema cultural não é estático, e as convenções sociais também não são (ainda bem). O que antes não conseguíamos acessar/falar/elaborar vai, pouco a pouco, ganhando mais espaço e importância nos debates interpessoais (racismo, machismo, intolerância religiosa, homofobia etc.). Porém, para algumas temáticas, parece que a transformação é ainda mais lenta, e "sexualidade na terceira idade" pode ser um exemplo disso.

O processo de envelhecimento é complexo e heterogêneo (Mercadante, 2005). Sendo assim, sugere-se que os(as) psicólogos(as) comportamentais em suas interações cotidianas se lembrem da premissa básica acerca da multideterminação do comportamento atuando sobre nossos repertórios. Nessa mesma linha de raciocínio, os rótulos que a gente ouve e reproduz seriam descrições meramente topográficas, por vezes com influências de juízos de valor, que não nos permitem compreender e avaliar fenômenos com precisão. O presente capítulo auxiliará você a expandir a sua visão.

Skinner (1981/2007) destaca que os comportamentos são consequências das interações entre os três níveis de seleção e de variação: filogenético, que corresponde à hereditariedade biológica do indivíduo; ontogenético, que é história de reforçamento pessoal do indivíduo; e cultural, que diz respeito aos aspectos culturais que influenciam a conduta humana. Portanto, o ser humano é um ser ativo: provoca modificações no ambiente, mudanças essas que retroagem sobre o sujeito e alteram seus padrões comportamentais.

Contextualizando o nosso recorte para o ponto de vista filogenético, o envelhecimento traz mudanças físicas consideráveis (mudança no tônus muscular, no metabolismo, na motricidade, na memória e em comportamentos sexuais: a dificuldade de ter e manter ereção para os homens; e o comprometimento da lubrificação natural para as mulheres, por exemplo). De que forma isso deve afetar os idosos na busca pelos seus prazeres? A quem eles recorrem para abrandar esses desafios? Será que os profissionais que trabalham com o estudo dos aparelhos reprodutores (masculino e feminino) estão capacitados para receber pacientes 60+ sem colocá-los exclusivamente na condição de tratamento e prevenção de doenças?

A ontogênese nos convida a pesquisar história de vida e de relacionamentos. Quais comportamentos direcionados à afetividade e à sexualidade devem ter sido reforçados na história desse(a) idoso(a)? Quais foram severamente punidos? Nesses históricos, questões de gênero, classe social e econômica da família/dos educadores, nível de instrução são variáveis que influenciam? Como os núcleos mais próximos demonstravam afeto? De que maneira aconteceram as iniciações e o desenvolvimento sexuais? Como o paciente idoso percebe o seu papel no mundo e em suas relações?

No que diz respeito à nossa macrocultura, repleta de discriminações, entre elas as etárias e de gênero, quais as consequências disso na forma como os idosos interagem em seus ambientes? Como é não corresponder à "era da produtividade acelerada"? E não se enxergar no aprimoramento de políticas públicas? Como deve ser ter que restringir os seus passeios por falta de acessibilidade? Em quais espaços falamos de perdas e lutos na terceira idade? E das potencialidades também, sem envolver apenas hidroginásticas e crochês? Quem está considerando os idosos como plurais? Qual será a reação do farmacêutico ao presenciar pessoas mais velhas comprando camisinhas e lubrificantes? Como deve ser ter a sua vida sexual permeada por regras e autorregras que limitam os seus atos a todo momento? Pregamos uma sociedade libertária, mas isso inclui os direitos e as autonomias dos idosos sobre os próprios corpos? Questões essas sobre as quais buscamos dialogar.

Nery (2022) nos provoca a pensar sobre as nossas relações amorosas ao longo da vida. Além disso, fomenta a discussão sobre quanto as expectativas do "amor romântico" (fonte inesgotável de reforçadores, ausência de contingências punitivas, vivido por almas gêmeas que não se ferem, afinal se transformam em uma só pessoa etc.) nos afastam do "real" (em determinadas situações, a relação exige um alto custo de resposta; por vezes, os reforçadores a que temos acesso enquanto solteiros são diferentes daqueles que se tornam disponíveis ao vivermos uma relação monogâmica, e, por consequência, nos sentimos confusos e com questões ambivalentes).

Toda essa falta de correspondência entre o "imaginário/ideal" e o "real" gera muitas frustrações naqueles que se comportam em busca de se relacionar afetivamente (luto pela não concretização daquilo que os filmes/livros românticos pregam, limitação da experiência de relacionamentos e outras problematizações) (Nery, 2022). O equivalente também pode acontecer quando instituímos os idosos como seres "frágeis, vulneráveis, dependentes", nos levando a crer que vínculos afetivos na terceira idade envolvam restritamente a subserviência (não dando espaço para desejo, tesão, interesses em produtos eróticos, fetiches e prazeres). Por essas e outras que nos parece "sujo/inadequado/inconveniente" um idoso relatar publicamente algo nesse sentido, mas, quando os jovens se comportam de forma similar, liberamos outras consequências.

Certamente, o fato de a sexualidade na velhice ter sido emparelhada de modo escancarado ou velado com um "tabu" faz-se como forma de controle social, moral, religioso e político. Assim, um dos nossos papéis enquanto cientistas comportamentais, ainda que idosos ou não, é nos tornarmos, cada vez mais, aliados ativos na desmistificação de ideais reducionistas e cruéis sobre como a manifestação da sexualidade na terceira idade deveria ser permitida ou proibida.

Você, se leitor(a) jovem ou adulto(a) não idoso(a), pode até chegar a pensar "esse esforço não é da minha parte". Deveras, é e não é... Pode não parecer ser, em razão de sua idade ou do contexto em que vive, porém, trazendo a noção de que as taxas de expectativa de vida vêm se modificando não apenas quantitativamente, de forma gradual, mas também em qualidade de vida durante o envelhecimento, discutir sobre isso pode ampliar o acesso a reforçadores positivos em suas relações quando mais velho. Posto isso, esse assunto se torna uma jornada ainda mais frutífera e necessária de ser explorada.

Além disso, se é indiscutível o dilema de que, enquanto estivermos vivos, estamos paralelamente envelhecendo, surgem outras questões que valem a pena de se colocar a pensar: por quais motivos vamos fechar as portas para falarmos de uma condição que será a nossa realidade daqui a algum tempo? Como você gostaria de exercer a sua sexualidade e afetividade na velhice? Como estará a sociedade em termos de representatividade para esse tema? Como estarão os estudos, os debates, os movimentos sociais para promover esse espaço? De que forma estamos reforçando os comportamentos de pesquisadores na área? Qual a nossa responsabilidade na construção de um futuro que a gente deseja que seja diferente? "É um degrau de cada vez": as autoras que aqui escrevem são jovens e também concordam com isso. Tanto concordam que estão esperançosas de que esta leitura seja um degrau importante para o aumento de seu interesse e compromisso social.

Silva e Pedrosa (2008) fizeram uma análise do discurso em um fórum de debate na internet em que os usuários (com pseudônimos) interagiam entre si com perguntas e respostas que envolviam a combinação das palavras "idoso + sexo", "idosa + sexo", "velho + sexo", "velha + sexo". A coleta de dados aconteceu em 2007 e possibilita ao leitor ter acesso a indagações como "Será que velho faz SEXO? Por exemplo: Uma velha de 80 anos faria sexo?" E outro respondeu: "Uma velha? Bem, pode até fazer, mas eu acho que dificilmente um homem quer comer uma velha de 80 anos, nem se ela pagar um prostituto!"

Alguns de vocês podem pensar que o estudo é antigo. De certa forma, sim. Mas e os discursos? São muito diferentes daquilo que vemos por aí hoje em dia? Será que evoluímos significativamente para esse debate? Ousamos dizer que, infelizmente, não. E que talvez haja um longo caminho pela frente. Uma evidência disso é o perfil do Instagram® ativo e operante @manualredpill, e os seus mais de 300 mil seguidores[37], que liberam consequências reforçadoras diante de postagens com discursos preconceituosos disfarçados de "exercício da liberdade de opinião". A

---

[37] Dados de acordo com a época da escrita do presente capítulo: junho/2023.

grande maioria das pessoas que se interessa pelos conteúdos dessa página é composta por homens cis (embora também haja mulheres). Entre as "contribuições" nada científicas do dono do perfil e autor do livro *Pílulas de Realidade e Manual Red Pill*, estão "nunca vi uma feminista feliz", "mulher não gosta de perder para outra" e "a dificuldade das mulheres mais velhas para o namoro" (na ótica dele, entendem-se por "velhas" as mulheres com mais de 35 anos, que estão "fora do mercado" e não deveriam se "expor ao ridículo ao buscar novos relacionamentos amorosos").

Pausa para lidar com essas afirmações. Sugerimos que vocês bebam uma água; se possível, releiam esse parágrafo e percebam as manifestações privadas que lhes ocorrem (pensamentos, emoções, sensações etc.) enquanto entram em contato com essas análises preconceituosas em pleno ano de 2023. Para as autoras, torna-se desconfortável até mesmo reportar que existe isso de forma tão escancarada (e aplaudida), mas achamos pertinente citá-lo para auxiliar vocês na construção do raciocínio contextual.

Diante de todo o exposto, o presente capítulo tem como principal objetivo apresentar-lhes casos clínicos reais, com recortes de vivências da sexualidade em clientes idosas. Além disso, faremos o convite à reflexão sobre a grande abrangência do tema e quanto podemos nos engajar com essa responsabilidade coletiva de estendermos os estudos sobre essa fase da vida para além dos comprometimentos biológicos, e também incluir as potencialidades afetivas. Será um entrelaçar da prática com a teoria, regado a provocações para os leitores de uma forma dinâmica e aberta. Sem mais delongas, seguem os casos clínicos (iniciais fictícias e transcrições dos relatos autorizadas para publicação via TCLE[38]):

Caso clínico I

Dona G, 69 anos, viúva, professora aposentada, sem filhos:

> *Sexo é mais do que penetração e com fins de procriação. E eu fui aprender isso à beira da terceira idade, infelizmente. Como eu tive um câncer de colo de útero aos 25 anos, morando no interior, recém-casada, haviam me dito que automaticamente eu estava infértil, foi um trauma o tratamento e essa constatação de infertilidade. E isso prejudicou e muito a minha relação com sexo a partir de então. Eu pensava que, pelo câncer no útero, a penetração sempre esbarraria nessa zona do meu corpo e que me*

---

[38] Termo de Consentimento Livre e Esclarecido.

feriria, coloquei isso na cabeça e, querendo ou não, acabei por me afastar do sexo com meu marido (por restringir a prática sexual à penetração e por não ter ido atrás de acompanhamento gine-cológico e psicológico para a volta das atividades sexuais após o tratamento do câncer). O impacto de não poder gestar também me doeu em um local muito específico associado à minha feminilidade, ao meu papel social de mulher [para mais informações sobre como o dispositivo materno costuma ser identitário para mulheres em nossa cultura, ver o capítulo 1, de Picoli, Aggio & Zanello, neste volume]. *Acabei por fazer vista grossa às relações extraconjugais do meu esposo por achar que era culpa minha, que eu merecia ser traída. Quando eu tinha 52 anos, meu esposo veio a óbito por complicações de HIV não tratado. Como* não tínhamos práticas sexuais frequentes, eu não contraí nenhuma infecção sexualmente transmissível (pelo menos isso, né?) [Risos]. *Mas apenas depois do falecimento dele que eu me vi na obrigação de achar outro rumo para a minha vida, em vários aspectos, inclusive para olhar a minha sexualidade de uma forma mais ampla. Faço ginástica pélvica, participo de palestras sobre sexualidade na terceira idade, faço acompanha-mento psicológico para meus traumas e possibilidades diante do que eu sou no momento, e isso me ajudou muito. Hoje namoro um senhor de 63 anos, e a nossa vida sexual é ativa, com ou sem penetração, porém nunca faltam afeto, beijos e chamego, a parte que eu mais gosto é que, depois de nos amarmos, deito-me em seu peito e começamos a conversar sobre qualquer coisa enquanto ele vagarosamente passa a mão entre meus cabelos grisalhos.*

Entre as dores e os amores, existe o nosso corpo — que sente, que se move e nos proporciona experiências das mais diversas intensidades no mundo e com o outro. Partindo desse pressuposto, por que nos parece normal apenas presumir que no fim da vida restam as dores e não nos fazem falta os amores? Ao contrário do estigma construído e reforçado em nossa sociedade ao longo dos anos e internalizado por muitos de nós de que o processo de envelhecimento leva os seres humanos a uma fase assexuada, a sexualidade não só é fisiológica, emocional e afetivamente possível para a pessoa idosa, mas também é apontada como um dos ele-mentos enriquecedores do bem-estar nessa fase da vida, fortalecendo a importância do carinho, apego, companheirismo, cuidado mútuo e comunicação (Urquiza et al., 2008).

O idoso também é um sujeito desejante, e a idade não determina a presença ou ausência de relações sexuais, afinal o prazer continua existindo no avanço da idade (Bastos et al., 2012; Sena, 2010; Vieira, 2012). Se hoje a discussão da sexualidade ainda é um tabu; e as informações, truncadas, para as gerações passadas o conhecimento a respeito do tema era ainda mais inacessível e nublado. Como bem pontuado por Dona G, entre os diversos estigmas, está o que vincula a prática sexual apenas à penetração ou à procriação, por exemplo. De acordo com Silva & Faro (2003), a penetração é uma das fontes de prazer e, para alguns idosos (e não idosos também), o erotismo manifesta-se difuso e por formas de estimulação e zonas erógenas diferenciadas, proporcionando aos pares alternativas para que desfrutem de vivências sexuais de uma forma excitante, explorando sensações, afetos e intimidade.

Enquanto o preconceito em relação à sexualidade para os homens idosos é palpável, cabe a ressalva de que, para as mulheres dessa faixa etária, a sexualidade é ainda menos falada e pouco permitida, indicando que a questão de gênero também perpassa as questões de relações íntimas e sociais (Fernandes, 2009; Negreiros, 2004; Silva & Günther, 2000; Vieira, 2012). Em uma sociedade que valoriza intensamente o corpo jovem, magro e belo (conforme o padrão culturalmente imposto) e está constantemente em busca de adiar o envelhecimento, não é nada surpreendente que a mulher idosa deixe de se ver como atraente por acreditar que seu corpo está fora dos padrões de beleza, afetando sua autoestima (Urquiza et al., 2008).

Outro ponto que vale a pena ser trazido à presente discussão é o fato de que, diante do desconhecimento, da pressão sociocultural e da discriminação, é frequente que os idosos manifestem sentimento de culpa e/ou vergonha por sentirem desejo de expressar sua sexualidade (Fávero & Barbosa, 2011 citado em Vieira, 2012). Diferentemente da corajosa e recompensadora trajetória que Dona G. decidiu trilhar, muitos idosos abrem mão de explorar as possibilidades e experimentações no contexto de sua sexualidade e acabam se privando, seja por causa de suas próprias regras, seja por falta de acolhimento de profissionais que poderiam ser auxílio ou por desinformação.

Caso clínico II

Dona H, 66 anos, casada, enfermeira aposentada, quatro filhos:

> *Confesso que tive dificuldades em aceitar a mudança que as quatro gestações provocaram no meu corpo. Somado a isso, com as mudanças do próprio envelhecimento, piora a nossa relação com nosso corpo. Meu marido não me procura mais*

há anos (nunca perguntei o motivo), e nem sinto falta mais, afinal também acho que seria muito desmotivador querer ver uma mulher como eu sem roupa. Porém, sinto falta do carinho, da aproximação interessada, do toque, do cheiro. Mas não sei como fazer para mudar isso, parece que não cabe mais isso na nossa relação de hoje em dia.

Nesse relato de Dona H, torna-se possível visualizar padrões estéticos como ponto em comum em vivências femininas. Como supracitado, a sociedade atual é caracterizada por um contexto que impõe modelos estéticos, em grande parte, difundidos pela mídia (Pereira, 2020). As mulheres, ao serem as mais afetadas por essa cobrança, são extremamente influenciadas a tentar atingir, ao máximo, uma expectativa que é impossível de ser alcançada naturalmente (Silva Machado et al., 2021). É como se a sociedade não reforçasse comportamentos vinculados à não juventude (Skinner & Vaughan, 1985) e, para fugir da punição, se fizesse necessário empregar esforços para afastar-nos da nossa natural condição de impermanência.

Corpos femininos de todas as idades, características físicas, etnias etc. veem-se em uma relação de frustração por não se adequarem ao que é idealizado atualmente. Pessoas na margem da terceira idade, em especial, são frequentemente colocadas em um processo de questionamento e insatisfação com a sua autoimagem (Matos, 2023). Segundo Salinet (2018), a percepção do processo de envelhecimento é reconhecida de formas diferentes por cada indivíduo, no entanto algo em comum que pessoas idosas relatam com maior incômodo, majoritariamente as mulheres, diz respeito a aspectos relativos à sua aparência física, como os cabelos brancos, as rugas e a flacidez. Diante disso, situações como a de Dona H tornam-se mais comuns em nossos consultórios.

Um dos passos para mudar essa realidade seria o auxílio às mulheres em se reconhecerem enquanto lugar e contexto em que as experiências ocorrem (Hayes et al., 2004), para que possam se enxergar para além do espelho. O trâmite aqui exposto se reorganiza na tentativa de movimentar para um novo posicionamento de se amar e se respeitar, "apesar de". Amar a si mesmo é a primeira condição para sermos capazes de estabelecer qualquer relação amorosa com o outro (Cardella, 1994).

Nesse sentido, como nós psicólogos(as) poderíamos contribuir para recuperar ou construir esse autorrespeito/autocuidado dos nossos clientes na prática? De maneira bem geral, o papel da(o) terapeuta comportamental diante dessa queixa seria de capacitar o cliente para reflexões importantes acerca de suas regras sobre si mesmo e explorar as contingências envolvidas nesse processo de aprendizagem (*i.e.*, com quem aprendeu; em qual época; quais as consequências de ter vivido sob controle dessas autorregras; quais reforçadores acessou a partir disso e quais foram impossibilitados de ser acessados; o que mantém até os dias de hoje etc.), assim como promover a instigação a respeito da coragem de se dispor a interagir com o mundo de maneira diferente nessa etapa da vida e auxiliar na observação das novas consequências para uma constante análise de custo x benefício, dentro e fora do consultório.

O processo de psicoeducação faz-se muito necessário. Logo, é de grande importância tornar o(a) cliente cônscio(a) de que os nossos juízos de valor foram apreendidos e que, portanto, podem ser desaprendidos. Fazer o caminho contrário diante de tantos anos com o repertório rígido torna-se muito desafiador tanto para o(a) terapeuta quanto para o(a) cliente. Afinal, uma longa história foi construída baseada em vários preceitos obedecidos sem os seus devidos questionamentos. Devemos respeitar isso genuinamente. A desconstrução deve ser gradual, com muito acolhimento e validação.

Além disso, esse recalcular da rota não deve ser romantizado. Por exemplo, conhecemos pessoas a partir desse padrão comportamental que tivemos por toda uma vida, fomos notados socialmente por isso e temos memórias boas também construídas, relações foram beneficiadas com esse movimento. E quando mudarmos, quem vai permanecer? Com qual qualidade? Ao tentarmos fortalecer uma via, quais outras se estremeceram? Escolhendo "X", estamos automaticamente "desescolhendo" o quê? Qual o impacto disso tudo? Vale à pena?

Essas e outras angústias descritas no parágrafo anterior podem acompanhar seus clientes na transição de repertório, e elas são muito coerentes, não devemos subestimá-las. O autoconhecimento também é capaz de evocar lutos simbólicos ao discriminarmos variáveis mantenedoras de contingências de sofrimento e percebermos que muitas delas envolveram pessoas importantes para nós. A idosa pode, a partir da terapia, perceber que as suas inseguranças quanto ao seu corpo envelhecido estão fortemente ligadas às falas de sua amada mãe etarista e compreender que o elogio do seu genitor que tanto lhe arrancava sorrisos como a "mocinha mais obediente do papai" se tratava de um reforço positivo liberado apenas quando ela se silenciava etc.

Por esses e outros tantos motivos, o processo de autoconhecimento sob acompanhamento terapêutico é tão delicado e poderoso. Mexer com autorregras pode significar mexer com estruturas de uma vida inteira. Enquanto terapeuta, o treinamento em habilidades sociais (Caballo, 1996) será um grande aliado para que o(a) cliente tenha consequências mais efetivas em suas relações. Mas também esteja sensível ao potencial auxílio de vídeos educativos, autorrevelações, músicas, poesias, filmes, ilustração em lousa e pincel, exemplos de outros clientes com histórias de aprendizagem diferentes e como isso possibilitou que eles tivessem maneiras mais assertivas de se relacionar com os outros e com eles próprios, e até mesmo contextualizações dentro do mundo animal (*e.g.*, "o cachorro em situação de rua é vítima de diversos maus-tratos e adota uma postura mais desconfiada e, por vezes, até agressiva quando alguém se aproxima mesmo na tentativa de lhe fazer carinho").

Caso clínico III

Dona I, 64 anos, contadora, solteira, uma filha:

> *Para mim, sempre foi muito difícil falar sobre isso. Na minha época, não bastava o que eu fazia; por eu ter sido "mãe solteira", eu não tinha voz para falar sobre essas coisas. É como se eu fosse uma eterna pecadora, com a minha sexualidade colocada em descrédito. A gente não* vê mulheres que são mães, solteiras e idosas com sexuali*dade ativa nas novelas* [para mais reflexões sobre como a mídia e seus modelos frequentemente estereo-tipados podem limitar as experiências nos relacionamentos, ver capítulo 6, de Nery &de-Farias, neste volume], *sendo representadas nas músicas, nos debates de empoderamento. Por essas e outras que coloquei isso em segundo plano e vivi por conta da minha filha, anulando a minha condição enquanto mulher por muitos anos. Mas hoje tenho um relacionamento homossexual, que é outra coisa impactante ainda nos dias de hoje: passei de "mãe solteira" para "velha lésbica". Talvez seja na tentativa de resgatar esse meu feminino perdido há tantos anos. Não sei. Só sei que está sendo muito desafiador, sem dei-xar de ser divertido. Me sinto vista, valorizada, incentivada a reaprender tudo o que sei sobre sexo (que era muito restrito a relações heteroafetivas), e tem sido válido. Tem, sim, prazer envolvido, mas primeiro me apaixonei pela companhia e vi o sexo como uma consequência de querermos estreitar a intimidade e vínculo, um detalhe importante, mas não o mais importante.*

A partir dessa outra vivência, existem vários conteúdos que também podem ser explorados. Novamente, percebe-se que, quando compreendemos a relação intrínseca entre sexualidade e gênero, é possível reconhecê-la como um fator determinante de procriação. Tal premissa advém não só de uma herança cultural, mas também de fortes raízes religiosas, que, por sua vez, impactam diretamente o papel social voltado à mulher (Durães, 2009; Toldy, 2010). O conceito de gênero, como característica, figura desde os primórdios da sociedade como encargos a serem seguidos, até mesmo nas práticas sexuais e afetivas (Negreiros, 2004). Papéis esses que se estamentaram na construção da pólis e se mantiveram ao avanço do corpo social (Durães, 2009; Martins, 2010).

Pautas feministas emergiram com o intuito de desestamentar encargos circundados de dogmas e tabus, trazendo um novo olhar para a mulher enquanto pessoa autônoma de suas decisões, atos e conquistas [para mais reflexões sobre pautas feministas, ver capítulo 2, de Morais & Laurenti, neste volume). Infelizmente, são temáticas meramente recentes e caminham com a visão de uma mulher jovem e atual. Convidamos você a pensar conosco: será que, entre as diversas linhagens do feminismo, há uma preocupação com a mulher idosa? Ou será que as labutas tão aclamadas abarcam as vivências individuais de mulheres ou mães solo no ápice da velhice? É de clara razão que esses movimentos vêm a contribuir imensamente na quebra de paradigmas sociais em relação ao papel da mulher, mas há de se conceber os seus recortes.

Agora que nos propusemos a abrir seu campo de visão para esse aspecto, cabe também entender a sexualidade, aqui trazida tantas vezes como inerente e natural ao ser humano (Sena, 2010), podendo e devendo, assim, ser sentida em todas as etapas da vida. Doll (2002) versara que, à medida que mudanças a respeito da atribuição do sentido "mulher" se tornam mais constantes, fazia-se indispensável a construção de conceitos da sexualidade na velhice, especificamente da mulher (Fernandes, 2009; Silva & Günther, 2000).

A narrativa de Dona I centra-se também na exploração de sua sexualidade com outras mulheres. Nascimento et al. (2015) discorrem sobre as diferenças entre relacionamentos hétero e homoafetivos, em que a heteronormatividade atribui modelos inalcançáveis em relações entre pessoas do mesmo gênero. Ao passo que há dificuldade de se colocar no lugar de desconstrução e "reaprendizado", como Dona I cita, existe também um despreparo popular, principalmente se tratando de profissionais da saúde, em acolher mulheres sáficas na velhice (Fredriksen-Goldsen et al., 2013) (para mais reflexões sobre cuidados no acolhimento a pessoas LGBTQIAP+, ver capítulo 5, de Lopes & Nery, neste volume). Você, leitor ou leitora, se sente uma pessoa com padrões comportamentais inclusivos e que consiga proporcionar ambientes acolhedores em sua atuação profissional ou cotidiana?

Toledo e Pinafi (2012) discutem a homofobia enraizada na sociedade, de cunho moral e religioso, que se cerca de despreparos ao lidar com a diferença. Cabendo o entendimento de que a prática clínica carece em variabilidade de recursos terapêuticos a concernir com as demandas emergentes, deve-se preconizar um maior zelo profissional nos estudos e falas sobre o tema para que nos afastemos, cada vez mais, de fundamentalismos heteronormativos, aproximando-nos de práticas pós-modernas no cuidado com essa população submetida a expressivos fatores de risco.

Percebe-se, portanto, o tamanho impacto social em criar espaços de visibilidade de mulheres, idosas e lésbicas. Tantos fragmentos aqui constituídos em uma síntese bonita e subjetiva. Essa falta de representatividade é sinalizada em todos os meios midiáticos; excepcionais são os filmes, séries, livros e poesias que abordam essas partes em um todo completo (Carvalho & Besen, 2018). Uma das poucas representações de amores sáficos entre idosas figura no filme *Flores Raras* (2013)[39], uma recomendação aos que anseiam sempre mais. Posto isso, uma das escritoras que por aqui deixa sua marca percebeu a necessidade de contribuir com ferramentas de expressão — a poesia —, propondo momentos de identificação e afetividade.

Rugas nos olhos de quem vê

Entre tantos afetos que perpassam a existência,
a solidão se escurece nos olhos de quem vê
Mas só quem vê que sente?

Somos constantemente colocados a pensar
em números, idades e fases
Futuro tão certo, mas esquecido.

---

[39] Filme ambientado na década de 1950, inspirado no livro *Flores Raras e Banalíssimas*, de Carmen L. de Oliveira, que retrata dramaturgicamente o romance entre a poetisa Elizabeth Bishop e a arquiteta brasileira Lota de Macedo Soares. De forma singela, representa a conquista, a paixão e o amor entre duas mulheres idosas.

Incertezas sociais construídas envoltas de muros
muros de medos
sem degraus de anseios
Amores passados e presentes
... e os outros, se manterão?

O aqui-agora me move a perceber
algo tão concreto que me faz espiar o aqui-depois
De curvas do nosso corpo a rugas da nossa pele

Escrevo no desespero de agir e influir sobre o outro.
Sentir as vivências da sexualidade
em uma nova existência que sempre muda
Vira história.

Em que a escuta e o afago são meu motriz principal
(Amanda Landi)

Totalizando a discussão: como analistas do comportamento, sabemos que a topografia comportamental apenas nos conta sobre a forma como a ação está sendo manifestada. Entretanto, devemos recorrer às funções para nos revelar os "porquês" (Skinner, 1953/2003). Pelos relatos trazidos, nos parece que a topografia "buscar o outro" assume funções bem diferentes na terceira idade. A intimidade não necessariamente está relacionada ao sexo, e permite-nos inferir que há um desejo maior pelo tempo de qualidade e disponibilidade afetiva do(a) parceiro(a).

Considerações finais (que não devem se esgotar aqui)

O presente capítulo teve o objetivo de unir teoria e prática ou, melhor, prática e teoria. Convidamos os leitores a se envolverem nas histórias acolhidas no ambiente terapêutico e perceberem — pelos relatos — quanto o conceito de sexualidade é amplo e experienciado de forma particular. Desemparelhar os termos "sexualidade" e "sexo" enquanto sinônimos se torna muito necessário, principalmente ao trabalhar com a terceira idade. Sexo, de forma literal, designa características biológicas relacionadas aos aparelhos reprodutores, como também a prática sexual em si. Sexualidade, por sua vez, é um termo abrangente que engloba gênero, sexo, identidade, orientação sexual e vivências individuais (Mensal, 2014).

Ao partirmos do pressuposto de que somos o resultado das interações com os nossos ambientes, se nesses ambientes não entramos em contato com as dimensões da sexualidade na terceira idade, esse tema se torna distante, desconhecido e potencialmente problemático. Diálogos intergeracionais são necessários para promover debates acerca dessas temáticas para que pessoas idosas experimentem a vida sem culpa. Além disso, contribuem para que jovens e adultos, que provavelmente um dia serão idosos funcionalmente independentes, encarem a sexualidade de maneira mais natural, com comportamentos menos governados por regras e mais expostos às próprias contingências e em direção aos seus valores.

Falando em contingências, a sexualidade é uma contingência complexa por si só. Diversas variáveis estão entrelaçadas, e nem sempre aqueles que se comportam estão cônscios do que exerce maior controle nesse ato de buscar o outro. Ou seja, o que seriam as consequências reforçadoras desejadas naquela relação. Dessa forma, há pessoas que se esquivam de momentos íntimos por acharem que obrigatoriamente deve haver penetração (subproduto de uma cultura sem educação sexual, heteronormativa e voltada para fins reprodutivos ou prazeres vinculados apenas à juventude). Imaginem quantas pessoas na terceira idade tiveram a fluidez de sua vida íntima comprometida por regras sociais que nada levam em conta a originalidade de suas histórias?

Para os idosos, a depender da idade, do condicionamento físico e de questões de saúde (incluindo saúde mental), a prática com penetração torna-se menos evidente. Porém, não devemos reproduzir o discurso de que o sexo nessa fase da vida é inviável ou até mesmo inapropriado. Pelo contrário, as propostas de "envelhecimento ativo" ou "envelhecimento bem-sucedido" estão cada vez mais sendo vividas, e endossam as múltiplas possibilidades e oportunidades da terceira idade também nesses aspectos (Ferreira et al., 2010, 2012; World Health Organization, 2005).

Contudo, considerando os relatos trazidos no capítulo — com senhoras em diferentes cenários —, podemos inferir que a sexualidade e afetividade no envelhecimento têm mais a ver com intimidade e sentir-se à vontade na companhia de alguém. É despir-se com o outro (por um ponto de vista real e simbólico). É sobre a força e delicadeza da vulnerabilidade, da naturalidade dos corpos envelhecidos em busca de aconchego, cumplicidade, autonomia, ternura, dignidade, um afeto sem burocracia, do uso e abuso dos órgãos do sentido, o que favorece momentos de trocas energéticas com atenções menos difusas e com mais qualidade no aqui-agora.

E você, querido(a) leitor(a), que por vezes possa se sentir desamparado(a) para trabalhar com idosos pela falta de literatura analítico-comportamental, acalme-se! Idosos possuem certas especificidades sim (quem não?). Adapte a sua sessão e, se possível, o seu local de trabalho para que eles se sintam mais à vontade, averigue se eles gostam de ar-condicionado, se a sua fala está audível, se a pessoa precisa de ajuda para se deslocar, se tem alguma deficiência — da mesma maneira que nós imaginamos que você já faça um atendimento personalizado com outras faixas etárias e demandas. Da parte do tratamento, siga as premissas básicas: realizar análises funcionais cuidadosas, olhar déficits e excessos comportamentais geradores de comprometimentos no cotidiano, valores, função dos comportamentos, principais reforçadores, qualidade das interações sociais, regras e autorregras, história de vida etc. (tudo isso com um interesse genuíno, acompanhado de escuta validante e não punitiva).

Tenha um cuidado maior com o sigilo terapêutico! Na maioria das vezes, quem procura o atendimento para os idosos são os filhos — estes marcam, desmarcam, levam, buscam e até pagam. Sendo assim, alguns se sentem no direito de cobrar a quebra de sigilo da parte do terapeuta ao emitir certos mandos que beneficiam exclusivamente o falante. Continue honrando o nosso Código de Ética, comunique os seus limites e, caso ainda se sinta desrespeitado(a), encaminhe o caso para outro profissional.

Voltando às sugestões para um acompanhamento mais respeitoso... Talvez um pouquinho mais de dinâmica, criatividade e paciência para a adesão (a nossa dica é fazer uso do behaviorismo radical somado às Terapias Comportamentais Contextuais). Mas se jogue! Caso seja necessário, faça supervisão e sempre esteja atento acerca de quem é você enquanto atende aquele caso, e quais são as parcialidades que ficam em maior destaque e podem facilitar ou comprometer o andamento da relação terapêutica e, consequentemente, do cuidado oferecido.

Exercícios para a reflexão após a leitura

1. De que forma você se sente confortável para demonstrar ser um(a) aliado(a) ativo(a) contra uma cultura etarista?

2. Você se considera uma pessoa engajada em práticas que negam o envelhecimento?

3. O título deste capítulo te causou estranhamento/repulsa/ desconfiança?

4. De que maneira o presente texto tocou/acessou você e por quê?

5. Como você reage quando idosos demonstram seu afeto a companheiros(as) em público?

6. Foi difícil pensar em idosos com uma vida sexual ativa?

7. As suas lutas anti-homofobia contemplam a defesa dos idosos homossexuais?

8. A seu ver, mulheres e homens idosos sofrem os mesmos estigmas quanto às suas sexualidades ou há preconceitos sexistas nesse nicho também?

9. O que vem à sua cabeça quando um idoso procura acompanhamento psicológico?

10. Você está aberto de verdade a conhecer essa pessoa ou sua escuta vai ser carregada de muitos estereótipos?

Pense. Reflita. Discuta. E, se quiser compartilhar as respostas conosco, estamos muito disponíveis e desejosas de sabê-lo, por meio dos e-mails: annalauraleal.psi@gmail.com, landiamandab@gmail.com, isadoraavila. ia@gmail.com e bellatorenata@gmail.com.

Referências

Barreto, B. (2023). *Flores raras* [Filme]. Imagem Filmes; 20th Century Fox.

Bastos, C. C., Closs, V. E., Pereira, A. M. V. B., Batista, C., Idalêncio, F. A., De Carli, G. A., & Schneider, R. H. (2012). Importância atribuída ao sexo por idosos do município de Porto Alegre e associação com a autopercepção de saúde e o sentimento de felicidade. *Revista Brasileira de Geriatria e Gerontologia*, *15*, 87-95.

Caballo, V. E. (1996). O treinamento em habilidades sociais. In V. E. Caballo (Org.), *Manual de técnicas e modificação do comportamento* (M. D. Claudino, Org. de Trad.; pp. 361-396). Santos Livraria Editora.

Cardella, B. H. P. (1994). Amor por si mesmo. In *O amor na relação terapêutica* (pp. 22-24). Summus Editorial.

Carvalho, V. A., & Besen, L. R. (2018). *Seria falta de imaginação ou pura preguiça? A produção de ontologias políticas a partir da performatização de identidades LGBTQ em séries de televisão* [Apresentação]. 1ª Aquenda de Comunicação, Gêneros e Sexualidades, 225.

Doll, J. (2002). Luto e viuvez na velhice. In *Freitas, E., Tratado de geriatria e gerontologia* (pp. 999-1.012). Guanabara Koogan.

Durães, J. S. (2009). *Mulher, sociedade e religião* [Apresentação]. Congresso de Teologia da PUC, Curitiba.

Fernandes, M. D. G. M. (2009). Papéis sociais de gênero na velhice: O olhar de si e do outro. *Revista Brasileira de Enfermagem, 62*, 705-710.

Ferreira, O. G. L., Maciel, S. C., Costa, S. M. G., Silva, A. O., & Moreira, M. A. S. P. (2012). Envelhecimento ativo e sua relação com a independência funcional. *Texto & Contexto-Enfermagem, 21*, 513-518.

Ferreira, O. G. L., Maciel, S. C., Silva, A. O., Santos, W. S. D., & Moreira, M. A. S. P. (2010). O envelhecimento ativo sob o olhar de idosos funcionalmente independentes. *Revista da Escola de Enfermagem da USP, 44*, 1.065-1.069.

Fredriksen-Goldsen, K. I., Kim, H. J., Barkan, S. E., Muraco, A., & Hoy-Ellis, C. P. (2013). Disparidades de saúde entre idosos lésbicas, gays e bissexuais: Resultados de um estudo de base populacional. *American Journal of Public Health, 103*(10), 1.802-1.809.

Hayes, S. C., Masuda, A., Bissett, R., Luoma, J., & Guerrero, L. F. (2004). DBT, FAP, and ACT: How empirically oriented are the new behavior therapy technologies? *Behavior Therapy, 35*, 35-54.

Martins, E. S. (2010). Os papéis sociais na formação do cenário social e da identidade. *Kínesis: Revista de Estudos dos Pós-Graduandos em Filosofia, 2*(4), 40-52.

Matos, S. A. (2023). *Autopercepção da saúde e nutrição de uma amostra de idosos que acessam redes e mídias sociais* [Dissertação de mestrado].

Mensal, C. (2014). *Cultura de ponta, sexualidade*. Grupo Cultural Afroreggae.

Mercadante, E. F. (2005). Velhice: Uma questão complexa. In Corte; Mercadante; Arcuri (Orgs.), *Complexidade: Velhice e envelhecimento* (pp. 23-24). Vetor.

Nascimento, G. C. M., Scorsolini-Comin, F., Fontaine, A. M. G. V., & Santos, M. A. (2015). Relacionamentos amorosos e homossexualidade: Revisão integrativa da literatura. *Temas em Psicologia, 23*(3), 547-563.

Negreiros, T. C. G. M. (2004). Sexualidade e gênero no envelhecimento. *Alceu, 5*(9), 77-86.

Nery, L. B. (2022). "O luto é o preço do amor": Diferentes lutos nas relações amorosas. In F. N. Fonseca, L. B. Santos, & A. L. L. Freire (Orgs.), *Luto: Teoria e intervenção em análise do comportamento* (pp. 267-300). CRV.

Núñez, G. (2023, 18 mar.). *Uma declaração de amor aos amores que não são centrados no sexo.* Instagram. https://www.instagram.com/p/Cp8z_SJNlf9/

Pereira, D. M. F. G. (2020). *Corporeidade, práticas discursivas e cuidado de si: A constituição de subjetividades de celebridades idosos (as) na mídia* [Dissertação de pós-graduação, Universidade Federal do Rio Grande do Norte].

Salinet, A. (2018). *A mulher idosa no contexto da institucionalização: Autoimagem, autoestima, beleza e cuidado na velhice* [Dissertação de mestrado, Universidade de Passo Fundo].

Sena, T. (2010). Os relatórios Kinsey: Práticas sexuais, estatísticas e processos de normalização. *Fazendo Gênero, 9.*

Silva, A. C. A. P., & Pedrosa, A. S. (2008). Sexualidade e etarismo: Análise do discurso em uma lista de debates na internet. *Estudos Interdisciplinares sobre o Envelhecimento, 13*(2).

Silva, I. R. D., & Günther, I. D. A. (2000). Papéis sociais e envelhecimento em uma perspectiva de curso de vida. *Psicologia: Teoria e Pesquisa, 16*, 31-40.

Silva, R. M. O. D., & Faro, A. C. M. (2003). A sexualidade no envelhecer: Um estudo com idosos em reabilitação. *Acta Fisiátrica, 10*(3), 107-112.

Silva Machado, M., Linhares, I. C., Brum, L. S. A., Almeida, M. S., & Werneck, M. B. (2021). O impacto emocional imposto pela ditadura da beleza: Uma revisão narrativa. *Revista Eletrônica Acervo Científico, 34*, e8705-e8705.

Skinner, B. F. (2003). *Ciência e comportamento humano* (11a ed.; J. C. Todorov, & R. Azzi, Orgs. de Trad.). Martins Fontes Editora. (Trabalho original publicado em 1953)

Skinner, B. F. (2007). Seleção por consequências. *Revista Brasileira de Terapia Comportamental e Cognitiva, 9*(1), 129-137. (Trabalho original publicado em 1981)

Skinner, B. F., & Vaughan, M. E. (1985). *Viva bem a velhice* (A. L. Neri, Org. de Trad.). Summus Editorial.

Toldy, T. M. (2010). A violência e o poder da(s) palavra(s): A religião cristã e as mulheres. *Revista Crítica de Ciências Sociais*, (89), 171-183.

Toledo, L. G., & Pinafi, T. (2012). A clínica psicológica e o público LGBT. *Psicologia Clínica, 24*, 137-163.

Urquiza, A., Thumala, D., Cathalifaud, M. A., Ojeda, A., & Vogel, N. (2008). Sexualidad en la tercera edad: La imagen de los jóvenes universitários. *Ponto e Vírgula, 4*, 358-374.

Vieira, K. F. L. (2012). *Sexualidade e qualidade de vida do idoso: Desafios contemporâneos e repercussões psicossociais.*

World Health Organization. (2005). *Envelhecimento ativo: Uma política de saúde.*

DIFERENCIANDO RELAÇÕES RESPEITOSAS E DESRESPEITOSAS: ALGUMAS CONTRIBUIÇÕES PARA A IDENTIFICAÇÃO DO DESRESPEITO/ DA VIOLÊNCIA E O FORTALECIMENTO DO RESPEITO EM RELAÇÕES AMOROSAS

Alexandre Santos de Oliveira
Bruna Maciel de Alencar
Lorena Bezerra Nery

Respeito é um valor comumente citado como fundamental às relações sociais/afetivas, principalmente no contexto amoroso. Na perspectiva da Análise do Comportamento, valores/julgamentos de valor são definidos como regras (estímulos verbais) que descrevem relações últimas que são sociais, ou seja, trata-se de comportamento verbal que envolve as noções de bom e mau, de certo e errado. O aprendizado e a formulação de valores têm origem nas práticas do grupo ao qual o indivíduo pertence e afetam seu relacionamento com outros membros do grupo, bem como com o ambiente no qual ele se insere (Abib, 2001; Baum 2005/2006; Skinner, 1971/2002).

Neste capítulo, vamos refletir sobre a construção e o fortalecimento de relações amorosas respeitosas. Para tanto, vamos discutir também sobre as relações desrespeitosas, formas de identificá-las e estratégias de enfrentamento. Convidamos você a refletir sobre o que entende por "respeito". Como descreveria uma "relação respeitosa"? Em sua descrição, haveria condições ou situações em que o desrespeito seria tolerado? Você descreveria pessoas ou contextos que merecem ou não respeito? E, na sua prática clínica, como você percebe o respeito nas relações amorosas? Quanto as relações desrespeitosas impactam a saúde mental de quem você atende? Com que frequência as relações interpessoais descritas apresentam contextos de violência?

A Organização Mundial da Saúde (OMS) estabelece que ações ou omissões que prejudiquem o bem-estar, a integridade física, psicológica ou a liberdade e o direito ao pleno desenvolvimento, entre parceiros íntimos e entre membros da família, são atos de violência interpessoal (doméstica/intrafamiliar). O impacto da violência ultrapassa os gastos com assistência à saúde, as perdas de dias de trabalho e as despesas envolvidas para a aplicação das leis, por exemplo. A dor e o sofrimento das pessoas envolvidas são incalculáveis (OMS, 2002).

A violência doméstica e familiar e seus impactos podem ser minimizados? Sim, de diversas maneiras, sendo uma delas por meio da atuação de psicólogos que trabalham para o alcance desses objetivos, nas esferas individual e coletiva. Para tanto, é necessário que o(a) profissional conheça os tipos, as causas e os fatores que aumentam ou reduzem o risco da ocorrência de situações de violência (OMS, 2002). Além disso, o(a) profissional deve estar apto(a) a traçar estratégias de enfrentamento da violência e realizar intervenções, dentro dos limites éticos e legais.

Primeiramente, vamos discutir sobre os tipos de violência no contexto doméstico e familiar. Identificar situações violentas pode não ser tão óbvio, assim como sair do ambiente de abusos pode não ser tão simples. O desafio de identificar e romper com padrões relacionais violentos é visto diariamente nos casos noticiados pela mídia, corroborados por meio da análise de dados oficiais e de relatos públicos, como a história autobiográfica em quadrinhos narrada por Rosalind Penfold (2006), no livro *Mas Ele Diz que Me Ama: A Graphic Novel de uma Relação Violenta*, em que conta a história de seu relacionamento violento que durou dez anos. Apesar de ser uma mulher com elevado grau de instrução, autonomia financeira/profissional e rede de apoio social e familiar, a protagonista teve dificuldade de identificar que estava em uma relação violenta, e, uma vez que discriminou a situação de risco em que se encontrava, foi um enorme desafio sair dela. Destaca-se que a violência contra as mulheres atravessa etnia/raça, classe, espiritualidade, formação educacional, as mais variadas condições de privilégios, diferentes culturas.

Formas de violência

Maria da Penha Fernandes, farmacêutica cearense, mãe, vítima de violência doméstica e familiar, sofreu em 1983 uma tentativa de feminicídio que a deixou paraplégica. O autor do crime, seu próprio marido, professor universitário, pai de suas três filhas. Maria foi alvejada nas costas enquanto dormia. O caso foi reportado às autoridades como uma tentativa de latrocínio. A vítima ficou internada por meses e retornou para casa em uma cadeira de rodas. Maria tornou-se ativista do Movimento de Defesa da Mulher e empresta seu nome à Lei n.º 11.340, de 7 de agosto de 2006 (Fernandes, 2012).

A Lei Maria da Penha cria mecanismos para coibir a violência doméstica e familiar contra a mulher. O seu Art. 7.º conceitua as formas de violência como:

I. Física: qualquer conduta que ofenda sua integridade ou saúde corporal;

II. Psicológica: qualquer conduta que lhe cause dano emocional e diminuição da autoestima ou lhe prejudique e perturbe o pleno desenvolvimento ou que vise degradar ou controlar suas ações, comportamentos, crenças e decisões, mediante ameaça, constrangimento, humilhação, manipulação, isolamento, vigilância constante, perseguição costumaz, insulto, chantagem, violação de sua intimidade, ridicularização, exploração e limitação do direito de ir e vir ou qualquer outro meio que lhe cause prejuízo à saúde psicológica e à autodeterminação (Redação dada pela Lei n. 13.772, 2018);

III. Sexual: qualquer conduta que a constranja a presenciar, a manter ou a participar de relação sexual não desejada, mediante intimidação, ameaça, coação ou uso da força; que a induza a comercializar ou a utilizar, de qualquer modo, a sua sexualidade, que a impeça de usar qualquer método contraceptivo ou que a force ao matrimônio, à gravidez, ao aborto ou à prostituição. Mediante coação, chantagem, suborno ou manipulação, ou que limite ou anule o exercício de seus direitos sexuais e reprodutivos;

IV. Patrimonial: qualquer conduta que configure retenção, subtração, destruição parcial ou total de seus objetos, instrumentos de trabalho, documentos pessoais, bens, valores e direitos ou recursos econômicos, incluindo os destinados a satisfazer suas necessidades;

V. Moral: qualquer conduta que configure calúnia, difamação ou injúria.

Em 19 de abril de 2023, foi publicada a Lei n.º 14.550, que altera a Lei Maria da Penha e faz deliberações sobre medidas protetivas de urgência[40]. O dispositivo estabelece ainda que a proteção às formas de negligência, discriminação, exploração, violência, crueldade e opressão, assegurada em lei, pode ser aplicada em contextos de relacionamentos íntimos independentemente do gênero ou orientação sexual das pessoas envolvidas e em espaços públicos ou privados. Alegações sobre a causa ou a motivação dos atos de violência, ou mesmo a condição do ofensor ou da ofendida, não excluem a aplicação das punições previstas no texto legal (Lei nº 14.550, 2023).

O novo texto trouxe outras alterações importantes. O Art. 7.º, parágrafo 4.º, estabelece a previsão legal para que as medidas protetivas sejam concedidas na forma de pronunciamentos provisórios, a partir do depoimento da ofendida à autoridade policial ou da apresentação de suas alegações escritas. A autoridade avaliará a existência de risco à integridade física, psicológica, sexual, patrimonial e/ou moral da ofendida ou de seus dependentes e poderá deferir ou não uma medida protetiva (Lei nº 14.550, 2023).

O Art. 7.º, parágrafo 5.º, assegura que as medidas protetivas sejam concedidas independentemente da tipificação penal da violência, do ajuizamento de ação penal ou cível, da existência de inquérito policial ou do registro de boletim de ocorrência. Complementarmente, o parágrafo 6.º apresenta o amparo legal para que as medidas protetivas de urgência vigorem enquanto persistir risco aos tipos de violência previstos na Lei Maria da Penha, tanto para a pessoa ofendida quanto para seus dependentes (Lei nº 14.550, 2023).

Segundo a psicóloga norte-americana Lenore Walker, em situações de violência doméstica, é possível perceber uma sequência de fatos bem definida. Walker (1979, 2016) realizou, inicialmente, um estudo com mais de 400 mulheres em situação de violência doméstica e identificou o que chamou de "ciclo da violência", um padrão sequenciado de comportamentos que acontece em três fases:

1. Acumulação da tensão: nessa fase, podem acontecer agressões verbais, crises de ciúmes, destruição de objetos, e a vítima é culpada pelo comportamento do agressor (Walker, 2009). Nesse

---

[40] Medidas protetivas de urgência são providências garantidas por lei às vítimas de violência doméstica, com o objetivo de garantir a sua proteção e de sua família.

contexto, a pessoa que sofreu a violência costuma adotar um comportamento de cautela, evitando condutas que possam provocar tensão ou agressões. Angústia, medo, tristeza, ansiedade e desilusão passam a fazer parte da rotina da vítima. Essa fase pode durar dias ou anos (Instituto Maria da Penha, 2023);

2. Explosão: quando acontece a violência patrimonial, moral, psicológica e/ou física, incluindo a sexual (Walker, 2009). Percebendo o descontrole do agressor, a vítima pode sentir-se impossibilitada de reagir, com medo, ódio, solidão, pena de si mesma, vergonha, confusão, insônia, fadiga constante, ansiedade, perda de peso etc. Algumas pessoas conseguem tomar decisões como buscar ajuda, denunciar, esconder-se em lugares seguros, pedir separação etc. (IMP, 2023) É uma fase de especial vulnerabilidade para morte da vítima por suicídio;

3. Lua de mel: período de relativa calmaria. Para conseguir a reconciliação, a pessoa que agrediu torna-se amável e tenta convencer a vítima de que mudou seu comportamento. A vítima costuma sentir-se confusa e até mesmo feliz por constatar os esforços e as tentativas de mudanças de atitude do agressor. Com a demonstração de remorso, a pessoa que foi alvo da violência sente-se responsável por quem a agrediu, estreitando a relação de dependência emocional. A partir de então, o ciclo reinicia-se com uma nova fase de tensão, seguida pela fase de explosão. Esta fase é marcada pela mistura de sentimentos de medo, confusão, culpa e ilusão (IMP, 2023; Walker, 2009).

As fases são recursivas e podem acontecer em intervalos de tempo variáveis. A vítima pode negar para si ou para os outros que está vivendo situações de violência e buscar justificativas para o comportamento violento do agressor (IMP, 2023; Walker, 2009). Nesse caso, a fase da "lua de mel" funciona como um reforço intermitente, tornando o comportamento de permanecer na relação mais resistente à extinção (Moreira & Medeiros, 2019).

Como narra Penfold (2006), os sinais de desrespeito e violência podem ter início de forma sutil e demorar a se agravar. A dificuldade em reconhecer as situações de abuso e desrespeito, o contexto e a experiência pessoal, bem como as questões socioculturais impactam o retardamento de imposição de limites e busca por suporte na rede de apoio. Soares (2005) lista possíveis razões que levam uma vítima de violência doméstica a não romper com um parceiro violento, que, segundo a autora, costumam ser ignoradas pelo julgamento alheio:

1. Riscos do rompimento: a mídia divulga, quase que regularmente, histórias de mulheres mortas justamente quando decidem romper um relacionamento violento. O período de separação é permeado por um aumento na intensidade dos atos violentos. Por isso, ao decidir pela separação, é importante ter uma garantia mínima de segurança antes de dar esse passo;

2. Vergonha e medo: medo de que o agressor se torne mais violento e vergonha de expor as razões do rompimento, receio do julgamento das outras pessoas;

3. Esperança de que o parceiro mude o comportamento: resultado da fase de "lua de mel", quando há reforçamento intermitente (eficaz na manutenção dos comportamentos esperançosos de quem foi alvo da violência). O parceiro violento faz promessas, busca ajuda, desculpa-se e promete mudar de comportamento;

4. Isolamento: o parceiro violento costuma controlar os passos do outro e, com isso, a vítima acaba ficando isolada de sua rede de apoio, sua família de origem e seus amigos. A vergonha de expor os abusos também contribui para o afastamento da rede de apoio;

5. Negação social: a estrutura de proteção à vítima de violência — médicos, psicólogos, líderes religiosos, policiais ou advogados — nem sempre está devidamente preparada para acolher quem pede socorro. Ao menor sinal de desconfiança ou invalidação do seu sofrimento, a vítima retrai-se em seu mundo de abuso;

6. Barreiras que impedem o rompimento: chantagens e ameaças são utilizadas pelo parceiro que agrediu para impedir a ação da vítima, por exemplo, um pedido judicial de guarda de filhos, recusa de fornecimento de pensão alimentícia, interferência no ambiente de trabalho da vítima, difamação, atentado contra cônjuge e filhos seguido do suicídio do próprio abusador;

7. Dependência econômica: insuficiência financeira para custear sua autonomia fora do relacionamento;

8. Deixar a relação é um longo processo: a decisão de sair de um relacionamento violento não costuma ocorrer do dia para a noite. Demanda planejamento. Muitas vezes envolve o bem-estar de filhos, requer preparação financeira, estratégias de segurança, e tudo isso leva tempo, sobretudo se a rede de apoio é limitada.

Bell e Naugle (2005), após análise de alguns estudos, identificaram que as vítimas que denunciam ou rompem a relação durante as situações de violência, por um período breve apresentam maior probabilidade de retornar à relação e continuar sofrendo abusos. O tempo de vínculo, o tipo de compromisso estabelecido e o engajamento com o relacionamento interpessoal impactam a decisão de permanecer em uma relação abusiva. Os autores propõem que a conceitualização da violência conjugal, à luz da Análise do Comportamento, traz como vantagens a possibilidade de identificação de aspectos contextuais-chave e relações funcionais entre variáveis associadas à violência. A perspectiva analítico-comportamental auxilia ainda na compreensão da decisão pela permanência no relacionamento abusivo, da dificuldade no rompimento da relação e dos ciclos de violência, levando-se em conta a análise de diferentes aspectos das contingências envolvidas, como custo de resposta, intermitência de reforçamento, desamparo aprendido, entre outros. Além disso, existem características do repertório de uma vítima — seu histórico de desenvolvimento — que podem ser importantes para entender essa dinâmica.

Diante do exposto, no que se refere aos diferentes tipos de violência nas relações, destaca-se a importância de identificar as situações de desrespeito e violência, impor limites aos agressores, informar os envolvidos sobre as consequências da violência e capacitar profissionais para lidarem com essas situações da forma mais segura e menos danosa possível, para todos os envolvidos.

Contextualização

Em nossa cultura, os valores patriarcais que estabelecem desigualdade entre os sexos/gêneros favorecem o desenvolvimento de relações conjugais que envolvem violência, desrespeito, controle, invalidação das autonomias individuais, desequilíbrios de poderes e direitos entre parceiros (para mais reflexões sobre como as desigualdades relacionadas aos sexos/gêneros podem impactar as relações amorosas, ver os capítulos 4, de Holanda & Castro; 2, de Morais & Laurenti; e 1, de Picoli, Agio &

Zanello, neste volume). As questões de gênero atravessam as relações, de modo que esses valores sexistas/machistas naturalizam a violência nas relações domésticas e familiares e podem contribuir para a manutenção de desigualdade de poder entre homens e mulheres, favorecendo padrões de dominação masculina e subordinação feminina. Assim, há uma tolerância em nossa sociedade em relação aos maus tratos de homens contra as mulheres, de modo que agressões físicas, sexuais, morais e psicológicas são frequentemente normalizadas (Corsi, 2006; Diniz & Angelim, 2003; Guimarães, 2009; Morais & Freitas, 2019; Nery, 2022; Nicoldi & Arantes, 2019; Saffioti, 1999, 2015, Zanello, 2018).

Corsi (2006) complementa, ao apontar diversos aspectos sociais e culturais que contribuem para que homens assumam posturas mais ativas e, por vezes, agressivas em suas interações, especialmente com pessoas do sexo/gênero feminino, que a sociedade ocidental é permeada por valores sexistas/machistas, ou seja, muitos homens que assumem o papel de agressores na relação conjugal refletem a caricatura dos valores culturais sobre como deve agir um homem, o que envolve diversos estereótipos sobre a masculinidade. Grande parte desses valores demanda que os homens sejam ativos, dominadores e controladores, que ajam como seres superiores que detêm o poder. Eles devem, ainda, ser racionais, provedores e capazes de resolver problemas. As práticas de socialização masculina ensinam que os homens devem ser cautelosos na expressão de seus sentimentos ou suas dificuldades, uma vez que isto seria uma demonstração de fraqueza e fragilidade. Essa concepção estereotipada é fortemente estabelecida em nossa cultura, sendo transmitida recorrentemente de geração para geração. Corsi enfatiza que essa visão sexista/machista reforçada socialmente está na base da pirâmide causal no que concerne à violência doméstica.

Em contrapartida, ao longo do processo de aprendizagem de repertórios sociais das mulheres, muitas vezes lhes é negado o direito de satisfazer suas necessidades e seus desejos nas relações íntimas, bem como de expressar emoções de insatisfação e agressividade, na medida em que elas são socializadas no sentido de frequentemente adotar comportamentos submissos (*e.g.*, ceder a opiniões contrárias e aceitar diferentes condições adversas) em busca da manutenção do relacionamento/casamento e da família. Dessa maneira, a despeito das conquistas femininas nas últimas décadas no âmbito educacional e profissional, muitas mulheres ainda assumem uma postura passiva na relação conjugal e na sociedade, agindo de acordo com estereótipos esperados para seu papel de mulher (Dantas Berger & Griffin, 2005; Diniz & Pondaag, 2004; hooks, 2020, 2021; Pondaag, 2003; Saffioti, 2015). Valores tradicionais de gênero, que ditam funções rígidas ou estereotipadas a homens e mulheres no casal e na família, caracterizam fator de risco para relações violentas (Silva et al., 2020; Vieira et al., 2020).

Nesse contexto, a violência praticada pelo parceiro íntimo e a violência sexual são consideradas importantes problemas de saúde pública e violações dos direitos humanos das mulheres. Dados da OMS apontam que, no mundo, 27% das mulheres entre 15 e 49 anos (ou seja, um terço das mulheres em idade reprodutiva!) que já estiveram em um relacionamento relataram ter sido submetidas a alguma forma de violência física e/ou sexual por parte de seus parceiros íntimos, pelo menos uma vez na vida. Adicionalmente, 38% dos assassinatos de mulheres ao redor do mundo são praticados por parceiros (OMS, 2021). Assim, as estatísticas convocam-nos ao trabalho ativo de desconstrução da máxima popular "em briga de marido e mulher, não se mete a colher". A naturalização da violência contra as mulheres em diferentes culturas tem em comum valores patriarcais, androcêntricos e misóginos (Vieira et al., 2020).

O cenário global de violência contra mulheres mobilizou o governo brasileiro, que, por meio do Decreto n.º 7.393, de 15 de dezembro de 2010, criou o um serviço de apoio ao enfrentamento de violência contra mulheres. O Ligue 180 recebe denúncias e encaminha o conteúdo dos relatos aos órgãos competentes, além de monitorar o andamento de processos. O serviço ainda presta orientação a mulheres em situação de violência e direciona as vítimas aos serviços especializados em sua rede de atendimento.

Uma análise dos dados disponibilizados na página do Ministério dos Direitos Humanos e da Cidadania (2022) apontou que, no ano de 2022, foram registradas aproximadamente 94 mil denúncias de violência contra a mulher, das quais 49 mil (52%) tiveram num dos polos de relacionamento suspeito-vítima um companheiro ou ex-companheiro.

As denúncias registradas no Ligue 180 podem ter até seis modos de violação contra a mulher. Aqui foram analisadas apenas as violações de integridade, liberdade, sexual e vida. Estas violações são ainda divididas por tipos: física, psíquica, patrimonial e direitos individuais, além de subtipos conforme demonstrado na tabela a seguir:

Tabela 1: *Tipo e subtipo de violações contra mulheres praticadas por parceiros/ex-parceiros, no ano de 2022*

VIOLAÇÕES	TIPO	SUBTIPO	DENÚNCIAS	INCIDÊNCIA
Integridade	Física	Abandono	204	0,3%
		Agressão Ou Vias De Fato	30.512	38,4%
		Exposição De Risco À Saúde	12.899	16,2%
		Insubsistência Material	2.890	3,6%
		Lesão Corporal	16.109	20,3%
		Maus Tratos	10.173	12,8%
		Outros	3.584	4,5%
		Situação De Rua Ou Abandono Material	125	0,2%
		Tortura Física	3.037	3,8%
	Patrimonial	Individual	7.814	100,0%
	Psíquica	Alienação Parental	103	0,1%
		Ameaça Ou Coação	35.183	22,0%
		Assédio Moral	909	0,6%
		Bullying	112	0,1%
		Calúnia	4.939	3,1%
		Constrangimento	26.702	16,7%
		Difamação	9.610	6,0%
		Exposição	15.074	9,4%
		Exposição (Erotização)	185	0,1%
		Injúria	22.902	14,3%
		Insubsistência Afetiva	8.962	5,6%
		Tortura Psíquica	35.081	22,0%
Liberdade	Direitos Individuais	Autonomia De Vontade	3.323	46,5%
		Cárcere Privado	2.217	31,0%
		Liberdade De Ir Vir Permanecer	1.146	16,0%
		Sequestro	36	0,5%
		Stalking	426	6,0%
Sexual	Física	Abuso / Importunação Sexual Física	559	17,3%
		Abuso Sexual Físico	608	18,8%
		Estupro	1.998	61,9%
		Exploração Sexual	64	2,0%
	Psíquica	Abuso / Importunação Sexual Psíquica	342	37,1%
		Abuso Sexual Psíquico	386	41,9%
		Assédio Sexual	194	21,0%
Vida	Feminicídio	Feminicídio	179	100,0%
	Homicídio	Homicídio	284	100,0%
	Incitação Ao Suicidio	Incitação Ao Suicidio	124	100,0%

Nota: adaptada de MDH (2022)

Uma única denúncia pode conter mais de uma violação e ainda contemplar múltiplos tipos e subtipos. Por exemplo, uma denunciante pode relatar numa denúncia uma violação de integridade física do tipo lesão corporal e ainda duas violações de liberdade de direitos individuais, sendo uma de autonomia de vontade e outra de liberdade de ir, vir e permanecer. Desse modo, o Ligue 180 registrou, em 2022, uma média de 5,3 subtipos de violações por denúncia na amostra analisada, sendo 259 mil no total, o que amplia significativamente o contexto de relações desrespeitosas no Brasil (MDH, 2022).

A amostra tem como principais vítimas mulheres pretas e pardas, 54,3% ao todo, enquanto 36,2% se declararam de cor branca, e 9,5% de outras raças ou não prestaram essa informação. A análise constatou também que 49,5% das vítimas sofrem violência há mais de um ano. Neste grupo, aproximadamente 20% são submetidas a algum tipo de violência há mais de cinco anos (Figura 1) (MDH, 2022).

Figura 1: *Início das violações contra mulheres praticadas por parceiros/ex-parceiros registradas no ano de 2022*

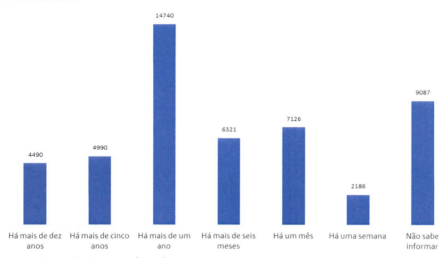

Nota: adaptada de MDH (2022)

Outro dado relevante é a frequência com que as violações acontecem. As vítimas relataram violação de integridade diárias em 48,4% da amostra. As demais frequências ocorrem de acordo com o gráfico a seguir:

Figura 2: *Frequência de violações contra mulheres praticadas por parceiros/ex-parceiros registradas no ano de 2022*

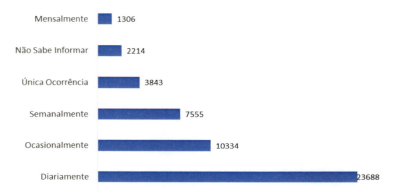

Nota: adaptada de MDH (2022)

Em relação ao grau de instrução, 49,5% das vítimas de violência registradas por meio do Ligue 180 tinham até o ensino médio. Cabe ressaltar que 36,6% das denunciantes não revelaram esse quesito. Os dados apontam que as faixas de idade com maior número de vítimas de violência decorrentes de parceiros íntimos vão dos 25 aos 44 anos de idade (62%). São mulheres em idade fértil e economicamente ativas (MDH, 2022).

Figura 3: *Faixa etária de mulheres que sofreram violações praticadas por parceiros/ex-parceiros registradas no ano de 2022*

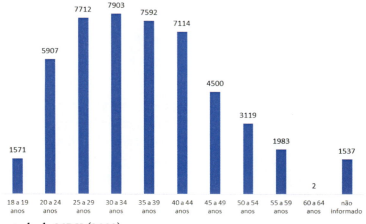

Nota: adaptada de MDH (2022)

Por fim, a análise constatou ainda que 60% das denúncias de violência decorreram de parceiros atuais, contra 40% de ex-parceiros. Do total de registros, 59,6% foram efetuados pela própria vítima, e 37,1% tiveram iniciativa de terceiros (MDH, 2022).

O Instituto DataSenado (DataSenado), em parceria com o Observatório da Mulher contra a Violência (OMV), realizou entrevistas telefônicas entre outubro e novembro de 2021 e contou com a participação de 3 mil mulheres brasileiras com 16 anos ou mais. A pesquisa é classificada como uma amostra representativa de opinião, cujo nível de confiança é de 95%. Trata-se da nona edição desse levantamento, que acontece a cada dois anos desde 2005 (DataSenado & OMV, 2021).

O resultado do trabalho aponta que, na opinião das entrevistadas, 85,8% têm a percepção de que, nos últimos 12 meses — período da pandemia da covid-19 —, a violência doméstica e familiar contra as mulheres aumentou; 72,1% consideram o Brasil um país muito machista; 52,4% avaliam que as mulheres não são tratadas com respeito; 88% responderam que as mulheres que sofrem agressão não denunciam o fato às autoridades ou que denunciam apenas na minoria das vezes; 74,1% entendem que o medo do agressor é o principal motivo que leva aquelas que são agredidas a não denunciarem seus agressores; 78,2% julgam não saber sobre a Lei Maria da Penha, ou sabem muito pouco a respeito; 69,6% avaliam que a referida lei não protege as mulheres contra a violência doméstica e familiar, ou apenas as protege em parte; 83,8% têm conhecimento dos serviços prestados pela Delegacia da Mulher; 72,3% conhecem alguma mulher que já sofreu algum tipo de violência doméstica e familiar; 32,8% das entrevistadas responderam já ter sido vítima de violência doméstica e familiar (DataSenado & OMV, 2021).

Os números da pesquisa do DataSenado/OMV demonstram a gravidade da violência doméstica e familiar contra as mulheres e dão indícios de que os dados disponibilizados pelo Ligue 180 estão aquém do que realmente ocorre nos lares brasileiros. O machismo estrutural é um componente ainda muito importante nesse contexto, mas pesam também a falta de informação em relação à legislação brasileira e a pouca percepção de proteção por parte das autoridades, ainda que um número considerável de mulheres tenha conhecimento de dispositivos de proteção da mulher (DataSenado & OMV, 2021).

A hipótese de subnotificação de casos inferida dos dados da pesquisa torna a estimativa de impacto na vida de pessoas próximas às vítimas pouco palpável, o que configura um cenário ainda mais desolador, considerando-se a possibilidade de crianças estarem sendo expostas às cenas de violência. No futuro, estas podem vir a repetir o comportamento agressivo em relação a seus parceiros ou mesmo aceitar tratamentos desrespeitosos, perpetuando um padrão de relacionamento que deveria ser inconcebível. Assim, a naturalização de comportamentos desrespeitosos/violentos nas relações dificulta o processo de identificá-los e questioná-los, contribuindo para que se propaguem entre gerações.

Coerentemente, Morais e Freitas (2019), ao analisar estudos sobre a denominada cultura do estupro, chamam atenção para como variáveis culturais relacionadas aos valores patriarcais (para mais reflexões sobre patriarcado e relações amorosas, ver capítulo 2, de Morais & Laurenti, neste volume) podem contribuir para a naturalização da violência nas relações afetivas/sexuais entre homens e mulheres, por exemplo, o pareamento entre sexo e violência, a culpabilização das vítimas em situações de agressão, mitos sobre o estupro frequentes em diferentes tipos de mídia, a responsabilização das mulheres por evitarem os crimes sexuais a que estão vulneráveis, explicações que psicopatologizam ou naturalizam os comportamentos dos agressores e negligenciam aspectos socioculturais, performances de gênero estereotipadas atribuídas a cada sexo/gênero, privilégios legais, sociais e econômicos acessíveis apenas aos homens, entre outros.

Complementando, faz-se relevante destacar que, durante a pandemia de covid-19, em que casais e famílias se viram confinados, privados de outros reforçadores e de rede de apoio, houve escalada de conflitos e violência doméstica. Estudos mostram que valores de gênero tradicionais, que estabelecem funções rígidas ou estereotipadas para mulheres e homens na relação de casal e na família, caracterizaram fator de risco para a violência e desequilíbrio nas relações; enquanto valores de igualdade entre os gêneros, com comunicação aberta e a possibilidade de negociar tarefas e responsabilidades na relação, constituíram fator de proteção da qualidade da relação conjugal diante de períodos de crise como o da pandemia (Silva et al., 2020; Vieira et al., 2020).

Comportamentos desrespeitosos em relações afetivas

Comportamentos desrespeitosos em relações afetivas podem ser entendidos como aqueles que, de alguma forma, promovem prejuízos ao funcionamento da interação dos envolvidos na relação. Em alguns relacionamentos, os parceiros afetivos tentam reduzir a ocorrência de comportamentos que os incomodam por meio de estimulação aversiva, como coerção, e seus subprodutos são: raiva, frustração, ansiedade, medo e agressão. As consequências podem ser fuga, revolta e outros atos de violência, sendo prejudiciais à relação. Evitar a comunicação direta impede ou dificulta a solução do problema (Coelho & Silva, 2020; Sidman, 1989/2003; Skinner, 2000). No behaviorismo radical e na Análise do Comportamento, a violência como punição é relacionada ao controle aversivo, e as repetidas consequências punitivas podem potencializar os atos de violência (Coelho & Silva, 2020; Skinner, 1991, 2000).

Nesse contexto, em seu clássico livro *Coerção e suas Implicações*, Sidman (1989/2003) destaca que, apesar do rápido efeito na supressão de um comportamento, a utilização da punição envolve diversos riscos e efeitos colaterais. Nas palavras do autor,

> Por coerção eu me refiro ao nosso uso da punição e da ameaça de punição para conseguir que os outros ajam como nós gostaríamos e à nossa prática de recompensar pessoas deixando-as escapar de nossas punições e ameaças. Precisamos saber mais sobre punição porque é como a maioria das pessoas tenta controlar uns aos outros... Sim, podemos levar pessoas a fazer o que queremos por meio da punição ou da ameaça de puni-las por fazer qualquer outra coisa, mas quando o fazemos, plantamos as sementes do desengajamento pessoal, do isolamento da sociedade, da neurose, da rigidez intelectual, da hostilidade e da rebelião. (pp. 17-18).

Violência, agressividade, mentira, supressão de comportamentos além dos diretamente punidos, opressão, depressão, inflexibilidade emocional e intelectual, comportamentos autolesivos, raiva, tristeza, infelicidade e doenças somáticas são outros exemplos de subprodutos típicos da coerção (Santos, 2019; Sidman,1989/2003). Assim, Sidman (1989/2003) defende que a punição deve ser a última alternativa de escolha, aplicada apenas em ocasiões nas quais não seja possível a utilização de procedimentos positivos alternativos para a solução de um problema.

Por reforçamento positivo, o autor refere-se à "prática de recompensar/valorizar pessoas não por deixá-las fugir da punição, mas por deixá-las produzir algo bom" (p. 22). Felicidade, satisfação, segurança, alegria e autoconfiança são sentimentos correlacionados com contingências de reforçamento positivo.

A coerção pode se manifestar de diferentes maneiras nas relações. Guerin e Ortolan (2017) e Pereira et al. (2018) analisaram os comportamentos de pessoas que cometeram agressões envolvidas em situações de violência doméstica e identificaram cinco padrões funcionais comuns:

- Ações físicas diretas e ameaças;
- Manipulação do contexto para controlar o comportamento do parceiro;
- Estratégias para manter segredo sobre o relacionamento;
- Estratégias de monitoramento ou descoberta das atividades e contatos sociais do parceiro;
- Verbalizações para ameaçar ou convencer o parceiro para adotar a sua visão de mundo.

No contexto de uma relação violenta, a vítima pode desenvolver uma ligação emocional com o seu agressor e, ao provê-lo de afeto quando os ataques cessam ou são reduzidos, reforçar positivamente o comportamento violento. Assim, aumenta-se a probabilidade de novas agressões virem a acontecer. É comum o relato de que as vítimas amam seus abusadores, apesar do contexto violento em que vivem (Pierce & Cheney, 2004 citado em Coelho & Silva, 2020). Carver (2011) explica que a vinculação emocional ao agressor é uma estratégia de sobrevivência para vítimas de violência e intimidação.

Ele ainda relaciona esse comportamento ao que se denomina síndrome de Estocolmo, nome associado a um roubo a banco, com sequestro de reféns, na capital sueca, ocorrido em 1973, em que uma refém desenvolveu sentimentos afetivos por seu sequestrador. Esse fenômeno pode ser observado em relacionamentos familiares, românticos e interpessoais. O autor lista quatro situações ou condições favoráveis ao desenvolvimento da síndrome e que podem estar presentes em casos de relacionamentos abusivos:

- A presença de ameaça à sobrevivência física e a expectativa de que o abusador cumprirá essa ameaça: parceiros violentos podem ameaçar diretamente a vida ou integridade da vítima de abuso ou de seus amigos e familiares;

- Percepção de pequenos gestos de aparente gentileza: em contextos de ameaça, procuram-se indícios de esperança. Quando um parceiro violento e controlador promove alguma pequena gentileza (reforço intermitente), mesmo que em benefício próprio, a vítima interpreta o gesto de forma positiva;

- Ver o mundo pela perspectiva do agressor: a vítima tem a sensação de que está sempre "pisando em ovos". O receio de fazer algo que desencadeie a fúria do agressor contribui para que a vítima seja cuidadosa com seu modo de agir em busca de deixar o parceiro violento feliz e, assim, evitar situações de risco em sua própria vida. A vítima pode abandonar hábitos de que gosta, como uso de perfume, maquiagem e até mudar o estilo de roupas que usa como forma de evitar possíveis conflitos (recomendamos que você veja, se ainda não viu, o vídeo intitulado *Não tira o batom vermelho*, de JoutJout, disponível no YouTube, no link https://www.youtube.com/watch?v=I-3ocjJTPHg);

- A incapacidade percebida de escapar da situação: em relações amorosas, a crença (regra) de que não se pode escapar é recorrente. Muitos relacionamentos abusivos/violentos seguem o padrão "até que a morte nos separe", de modo que as pessoas envolvidas se sentem presas por questões de ordem prática, como filhos e bens financeiros, conhecimento íntimo ou situações legais.

O padrão de dependência afetiva frequentemente está presente no repertório de pessoas em relações desrespeitosas/violentas. Beattie (1987/2009) define codependência como relação em que uma pessoa tem seu comportamento afetado por outra de modo a viver em função desta a ponto de se desconectar do cuidado com suas próprias necessidades. Assim, há uma obsessão pelo controle do comportamento dessa outra pessoa. Quando se trata de relações desrespeitosas, o comportamento de dependência afetiva é, portanto, um tema recorrente nos consultórios, e a demanda, nesses casos, consiste em excessos de cuidado e atenção direcionados ao outro, bem como renúncia aos próprios interesses (Sophia, 2008). Há um desequilíbrio entre o dar e o receber caracterizado por uma falta de reciprocidade (Beattie, 1987/2009).

A dependência afetiva é um comportamento que traz prejuízos às relações. Há autores que atribuem ao vício afetivo ou apego amoroso excessivo as mesmas características de uma adicção a drogas e álcool, por exemplo. O apego dependente é uma espécie de automutilação psicológica. O amor e o cuidado que poderiam ser também dedicados a si são doados irrestritamente de forma a comprometer a qualidade de vida da própria pessoa (Riso, 2021). Muitas vezes o que ocorre é uma despersonalização gradativa até uma completa anulação de si, como retratado no filme *Querida Alice* (Nighy, 2022). Adicionalmente, há uma alteração da percepção em relação ao parceiro caracterizada pela ampliação das suas virtudes e redução dos seus defeitos (Blasco, 2004). Santos (2021) enfatiza que o comportamento codependente é desrespeitoso com os limites da própria pessoa que se perde de si, enquanto toma conta da vida do outro, e também com os de quem — subestimado em sua capacidade de lidar com as próprias questões — recebe o peso de ser o foco de todas as atenções.

Como foi dito, a dependência afetiva se assemelha à de substâncias. Assim, Sophia (2008) pontua seis critérios comuns para identificação do quadro afetivo descrito:

- Sinais e sintomas de abstinência: insônia, taquicardia, tensão muscular etc.;
- O ato de cuidar do parceiro ocorre em maior quantidade do que o indivíduo gostaria;
- Atitudes para reduzir ou controlar o comportamento que traz sofrimento são malsucedidas;
- É despendido muito tempo para controlar as atividades do parceiro;
- Abandono de interesses e atividades antes valorizadas. O indivíduo passa a viver em função dos interesses do parceiro em detrimento de suas próprias realizações pessoais e profissionais;
- O foco quase exclusivo no relacionamento é mantido, apesar dos problemas pessoais, familiares e profissionais.

Indivíduos dependentes afetivamente têm algumas características particulares. Geralmente se relacionam com um pequeno número de pessoas como forma de manterem uma exclusividade em relação ao seu parceiro. Há uma demanda excessiva de disponibilidade do outro, além de uma constante busca por sua aprovação e tentativas recorrentes em agradá-lo. Os parceiros desses indivíduos costumam ser idealizados e guardam características como egoísmo, arrogo e frieza emocional. Em caso de separação, apresentam sintomas de abstinência e outros típicos do Transtorno de Ansiedade de Separação, por exemplo (Jimenez & Ruiz, 2009).

Diante da identificação de características de uma relação amorosa desrespeitosa, violenta, em que há dependência afetiva ou desigualdade de poderes e direitos entre parceiros, situações de conflito podem ser oportunidade para reavaliar o relacionamento e tomar decisões. Em alguns contextos, a decisão mais adaptativa, segura e saudável será o rompimento da relação. Em outros, mudar comportamentos e transformar relações desrespeitosas em respeitosas pode ser um caminho possível, quando são implementadas algumas estratégias como comunicação de boa qualidade, corresponsabilidade das pessoas envolvidas no relacionamento e o desejo conjunto de manter um convívio saudável. Sherman et al. (1991 citados em Silva & Vandenberghe, 2008) propõem que os parceiros afetivos se comuniquem na mesma linguagem e pratiquem o treino de comunicação pautado nos seguintes aspectos específicos:

- Prover um ambiente livre de ameaça e atitudes violentas;
- Enviar mensagens claras sobre o que se quer, ao invés do que não se quer;
- Dar informações, e não as reter;
- Ser específico, e não vago;
- Informar, em vez de esperar que o outro adivinhe;
- Eliminar mensagens ambíguas, tais como "sim, mas", ou palavras com tom de voz ríspido;
- Corrigir suposições sobre o que eu acho que o outro acha de mim.

A comunicação entre pessoas em um contexto afetivo vai além do ato de falar e ouvir. A topografia, o conteúdo e a interpretação do que foi dito podem tornar a comunicação aversiva. Na psicoterapia, é frequente ouvir de casais que compartilham a intenção de resolver problemas de comunicação, mas relatam conversas com o tom agressivo, trocas de acusações e tentativas de resolução de conflitos que terminam em discussão (Silva & Vandenberghe, 2008) (para mais reflexões sobre comunicação em relações amorosas, ver os capítulos 15, de Velloso, e 16, de Silveira, neste volume).

As habilidades de comunicação podem ser desenvolvidas aumentando a correspondência entre o significado que o ouvinte atribuiu aos estímulos recebidos e o significado do que o falante emitiu. A comunicação efetiva propõe que o emissor da informação (gesto ou fala) tenha consciência da sua intenção, esteja aberto para aceitar que o outro corrija a interpretação e responsabilize-se pelo que foi comunicado. A modelagem, construída pela aquisição de repertório adaptativo e reforço diferencial de aproximações sucessivas do comportamento alvo, é um dos métodos para melhorar e construir novas habilidades de comunicação (Rose, 1977 citado em Silva & Vandenberghe, 2008).

Rosenberg (2003/2006), em sua obra *Comunicação Não Violenta*, propõe a observação, a identificação de comportamentos e situações que nos afetam e a expressão real de nossos sentimentos/desejos e de nossas necessidades nas relações. A compreensão clara das necessidades de cada parte numa relação é ponto fundamental para a Comunicação Não Violenta (CNV). Novamente, Rosenberg (2019), na obra *Vivendo a Comunicação Não Violenta*, destaca quanto é difícil estabelecer esse entendimento, uma vez que é comum a tentativa de exposição de necessidades estar emaranhada em críticas, acusações e ataques, sem que, de fato, seja revelada. Além disso, mesmo que a pessoa consiga identificar e expressar claramente uma necessidade, a outra ainda pode ter dificuldade em capturar o real sentido do que foi proposto. Deste modo, numa espécie de treino de habilidades em comunicar necessidades e fazer pedidos diretos em relação ao que poderia contribuir para atendê-las, o mediador ajuda as partes a expressarem e compreenderem necessidades para só então partirem para a construção de estratégias com vistas a se chegar a uma solução satisfatória para ambos.

Quando se trata de relações de casal, em que frequentemente há uma convivência intensa com a necessidade de lidar com diferentes desafios e ajustes no compartilhamento da rotina diária, se não há um trabalho ativo de construção de uma comunicação não violenta, é comum que surjam padrões de comunicação desrespeitosos, como o comportamento passivo-agressivo, que pode ser extremamente nocivo à saúde do relacionamento (Schanz et al., 2021). O comportamento passivo-agressivo é um modo de funcionamento pautado pela expressão de sentimentos negativos ou ressentimentos de maneira indireta. O padrão pode se manifestar também por meio de procrastinação, ambiguidade, sarcasmo, omissão de informações importantes, ou ainda de comportamento amigável, mas com uma intenção oculta. Seria o caso hipotético de uma pessoa em determinado relacionamento que não sente mais atração pelo parceiro, mas, em vez de deixar isso claro e colocar um fim na relação, comporta-se de modo agressivamente velado até que o outro tome a iniciativa de rompimento. Há uma desconexão entre o que se fala e o que se faz. Muitas vezes envolve algum tipo de amargura ao ser demandado; atrasos e erros intencionais; cinismo; tratamento silencioso; críticas vagas não direcionadas a ninguém especificamente e indiretas, hoje muito comum em redes sociais (Marcel & Raypole, 2022).

Ciúme é um sentimento inerente ao ser humano e pode estar presente em diversas relações, inclusive nas conjugais. Direcionando a discussão para as relações afetivas, vamos refletir sobre como o verbete "ciúme" é definido no dicionário: "sentimento negativo provocado por receio ou suspeita de que a pessoa amada dedique seu interesse; afeto a outrem ou receio de perder algo" (Michaelis, 2023). Acontece uma mistura de emoções e sentimentos como raiva, ansiedade, medo, confusão, excita-ção, impotência, desesperança e tristeza, que podem trazer ainda mais sofrimento dependendo de quais comportamentos são desencadeados pelo ciúme (Leahy, 2019).

Culturalmente, é comum as pessoas associarem ciúme à ideia de zelo e até a prova de amor. O sentimento é universal, complexo e passa a gerar problemas quando a desconfiança, insegurança, tendência ao controle e posse são desproporcionais e causam sofrimento a quem experiencia o ciúme ou às pessoas que convivem com ele. Além disso, algumas reações ao ciúme são importantes sinais de alerta, como a perda de controle, atitudes violentas e inspeção obsessiva, repetitiva e contínua de objetos pessoais e da vida íntima de outra pessoa (Ballone, 2010).

Lidar com o ciúme, estabelecendo e aplicando estratégias para admi-nistrar os comportamentos e as consequências dos sintomas obsessivos pode ser desafiador, para o indivíduo e para o casal. Nesse contexto, o psicólogo tem papel importante no exame de crenças, pensamentos, pre-disposições a certos comportamentos e, então, considerar pensamentos e comportamentos alternativos (Leahy, 2019).

Um filme lançado em 1944, estrelado pela atriz premiada com dois Oscars Ingrid Bergman, conta a história de um casal cujo marido se uti-liza de jogos mentais como meio de manipular a esposa para que ela se convença de que está enlouquecendo. O título do filme, *Gaslight* (em português, "À meia luz"), deu origem ao termo *"gaslighting"*, que diz respeito ao ato deliberado de distorcer e manipular situações e fatos com o intuito de fazer com que a vítima questione a própria sanidade. O *gaslighting* é um tipo de abuso psicológico em que o parceiro abusador utiliza a manipulação como forma de desestabilizar a autoconfiança da vítima. Entre as consequências desse comportamento abusivo, estão a ansiedade e a sensação de perda da realidade, podendo culminar em sentimentos de impotência e depressão (Neal, 2018).

Uma situação em que uma pessoa afirma que a outra fez algo que ela **não** se lembra de ter feito; a vítima revira sua memória e não encontra nada. O manipulador geralmente é alguém próximo, supostamente confiável. A forma contundente e recorrente com que a pessoa que manipula relata o que supostamente ocorreu leva a vítima a questionar suas próprias convicções e duvidar de si mesma. O *gaslighting* ocorre de forma sutil e emaranhada em declarações de amor, gestos de carinho, disfarçados de demonstrações de cuidado e proteção. Esse tipo de abuso psicológico é particularmente cruel por levar a vítima **à** submissão a uma "realidade" imposta pelo manipulador.

Um exemplo de quão perturbador pode ser esse tipo de violência é ilustrado por Nighy (2022) no filme *Alice, Darling* (em português, *Querida Alice*). A história de abuso é contada de forma muito sutil e expõe a manipulação do parceiro abusador em meio **às** manifestações de afeto. A vítima dá sinais claros de ansiedade, humor deprimido, perda da realidade e comportamento autolesivo tricotilomaníaco. É possível ainda verificar os sentimentos de vergonha e medo, a esperança de que o parceiro mude o comportamento, além do isolamento da vítima imposto pelo abusador, conforme apontado por Soares (2005), no início deste capítulo, como sendo possíveis razões que levam uma vítima de violência doméstica a ter dificuldade de romper com um parceiro violento.

Questões Éticas

O psicólogo deve exercer sua prática clínica pautado nas normas legais e no Código de Ética Profissional do Psicólogo. Quando o atendimento envolve pessoas em situação de violência doméstica e familiar, é especialmente importante que esteja atento aos princípios fundamentais do código norteador da profissão. Assim, além de promover a saúde e qualidade de vida das pessoas, deve contribuir para eliminar quaisquer formas de negligência, discriminação, exploração, violência, crueldade e opressão, como afirma o II Princípio Fundamental (Conselho Federal de Psicologia, 2005).

O atendimento psicológico, diante de relatos de violência, pode ser desafiador. Ao tomar conhecimento de atos violentos relacionados ao seu paciente, sendo ele agressor, seja vítima, o profissional vê-se ante a avaliação de necessidade de denunciar às autoridades policiais ou mesmo testemunhar em processos judiciais. Os Arts. 10.º e 11 respaldam a quebra de sigilo, desde que o profissional baseie sua decisão na busca do menor prejuízo e se restrinja a prestar informações estritamente necessárias, quando for depor em juízo, por exemplo (CFP, 2005). Em caso de dúvidas sobre como agir, é prudente buscar orientação no Conselho Regional de Psicologia.

A atuação profissional precisa ser crítica, com responsabilidade social, baseada no respeito e na promoção da liberdade, dignidade e integridade do ser humano, apoiada nos valores da Declaração Universal dos Direitos Humanos, como estabelece o Princípio Fundamental I do Código de Ética do Profissional Psicólogo (CFP, 2005). Complementando, Andery e Sério (2001/2006), ao analisar a contribuição do behaviorismo radical para a transformação da cultura, destacam a importância dada por Skinner a intervenções sociais que objetivem a promoção de um mundo melhor e mais feliz. Skinner enfatizava a necessidade de que o conhecimento sobre o comportamento humano fosse utilizado como uma ferramenta para a construção de um ambiente social e cultural favorável à criatividade, à paz e ao respeito mútuo entre as pessoas.

Relações Saudáveis e Respeitosas

Ao pesquisar sobre relações saudáveis, é possível verificar rapidamente uma superioridade significativa na quantidade de publicações que se referem a relacionamentos não saudáveis. Há uma preocupação sobre o que efetivamente não funciona em detrimento do que poderia até servir de modelo para outras pessoas. É compreensível. Afinal, o que funciona pode simplesmente existir, pois não gera prejuízos em áreas importantes para os indivíduos, não gera demanda clínica; consequentemente, não produz tantos estudos quanto temas sensíveis, cujo impacto tende a se espalhar por outros campos de valor.

Uma relação saudável ou respeitosa é aquela em que há liberdade de expressar sentimentos e opiniões sem receio de repreensão. A base é composta por respeito e apoio mútuos. A exposição de necessidades é um hábito regular seguido da escuta ativa, validação e ausência de crítica. Ambos têm a sua individualidade preservada e são encorajados a manter o convívio social com outras pessoas (Neal, 2018). Complementando, Esther Perel (2018), uma das mais renomadas autoras da terapia de casal na atualidade, destaca que o respeito às autonomias individuais é uma precondição para a ligação entre duas pessoas. Em suas palavras:

> O amor se baseia em dois pilares: entrega e autonomia. Nossa necessidade de união coexiste com nossa necessidade de distanciamento. Uma não existe sem a outra. Com excesso de distância, não pode haver ligação. Mas o excesso de união elimina a independência. Então, nada mais resta a transcender, não há ponte para se atravessar, ninguém para se visitar do outro lado, nenhum outro mundo interno onde se entrar. Quando as pessoas se fundem, quando dois viram um, a ligação é impossível. Não há ninguém com quem estabelecê-la. Assim, o distanciamento é uma precondição da ligação: este é o paradoxo essencial da intimidade e do desejo. (p. 39).

Por falar em individualidade e incentivo ao convívio social, uma relação saudável requer a existência de uma rede de apoio para ambas as partes. Bauman (2004) observa que vivemos uma era de descartabilidade relacional, o que impacta diretamente a construção de uma rede de apoio social. Esse afastamento é significativamente prejudicial às pessoas em relacionamentos desrespeitosos. Soares (2005) explica que vítimas de violência domiciliar perdem seus laços familiares e sociais. Os agressores costumam controlar as ações da vítima. Assim, acabam restringindo as relações com a família e amigos e escondem as dificuldades vividas no relacionamento.

Além do mais, expor a público os atos de violência gera sentimentos como vergonha e redução de esperança de recompor a relação. Segundo Brito e Koller (1999), rede de apoio social é um "conjunto de sistemas e de pessoas significativas, que compõem os elos de relacionamento recebidos e percebidos do indivíduo" (p. 115). A formação de redes de apoio social dá-se por meio de processos relacionados ao convívio, pressupondo interação e reciprocidade. Bowlby (1988) destaca que uma rede de apoio social eficiente promove, entre outros benefícios, prevenção de violência. Por isso, é fundamental dispor dessa estrutura para estar amparado em momentos difíceis tão logo tenham início.

Davila et al. (2017) conceituam relacionamentos saudáveis enfatizando aspectos como intimidade, respeito, consideração positiva, boa comunicação e sensação de segurança. De acordo com Siegel e Bryson (2015), uma relação saudável, qualquer que seja, é constituída de indivíduos saudáveis, autoconfiantes, conectados com outros, e acrescenta: para que haja um "nós" funcional, necessariamente as partes precisam constituir um "eu" individual.

Coerentemente, Santos (2020) destaca a necessidade de que, em uma relação amorosa, cada parte se responsabilize por seu autocuidado e por buscar a satisfação de suas próprias necessidades. Segundo ela, ninguém deve ser responsável por fazer o outro feliz, assim como não devemos esperar que alguém nos faça felizes, pois, quando a autorresponsabilização é negligenciada, há um aprisionamento em um estado de impotência/dependência que não é saudável para as pessoas envolvidas e para a relação. Na perspectiva da autora, o amor não deve ser um sacrifício, mas uma troca que enriquece, que transborda de duas pessoas inteiras, nutridas, preenchidas. Em suas palavras,

> Relacionamentos que exigem que sacrifiquemos a nossa vontade, a nossa felicidade, as nossas amizades e o nosso bem-estar não são saudáveis... toda doação que não vem de transbordamento tem seu preço. E só há transbordamento quando cuidamos de nós mesmos e alimentamos o que nos faz bem. Afora isso, o sacrifício virá das nossas faltas e das nossas feridas. Pesará nas nossas relações. (p. 143).

Nesse contexto, a falta de autonomia e de responsabilização pelo autocuidado e pelo estabelecimento dos próprios limites pode contribuir para relações marcadas por cobranças, aversividade, desgastes e codependência.

Gottman e Silver (1998), em *Casamentos: por que uns dão certo e outros não?*, estabelece que, casais que têm por volta de cinco interações positivas para cada interação negativa têm prognóstico favorável quanto a manterem um relacionamento estável. Proporções menores, segundo o autor, tendem à predição desfavorável. Ele ainda enumera princípios que norteiam relações exitosas (Gazzaniga et al., 2018):

1. Expressar interesse pelo parceiro: escuta empática;

2. Ser afetuoso: demonstrar afeto, ainda que de forma silenciosa, por meio do toque, de lembranças de momentos felizes;

3. Demonstrar cuidado e atenção: pequenas ações como trazer um bombom ou enviar uma mensagem inesperada transmitem quanto um se importa com o outro;

4. Experienciar tempo de qualidade: interesses em comum, como hobbies, são um exemplo, ainda que possam se dedicar a coisas diferentes;

5. Lealdade e fidelidade em relação aos contratos e combinados estabelecidos: responsabilidade afetiva é fundamental. As ações de um parceiro afetam diretamente o sentimento e desenvolvimento do outro. Respeito e confiança são requisitos necessários para que não haja ciúme nem desconfiança;

6. Manejo de conflitos: é inevitável que haja algum tipo de conflito em um relacionamento. O modo saudável de como lidar com essas situações é que garante o sucesso da relação. Aqui se evitam a crítica, o sarcasmo e, sobretudo, a invalidação do sentimento do outro. Complementando, Santos (2019) enfatiza que respeitar, acolher e validar os sentimentos do outro é diferente de concordar e atender a todos os seus pedidos/suas necessidades. A autora chama de limites empáticos a habilidade de acolher os sentimentos de alguém sem necessariamente flexibilizar os próprios limites, quando há discordâncias, diferentes de pontos de vistas ou incompatibilidades nas necessidades das pessoas envolvidas em um conflito. De acordo com ela, respeitar o querer do outro, mesmo diante da escolha de não o atender, embora não elimine a frustração, faz grande diferença na experiência de quem tem seus sentimentos/suas emoções validados.

Ao contrário do que ocorre em relações não saudáveis, casais felizes em relacionamentos respeitosos costumam creditar bons resultados um ao outro e resultados ruins às circunstâncias, e ainda têm por hábito enaltecer o parceiro, sem direcionar o foco para um suposto mal comportamento, ou, quando muito, respondem de modo construtivo (Rusbult & Van Lange, 1996). Assim, por exemplo, em um relacionamento respeitoso, o parceiro traz flores, e o outro se sente valorizado e grato. Num relacionamento em que não há segurança/confiança, o outro fica imaginando o que teria motivado o presente: uma traição?

Vale ressaltar que um relacionamento saudável não é isento de conflitos. Segundo Gottman e Silver (1998), todas as relações demandam empenho para se manterem. São constantes as tensões de forças antagônicas que unem e que podem separar. A união de dois "mundos" diferentes incorre em divergências ocasionais. Contudo, em momentos de crise, o casal dispõe-se a ouvir e promove espaço de fala. Ainda que não haja concordância, percepções e opiniões são validadas e há um esforço conjunto no sentido de buscar uma solução aceitável para as duas partes. Não se atribui culpa, tampouco se justificam ataques ao outro em razão de um "mal momento" de um deles (Engel, 2008). Neal (2018) explica que casais se desentendem e, por vezes, se sentem machucados e incompreendidos. Também acontece de haver momentos ou fases permeadas por sentimentos de desconexão. Ainda assim, num relacionamento saudável, não cabe colocar em dúvida o afeto e o respeito mútuos.

Numa relação a dois, os problemas geralmente têm início em razão de dificuldades inerentes à qualidade de comunicação. Isso ocorre mesmo com casais respeitosos. Ser assertivo é fundamental para que se estabeleça uma comunicação saudável, o que significa saber dizer o que se quer, respeitando a si e ao outro. A assertividade entre casais tem características peculiares em função da intimidade e cumplicidade. Assim, diferentemente do conceito geralmente aceito de habilidade de expressar necessidades e sentimentos de forma respeitosa, a comunicação conjugal, na prática, por vezes acontece de forma desrespeitosa, de modo que se verbalizam desejos e sentimentos sem considerar o direito e as necessidades do outro; ou, ainda, as próprias necessidades e emoções são veladas, e só o direito do outro é que conta (Brandão & Conte, 2007). Assim, o desafio é construir uma comunicação que permita um equilíbrio respeitoso entre as próprias necessidades e as do outro.

A boa comunicação foi amplamente estudada por Rosenberg (2019), que constatou que pouco se ensina a expressar necessidades próprias, mas, em vez disso, as pessoas são levadas a criticar e insultar, quase como se houvesse uma disputa pela razão. Assim, criou o modelo de comunicação não violenta, cujo objetivo é inspirar conexões sinceras no sentido de que as necessidades de cada integrante em situação de conflito possam ser satisfatoriamente atendidas. Vale destacar uma vez mais que entender as necessidades do outro não significa ceder à vontade do parceiro, muito menos concordar. Aqui cabe o cuidado em não invalidar o desejo da outra parte. Young et al. (2008) lança mão do conceito de confrontação empática, em que o ouvinte se solidariza com as razões e crenças do outro e, em seguida, confronta as suas imprecisões. Há uma alternância entre empatia e teste de realidade por meio de formulações alternativas. Assim, é mais provável que se chegue a um caminho do meio.

Rosenberg (2019) defende que, na condução de solução de conflitos, o ponto principal é a clareza das necessidades de cada parte. Em sua obra *Vivendo a Comunicação Não Violenta*, ele destaca quanto é difícil que uma das partes expresse de maneira clara sua necessidade, ponto inicial do processo. Não raro, em suas transcrições enquanto mediador, foi preciso intervir para traduzir uma demanda. E não é só isso: a parte que escuta frequentemente não é capaz de compreender o que foi dito, e, mais uma vez, o mediador é chamado a intervir. As tentativas de expressar necessidades estão, regularmente, carregadas de críticas e ataques. Da mesma forma, o entendimento de quem as ouve é constituído de julgamentos e desconfiança. Somente após a plena compreensão da necessidade de cada parte, inicia-se o processo de construção de estratégias para atender as demandas dos envolvidos (para mais reflexões sobre a comunicação em relações amorosas, ver capítulos 15, de Velloso, e 16, de Silveira, neste volume).

Tão importante quanto a comunicação verbal, defendida por Rosenberg, é a comunicação não verbal. Del Prette e Del Prette (2017) explicam que as habilidades sociais são compostas por elementos verbais — o que se fala —, os quais têm sua efetividade diretamente ligada aos elementos não verbais, ou seja, o desempenho/como se fala. Os Componentes Não Verbais Paralinguísticos (CNVP) referem-se à forma ou à topografia que acompanha a comunicação verbal, ou mesmo ao silêncio pós-interação, e fazem alusão à postura, à expressão facial, ao contato visual, ao tom de voz e outros, como um revirar de olhos ou aquele estalo produzido com a boca ao sugar uma pequena quantidade de ar, que, em algumas culturas, pode soar como um desdém. Seguindo esse raciocínio, a mesma resposta em tons de voz topograficamente diferentes pode transmitir mensagens distintas. Os CNVP possuem funções de apoiar, enfatizar, complementar o significado da comunicação verbal ou mesmo contrariar o sentido literal do que é dito. O autor afirma que as pessoas têm mais autonomia sobre o que expressam verbalmente quando o que é "dito" é complementado por gestos e expressões faciais (Del Prette & Del Prette, 2017). Em tempos de comunicação virtual massiva, os CNVP podem ser substituídos pelos *emojis* e pelos *stickers*. Contudo, há sempre o risco da má interpretação. É sensato ter cuidado com esta via de comunicação ao abordar assuntos sensíveis.

Em momentos difíceis, quando a harmonia é abalada, o que também faz parte do contexto de relações saudáveis e respeitosas, muitas vezes é fundamental que haja um pedido de desculpas para a retomada do equilíbrio. Lazare (2004) estudou a estrutura e a função das desculpas públicas e privadas. O objetivo foi entender por que certas desculpas são bem-sucedidas e outras falham em obter o perdão e trazer a reconciliação (para mais reflexões sobre o perdão em relações amorosas, remendamos ver o capítulo 14, de Luque, neste volume).

Lazare (2004) concluiu que um pedido de desculpas eficaz contém até quatro partes em sua estrutura:

1. Reconhecimento: deve ficar claro quem é o ofendido e o ofensor. Este deve reconhecer claramente a ofensa. O pedido de desculpas falha quando é feito de forma vaga do tipo "desculpa qualquer coisa" ou "desculpe se eu errei". Também é ineficaz o pedido que minimiza o ato ofensivo, em que o ofensor julga o ocorrido apenas como "um caso isolado"; um "desculpe" empático não surte efeito sem o devido reconhecimento da responsabilidade. Da mesma forma, ocorre falha quando o ofensor atribui à vítima a responsabilidade de ter se sentido ofendida, usando frases como "desculpe se você se sentiu ofendida";

2. Explicação: pode atenuar uma ofensa, mostrando que ela não era intencional nem pessoal e é improvável que se repita. Porém, soará fraudulenta ou superficial quando não há uma autorresponsabilização, com alegações do tipo: "o diabo me fez fazer isso" ou "não estava raciocinando". É digno admitir que "não há desculpa" em vez de oferecer uma explicação falsa e rasa;

3. Expressão de remorso, vergonha e humildade: são componentes importantes e devem permear o pedido de desculpas eficaz. Esses comportamentos e emoções evidenciam que o ofensor reconhece

o sofrimento do ofendido e ajudam a garantir à parte ofendida que a ofensa não se repetirá. Perel (2017) destaca que um pedido de perdão genuíno deve incluir a expressão de arrependimento e culpa pelo mal causado ao outro, ainda que não haja arrependimento pela experiência em si ou que se mantenha a divergência de posicionamento. A autora exemplifica: no caso de um marido que trai a esposa, descumprindo o contrato de exclusividade estabelecido na relação, é necessário que ele reconheça o erro quanto ao descumprimento do acordo monogâmico e que demonstre arrependimento por ter causado sofrimento intenso à sua parceira, ainda que não se arrependa das experiências extraconjugais em si. Ademais, para que o pedido tenha maior probabilidade de favorecer uma reconciliação, é importante que ele fique, por um período (enquanto se realiza o trabalho de reconstrução da confiança), responsável por buscar e implementar estratégias que protejam os limites da relação, num movimento da reparação do dano que causou, como descreve mais detalhadamente o item a seguir;

4. Reparação: é uma maneira de compensar, de modo real ou simbólico, a ofensa. Quando o comportamento ofensivo causa danos ou perda de um objeto, a reparação geralmente é a substituição ou restauração do bem. Quando é intangível, simbólica ou irreversível — aí inclusos insultos ou humilhações, assim como ferimentos graves e até mesmo morte —, a reparação pode incluir um presente, uma honra, uma troca financeira, um compromisso de mudar de atitude ou uma punição tangível à parte culpada.

Por fim, Lazare (2004) ainda explica que um pedido de desculpas, se feito de forma eficaz, de acordo com os componentes antes explicitados, pode gerar perdão e reconciliação, se satisfizer as necessidades psicológicas da parte ofendida:

1. Restauração da dignidade: casos de insulto ou humilhação;

2. Afirmação de que ambas as partes compartilham valores e concordam que o dano cometido fere esses valores;

3. Validação de que a vítima não foi responsável pelo ato ofensivo: necessário em casos em que a vítima carrega irracionalmente parte da culpa pelos desrespeitos/as violências que viveu;

4. Garantia de que a parte ofendida está a salvo de uma reincidência: casos em que o ofensor pede desculpas por ameaçar ou cometer dano físico ou psicológico a uma vítima;

5. Justiça reparativa: ocorre quando o ofendido vê a parte ofensora sofrer algum tipo de punição;

6. Reparação: quando a vítima recebe alguma forma de compensação por sua dor;

7. Diálogo: que permite que a parte ofendida expresse seus sentimentos em relação aos ofensores e até lamentem suas perdas em um contexto de comunicação seguro e compassivo.

Encaminhando-nos para o fim de nossa contribuição com este capítulo, gostaríamos de compartilhar brevemente a proposta da autora bell hooks (2020) de um viver orientado pelos valores de uma ética amorosa, a qual pressupõe que todos têm direito à liberdade, ao bem-estar e à dignidade. De acordo com sua análise, relações respeitosas são fundamentadas necessariamente no cuidado recíproco, bem como na satisfação e no crescimento mútuos. Quando há dinâmicas de poder em que uma pessoa, independentemente de sexo/gênero, precisa estar acima da outra para se sentir segura, não há amor. Quando há manipulação, coerção, controle aversivo do comportamento do outro, o respeito é comprometido. Segundo a autora, a prática do amor não oferece um lugar seguro no sentido do controle. A vivência do amor é caracterizada pela interação entre pessoas livres, autônomas, de modo que amar envolve arriscar-se a perder, a magoar-se, a sentir dor, a lidar com variáveis que estão além da previsibilidade e do controle.

hooks destaca que, em culturas patriarcais, os estereótipos de gênero diminuem mulheres e homens, uma vez que valores machistas educam as pessoas para o desequilíbrio marcado pela naturalização da mulher em funções de cuidado e do homem em posições de dominação e poder. Para que seja possível viver a ética amorosa, a desconstrução dessa estrutura rígida e limitante — centrada na obsessão pelo poder e pela dominação — deve ser exercitada de forma ativa e diária. Assim, o amor, na visão de hooks, é ação, escolha comprometida. Em suas palavras: "Quando nos engajamos num processo de amor-próprio ou de amar os outros, devemos nos mover além do reino do sentimento para tornar o amor real. É por isso que é útil ver o amor como uma prática" (p. 197). Honestidade, cooperação, comunicação direta e clara, igualdade em direitos e responsabilidades, reciprocidade, disciplina e compromisso com o trabalho do amor são valores que devem orientar escolhas amorosas.

Santos (2020, 2021) compara relações respeitosas a uma dança, a qual demanda uma conexão genuína consigo e com o outro, com o ritmo que está tocando e com o contexto em que o encontro acontece. Trata-se de um desafio exigente, pois envolve autoconhecimento e interesse em conhecer o outro, fazer e refazer combinados, testar e abandonar ideias, diferenciar o real/possível do idealizado, responsabilizar-se pelo cuidado como o próprio bem-estar, expressar com clareza os próprios sentimentos e as próprias necessidades, ouvir o outro com atenção, capacidade de trabalhar em equipe, respeito aos próprios limites e aos do outro. Na dança de uma relação, por mais cuidado que se tenha, às vezes inevitavelmente se pisa no pé do outro, então serão necessárias diferentes habilidades para lidar com o descompasso, como pedir perdão, perdoar, comprometer-se com mudanças, disponibilidade para transformar-se. Adichie (2017) acrescenta que relações saudáveis são aquelas em que há espaço para a autenticidade, para ser simplesmente quem se é, para compartilhar pensamentos, opiniões, emoções e interesses sem que essa expressão leve a críticas e punições.

Considerando-se as reflexões propostas neste capítulo, é possível concluir que é a forma de se relacionar que sustenta o amor, e não o contrário. Assim, administrar um relacionamento respeitoso não é fácil e intuitivo, mas demanda comprometimento, dedicação e desenvolvimento de variados repertórios. Ademais, destaca-se que o amor não é apenas um sentimento — insuficiente para sustentar uma relação de cuidado mútuo —, mas uma importante habilidade a ser aprendida (Santos, 2020; The School of Life, 2018). Nesse contexto, a terapia — tanto de casal como individual — pode contribuir enormemente para o desenvolvimento de repertórios importantes para lidar com os desafios e aprendizados necessários a uma vida compartilhada amorosa/respeitosa. Flexibilidade em relação aos papéis de gênero, com uma divisão equilibrada de responsabilidades/tarefas, comunicação compassiva ou não violenta (ver Rosenberg 2003/2006; Santos, 2020, 2021, 2023), solução de problemas, estratégias construtivas e cooperativas de manejo de conflitos, alinhamento de expectativas/valores, tolerância emocional com comportamentos direcionados para os valores são apenas alguns exemplos de habilidades que podem ser favorecidas pelo processo terapêutico com foco na relação amorosa. Essas habilidades caracterizam fatores de proteção da qualidade das relações, prevenindo situações de desrespeito e violência (Silva et al., 2020; Vieira et al., 2020). Como diz Ivan Lins na canção:

Começar de novo
E contar comigo
Vai valer a pena
Ter amanhecido
Sem as tuas garras
Sempre tão seguras
Sem o teu fantasma
Sem tua moldura
Sem tuas escoras
Sem o teu domínio
Sem tuas esporas
Sem o teu fascínio

Referências

Abib, J. A. D. (2001). Teoria moral de Skinner e desenvolvimento humano. *Psicologia: Reflexão e Crítica, 14*, 107-117.

Adichie, C. N. (2017). *Para educar crianças feministas: Um manifesto* (D. Bottmann, Trad.). Companhia das Letras.

Andery, M. A., & Sério, T. M.(2001/2006). A violência urbana: aplica-se a análise da coerção? In R. A. Banaco (Org.), *Sobre Comportamento e Cognição: Vol. 1. Aspectos teóricos, metodológicos e de formação em análise do comportamento e terapia cognitivista* (pp. 382-392). ESETec.

Aronson, E., Wilson, T. D., & Akert, R. M. (2015). *Psicologia social* (8a ed.; G. J. Paiva, Ed. e Trad.). LTC.

Ballone, G. J. (2010). *Histórias de ciúme patológico: Identificação e tratamento.* Manole.

Baum, W. M. (2006). *Compreender o behaviorismo: Comportamento, cultura e evolução* (M. T. A. Silva, M. A. Matos & G. Y. Tomanari, Trads.). Artmed. (Trabalho original publicado em 2005).

Bauman, Z. (2004). *Amor líquido: sobre a fragilidade dos laços humanos* (C. A. Medeiros, trad.). Jorge Zahar.

Beattie, M. (2009). *Co-dependência nunca mais: Pare de controlar os outros e cuide de você mesmo*. Nova Era. (Trabalho original publicado em 1987)

Bell, K. M., & Naugle, A. E. (2005). Understanding stay/leave decisions in violent relationships: A behavior analytic approach. *Behavior and Social Issues, 14*, 21-45.

Blasco, J. C. (2004). Dependencia emocional y violencia doméstica. *Portal del Mundo de la Psicología Psicocentro*.

Brandão, M. Z., & Conte, C. (2007). *Falo? Ou* não falo? Expressando sentimentos e comunicando ideias (2a ed. rev. ampl). Mecenas.

Brito, R. C., & Koller, S. H. (1999). Redes de apoio social e afetivo e desenvolvimento. In A. M. Carvalho (Org.), *O mundo social da criança: Natureza e cultura em ação* (pp. 115-130). Casa do Psicólogo.

Bowlby, J. (1988). *A secure base: parent-child attachment and healthy human development*. Basic Books.

Carver, J. M. (2011). *Love and Stockholm syndrome: The mystery of loving an abuser*.

Coelho, C., & Silva, R. L. F. C. (2020). Avaliação psicológica. *Relato de Pesquisa, 19*(2), 159-169.

Corsi, J. (2006). Masculinidad y violencia. In J. Corsi (Org.), *Violencia masculina en la pareja: Una aproximación al diagnóstico y a los modelos de intervención* (pp. 27-40). Paidós.

Davila, J., Mattanah, J., Bhacia, V., Latack, J. A., Feinstein, B. A., Eaton, N. R., Daks, J. S., Kumar, S. A., Lomash, E. F., McCormick, M., & Zhou, J. (2017). Romantic competence, healthy relationship functioning, and well-being in emerging adults. *Personal Relationships, 24*(1), 162-184.

Dantas-Berger, S. M., & Giffin, K. (2005). A violência nas relações de conjugalidade: Invisibilidade e banalização da violência sexual? *Caderno de Saúde Pública, 21*, 417-425.

Diniz, G., & Pondaag, M. (2004). Explorando significados do silêncio e do segredo nos contextos de violência doméstica. In G. Maluschke, J. S. F. N. Bucher-Maluschke, & K. Hermanns (Orgs.), *Direitos humanos e violência: Desafios da ciência e da prática* (pp. 171-185). Fundação Konrad Adenauer.

Del Prette A., & Del Prette, Z. A. P. (2017). *Competência Social e Habilidades Sociais: Manual Teórico-prático*. Vozes.

Diniz, G. R. S., & Angelim, F. P. (2003). Violência doméstica: Por que é tão difícil lidar com ela? *Revista de Psicologia da Unesp, 2,* 20-35.

Engel, B. (2008). *The nice girl syndrome.* John Wiley and Sons.

Fernandes, M. P. M. (2012). *Sobrevivi...: Posso contar* (2a ed., 2a reimp.). Armazém da Cultura.

Gazzaniga, M., Heatherton, T., & Halpern, D. (2018). *Ciência psicológica* (5a ed.; M. R. Ide, S. M. M. Rosa & S. I. Oliveira, Trads.; A. Jaeger, Rev. Téc.). Artmed.

Gottman, J., & Silver, N. (1998). *Casamentos: Por que alguns dão certo e outros não?* Objetiva.

Guerin, B., & Ortolan, M. O. (2017). Analyzing domestic violence behaviors in their contexts: Violence as a continuation of social strategies by other means. *Behavior and Social Issues, 26,* 5-26.

Guimarães, F. (2009). *"Mas ele diz que me ama...": Impacto da história de uma vítima na vivência de violência conjugal de outras mulheres* [Dissertação de mestrado, Universidade de Brasília].

hooks, b. (2020). *O feminismo é para todo mundo.* Rosa dos Tempos.

hooks, b. (2021). *Tudo sobre o amor: Novas perspectivas.* Elefante.

Instituto DataSenado, & Observatório da Mulher contra a Violência. (2021). *Pesquisa DataSenado: Violência doméstica e familiar contra a mulher.*

Instituto Maria da Penha. (2023). *Ciclo da violência.*

Jimenez, M. V. M., & Ruiz, C. S. (2009). Dependencia afectiva y género: Perfil sintomático diferencial en dependientes afectivos españoles. *Revista Interamericana de Psicologia, 43*(2), 230-240.

Juliano, M. C. C., & Yunes, M. A. M. (2014). Reflexões sobre rede de apoio social como mecanismo de proteção e promoção de resiliência. *Ambiente & Sociedade, 17*(3), 135-154. https://doi.org/10.1590/S1414-753X2014000300009

Lazare, A. (2004). *Making peace through apology.* Greater Good Magazine.

Leahy, R. L. (2019). *A cura do ciúme: Aprenda a confiar, supere a possessividade e salve seu relacionamento* (S. M. M. Rosa, Trad.). Artmed.

Lei nº 11.340, de 7 de agosto de 2006. (2006). Cria mecanismos para coibir a violência doméstica e familiar contra a mulher, nos termos do § 8º do art. 226 da Constituição Federal, da Convenção sobre a Eliminação de Todas as Formas de Discriminação contra as Mulheres e da Convenção Interamericana para Prevenir, Punir e Erradicar a Violência contra a Mulher; dispõe sobre a criação dos Juizados de Violência Doméstica e Familiar contra a Mulher; altera o Código de Processo Penal, o Código Penal e a Lei de Execução Penal; e dá outras providências.

Lei nº 14.550, de 19 de abril de 2023. (2023). Altera a Lei nº 11.340, de 7 de agosto de 2006 (Lei Maria da Penha), para dispor sobre as medidas protetivas de urgência e estabelecer que a causa ou a motivação dos atos de violência e a condição do ofensor ou da ofendida não excluem a aplicação da Lei.

Marcel, J., & Raypole, C. (2022). *How to recognize (and handle) passive-aggressive behavior*. Healthline Media LLC.

Michaelis: Dicionário brasileiro da língua portuguesa. (2023). Melhoramentos.

Ministério dos Direitos Humanos e Cidadania. (2022). *Ligue 180*.

Morais, A. O., & Freitas, J. C. C. (2019). Métodos de investigação sobre cultura do estupro: O que a análise do comportamento tem a aprender com as contribuições de outras áreas do conhecimento. In R. Pinheiro, & T. Mizael (Orgs.), *Debates sobre feminismo e análise do comportamento* (pp. 84-112). Imagine Publicações.

Moreira, M. B., & Medeiros, C. A. (2019). *Princípios básicos da análise do comportamento* (2a ed). Artmed.

Murray, S. L., Holmes, J. G., & Griffin, D. W. (1996). The benefits of positive illusions: Idealization and the construction of satisfaction in close relationships. *Journal of Personality and Social Psychology, 70*, 79-98.

Neal, A. (2018). *Relações destrutivas: Se ele é tão bom assim, por que eu me sinto tão mal?* (S. M. Dolinsky, Trad.). Gente.

Nery, L. B. (2022). "O luto é o preço do amor": Diferentes lutos nas relações amorosas. In F. N. Fonseca, L. B. Santos, & A. L. L. Freire (Orgs.), *Luto: Teoria e intervenção em análise do comportamento* (pp. 267-300). CRV.

Nicoldi, L.; & Arantes, A. (2019). Poder e patriarcado: Contribuições para uma análise comportamental da desigualdade de gênero. In R. Pinheiro, & T. Mizael (Orgs.), *Debates sobre feminismo e análise do comportamento* (pp. 64-83). Imagine Publicações.

Nighy, M. (2022). *Alice, darling* [Movie]. Babe Nation Films; Elevation Pictures; Ontario Creates.

Organização Mundial de Saúde. (2002). *Relatório mundial sobre violência e saúde.*

Organização Mundial de Saúde. (2021). *Estimativas de prevalência de violência contra mulheres, 2018.* Estimativas de prevalência global, regional e nacional para violência contra mulheres praticada por parceiro íntimo e estimativas de prevalência global e regional para violência sexual contra mulheres não praticada por parceiros.

Penfold, R. B. (2006). *Mas ele diz que me ama: Graphic novel de uma relação violenta.* Ediouro.

Pereira, D. C. S., Camargo, V. S., & Aoyama, P. C. N. (2018). Análise funcional da permanência das mulheres nos relacionamentos abusivos: Um estudo prático. *Revista Brasileira de Terapia Comportamental e Cognitiva, 20,* 9-25.

Perel, E. (2017). *The state of affairs: Rethinking infidelity.* Yellow Kite.

Perel, E. (2018). *Sexo no cativeiro: Como manter a paixão nos relacionamentos.* Objetiva.

Pierce, W., & Cheney, D. (2004). *Behavior analysis and learning.* Laurence Erlbaum Associates.

Pondaag, M. C. M. (2003). *O dito pelo não dito: Desafios no trabalho com mulheres vítimas de violência* [Dissertação de mestrado, Universidade de Brasília].

Riso, W. (2021). *Amar ou depender? Como superar o apego afetivo e fazer do amor uma experiência plena e saudável.* Planeta.

Rocha, D. C. C., Rodrigues, R. F. B., & Oliveira, T. B. (2018). Codependência afetiva: Quando o amor se torna um vício. *Revista Científica Semana Acadêmica.*

Rosenberg, M. B. (2003/2006). *Comunicação não-violenta: Técnicas para aprimorar relacionamentos pessoais e profissionais.* Ágora.

Rosenberg, M. B. (2019). *Vivendo a comunicação não violenta* (B. Medina, Trad.). Sextante.

Rusbult, C. E., & Van Lange, P. A. M. (1996). Interdependence processes. In E. T. Higgins, & A. Kruglanski (Eds.), *Social psychology: Handbook of basic principles* (pp. 564-596). Guilford Press.

Saffioti, H. I. B. (1999). Já se mete a colher em briga de marido e mulher. *Perspectiva*, *13*, 82-91.

Saffioti, H. I. B. (2015). *Gênero, patriarcado, violência*. Editora Expressão Popular.

Santos, E. (2019). *Educação não violenta: Como estimular autoestima, autonomia, autodisciplina e resiliência em você e nas crianças*. Paz & Terra.

Santos, E. (2020). *Por que gritamos: Como fazer as pazes consigo e educar filhos emocionalmente saudáveis*. Paz & Terra.

Santos, E. (2021). *Conversas corajosas: Como estabelecer limites, lidar com temas difíceis e melhorar relacionamentos através da comunicação não violenta*. Paz & Terra.

Santos, E. (2023). *Vamos conversar. Um pequeno antimanual de comunicação não violenta para a vida real*. Paz & Terra.

Schanz, C. G., Equit, M., Schäfer, S. K., Käfer, M., Mattheus, H. K., & Michael, T. (2021). Development and psychometric properties of the test of passive aggression. *Front Psychol*. 10.3389/fpsyg.2021.579183.

Sherman, R., Oresky, P., & Rountree, Y. (1991). *Solving problems in couples and family therapy: Techniques and tactics*. Brunner; Mazel.

Sidman, M. (2003). *Coerção e suas implicações* (M. A. Andery & T. M. Sério, Trads.). (Trabalho original publicado em 1989)

Siegel, D. J., & Bryson, T. P. (2015). *O cérebro da criança: 12 estratégias evolucionárias para nutrir a mente em desenvolvimento do seu filho e ajudar sua família a prosperar*. (C. Zanon, Trad.). nVersos.

Silva, I. M., Schimidt, B., Lordello, S. L., Noal, D. S., Crepaldi, M. A., & Wagner, A. (2020). As relações familiares diante da covid-19: Recursos, riscos e implicações para a prática da terapia de casal e família. *Pensando Famílias*, *24*, 12-28.

Silva, L. P., & Vandenberghe, L. (2008). Importância do treino de comunicação na terapia comportamental de casal. *Psicologia em Estudo*, *13*(1), 161-168.

Skinner, B. F. (1991). *Questões recentes na análise do comportamento*. Papirus.

Skinner, B. F. (2000). *Ciência e comportamento humano*. Martins Fontes.

Skinner, B. F. (2002). *Beyond freedom and dignity*. Hackett Publishing. (Trabalho original publicado em 1971)

Soares, B. M. (2005). *Enfrentando a violência contra a mulher*. Secretaria Especial de Políticas para as Mulheres.

Sophia, E. C. (2008). *Amor patológico: Aspectos clínicos e de personalidade* [Dissertação de mestrado, Universidade de São Paulo].

The School of Life. (2018). *Relacionamentos* (B. Medina, Trad.). Sextante.

Vieira, P. R., Garcia, L. P., & Maciel, E. L. N. (2020). Isolamento social e o aumento da violência doméstica: O que isso nos revela? *Revista Brasileira de Epidemiologia, 23*. https://doi.org/10.1590/1980-549720200033

Walker, L. E. (1979). *The battered woman*. Harper & Row.

Walker, L. E. (2016). *The battered woman syndrome* (4th ed.). Springer Publishing Company.

Young, J. E., Klosko, J. S., & Weishaar, M. E. (2008). *Terapia do esquema: Guia de técnicas cognitivo-comportamentais inovadoras*. Artmed.

Zanello, V. (2018). *Saúde mental, gênero e dispositivos: Cultura e processos de subjetivação*. Appris.

O PERDÃO NA TERAPIA DE CASAL

Patrícia Luque Carreiro

Para que as luzes do outro sejam percebidas por mim devo por bem apagar as minhas, no sentido de me tornar disponível para o outro.
(Mia Couto)

Em diversas situações, os casais trazem para a terapia relatos de experiências que exigem compaixão, empatia ou perdão dos parceiros envolvidos. Exemplos incluem traição e infidelidade de um dos parceiros, história sexual ou afetiva pregressa, comportamentos desrespeitosos e/ou violentos na relação, escolhas individuais não acordadas e que têm impacto na vida compartilhada, mentiras/omissões, decisões econômicas que interferem na vida do casal. Este capítulo traz sugestões práticas de como o tema pode ser trabalhado em terapia, utilizando práticas de aceitação e tolerância.

História de Alberto e Bruna: Alberto e Bruna chegam à terapia de casal afirmando que querem ficar juntos, mas para isso precisam deixar de lado um acontecimento muito difícil que Alberto descobriu há pouco: Bruna traiu-o com um colega de trabalho. O *affair* durou dois anos. Durante o processo de descoberta, Alberto ficou transtornado. Atribuiu a Bruna toda a culpa do que havia acontecido, ameaçou o amante de morte, bateu em Bruna. Disse que não consegue perdoá-la e só ficaria na relação em razão do filho, de 15 anos.

História de Cássia e Diogo: Cássia é casada com Diogo há 18 anos. Como em todo casamento, tiveram altos e baixos. Nasceram três filhos, hoje adolescentes. No primeiro ano de casamento, Cássia teve uma grave discussão com Diogo a respeito das finanças. A discussão foi ficando acalorada e sem solução. Ambos começaram a gritar, Cássia atirou um copo na direção de Diogo. Ele, enfurecido, chegou mais perto dela e deu-lhe um forte tapa no rosto. O casal acalmou-se, ele pediu desculpas, e eles continuaram juntos. Cássia lembra-se do evento e até hoje o acusa de violência doméstica para os filhos e amigos próximos.

História de Eliana e Fabiana: elas namoram há um ano. Como um jovem casal, ainda estão no processo de conhecerem uma à outra. Recentemente, Eliana descobriu que Fabiana havia mentido sobre a relação, sem nunca revelar à família sobre o relacionamento. Apenas recentemente, depois de decidirem morar juntas, Fabiana contou à família sobre Eliana e o relacionamento homoafetivo. Fabiana afirma que tinha medo da reação da família e optou por não trazer muitos detalhes antes de ter certeza de que o relacionamento daria certo. Já Eliana diz que está na dúvida se Fabiana teria mentido sobre algo mais.

Cada um de nós já vivenciou alguma forma de relacionamento em que um dos parceiros emitiu comportamentos que colocassem em risco a relação. Pode ser uma amizade, em que uma pessoa fala mal da outra para colegas, pode ser uma relação de trabalho, em que um colega leva a ideia do outro como se fosse sua para o chefe. As histórias acima, assim, são fictícias, mas inspiradas em exemplos reais.

Diversos casais procuram terapia para lidar com acontecimentos passados que ainda impactam o presente. Vamos chamá-los de eventos disruptivos, já que eles têm o potencial de romper com o *status quo* do relacionamento e podem levar ao questionamento das bases de confiança da relação. Além disso, após uma infidelidade, por exemplo, podem surgir outros eventos menores, como mentiras para encobrir o evento principal, o que acaba por escalonar o conflito.

Neste capítulo, vamos explorar formas de lidar com eventos disruptivos quando eles aparecem na terapia de casal. Não vamos explorar especificamente o que leva ao evento, como e por que as pessoas traem, por exemplo, mas, considerando o acontecimento que gerou um conflito de grande proporção, vamos discutir algumas possibilidades para reestabelecer um canal de comunicação que conduza à aceitação da realidade, da nova forma de relacionamento e do perdão, para que a vida possa seguir.

De modo geral, pode-se observar que essas situações se referem a regras implícitas ou explícitas que norteiam o relacionamento e foram quebradas por um dos parceiros. Diante dessa ruptura, surgem sentimentos e comportamentos complexos de reação a esses eventos aversivos, o que parece ser inevitável em qualquer relacionamento (Cordova et al., 2006).

Entenda o evento disruptivo como um terremoto de grandes proporções. Mesmo que você nunca tenha presenciado o fenômeno, filmes conseguem retratar bem suas consequências. Prédios balançam, ruas racham ao meio, pessoas ficam amedrontadas e perdidas. Além do próprio terremoto, a energia elétrica e a água encanada podem ser cortadas temporariamente, pode haver alerta de tsunami, as ruas podem ficar interditadas. E, depois do choque inicial, há outros tremores menores na região, que podem perdurar por dias, causados pela acomodação das placas tectônicas[41]. De forma análoga a esse abalo sísmico, o evento disruptivo no relacionamento pode gerar diversas reações negativas, como sentimentos de raiva, rancor, mágoa do lado traído, que assistiu passivamente ao evento aversivo. Além disso, a pessoa pode se sentir insegura, abandonada e rejeitada, com impacto na autoimagem e na autoestima. Podem também surgir sentimentos duradouros de vingança, em frases como "ele(a) vai ver só", tais como os pequenos tremores após o terremoto.

Do lado do(a) parceiro(a) que cometeu o evento, o sentimento pode ser de tristeza, de arrependimento ou de vergonha. Frequentemente, uma mistura disso tudo, com ações no sentido de reparação do erro cometido. Nesse momento, a pessoa que agiu no evento disruptivo pode ser submetida a certas situações por parte do(a) parceiro(a) que causam outros sentimentos negativos, de humilhação, culpa e até raiva. Essas situações podem incluir exigência de admissão das ações e exposição à família sobre o erro cometido, vigilância sobre os passos e acesso irrestrito a contas de e-mail e celular, entre outras ações.

Como afirma Perel (2015), eventos disruptivos redefinem um relacionamento e cabe a cada casal determinar o legado que tal evento deixará. Há parceiros que levam o evento disruptivo, como a infidelidade, por exemplo, aos filhos, para que estes tomem conhecimento, ou aos sogros, para que estes também fiquem sabendo "quem é o(a) filho(a) que tiveram". Essas situações podem ser compreendidas como contracontrole, ou seja, ações que permitem que o indivíduo exerça alguma forma de controle quando eventos aversivos ocorrem, praticando por sua vez outras ações, também aversivas (Sidman, 1995). Isso funciona como uma maneira de mostrar que o outro está errado e angariar simpatia, acolhimento e outras formas de reforçadores positivos por parte da família. Em uma eventual separação após o evento disruptivo, podem surgir situações de alienação parental[42], por exemplo.

---

[41] Sobre os tremores posteriores de um terremoto, também chamados de réplicas ou *aftershocks*, veja https://en.wikipedia.org/wiki/Aftershock.

[42] Alienação parental é uma forma de abuso emocional em que um dos genitores busca maior aliança com a criança desqualificando o outro genitor para dificultar o exercício de paternidade/maternidade (Fermann et al., 2017).

Ou seja, quando um evento disruptivo acontece, com frequência se segue uma polarização da relação. O casal deixa de ser Alberto & Bruna, Cássia & Diogo, Eliana & Fabiana, e passa a se dividir entre "quem está certo" e "quem está errado". Automaticamente, padrões de vilão e vítima estabelecem-se. A culpabilização, a hostilidade, o desmerecimento, a defesa podem dificultar o estabelecimento de novas relações a partir do evento disruptivo (Costa et al., 2017).

A noção de certo e errado é muito nociva para o casal, porque a compreensão de um evento disruptivo não é tão simples. Há toda uma cadeia de eventos que conduziu a uma determinada ação por um dos parceiros, e julgar toda a contingência ampla como um único ato "errado" é simplificar e reduzir o evento a um julgamento apenas moral, que pode ser alterado de acordo com o momento. Mocinhos e vilões existem em filmes — e apenas nos mais antigos! Hoje os mocinhos e vilões ganham roteiros próprios e mostram que ambos têm seu lado de luz e seu lado de sombra[43].

Intervenção 1

Figura 1: *Ilustração de Tiradentes*

Nota: imagem retirada de Wikimedia Commons[44]

---

[43] Veja, por exemplo, os filmes *Coringa* (*Joker*, de Todd Phillips, 2019) e *Parasita* (*Parasite*, de Bong Joon-ho, 2019) ou o musical *Wicked – A História Não Contada das Bruxas de OZ* (de Winnie Holzman, 2003). Eles têm protagonistas que representam anti-heróis.

[44] Recuperado de https://commons.wikimedia.org/wiki/File:Pal%C3%A1cio_Pedro_Ernesto_-_Supl%C3%A-Dcio_de_Tiradentes.jpg

> Para reorganizar o casal, é preciso abandonar o conceito de certo e errado, para compreendê-lo como um evento disruptivo, em que há responsabilidades, papéis e escolhas, mas não culpa e polarização. Para essa noção, com frequência, utilizo a metáfora de Tiradentes. Como estudamos em história do Brasil, Tiradentes foi um inconfidente mineiro que lutou pela independência do Brasil, quando ainda era colônia de Portugal. Por essa razão, foi pego, condenado e enforcado como criminoso, contra a pátria Portugal, que reinava naquela época.
>
> Os tempos mudaram. Muitos anos depois, o Brasil ficou independente de Portugal, e Tiradentes mudou seu status para mártir da independência. Ou seja, Tiradentes, que hoje é herói, já foi vilão. É bom lembrar que o oposto também pode ser verdadeiro.

A disputa para estabelecer quem está certo e quem está errado prejudica a relação, porque polariza ainda mais o casal. Não bastasse estarem diante de um evento que desorganiza, ainda estão em polos opostos, como em lados diferentes de um cabo de guerra. Além disso, há tentativas de arregimentar seguidores para seus lados e exércitos, e apenas um pode "ganhar".

Veja a história de Cássia e Diogo. Cássia está certa por ter jogado um copo em Diogo? Diogo está certo ao ter dado um tapa no rosto de Cássia? Provavelmente, você responderia "não" para ambas as perguntas, até porque a violência não resolve problemas, e ainda cria outros tantos. Dependendo, no entanto, do narrador da história, amigos ficarão do lado de um ou de outro, familiares podem defender os seus, e a polarização não se dilui, pois cada um encontra justificativas e explicações para suas ações. Frase como "eu fiz, mas ele/ela também fez..." surgem para construir argumentos. Ambos cometeram atos que magoaram um ao outro e precisam se perdoar para seguir, mantendo ou não o casamento. Classificar pessoas e atos em certo ou errado estimula a violência e agressividade e aumenta a necessidade de punir o que está errado (Rosenberg, 2006).

Certa vez, presenciei uma discussão entre um casal. O marido contava sobre uma viagem de carro e descrevia que um determinado evento havia acontecido antes de uma cidade pela qual viajavam. A esposa dizia que havia sido depois de passarem pela cidade. Em certo momento, a esposa começou a se irritar muito e gritar ao marido que tinha sido depois, que ele nunca falava nada certo, que ele só sabia mentir.

Quando perguntei se ser antes ou depois era de fato muito relevante para ela, ela afirmou que sim, porque significava que ela estava certa; e o marido, errado. Mas será que essa esposa estava se referindo apenas à localização da cidade e ao ponto do percurso, ou será que ela estava reagindo a tantas outras coisas em que ela e o marido se posicionavam no casamento? A pergunta que fica: estar certa(o) ajuda ou atrapalha no relacionamento?

Esse questionamento, ao melhor estilo da Terapia Comportamental Dialética (DBT)[45], permite verificar que as polarizações são fluidas. Um parceiro pode estar "errado" por ter traído, porém o outro, ao agredir, ao expor o caso para os filhos, ao jogar as roupas do "traidor" na rua, também pode estar no polo "errado". Não há "certo x errado", e sim "como lidamos com a situação". Na dialética, ambos os polos podem acontecer; podemos estar certos e errados simultaneamente, como na metáfora do 6 e do 9, em que os dois números podem existir ao mesmo tempo:

Figura 2: *O que é empatia*

Nota: imagem retirada do Blog Cidadania & Cultura[46]

---

[45] A DBT é uma terapia baseada nos princípios de aceitação e mudança, desenvolvida especialmente para ensinar aos clientes habilidades de *mindfulness*, regulação emocional, tolerância ao desconforto e efetividade interpessoal. Atualmente, é padrão ouro para tratamento do Transtorno de Personalidade Borderline, sendo também adaptada para outros quadros clínicos (Koerner, 2020; Leonardi, 2017; Van Dijk, 2013).

[46] Recuperado de https://fernandonogueiracosta.wordpress.com/2014/08/11/empatia/

Resolvendo a polarização, como passo inicial, derivam-se aspectos importantes para a permanência da relação, como a reconciliação, o esquecimento e o perdão. Cada um desses termos tem definições específicas, e pode ou não ocorrer para cada casal. Segundo Santana e Lopes (2012), reconciliação sugere a retomada ou restauração do relacionamento, enquanto o esquecimento informa que o evento foi suprimido da consciência, ou perdeu a característica perturbadora ao se lembrar dele. O perdão implica a ideia de seguir em frente, após o evento disruptivo ter acontecido, como se verá na próxima seção.

É importante destacar que perdoar não significa apenas continuar com um relacionamento após um evento disruptivo. Mesmo que o casamento seja finalizado em razão do evento, é preciso perdão para que o encerramento seja realizado com dignidade e integridade. Assim, os(as) parceiros(as) poderão se despedir, compreender a dor da perda, reorganizar-se e entender o legado da relação, pelo tempo que ela tenha durado (Perel, 2018).

"Para além das ideias de certo e o errado existe um campo.
Eu me encontrarei com você lá."
– Rumi

O que é perdão

Perdoar é comportar-se. E, como comportamento, envolve uma escolha e inclui uma grande classe de respostas. Como fenômeno, envolve comportamentos operantes e respondentes integrados, em falas como "eu te perdoo", em sentimentos que acompanham o perdão, como tranquilidade e bem-estar (Guilhardi, 2015). No perdão genuíno, deve haver uma correspondência entre comportamentos de respeito, com sentimentos de harmonia e carinho. Se o indivíduo diz que perdoa sem que haja sentimentos correspondentes, não se pode dizer que tenha, de fato, havido o perdão.

Santana e Lopes (2012) discorrem conceitualmente sobre diferentes termos que estão ligados ao perdão: absolver (inocentar, não atribuir culpa ou responsabilidade), relevar (ignorar o evento por considerá-lo sem importância), desculpar (aceitar a justificativa ou um motivo para o evento), esquecer (suprimir a memória), negar (imaginar que o evento nunca aconteceu), reconciliar (restaurar a relação nos níveis anteriores). Cada um desses termos inclui classes de resposta distintas do perdão, embora possam ser vistas como parte do perdão, no senso comum. Por exemplo, é possível perdoar sem que haja reconciliação, ou, ainda, é possível perdoar um ato mesmo sem esquecer-se dele. No perdão, não necessariamente é preciso aceitar o motivo para o evento, até porque uma justificativa não reduz a dor e as consequências experimentadas sobre o evento.

Embora o perdão seja visto com frequência pela ótica das tradições religiosas (Santana & Lopes, 2012), é importante inicialmente considerá-lo como habilidade para o estabelecimento de relações saudáveis. Estudos parecem demonstrar que o perdão tem mais impacto na vida emocional de quem perdoa do que na de quem é perdoado (Cordova et al., 2006). Os autores citam, entre outros impactos, que, ao perdoar, o indivíduo pode obter maior variabilidade comportamental; aceitação de fatos passados, em oposição à esquiva experiencial; aumento da tolerância ao desconforto e mudança na função do estímulo, que de aversivo passa a ser, no mínimo, neutro.

Lin et al. (2014) sinalizam que a cultura pode ter um papel importante no perdão. Indivíduos em culturas coletivistas tendem a expressar o perdão mais prontamente por meio de comportamentos abertos (tratar a pessoa normalmente), mas não necessariamente em comportamentos privados (restaurar a harmonia nas emoções), devido ao peso que o reforço social exerce sobre os indivíduos. Já nas culturas individualistas, as pessoas estariam mais preocupadas com suas emoções do que com o modo como se comportam com os outros, já que o reforço social tende a ter menor relevância. Ou seja, se Cássia pode ser punida pelo grupo pela forma como ela trata Diogo, então ela pode se comportar de forma socialmente aceitável, sem emitir comportamentos agressivos na direção de Diogo, mas não necessariamente tendo o perdoado.

Na análise do comportamento de perdoar, podemos considerar que o indivíduo tem duas opções: ou perdoar, ou não perdoar. De acordo com os estudos de escolha (*e.g.*, Baum, 1981; Fuqua, 1984; Hernstein, 1970), a frequência da escolha de cada opção é proporcional aos reforços obtidos em cada uma delas. Assim, uma das avaliações necessárias para a escolha é o que o indivíduo ganha ou perde ao perdoar e ao não perdoar.

Como trazido por Cordova et al. (2006), um indivíduo pode optar por não perdoar seu(sua) parceiro(a), se isso trouxer a ele(a) reforços mais poderosos, como poder de barganha na relação, ou, ainda, se o perdão trouxer possibilidade de punição, como quando o(a) parceiro(a) compreende que o perdão pode ser visto como uma licença ou uma permissão para repetir a ação anterior. Veja o exemplo de Alberto e Bruna. É possível que o padrão de resposta de conviver no casamento seja mantido pelo baixo reforçamento na alternativa de sair da relação, que exige comportamentos de mudar-se de casa ou manutenção financeira, afastar-se do filho, de 15 anos, que têm custo de resposta muito alto. Nesse contexto, manter a convivência não significa necessariamente o perdão, mas pode ser uma estratégia importante de sobrevivência em curto prazo. Ou seja, manter o casamento, nessa situação, pode parecer com resignação, pelo fato de um dos parceiros se ver sem escolha possível para o futuro da relação.

Embora o perdão seja necessário em qualquer relação, é comum o associarmos a situações de traição e infidelidade, quando um dos membros do casal estabelece uma relação afetiva ou sexual paralela sem que tenha havido consentimento[47] por parte do outro membro. Mas há outras situações graves que também podem levar a uma reconsideração da própria estabilidade da relação. Situações dessa natureza envolvem, por exemplo, um aborto em que tenha havido discordância quanto à sua realização, ou a morte de um filho em que um dos parceiros seja visto como negligente nos eventos que a desencadearam (Cordova et al., 2006).

O perdão também pode ser um elemento necessário quando um dos membros do casal cometeu atos disruptivos que os distanciam um do outro. Esses atos podem incluir mentiras e enganos de outra natureza, além da afetivo-sexual, como decisões econômicas ("ela usou todo o dinheiro para comprar um carro sem falar nada comigo"), ações prévias ao relacionamento ("ele fez sexo grupal"), decisões que envolvam um ao outro ("ele não foi ao velório do meu parente"), ou formas de tratamento que um dispensou ao outro ("ele me xingou e me distratou na frente dos meus amigos, na minha festa de aniversário"). Há inúmeros outros exemplos, que podem se referir à criação de filhos, ao patrimônio do casal, a decisões de carreira. Eventualmente, um dos parceiros pode também se ressentir por eventos acontecidos antes do início do relacionamento, como

---

[47] Quando há consentimento, não se considera uma infidelidade, como acontece nos relacionamentos abertos. Nesse tipo de relação, é comum que o casal estabeleça regras para as relações paralelas, por exemplo, ser apenas na ausência/presença de uma pessoa, ou com pessoas de um determinado sexo/gênero, ou por um período de tempo definido. A desobediência a alguma dessas regras, por sua vez, pode ser considerada também infidelidade (Scheeren et al., 2018). Para mais reflexões sobre relações não monogâmicas, ver capítulo 7, de Lima & Carvalho, neste volume.

namoros, casamentos ou experiências sexuais anteriores, abuso de drogas, violência sexual entre parceiros ou prévia ao relacionamento, divisões financeiras, diferenças culturais, entre outros. Pergher (2010) apresenta uma extensa lista de variáveis que podem interferir no sentimento de satisfação conjugal e que podem impactar aversivamente o casal. Nesses casos, tanto para haver a separação quanto a reconciliação, é preciso compreender, aceitar e lidar com o evento disruptivo.

Guilhardi (2015) cita pelo menos 11 categorias amplas de comportamentos que surgem após um evento extremamente aversivo, que requerem algum tipo de perdão. Essas categorias se caracterizam por pensamentos, sentimentos e ações, sumarizadas e exemplificadas com pensamentos e falas típicas, a seguir: culpa ("a culpa é minha"; "devo ter falhado com meu parceiro"), humilhação ("como fui tolo"; "nunca fui tão humilhado em toda a minha vida"), rejeição ("ele nunca me amou de verdade, senão não faria isso"), insegurança e desamparo ("a outra pessoa é melhor; eu sou um lixo"), raiva e vingança ("ele vai ver só, ele terá o que merece"); competição ("ele me trocou por isso?"), autopiedade ("tudo acontece comigo"; "eu não mereço ser feliz"), amor e ternura ("apesar de tudo, ainda o amo"; "acho que ele foi levado ao erro"), depressão ("não sei mais o que fazer"; "acho que nada faz sentido"), e autoconhecimento alienado[48] ("minha família deu pulos de alegria quando eu falei em separação"; "ele sempre fez tudo por mim").

Nessas situações, diante dos comportamentos descritos, o casal vê-se diante de um evento que feriu a ambos, de diferentes maneiras. Para seguir em frente, é preciso que ambos os membros desse casal estejam dispostos a se reconectar e descobrir outras razões que sejam reforçadoras no casamento e a se reorganizar para um novo padrão de relacionamento. Para Alberto e Bruna, pode ser a parceria na criação do filho, com respeito e modelação de padrões de relacionamento, seja permanecendo casados, seja se separando de forma amigável. Para Eliana e Fabiana, pode ser uma nova forma de enfrentamento de problemas e de opiniões contrárias, com transparência. Uma das formas para que isto aconteça é por meio da aceitação do evento, que pode levar ao perdão.

---

[48] No autoconhecimento alienado, o falante traz tatos que não são amparados pela contingência, mas referem-se apenas à repetição de regras ou a tatos distorcidos. Por exemplo, a cliente descreve-se como uma "boa esposa", porque cozinha e arruma a casa, mas não é capaz de discriminar ações que a façam construir um bom relacionamento com o cônjuge (Pagliari, 2019). Para Skinner (citado em Guilhardi, 2001), separar o comportamento de suas consequências naturais seria uma forma de alienação.

Por que o perdão é relevante

É importante destacar que o perdão não é uma garantia da manutenção do relacionamento. É possível haver perdão e, mesmo assim, o relacionamento se dissolver. É possível que Alberto perdoe Bruna e, mesmo assim, opte pela separação, bem como é possível que Cássia perdoe Diogo pelo tapa e permaneça casada.

O perdão é importante em um nível de análise individual, e muito mais para quem concede o perdão que para quem é perdoado. Worthington et al. (2007) citam estudos que demonstram como o perdão afeta experiências emocionais positivas, promovendo bem-estar. Segundo eles, não perdoar leva a pensamentos ruminativos, hostis e vingativos e à sensação de injustiça, que, por sua vez, levam ao aumento do estresse percebido e a medidas fisiológicas correlatas, como aumento da pressão arterial e ativação do sistema nervoso simpático. Por outro lado, perdoar foi associado a relatos de autonomia, autoaceitação, relações positivas com a rede de suporte, e medidas fisiológicas relacionadas à saúde cardiovascular, redução de dor crônica e uso e dependência de substâncias.

Quando vivemos situações que despertam em nós emoções e sentimentos considerados negativos, como raiva, tristeza, mágoa e semelhantes, existe uma tendência humana de evitá-los, fingir que não existem ou fugir do assunto. Isso, no entanto, nos leva também a restringir certas ações que podemos ter e passamos a viver em razão ou em função desses sentimentos incômodos. Assim, controlamos a aversividade do que sentimos, tentamos não pensar, reagimos por fuga e esquiva. É o que a Terapia de Aceitação e Compromisso nomeia de esquiva experiencial (Hayes et al., 2021; Saban, 2015).

Quando um evento disruptivo ocorre com o casal, os sentimentos que incomodam tomam uma proporção tão grande que é como se o casal se definisse pelo evento e pelos sentimentos negativos. Nesse contexto, o perdão, no sentido de aceitação das coisas como elas aconteceram, é necessário para que as pessoas sigam. Perdoar implica aceitar a realidade e os sentimentos desagradáveis e olhar para as ações que permitam construir uma vida mais significativa.

Fases do luto como fases do perdão

De certa forma e em certa medida, o processo de perdoar é semelhante às fases do luto de uma pessoa querida, definidas por KüblerRoss (1969). Em seu livro *Sobre a Morte e o Morrer*, a autora explica que o processo de elaboração do luto ocorre em cinco estágios, que podem ser semelhantes ao que ocorre após um evento disruptivo no relacionamento entre duas pessoas. Pode-se dizer que no casal, de certa forma, o evento disruptivo representa uma "morte", seja de uma ideia, seja de um conceito, da fidelidade, da intimidade ou da confiança no parceiro. Após uma ruptura, como uma traição, ou um evento significativamente aversivo, existe um sentimento de perda da confiança ou do luto da imagem do outro e do conceito de casal que foi construído ao longo de anos.

Segundo KüblerRoss (1969), os cinco estágios do luto são negação, raiva, negociação, depressão e aceitação, e serão apresentados a seguir considerando apenas situações de relacionamento entre casais. Vale lembrar que o processo do luto é dinâmico. Não necessariamente os estágios seguem uma ordem linear definida. A pessoa enlutada pode passar por uma etapa e retornar à anterior, de forma cíclica e variável, bem como nem todas as etapas precisam ser vivenciadas.

1.º Negação: "Isso não pode estar acontecendo comigo!"

Diante de um evento disruptivo, a resposta inicial do indivíduo é se recusar a aceitar o evento, tanto reduzindo sua importância quanto negando que o fato está acontecendo. Não é incomum um dos parceiros desacreditar terceiros que são mensageiros de informações sobre a infidelidade. Por exemplo, se Alberto recebe notícia de sua irmã que viu sua esposa beijando outra pessoa em uma festa, não seria espantoso se ele inicialmente questionasse a irmã, dizendo que não acredita, que não seria possível, que ela deve ter se confundido.

Assim, ao ter conhecimento de um evento disruptivo, como uma traição, por exemplo, um dos parceiros pode iniciar uma busca por respostas, na tentativa de encontrar o evento principal que levou ao ato de infidelidade. Parte da negação pode incluir intenso interrogatório, para buscar evidências, linha do tempo, identificação de momentos e oportunidades, para que a pessoa possa finalmente acreditar que o fato realmente ocorreu. A pessoa pode tentar buscar opiniões de amigos para validarem seu sentimento, para confirmarem sua opinião, como, por exemplo: "como eu não vi isso antes?"

A batalha sobre a confiança pode trazer uma camada de problemas ainda maior que o evento disruptivo, por gerar vigilância, interrogatórios e cobranças, até achar evidências que sejam convincentes de alguma forma ao seu ponto de vista (Christensen et al., 2018). Na verdade, os maiores passos para a reconstrução da confiança, após um evento disruptivo, são a aceitação dos esforços do(a) parceiro(a) e a disposição e abertura para um diálogo construtivo.

2.º Raiva: "Como isso pôde acontecer comigo?"

Quando ocorrem a observação e a discriminação de que o evento disruptivo efetivamente aconteceu, o indivíduo sente raiva e revolta por ter sido confrontado com estímulos aversivos tão grandes. Skinner (1953/2003) nos traz a ideia de que comportamentos agressivos e sentimentos como a raiva podem ser produto de um processo de extinção operante. Nessa situação, um comportamento deixa de obter o reforço que o mantinha, e o indivíduo passa a sofrer os efeitos da privação. Ao emitir o mesmo comportamento que já havia dado certo no passado, mas que não traz os mesmos reforços, o indivíduo sente-se perdido, e sentimentos incômodos podem aparecer. Como a privação ainda está presente, para lidar com ela, o indivíduo também pode variar seu comportamento como forma de obter o reforço de outras maneiras.

A raiva pode ser direcionada principalmente contra o(a) parceiro(a) ou contra o(a) amante ou pessoas associadas ao ato, conforme o caso, a partir de comportamentos verbais de irritação, xingamentos, além de outras demonstrações explosivas, hostis e agressivas. De modo geral, o(a) cliente pode tentar culpar alguém ou alguma situação por sua perda e reclamar das injustiças que o evento aversivo trouxe. As longas e famosas "DRs" ("discutir a relação") ocorrem, tomando proporções maiores. Pode ser uma fase muito destrutiva para o casal, que se inflama nas discussões e nas agressões verbais.

3.º Negociação: "Deve haver um jeito de mudar essa situação!"

Nesse estágio, o indivíduo ofendido tenta utilizar artifícios para adiar a perda ou mudar a situação. O período pode ser caracterizado por promessas a figuras religiosas, que, de acordo com a crença do(a) cliente, poderiam reverter ou intervir na situação. Nesse contexto, é comum a retomada de comportamentos religiosos, como buscar encontros de casais, fazer promessas, buscar confissão, entre outros.

O estágio de negociação pode incluir comportamentos de busca de novas possibilidades, como dar início à terapia de casal, para recuperar e encontrar um caminho alternativo, ou mesmo exigir que o(a) parceiro(a) busque ajuda médica, em alguns casos. Há situações em que a negociação pode levar um dos indivíduos a expor o evento a familiares, como filhos ou pais, como forma de garantir apoio e validação.

Além disso, a fase de negociação pode incluir exigências desmedidas ao parceiro, como verificar todas as mensagens dos aplicativos, ter acesso a dispositivos eletrônicos e aumento da vigilância sobre os passos e movimentos. O processo de negociação tem por trás o sentimento de culpa no sentido de que a pessoa ofendida pode acreditar, com relação ao evento disruptivo, que poderia ter feito algo diferente para evitá-lo.

4.º Depressão: "Por que continuar, diante de tudo o que aconteceu?"

Nessa fase, o indivíduo ofendido identifica e reconhece o sofrimento que está passando diante do grande evento aversivo e começa a efetivamente a lidar com os sentimentos que surgem nessa nova situação. Os sentimentos de tristeza, de autopiedade, de rejeição, de insegurança (*e.g.*, Guilhardi, 2015) vindos nessa fase podem ser mais intensos, o que pode levar o indivíduo a se isolar para analisar o impacto da experiência e repensar seu papel no mundo após a traição e/ou a perda da confiança. Ruminações sobre o acontecido são frequentes, e outros sintomas depressivos podem aparecer, como apatia, alterações no apetite, alterações no padrão de sono. Nesse processo, é comum que existam separações, já que parece que não há saída para que um dos parceiros encontre um movimento satisfatório para o relacionamento como se tornou.

5.º Aceitação e perdão: "Entendi o que aconteceu e consigo me organizar diante dessa nova situação"

O indivíduo finalmente aceita que o evento disruptivo aconteceu, sendo capaz de compreender a situação de forma lógica e de lidar com os sentimentos que surgem na situação. No período que se inicia após o perdão, o indivíduo poderá ajustar sua vida à nova situação, reorganizando o seu dia a dia. Seus sentimentos já não são tão intensos, mas podem ser expressos de forma tranquila e clara. O indivíduo percebe que será capaz de conviver com os sentimentos desagradáveis, a perda do conceito idealizado de casal e de parceria, a lembrança do evento disruptivo e com o(a) parceiro(a), seguindo sua vida na direção das coisas que valoriza.

Para chegar a essa fase, é necessário um longo processo no qual o(a) terapeuta de casais pode ser peça importante. Na tentativa de resolver conflitos, os(as) parceiros(as) entram na terapia de casal com respostas tipicamente reativas e com baixa habilidade de validar as emoções, de reconhecer motivos e de compreender as ações do(a) outro(a) (Costa et al., 2017). Manejar o perdão e a aceitação do outro da forma como é e lidar com os sentimentos decorrentes dessa situação é desafiador. Na próxima seção, vamos explorar como fazer isso em terapia.

Aceitação e perdão na terapia de casal

Nos eventos disruptivos, o sentimento que aflora é tido como de grande tristeza e ressentimento, e a pessoa ofendida fica envolvida com o estímulo que gerou a dor. Usando o paradigma da Terapia de Aceitação e Compromisso (ACT), a pessoa ofendida fica fusionada com os pensamentos, de tal forma que, ao entrar em contato com a pessoa que produziu a dor, são eliciados os mesmos sentimentos de tristeza e desamparo (Hayes et al., 2011; Saban, 2015). Em uma traição, a dor fica pareada com a imagem do parceiro, como um estímulo condicionado que elicia sentimentos de dor e repulsa, e evoca respostas eventuais de distanciamento.

O perdão é necessário para que a pessoa se veja no momento presente, para que se comprometa com a sua vida e caminhe na direção dos seus valores, entenda que o evento disruptivo não define a sua vida ou quem ela é. Portanto, perdão pode ser um tipo especial de aceitação, estando em um mesmo *continuum*, conforme defendido por Cordova et al. (2006).

É possível então traçar um paralelo do perdão com a aceitação proposta pela ACT como um dos pilares da flexibilidade psicológica[49]. Na ACT, a aceitação é definida como um processo em que o indivíduo deixa de evitar, escapar ou fugir do sentimento e pensamento aversivo, para entrar em contato com os aversivos presentes na situação (*e.g.*, Cordova et al., 2006; Hayes et al., 2011; Saban, 2015). A tentativa de evitar os

---

[49] Flexibilidade psicológica é o alvo de um processo terapêutico, segundo a ACT. Ele se baseia em seis pilares, que em conjunto compõem o repertório comportamental do indivíduo: (a) Desfusão (compreensão dos comportamentos encobertos, como pensamentos, como experiências e não como verdadeiros ou imutáveis); (b) Aceitação (compreensão de que a dor é parte inerente da vida, e o indivíduo deve aceitá-la assim como aceita as experiências positivas); (c) Atenção ao momento presente (conexão com o presente e desapego ao passado ou ao futuro); (d) *Self* como contexto (consciência do eu observador e diferenciação das experiências atuais das vivências anteriores); (e) Valores (identificação do que é importante para o indivíduo); e (f) Ação comprometida (definição e criação de contingências que permitam ao indivíduo alcançar seus valores) (*e.g.* Hayes et al., 2011; Saban, 2015).

aversivos gera, com frequência, uma atenção maior e mais energia sendo gasta com os próprios aversivos do que com a solução do problema, ou para apreciar outros eventos positivos que o casal esteja vivenciando, e faz com que as pessoas do casal se fechem para tentar manejar a dor, sem lidar com o real problema.

Veja, por exemplo, o caso de Eliana e Fabiana. É verdade que Fabiana não contou à sua família sobre o relacionamento. Quando Eliana questiona se Fabiana teria mentido em algo mais e fica calada e isolada em seu canto, ela deixa de expor à Fabiana sua insegurança quanto ao interesse afetivo da esposa, seu medo de não ser reconhecida como parceira, a dúvida quanto à importância que cada uma tem na vida da outra. A esquiva leva ao silêncio, já a aceitação permite um diálogo sincero e generoso sobre os sentimentos de cada um(a).

Intervenção 2

Uma boa forma de trabalhar a aceitação é utilizar a metáfora do "homem no buraco", bem documentada na literatura da ACT (Hayes et al., 2011; Saban, 2015). Segundo essa metáfora, suponha que você, repentinamente, sem perceber como, caiu em um fundo buraco. Você quer sair de lá o mais rápido possível. Tudo que você vê ao seu redor é uma pá, deixada no buraco por quem o cavou. Então você pega a pá e passa a cavar para tentar sair de lá. Mas tudo o que você consegue é afundar mais ainda o buraco.

Aceitar que você está no buraco e que cavar não ajuda a sair dele é o primeiro passo para conseguir sair.

O casal está em um grande buraco que foi causado por esse evento disruptivo. Avalie em conjunto com o casal quais são os comportamentos que este eventualmente emite que aumenta o buraco. Pode ser falar mal do(a) parceiro(a) para os amigos, gritar com o outro, isolar-se, apontar os erros de forma pública. Ajude-o a observar que, para além do evento que causou a ruptura, outros tremores continuam abalando a relação.

A aceitação é peça fundamental da terapia de casal. Não é relevante apenas para situações em que o perdão é necessário, mas integra todo o relacionamento. Para muitos casais, a diferença observada no outro pode ser extremamente aversiva. Nesse contexto, um importante objetivo terapêutico do trabalho com casais pode ser aceitar. Aceitar o outro como um ser diferente, em suas características únicas. Aceitar que o outro é um ser fundamentalmente independente, com diferentes interesses, preferências e desejos. Aceitar que há situações que estão além do nosso controle. Aceitar que o outro vai nos magoar, quase que inevitavelmente, de muitas maneiras. Aceitar que algumas situações vão nos fazer enfrentar e questionar a nossa própria autoimagem e o nosso autoconhecimento. Aceitar que os sentimentos de amor e de importância do outro na própria vida estão abalados. Aceitar a dor que acompanha eventos disruptivos da relação.

Eventualmente as ações que tomamos para lidar com um evento disruptivo podem ser ineficazes — a vigilância, a exposição e a raiva não trazem o resultado esperado e satisfatório. Por isso, a aceitação é uma forma de olhar a experiência como referencial (Saban, 2015). A aceitação que conduz ao perdão implica considerar o outro e a si como um ser falível e conviver com esse evento, sem que as mesmas reações emocionais sejam evocadas.

Ao perdoar, a pessoa ofendida passa a separar o evento disruptivo da pessoa que o cometeu. Essa separação de estímulos pode levar a respostas diferentes: ainda que pensar ou lembrar do evento elicie respostas de tristeza e sofrimento, não necessariamente a pessoa que cometeu o ato eliciará as mesmas reações. Perdoar implica escutar os próprios sentimentos e necessidades, para trazer à consciência nossas mágoas e frustrações, e simultaneamente escutar os sentimentos e necessidades do outro, que, assim como nós, também tem suas próprias mágoas e frustrações (Rosenberg, 2006).

A aceitação e o perdão permitem que a pessoa que sofreu se liberte da imagem, da lembrança e sobretudo dos eventos privados que a acompanham. A aceitação permite ampliar a tolerância às ações do outro, indo além das atitudes negativas, para um panorama largo de tudo o que o(a) parceiro(a) já realizou (Christensen et al., 2018). Na história de Alberto e Bruna, por exemplo, Alberto pode olhar para Bruna não somente como a "esposa traidora", mas como a esposa que fez muitas coisas, tanto positivas como negativas, para o relacionamento. Perdoar significa que ele consegue compreender que a traição aconteceu, por razões que não dizem necessariamente respeito a ele, mas sim a escolhas que Bruna fez em um determinado momento. Quando Bruna trai Alberto, sabemos mais sobre Bruna do que sobre Alberto, como diria Freud[50]. Aceitar o evento disruptivo implica compreender que não haveria nada que se pudesse fazer para evitar, que isso não necessariamente foi relacionado ao Alberto, que ele pode deixar o passado e escolher como quer viver daí por diante.

Perdoar não significa reconciliar. A reconciliação pode ou não ocorrer após o perdão. O casal pode entender que o evento disruptivo e os momentos seguintes a ele foram menores que a história e os sentimentos positivos que decorrem da relação, e, por isso, permanecer junto, construindo uma nova história a partir daí. Contudo, a reconciliação não é o único indicativo de que o perdão tenha ocorrido. É possível perdoar, e, mesmo assim, optar por uma separação, se o casal entender que a ruptura trouxe uma visão de mundo que se tornou incompatível com o relacionamento e que as regras de convivência foram quebradas em definitivo. Nesse caso, o casal pode perdoar um ao outro pelo acontecido, entender o papel e a responsabilidade de cada um no ocorrido, deixando o passado no passado, mas partir para caminhos separados, sem que o evento que levou à ruptura necessariamente cause traumas nos relacionamentos futuros.

Perdoar também significa compreender que o outro fez aquilo que conseguiu diante da sua história de reforçamento, do contexto, dos aprendizados anteriores, da privação momentânea, dos reforços envolvidos em cada evento.

Intervenção 3

No processo psicoterápico com casais, um dos modelos teóricos utilizados é o REACH, desenvolvido por Worthington (Worthington et al., 2010), que, embora tenha um pano de fundo de desenvolvimento pela perspectiva religiosa cristã, também pode ser aplicado em outros contextos e vem sendo estudado com alguma evidência clínica em públicos jovens (*e.g.*, Lin et al., 2014, Wade et al., 2014). Pesquisadores já utilizaram o modelo como forma de psicoeducação, em grupos seculares.

No REACH[51], são apresentados cinco passos no processo de perdão:

---

[50] Na frase famosa atribuída a Sigmund Freud: "quando Pedro fala de Paulo, sabemos mais sobre Pedro que sobre Paulo".

[51] Em inglês: (R) *Recall the hurt*, (E) *Empathize with the offender*, (A) *Give an altruistic gift of forgiveness*, (C) *Commit to change*, (H) *Hold on to forgiveness* (Lin et al., 2014).

> **R** – Recordar o problema ou ofensa, trazendo a descrição do fato sem utilizar emoções, culpabilizar, vitimizar-se ou ruminar sobre o fato;
>
> **E** – Empatia com o ofensor, para substituir emoções de ressentimento, amargura, mágoa, hostilidade, raiva, ódio e medo;
>
> **A** – Dar um presente de perdão altruísta, como uma forma de decidir expressar o perdão e vivenciá-lo por meio da humildade e empatia;
>
> **C** – Comprometer-se com a mudança, por meio de uma carta, um e-mail, uma mensagem pública, para o ofensor, ou privada, para si, para simbolizar o perdão;
>
> **H** – Abraçar o perdão, por meio do compromisso firmado consigo no passo anterior.

O diálogo entre parceiros ainda é a melhor forma de lidar com situações de crise, após terem finalizado sua fase aguda, e para encontrar um caminho do meio com relação ao evento disruptivo. A terapia pode propiciar uma troca positiva de falas para trazer alívio e para construir caminhos e possibilidades (Silva & Vandenberghe, 2008). Cada membro do casal pode explorar como se sentiu, em trocas de papéis, para permitir que cada um entre em contato com as ambiguidades presentes em suas mensagens. Outro aspecto importante destacado por Silva e Vandenberghe (2008) é treinar as perguntas "é verdade?", "está na hora de falar isso?" e "será que devo falar isso?" antes de a discussão escalonar a respeito das polarizações existentes no casal.

> **Intervenção 4**
>
> Um exercício que gosto de promover com casais, após uma discussão em sessão, é a dinâmica das três perguntas que construí com base nos materiais da The School of Life[52].
>
> O casal pode responder, olhando um para o outro:
>
> — *Eu gostaria que você percebesse que me machucou da seguinte forma:__*
>
> — *Uma coisa sobre mim que é difícil de entender é:__*

---

[52] Criado de postagens da The School Of Life, uma escola de filosofia terapêutica: https://www.theschooloflife. com/sao-paulo/blog/falando-de-amor/.

> — *Sou grato(a) a você por:* _
>
> O exercício sintetiza como o evento disruptivo magoou cada um dos parceiros, sem descartar a história de vida que traz sentido àquela dor, e ainda permite ampliar a visão do outro, ao enfatizar que há aspectos positivos no outro, e evitar, assim, a visão polarizada de que apenas um está certo.

Ninguém ensina como perdoar. O perdão é, na verdade, uma decisão, voluntária e intencional, que determina a ausência de resposta restrita ao estímulo em questão. Não significa que ele não vai eliciar sentimentos e emoções, mas não vai mais aprisionar ou limitar essa pessoa como escrava de um evento ou de uma emoção. De alguma forma, um evento disruptivo cria um cordão que une o ofendido ao papel de vítima, e o ofensor ao papel de vilão, une a vítima ao sentimento de raiva, e o vilão ao sentimento de culpa. O perdão é a tesoura que corta esse cordão, para que as pessoas sejam livres para serem mais do que um evento ou um sentimento que as define.

Com o perdão, esse evento não precisa mais ficar atado ao casal como se houvesse apenas isso para olhar. Quando Alberto olha para Bruna, ele vê apenas a traição; quando Cássia olha para Diogo, ela vê apenas o tapa; quando Eliana olha para Fabiana, ela vê apenas a mentira. Mas o perdão permite que as pessoas vejam além desse único evento.

Intervenção 5

Rituais são importantes. Uma forma de dar o perdão no relacionamento, com responsabilidade emocional, é criar um ritual próprio de perdão. Uma ideia é escrever uma carta ou um bilhete para o(a) parceiro(a) (Perel, 2018). A carta pode ser lida em um encontro formal, sozinhos(as), sem a confusão do dia a dia, marcada por horários apertados e pela presença de familiares. E, depois de lidas, as cartas podem ser rasgadas por ambos. Em suas cartas, cada membro do casal pode explicar como o evento disruptivo afetou a si, avaliar sua contribuição para o evento e para suas consequências, analisar os ganhos que a relação representou para a vida e entender o legado que o evento deixa, tanto para a família quanto para o futuro individual.

Não quer dizer que a dor não exista, que o casal se reconcilie e que não haja consequência. Conceder perdão não significa que o evento não tenha existido ou que a pessoa que cometeu o evento não tenha que sofrer consequências de suas escolhas, mas o perdão é uma forma de olhar para o quadro além do evento, para a paisagem além da janela.

Para finalizar, gostaria de indicar a palestra curta da Sarah Montana (2018), no TED Talks. A estudante conta da experiência de ter sua mãe e irmã assassinadas pelo amigo do irmão. Ela compartilha pensamentos e atitudes para lidar com o luto e conta como decidiu perdoar o assassino. Em determinado momento da palestra, ela narra a conversa que teve com o rapaz, depois de condenado e preso:

> *Eu disse a ele que eu odiava ser reduzida a algo que me aconteceu em um dia. Eu queria ser mais, ser inteira, e não acho que eu poderia fazer isso, se olhasse para a outra pessoa e a reduzisse a uma única coisa que ele fez em um único dia. Eu disse que desejava a ele uma vida cheia de cura e eu o perdoava. .... O real perdão deve deixar todas as expectativas. Você não pode esperar um resultado, você não pode esperar que o outro responda, você não deve nem esperar quem você vai ser no final do processo. .... Se você estiver disposto(a) a deixar tudo ir — o luto, a dor, a raiva, o trauma — e estiver aberto(a) para descobrir quem você é em vez que provar a si, esse é o momento do perdão.*

Referências

Bast, D. F., Linares, I. M. P., Gomes, C., Kovac, R., & Barnes-Holmes, D. (2016). The implicit relational assessment procedure (IRAP) as a measure of self-forgiveness: The impact of a training history in clinical behavior analysis. *The Psychological Record, 66*(1), 177-190.

Baum, W. M. (1981). Optimization and the matching law as accounts of instrumental behavior. *Journal of the Experimental Analysis of Behavior, 36*(3), 387-403.

Christensen, A., Doss, B., & Jacobson, N. (2018). *Diferenças reconciliáveis: Reconstruindo seu relacionamento ao redescobrir o parceiro que você ama, sem se perder.* Sinopsys.

Cordova, J., Cautilli, J., Simon, C., & Sabag, R. A. (2006). Behavior analysis of forgiveness in couples therapy. *International Journal of Behavioral Consultation and Therapy, 2*(2), 192.

Costa, C. B. D., Delatorre, M. Z., Wagner, A., & Mosmann, C. P. (2017). Terapia de casal e estratégias de resolução de conflito: Uma revisão sistemática. *Psicologia: Ciência e Profissão*, *37*, 208-223.

Fermann, I. L., Chambart, D. I., Foschiera, L. N., Bordini, T. C. P. M., & Habigzang, L. F. (2017). Perícias psicológicas em processos judiciais envolvendo suspeita de alienação parental. *Psicologia: Ciência e Profissão*, *37*, 35-47.

Fuqua, R. W. (1984). Comments on the applied relevance of the matching law. *Journal of Applied Behavior Analysis*, *17*(3), 381-386.

Guilhardi, H. J. (2001). Com que contingências o terapeuta trabalha em sua atuação clínica. *Sobre Comportamento e Cognição*, *1*, 316-330.

Guilhardi, H. J. (2015). *Perdão em uma perspectiva comportamental*. Instituto de Terapia por Contingências de Reforçamento.

Herrnstein, R. J. (1970). On the law of effect. Journal of the Experimental Analysis of Behavior, *13*(2), 243-266.

Hayes, S., Strosahl, K. D.., & Wilson, K. G. (2021). O dilema do sofrimento humano. In S. Hayes, K. D. Strosahl, & K. G. Wilson (Orgs.), *Terapia de aceitação e compromisso*: O processo e a prática da mudança consciente (pp. 11-23). Synopsis.

Koerner, K. (2020). *Aplicando a terapia comportamental dialética*. Synopsis.

KüblerRoss, E. (1969). *Sobre a morte e o morrer*. Martins Fontes.

Leonardi, J. (2017). Terapia comportamental dialética (DBT): Uma breve apresentação. *Boletim Paradigma*, *12*, 36-39.

Lin, Y., Worthington, E. L., Griffin, B. J., Greer, C. L., Opare-Henaku, A., Lavelock, C. R., Hook, J. N., Ho, M. Y., & Muller, H. (2014). Efficacy of Reach forgiveness across cultures. *Journal of Clinical Psychology*, *70*, 781-793. http://dx.doi.org/10.1002/jclp.22073

Montana, S. (2018). *Why forgiveness is worth it* [Video]. TED Talks. https://www.ted.com/talks/sarah_montana_why_forgiveness_is_worth_it

Pagliari, G. (2019). O processo de autoconhecimento e aceitação. *Portal Comporte-se*.

Perel, E. (2015). *Repensando a infidelidade... uma palestra para quem já amou* [Vídeo]. TED Talks. https://youtu.be/P2AUat93a8Q

Perel, E. (2018). *Casos e casos: Repensando a infidelidade*. Objetiva.

Pergher, N. K. (2010). Variáveis que devem ser consideradas na avaliação da qualidade do relacionamento conjugal. *Perspectivas em Análise do Comportamento, 1*(2), 116-129.

Rosenberg, M. B. (2006). *Comunicação não-violenta: Técnicas para aprimorar relacionamentos pessoais e profissionais*. Ágora.

Saban, M. T. (2015). *Introdução à Terapia de Aceitação e Compromisso*. Artesã.

Santana, R. G., & Lopes, R. F. F. (2012). Aspectos conceituais do perdão no campo da psicologia. *Psicologia: Ciência e Profissão, 32*, 618-631.

Scheeren, P., Apellániz, I. D. A. M. D., & Wagner, A. (2018). Infidelidade conjugal: A experiência de homens e mulheres. *Trends in Psychology, 26*, 355-369.

Sidman, M. (1995). *Coerção e suas implicações*. Editorial Psy.

Silva, L. P., & Vandenberghe, L. (2008). A importância do treino de comunicação na terapia comportamental de casal. *Psicologia em Estudo, 13*, 161-168.

Skinner, B. F. (2003). *Ciência e comportamento humano*. Martins Fontes. (Trabalho original publicado em 1953)

Van Dijk, S. (2013). *DBT made simple: A step-by-step guide to dialectical behavior therapy*. New Harbinger Publications.

Wade, N. G., Hoyt, W. T., Kidwell, J. E. M., & Worthington, E. L. (2014). Efficacy of psychotherapeutic interventions to promote forgiveness: A meta-analysis. *Journal of Consulting and Clinical Psychology, 82*(1), 154-170.

Worthington Jr., E. L., Jennings, D. J., & Diblasio, F. A. (2010). Interventions to promote forgiveness in couple and family context: Conceptualization, review, and analysis. *Journal of Psychology and Theology, 38*(4), 231-245.

Worthington, E. L., Witvliet, C. V. O., Pietrini, P., & Miller, A. J. (2007). Forgiveness, health, and well-being: A review of evidence for emotional versus decisional forgiveness, dispositional forgivingness, and reduced unforgiveness. *Journal of Behavioral Medicine, 30*(4), 291-302.

15

A IMPORTÂNCIA DA COMUNICAÇÃO NA DINÂMICA CONJUGAL: COMO HARMONIZAR O DIZER E O FAZER?

Edhen Laura Torquato de A. Lima Velloso

Felicidade é quando o que você diz e o que você faz estão em harmonia.
(Mahatma Gandhi)

Nietzsche (1878/2000, p. 224) afirmou que

> Ao iniciar um casamento, o homem deveria se concentrar essencialmente na seguinte pergunta: você acredita que gostará de conversar com esta pessoa até a velhice? Tudo o mais no casamento é transitório, mas a maior parte do tempo é dedicada à conversa.

Essa referência resume muito do que eu acredito: o diálogo é um elemento fundamental nas relações humanas, especialmente no casamento, uma vez que nesse contexto há grande expectativa e demanda sobre o cônjuge. O relacionamento conjugal, diferentemente de qualquer outro, envolve dividir a vida de forma praticamente integral, em todos os seus aspectos (físicos, emocionais, financeiros, sociais, familiares, profissionais etc.).

Problemas de comunicação estão presentes em 100% das demandas de atendimento psicoterapêutico de casais, de acordo com a minha experiência clínica. Esse dado é muito substancial. Usualmente, um mesmo evento é descrito de formas muito distintas pelos cônjuges. Isso ocorre porque as pessoas com frequência enfatizam no relato algo que sobressai ao seu olhar, principalmente em função de eventos idiossincráticos e históricos. Por esse motivo, em minha proposta de terapia de casais, é essencial que o processo psicoterapêutico envolva atendimentos individuais e conjugais de maneira intercalada, e que cada cônjuge seja ouvido separadamente antes das sessões conjugais durante todo o processo. A primeira entrevista psicoterapêutica deve ocorrer necessariamente com os dois elementos presentes, de maneira que a demanda do casal seja explicitada e ouvida por ambos. Na etapa subsequente, portanto, devem ser agendadas duas sessões individuais separadas, e assim sucessivamente: em uma semana, os cônjuges apresentam-se para a terapia de casal; na outra, apresentam-se separadamente para sessões individuais. Essencial configurar esses três elementos distintos do casamento: cada um dos cônjuges e a relação. É preciso investimento contínuo e equilibrado nesses três espaços, enfatizando que cada dimensão é diferente. Constato frequentemente nos atendimentos a casais que há uma forte tendência em querer que o outro aja ou verbalize de forma similar a si próprio.

O treino de comunicação torna-se, portanto, central para o desenvolvimento do repertório de resolução de problemas no casamento, além do treino de correspondência entre dizer e fazer (Beckert, 2005; Lima, 2004, 2009; Lima & Abreu-Rodrigues, 2010). A despeito da importância inegável do componente verbal na comunicação, é fundamental evidenciar também o não verbal: os comportamentos públicos emitidos por cada um dos envolvidos. Há coerência entre o que se diz e o que se faz?

A correspondência pode ser compreendida como uma relação sistemática entre o dizer e o fazer. A interação entre ambos os comportamentos sempre foi alvo de interesse da psicologia, especialmente na clínica, uma vez que o discurso é o principal instrumento de trabalho do psicólogo. Entretanto, apesar de desejada, a correspondência nem sempre ocorre. Isso pode acontecer devido à presença de outras variáveis nas situações em que o dizer e o fazer são emitidos. Em algumas ocasiões, consequências de maior magnitude podem ser obtidas, caso o indivíduo não faça o que disse que faria. Por exemplo, um marido pode se comprometer a comprar algo específico para sua esposa, mas, ao chegar à loja, adquirir outro item que não havia considerado anteriormente, mas que certamente agradará mais.

A ausência de correspondência também pode ocorrer em função da presença de alternativas que geram benefícios imediatos, mesmo quando essas alternativas acarretam prejuízos no longo prazo. Traições são exemplos que podem se encaixar nesse contexto. Apesar de manter verbalmente o compromisso de fidelidade, o parceiro pode se envolver impulsivamente com alguém por quem se sinta atraído, enfatizando o momento presente em detrimento das consequências futuras. Nesse sentido, tais questões precisam ser consideradas ao escutar o outro e ao emitir a própria fala. Cada comportamento, situação, contexto de vida, além das consequências envolvidas, devem ser considerados para que a comunicação se estabeleça de forma efetiva.

O treino de correspondência entre o que se diz e o que se faz (dizer-fazer) ou entre o comportamento emitido e seu relato posterior (fazer-dizer) deve, portanto, ser central no processo psicoterapêutico. Nesse tipo de treino, o reforço é contingente à emissão dos dois comportamentos (verbal e não verbal), e não somente a um deles. Sensibilizar os cônjuges para a importância da coerência entre as promessas, os acordos feitos e as ações emitidas por cada um, bem como para as narrativas sobre o que fizeram, é crucial para avaliar o nível de parceria na relação. Apenas o reforçamento da verbalização não aumenta necessariamente a frequência do comportamento não verbal (Beckert, 2005). Portanto, o foco não é apenas aumentar a quantidade de diálogo, mas também aquele relacionado aos comportamentos públicos coerentes com as narrativas.

De acordo com Beckert (2005), o treino de correspondência é importante para a aquisição de dois repertórios fundamentais para qualquer cliente em psicoterapia: autoconhecimento e autocontrole. Apesar da grande complexidade e heterogeneidade das demandas apresentadas em consultório, a maioria dos casos clínicos requer muito investimento no treino de auto-observação, o que pode oferecer melhores condições para o cliente identificar e descrever as variáveis das quais o seu comportamento é função, ou seja, apresentar autoconhecimento: *"fiz isso e sei porque fiz isso"*. No mesmo sentido, o treino fazer-dizer é um treino de autotato ou autodescrição e, como tal, influencia também o autoconhecimento por meio do estabelecimento de verbalizações mais fidedignas sobre o comportamento passado e suas variáveis de controle.

O treino de correspondência dizer-fazer é um recurso também para o desenvolvimento de autocontrole. Esse treino pode ser implementado com a expectativa de que o "dizer" anterior possa exercer um controle discriminativo sobre o "fazer" posterior, facilitando a emissão deste. À medida que o cliente diz que vai fazer algo, estabelece contingências que tornarão o "fazer" desejado mais provável de acontecer, contribuindo, portanto, para o autocontrole (Beckert, 2005; Lima, 2004, 2009; Lima & Abreu-Rodrigues, 2010).

Outro ponto a ser cuidadosamente avaliado e treinado em terapia é a postura do falante ao emitir o componente verbal: de que maneira ele expressa seu ponto de vista? Alves (2022) afirmou que as relações humanas são mantidas pela capacidade que temos de conversar mansamente, conversar de brincadeira. O "dizer", quando emitido de forma suave e clara, diminui consideravelmente a reatividade do ouvinte. Nesse sentido, o conteúdo do que se fala é importante, mas a forma é fundamental. É vital o acolhimento no contexto de conversa, afinal essa é uma variável importantíssima para que a comunicação seja efetiva. Como falar, se não nos sentimos acolhidos? De acordo com Alves (1999, p. 57), "*a gente ama não a pessoa que fala bonito, mas a pessoa que escuta bonito. A fala só é bonita quando ela nasce de uma longa e silenciosa escuta. É na escuta que o amor começa, e é na não-escuta que ele termina*".

Guerney (1977) foi um dos primeiros autores a discorrer sobre escuta ativa, repertório essencial para o treino de comunicação. Escuta ativa é a capacidade de escutar o outro sem interrompê-lo, demonstrando atenção e mantendo contato visual. Para ser melhor ouvinte e expressar-se de forma mais direta e menos reativa, é necessário escutar e validar a fala do outro, mesmo que haja discordância. Validação, portanto, não significa concordar com o ponto de vista alheio. Pressupõe, sobretudo, a disposição de compreender a mensagem que é passada.

Reatividade, por outro lado, envolve comportamentos de não acolhimento para com o outro, em que geralmente há frequentes expressões negativas, tais como raiva, gritos, desprezo, desatenção. É completamente possível validar a mensagem do falante, discordando e apontando fatos que não corroborem a tese evidenciada, de maneira tranquila e serena. Para que isso ocorra, é absolutamente necessário o desenvolvimento do repertório de empatia. Empatia, a habilidade de compreender compassivamente o lugar da outra pessoa, é uma característica importantíssima para se desenvolver uma boa comunicação. De acordo com Rosenberg (2006, p. 133), "*a empatia é a compreensão respeitosa do que os outros estão vivendo*". Para ser empático, é necessário livrar-se de ideias preconcebidas e julgamentos. Uma das maneiras mais efetivas para expor um problema é expressar-se mais na primeira pessoa em vez de enfatizar e focar as ações do outro. Por exemplo, a pessoa deve descrever como se sentiu em relação ao que o outro fez e quais os impactos que este comportamento teve para ela, evitando, portanto, atribuir julgamentos ou invalidar o comportamento do cônjuge. Emitir a verbalização "*eu me senti sozinha quando você não voltou para casa no horário combinado, pois queria passar mais tempo com você!"* é diferente de mencionar *"você chegou tarde do trabalho porque não está nem aí para mim"*. Perceba que a primeira fala aumenta a probabilidade de o ouvinte receber melhor a mensagem e avaliar como o outro se sentiu com o seu comportamento, o que não ocorre na segunda, muito em função do tom de julgamento, que pode resultar em reatividade.

De acordo com Gottman et al. (1976), são três os elementos necessários para que a comunicação se torne efetiva: (a) escuta ativa; (b) expressão de sentimentos e pensamentos; e (c) utilização de reformulações ou edições de frases quando se constatam acusações e/ou reatividade. É claro que, por mais que haja treino, podem ocorrer verbalizações agressivas e depreciativas no contexto conjugal. No entanto, ao perceber essas ocorrências, o cônjuge deve desculpar-se com o outro e tentar reformular o que quis dizer. À medida que o processo psicoterapêutico evolui, os cônjuges tornam-se cada vez mais hábeis nessas situações, pois é recorrente o uso de edições e reformulações nas sessões de terapia. O próprio terapeuta, enquanto mediador, frequentemente questiona os cônjuges sobre os sentimentos envolvidos em relação aos tópicos narrados. Quando o discurso envolve julgamentos e preconcepções sobre um evento, é solicitado recorrentemente que a frase seja reformulada sem a presença desses elementos, ou mesmo que se discorra sobre os sentimentos causados pelo comportamento do outro na situação.

Jacobson e Margolin (1979), bem como Rosenberg (2006), afirmaram que uma consequência importante no treino de comunicação em resolução de conflitos é justamente a promoção de empatia em cada cônjuge. Todos somos diferentes uns dos outros, e esperar que alguém aja igual a si traz inevitavelmente frustração e sofrimento. É necessário "não medir o outro pelo próprio metro".

Jacobson e Christensen (1996) ressaltaram a extrema importância da prática de comunicação nas sessões de psicoterapia. O terapeuta exerce um papel de mediador e modelo de comunicador. Ademais, ele tem a possibilidade de fornecer feedback imediato aos cônjuges, proporcionando alternativas mais efetivas de verbalizações. Um dos primeiros objetivos do treino de comunicação é mapear temas delicados na dinâmica conjugal. A partir desses temas, o terapeuta pode promover ensaios comportamentais e criar aproximação emocional entre os cônjuges, trabalhando as dificuldades e limitações de cada um.

Devido ao caráter absolutamente interacional, é muito importante que o processo psicoterapêutico faça uso de exercícios ativos no dia a dia do casal, enfatizando os aspectos verbais e não verbais. Alguns exemplos são: (a) responder a questionários sobre valores e atitudes perante o relacionamento; (b) elaborar diários escritos sobre sentimentos e comportamentos de si e do outro a cada semana; (c) realizar leituras sobre temas importantes para cada casal; (d) assistir a filmes em conjunto; (e) promover análises de outros casos de casal em terapia; (f) escrever carta um para o outro no futuro (imaginando um cenário possível de separação conjugal); (g) confeccionar um presente para o outro, utilizando-se das habilidades manuais de cada um (e não simplesmente comprar algo já pronto). Em relação a essa última atividade, houve uma ocasião no consultório em que uma esposa decidiu pintar uma tela em aquarela para o marido. Sem treinamento específico anterior formal com artes plásticas, ela produziu uma verdadeira obra de arte para expressar seus sentimentos a ele. O quadro ficou tão bonito que emocionou o marido e, a partir de então, ela passou a dedicar-se a esse ofício com frequência. Posteriormente, este passou a ser um segundo trabalho dela extremamente requisitado.

Esses são exemplos de atividades riquíssimas que possuem um caráter lúdico e experimental e que têm como objetivo a promoção do repertório de comunicação em sessão. As tarefas são feitas em casa e levadas para a sessão de terapia, a fim de que sejam discutidas em conjunto. O foco consiste, ainda, em identificar as semelhanças e diferenças no olhar e *modus operandi* de cada cônjuge, facilitando, assim, o desenvolvimento da habilidade de comunicação, isto é, a sensibilização para o que o outro diz e faz.

Treino de comunicação

O primeiro passo para realizar treino de comunicação é definir temas específicos a serem trabalhados, criando uma espécie de gradação, ou seja, definir temas mais facilmente discutidos, moderadamente divergentes e aqueles mais conflituosos. Geralmente, o casal, bem como qualquer indivíduo, procura psicoterapia a partir de um evento motivador, o que chamamos de "mandato terapêutico". A partir desse evento, o terapeuta deve investigar como cada um descreve os fatos, quais temas são apresentados como conflituosos, buscando características positivas e negativas na crise instalada. No decurso do processo psicoterapêutico, o terapeuta deve evoluir na discussão dos temas, indo em direção àqueles descritos como mais difíceis, estabelecendo formas mais adaptativas de serem abordados.

Posteriormente, alguns comportamentos são evidenciados e treinados na comunicação conjugal, tanto no *setting* terapêutico quanto na rotina do casal (Gottman & Silver, 1999; Jacobson & Christensen, 1996). São eles:

a. **Uso de vocativos**. Utilizar um nome ou apelido mais carinhoso com o cônjuge na hora de comunicar-se facilita a escuta do outro. Pronunciar "meu amor" ou "querido (a)", antes de fazer a descrição de um evento ou solicitar algo, demonstra acolhimento e retira um possível tom de cobrança, rigidez, agressão ou ressentimento (vale destacar que a função deve ser realmente de expressão de afeto/acolhimento, e não de ironia);

b. **Qualificar o ponto de vista do outro**. Fazer alguma afirmação e perguntar a opinião do outro é fundamental também para criar um ambiente de acolhimento. Por exemplo, dizer *"eu senti dessa forma. E você? O que você achou do que eu disse? Como é isso para você?"* demonstra interesse e consideração sobre as diferenças de cada um;

c. **Expressão de sentimentos**. Ao descrever o comportamento do outro, deve-se enfatizar como se sente quando ele faz algo. Utilizar o *"eu me sinto assim"* em vez de *"você fez isso para me magoar"* cria um ambiente mais favorável ao diálogo. Rosenberg (2006) também discorre sobre esse tema, enfatizando a importância do treino contínuo do descrever observações, sem tecer avaliações;

d. **Local e momento de dialogar**. Ter atenção ao contexto e ao horário propícios para iniciar a conversa, ou seja, dialogar quando o outro apresentar-se de maneira mais receptiva e quando não houver interrupções;

e. **Momento diário de estar juntos**. Promover ocasiões diárias ou mesmo semanais para que o casal converse sobre diversos assuntos. Criar o contexto de ter um "recreio" com o outro, um *happy hour*, ou seja, um momento de descontração. Isso significa que as conversas não devem ocorrer somente quando um grande problema se instala, as famosas "DRs" ou discussões de relacionamento, mas sim diariamente, relacionadas a diversos assuntos. Comentar com o cônjuge sobre os momentos marcantes, encantadores, engraçados, pitorescos do dia deve aumentar de frequência. Tais momentos são constantes, basta somente que o olhar seja ampliado para resgatá-los;

f. **Equilibrar elogios e críticas ao caracterizar o parceiro.** É muito comum que as críticas se sobressaiam aos elogios, de maneira geral. Na infância isso pode ser muito bem observado. Há muito mais atenção e enfoque sobre o comportamento considerado errado. Por outro lado, as ações corretas, dignas de elogios, são praticamente consideradas como garantidas, obrigações. Deve-se ter atenção a isso. Apontar somente defeitos e eventos negativos promove uma atmosfera de desânimo no contexto conjugal e até diminui a disposição para conversar. É importante que, quando o outro emita um comportamento que o agrade, este seja referenciado;

g. **Enfatizar aspectos positivos ao iniciar a conversa.** Ao definir o tema a ser discutido, iniciar a descrição mencionando algo positivo que o(a) parceiro(a) fez geralmente diminui a reatividade na escuta. Por exemplo: *"Ontem eu fiquei muito feliz quando você me perguntou como eu estava me sentindo, o que eu preferia fazer, em vez de já ir tomando a frente das decisões, porém hoje isso já não ocorreu. Será que você percebeu isso?"*;

h. **Ser específico.** Buscar responder à seguinte pergunta: "Qual é o principal tema da conversa?" Ater-se à descrição do comportamento do outro em vez de usar adjetivos e substantivos depreciativos, no discurso, deve ser o objetivo. Nesse sentido, é preciso ser breve e claro, não fazer inferências e evitar usar generalizações ou categorizações nessa descrição (*"você sempre faz isso"*, *"você nunca faz isso"*).

i. **Encarar o casamento como uma parceria, e não uma disputa.** Ambos os cônjuges devem identificar e ter consciência do seu papel no surgimento e manutenção do problema. Casamento não deve envolver disputa de quem tem razão ou está certo, mas sim sensibilização para o fato de que os dois formam uma equipe, estão do mesmo lado e devem ser colaborativos;

j. **Utilizar paráfrases frequentemente na contra-argumentação dos fatos.** Quando um cônjuge narra um fato ao seu ouvinte, este pode iniciar sua resposta sumarizando o que foi falado pelo outro, para ter certeza de que compreendeu o assunto devidamente. Por exemplo, em vez de acusar o cônjuge de sempre chegar tarde do trabalho e não querer estar em casa, escutar inicialmente o motivo que ele(a) relatou como sendo o responsável pelo atraso. *"Você disse então que não conseguiu sair mais cedo do trabalho por se sentir em dívida com o seu chefe. É isso mesmo?"*

Por fim, é muito importante focar soluções. O que pode ser feito para eliminar o problema e evitar que se repita? O objetivo é trazer alternativas de possíveis ações que possam funcionar para os dois. Mudança de comportamento deve incluir parceria e compromisso. Quais são as motivações de cada um? O que é possível fazer? O que cada um está disposto a fazer?

A etapa final do treino de comunicação envolve discutir prós e contras das soluções propostas e aceitas consensualmente e estabelecer o acordo sobre o que será feito efetivamente para resolver a situação. Dentro do processo psicoterapêutico, o terapeuta pode estabelecer acordos até mesmo de forma escrita, como um contrato, constando a assinatura dos envolvidos.

O psicoterapeuta, como orientador, deve enfatizar a importância do treino diário na forma de se comunicar. Comunicação é um hábito. Por esse motivo, é vital compreender como cada um investe na relação. Quase tudo na vida é investimento; para se colherem frutos, é necessário plantar e semear. Futuro é, portanto, um agregado de "hojes". Comunicação eficaz é um instrumento poderoso para resolver a maioria dos problemas que enfrentamos nos mais diversos papéis que exercemos: cônjuges, pais, filhos, profissionais, amigos, irmãos.

Estudo de caso

Quando Pedro e Sônia[53] procuraram terapia, estavam com 42 anos de relacionamento, entre namoro e casamento. Nesse momento, ele tinha 67 anos de idade; e ela, 65. Ele havia se aposentado há pouco tempo, tendo trabalhado a vida toda como servidor público federal, e ela era dona de casa. Tiveram quatro filhos, sendo todos casados e com filhos.

---

[53] Nomes fictícios, sendo que alguns dados do casal foram devidamente modificados em concordância ao sigilo profissional.

O marido foi quem buscou terapia, a conselho do filho mais velho, e, como mandato terapêutico, apresentou a seguinte frase: *"sou viúvo de esposa viva"*. Ele reclamava de que não tinha a companhia da esposa, ela estava sempre "fugindo dele", ocupada com os serviços de casa, empregados, filhos, igreja ou qualquer outra coisa que não tivesse relação com ele. Os diálogos eram escassos; e as brigas e os desentendimentos, constantes.

Ela, por outro lado, reclamava de que ele só brigava, demandava, e os dois não tinham assuntos em comum, já que eram muito diferentes. Ele gostava muito de ler, ela não. Ele assistia a filmes de drama e programas políticos, ela não gostava. Ele adorava frequentar restaurantes e cafés, ela não. Sônia gostava de ir a supermercados e à igreja da qual fazia parte.

Realmente, não havia muitos pontos em comum entre os dois, exceto no que dizia respeito aos familiares e amigos do casal. Fato é que Pedro sempre trabalhou muito, sendo extremamente responsável e pontual. Viajava com frequência a serviço e era facilmente caracterizado como *workaholic* e irritado. De forma geral, ao longo dos anos, eles passaram pouco tempo juntos. Pedro trabalhava por muitas horas durante a semana, inclusive em casa, aos fins de semana. Ela se direcionou para a gestão da casa, fazendo tudo para os filhos, ajudando seus familiares e era completamente desligada de horários: atrasava-se com muita frequência para eventos familiares e, até mesmo, consultas médicas, o que o irritava consideravelmente. Ele era reconhecido como "o estourado", mais agressivo na forma de falar, costumava falar tudo o que pensava. Já ela era mais calada, muito paciente e considerada "a boazinha".

Com a aposentadoria, a vida ficou mais vazia para Pedro, o trabalho que o absorveu imensamente por anos saiu de cena, a vida social tornou-se pouco ativa, e o foco passou a ser a companheira, já que ele esperava que agora, finalmente, eles pudessem passar mais tempo juntos.

A questão essencial é a seguinte: se não houve investimento na relação durante muitos anos, como eles aprenderam a se relacionar e ficar juntos? O que acontecia naquele momento era simplesmente o resultado do que eles fizeram a vida toda: o relacionamento não havia sido caracterizado como prioridade. Eles ficavam juntos ou conversavam somente quando era possível, ou seja, raramente. A rotina diária envolvia poucas interações entre os dois, que se restringiam basicamente às refeições ou antes de dormirem, em viagens que ocorriam, em média, uma vez por ano, durante as férias de Pedro e, muito frequentemente, na companhia dos filhos ou netos. Ele sempre estava muito direcionado ao trabalho; e ela, à casa, à igreja e à família.

Pedro relatou sentir-se perdido sobre o que fazer sem o trabalho e começou a cobrar muito a presença da esposa, principalmente no contexto sexual. Ela se sentia pressionada e frustrada porque as acusações e os julgamentos dele eram frequentes. E, como forma de evitar o prolongamento das discussões, comumente calava-se (para reflexões sobre como nossa cultura seleciona o comportamento de se calar em mulheres, com a função de evitar discussões/conflitos e de cuidar do bem-estar do parceiro, ver capítulo 1, de Picoli, Zanello & Aggio, neste volume).

O processo psicoterapêutico do casal envolveu sessões individuais e conjugais intercaladas. O ponto inicial a ser trabalhado na dinâmica conjugal foi a comunicação disfuncional instalada no casamento. Ela não se sentia ouvida e sempre tinha medo de brigar, preferindo, portanto, permanecer calada. Ele se frustrava sobremaneira com os comportamentos de esquiva dela, tecendo frequentemente críticas e palavras rígidas para caracterizar a esposa e o próprio casamento.

Durante várias sessões, foi realizado o levantamento de mágoas na concepção de cada um, com o objetivo de buscar temas importantes para o treino de comunicação. Na história conjugal, ela guardava muitas mágoas relacionadas às verbalizações agressivas dele e a sua ausência no contexto familiar devido ao trabalho excessivo. Ele, por outro lado, relatava abandono por parte dela e a acusava de não o deixar participar mais ativamente do contexto familiar. Houve também um episódio de traição marcante ocorrido há muitos anos e, enquanto ele negava o fato, ela o atestava como real. Este assunto veio à tona durante várias sessões e foi caracterizado como o tema mais conflituoso para o casal.

Como primeira atividade conjugal, foi estabelecida a importância de os dois terem um tempo de qualidade juntos diariamente. Pela rotina do casal, foi solicitado que eles criassem um momento no dia que fosse considerado um *happy hour*. Eles tinham o hábito de fazer um lanche ao fim da tarde em vez de jantarem durante a noite. Tentamos redesenhar esse momento para que incluísse itens que os dois gostassem de saborear, os quais eles chamavam de "gostosuras". Solicitei que eles fossem juntos a uma padaria ou supermercado diariamente, a fim de montar o lanche do dia. Essa seria a primeira tarefa em conjunto deles. Após a refeição, eles poderiam continuar à mesa ou sentar-se no sofá para conversarem sobre o que cada um havia feito naquele dia, com quem haviam conversado, quais tinham sido os temas das conversas, que aspectos eles considerariam como sendo negativos e positivos do dia, e escolheriam um acontecimento para serem gratos e fazerem juntos uma espécie de oração. Também foi instituído nesse exercício o aumento da frequência do uso de vocativos carinhosos. Eles se chamavam pelos próprios nomes, e Pedro costumava chamá-la de Soninha. Foi decidido que começar a chamar o outro de "meu bem" poderia facilitar o desenrolar do diálogo entre os dois, o que, de fato, ocorreu.

Outros pontos trabalhados com os dois foram o desenvolvimento de treino de assertividade e o treino de correspondência. Assertividade é a habilidade de expor o próprio ponto de vista, de forma espontânea, tranquila, clara e objetiva, sem gerar conflitos. Tal treino tem como proposta a aprendizagem de que agressividade (muito presente na postura de Pedro) e passividade (padrão frequentemente apresentado por Sônia) são maneiras extremas, disfuncionais de comunicação e que só dificultam o estabelecimento de diálogo no contexto conjugal. Assertividade, portanto, objetiva equilibrar a conversa, enfatizando o ponto de vista de cada um, fazendo com que eles sejam espontâneos em demonstrar e expressar seus sentimentos. O treino de correspondência também foi bastante utilizado, no sentido do cumprimento de promessas feitas nas sessões de terapia e na forma de narrarem os acontecimentos, validando as diferenças e o olhar de cada um.

Outras questões abordadas ressaltaram a importância do desenvolvimento de projetos individuais, além dos de casal. Ele passou a se dedicar a escrever um livro; e ela, a atividades religiosas em grupo. Outro exercício terapêutico foi desenvolver repertórios de brincar um com o outro no dia a dia, de forma a promover maior descontração e disposição para passarem tempo juntos. A forma de falarem um com o outro foi reiteradamente avaliada. Para tanto, durante as sessões de terapia, falas calmas e agressivas eram sempre evidenciadas e caracterizadas, de maneira a fazer com que cada cônjuge pudesse perceber essas diferenças.

Após um ano de psicoterapia, houve uma melhora significativa na forma de se comunicarem, momentos de casal de mais qualidade e quantidade. Nessa ocasião, o tema traição, aquele considerado o mais conflituoso, foi trazido à tona e trabalhado por alguns meses, até que ambos conseguissem abordar o assunto de maneira menos reativa. Presenciar o pedido de desculpas de Pedro à Sônia, a maneira calma de falar sem sobressaltar-se (comportamento frequente emitido por ele no início do processo psicoterapêutico), o agradecimento por ela não ter rompido o relacionamento, além de muitas expressões de afeto e amor por ela foi uma experiência marcante e muito valorizada por Sônia e pela terapeuta. Houve, de fato, um entendimento maior do que ocorreu à época. Sônia reconheceu que naquele período estava muito distante dele e, também, desculpou-se. Importante ressaltar que não houve uma relação de causalidade entre os eventos, ou seja, o distanciamento de Sônia e a infidelidade de Pedro, mas sim uma convergência do olhar dos dois, o reconhecimento da responsabilidade de ambos, sem que houvesse um contexto de disputa e acusações, e sim de um trabalho de equipe.

Perel (2018) evidencia que se deve refletir sobre infidelidade à luz de um enfoque pessoal, e não como responsabilidade do cônjuge (ex.: falta de sexo, de diálogo ou companhia). É necessário um olhar mais compassivo sobre o tema. Há múltiplas perspectivas nesse contexto. Diante de uma situação de infidelidade, pode-se focar a dor e a traição, por um lado, como também a oportunidade de crescimento e autodescoberta, por outro.

Atualmente os dois continuam casados, frequentam cafés, restaurantes, academia de ginástica, viajam e fazem compras juntos. Houve, de fato, uma melhora significativa na qualidade da comunicação do casal, o que acarretou consequências positivas em todos os outros contextos de vida. O relacionamento passou a ser considerado prioridade e, principalmente, surgiu a consciência de que é necessário investimento contínuo nesse sentido. *"Insanidade é continuar a fazer sempre a mesma coisa e esperar resultados diferentes"* (frase atribuída a Albert Einstein).

Referências

Alves, R. (1999). *O amor que acende a lua*. Papirus Editora.

Alves, R. (2022). *Território conhecimento. Rubem Alves: Só existe uma pergunta a ser feita quando se pretende casar*. YouTube. https://www.youtube.com/watch?v=oKNf-fWtBik

Beckert, M. E. (2005). Correspondência verbal/não-verbal: Pesquisa básica e aplicações na clínica. In J. Abreu-Rodrigues, & M. R. Ribeiro, *Análise do comportamento: Pesquisa, teoria e aplicação* (pp. 185-225). Artmed.

Gottman, J., & Silver, N. (1999). *Sete princípios para o casamento dar certo.* Editora Objetiva.

Gottman, J., Notarius, C., Gonso, J., & Markman, H. (1976). *A couple's guide to communication.* Research Press.

Guerney, B. (1977). *Relationship enhancement.* Jossey-Bass.

Jacobson, N. S., & Christensen, A. (1996). *Acceptance and change in couple therapy.* Norton.

Jacobson, N. S., & Margolin, G. (1979). Marital therapy: A social learning/cognitive perspective. In N. S. Jacobson, & A. S. Gurman (Eds.), *Clinical handbook of marital therapy* (pp. 29-70). Guilford.

Lima, E. L. T. A. (2004). *Efeitos da história de reforçamento e do tipo de verbalização sobre a aquisição e generalização da correspondência dizer-fazer* [Dissertação de mestrado não publicada]. Universidade de Brasília.

Lima, E. L. T. A. (2009). *Efeitos de reforços alternativos sobre a correspondência dizer-fazer em situações de autocontrole envolvendo atraso e probabilidade* [Tese de doutorado não publicada]. Universidade de Brasília.

Lima, E. L., & Abreu-Rodrigues, J. (2010). Verbal mediating responses: Effects on generalization of say-do correspondence and noncorrespondence. *Journal of Applied Behavior Analysis, 43*(3), 411-424.

Nietzsche, F. (2000). *Humano, demasiado humano: Um livro para espíritos livres* (P. C. Sousa, Trad.). Companhia das Letras. (Trabalho original publicado em 1878)

Perel, E. (2018). *Casos e casos: Repensando a infidelidade.* Editora Objetiva.

Rosenberg, M. B. (2006). *Comunicação não-violenta: Técnicas para aprimorar relacionamentos pessoais e profissionais.* Ágora.

16

GÊNERO E COMUNICAÇÃO NAS RELAÇÕES AMOROSAS

Amanda Rafaela Lima Silveira

A compreensão sobre gênero e como essa variável pode interferir no comportamento e nas relações dos indivíduos reflete profundamente no funcionamento da dinâmica das relações amorosas. Compreender tal contexto possibilita que as relações funcionem de forma mais respeitosa, no que diz respeito às necessidades de cada indivíduo. Por exemplo, quando um casal compreende que atividades domésticas não devem ser atribuídas em função de estereótipos de gênero, mas sim podem ser compartilhadas pelas pessoas que moram naquele local, isso possibilita que as tarefas sejam distribuídas, e ambos os parceiros tenham mais disponibilidade um para o outro ou para si. Assim, torna-se possível até mesmo um maior investimento de tempo de qualidade na relação. Do mesmo modo funciona com as demais atividades, como: a responsabilidade pelo sustento financeiro da família, o cuidado com os filhos etc. Em geral, nas relações heterossexuais, ambas as partes são prejudicadas por divisões estereotipadas de papéis, no entanto é evidente que, nas condições de um contexto patriarcal, as mulheres são mais prejudicadas em vários aspectos por estarem muitas vezes expostas a contextos que demandam um alto custo de resposta e privações de reforçadores (para mais informações sobre como variáveis de gênero e valores patriarcais podem afetar homens e mulheres, ver capítulo 1, de Picoli, Aggio & Zanello, e capítulo 2, de Morais & Laurenti, neste volume), o que contribui para situações desfavoráveis em áreas da vida financeira, social, familiar, entre outras.

As diferenças sociais acerca das questões de gênero, assim como descrevem Zanello et al. (2022), não existem desde sempre, mas se desenvolvem em contextos ambientais e sociais os quais favoreceram as desigualdades. Segundo as autoras, o capitalismo, por exemplo, funciona como um sistema econômico que cria contingências as quais contribuem para que as mulheres assumam o papel materno e de cuidado, visando a um aumento populacional que permita atender às demandas desse projeto econômico e possibilite um acúmulo de capital. Assim, cria-se um contexto em que a Igreja e o Estado trabalham juntos na construção de um ambiente que seja favorável à manutenção de papéis de gênero rigidamente estabelecidos, com a propagação de uma imagem exaltada e romantizada da maternidade, mas que é atrativa para as mulheres.

Ao falar sobre gênero e Análise do Comportamento, faz-se necessário abordar as interações organismo-ambiente. Todorov (2007) afirma que, dentro da psicologia, historicamente, há uma divisão dos estudos em ambiente externo e interno, sem que haja obrigatoriamente uma dicotomia. Nesse sentido, pode-se descrever que o ambiente externo é aquele com o qual indivíduo vai interagir de forma direta, modificando-o com suas próprias ações. Outro ambiente externo a ser mencionado é aquele em que o indivíduo age sobre outros indivíduos, que, por sua vez, agem sobre o ambiente físico. Este ambiente é chamado de social. As interações com o ambiente social apresentam-se de maneiras que podem ser mais difíceis de descrever, visto que os comportamentos do falante não são físicos, mecânicos ou geométricos, e envolvem uma série de outras respostas do ouvinte. Já o ambiente interno sempre está em interação com o organismo, uma vez que se relaciona com a história de vida do sujeito, assim como com seus aspectos biológicos.

Essas interações estão relacionadas aos três níveis de seleção por consequências propostos por Skinner (2007). O primeiro refere-se ao nível filogenético, em que comportamentos aprendidos fazem parte da história genética da espécie, os quais são selecionados e/ou mantidos por suas funções biológicas (*e.g.*, respirar, digerir alimentos etc.). Comportamentos esses descritos como um conjunto de funções que interferem no ambiente e modificam o organismo. Com a evolução, os indivíduos tornaram-se capazes de adquirir novas respostas a ambientes diferentes. Desse modo, o condicionamento respondente envolve respostas que pertencem ao nível filogenético, as quais podem ficar sob controle de novos estímulos. Ou seja, um estímulo que anteriormente era neutro (*e.g.*, uma música), ao ser apresentado recorrentemente junto a um estímulo incondicionado (*e.g.*, afeto), o qual elicia respostas incondicionadas (*e.g.*, produção de ocitocina, satisfação, alegria), com o tempo, passa a eliciar a resposta respondente condicionada de produção de ocitocina, satisfação e alegria. Neste caso, é importante considerar que o valor reforçador do afeto (*e.g.*, abraço, beijo etc.) pode variar de acordo com a história de vida de cada pessoa.

O segundo nível de seleção refere-se ao condicionamento operante, ou nível ontogenético, o qual possibilita que o indivíduo adquira novos comportamentos, ou que respostas sejam fortalecidas a partir de eventos (consequências) apresentados após a ocorrência do comportamento desejado. Assim, esse nível refere-se à história de aquisição de repertórios de um organismo.

O terceiro nível de seleção apresentado por Skinner (2007) refere-se à seleção de comportamentos compartilhados por indivíduos inseridos em ambientes sociais ou culturais. Ao que tudo indica, o processo se dá de forma individual, de modo que o comportamento do indivíduo é reforçado com frequência até que seja instalado ou fortalecido. O autor aponta que a cultura emerge em um contexto no qual os comportamentos são mantidos (reforçados) por um grupo, visando a solucionar seus próprios problemas.

Em síntese, ressalta-se que o comportamento é constituído a partir da interação entre os três níveis de variação e seleção descritos: consequências produzidas por uma resposta de sobrevivência, as quais resultam na seleção natural da espécie, ou seja, a história da espécie; contingências de reforçamento as quais formam o repertório comportamental do indivíduo, sua história de aprendizagem; mais a aprendizagem social, que é mantida por um ambiente cultural complexo.

Saconatto e Andery (2013) propõem, à luz da Análise do Comportamento, que a cultura é constituída por interação entre os indivíduos dentro de uma sociedade. Nesse contexto, o comportamento cultural será aprendido e mantido por outros indivíduos, ou seja, as práticas culturais que envolvem mais de um organismo. Além disso, ao analisar essas práticas, percebe-se que, muitas vezes, não há o envolvimento apenas da tríplice contingência (estímulo, resposta e consequência), pois incluem-se, no nível cultural, os comportamentos operantes de mais de um indivíduo que se entrelaçam e produzem efeitos agregados que podem ser transmitidos até mesmo para indivíduos de outras gerações. Estes efeitos podem produzir mudanças ambientais significativas para a aquisição e manutenção de comportamentos de indivíduos ou grupos, permitindo a seleção de práticas culturais.

Os autores ressaltam estudos de Glenn (2003, 2004) ao falarem sobre a aprendizagem de práticas culturais, que pode ocorrer por meio de replicação, de modo que os indivíduos adquirem comportamentos sociais, relacionados à cultura, por imitação ou instrução. Esse processo de replicação é denominado de transmissão culturo-comportamental.

Partindo da perspectiva da Análise do Comportamento sobre os contextos culturais e sociais, o feminismo, assim como hooks (2018) descreve, é um movimento que se opõe ao patriarcado, uma vez que este prioriza a dominação masculina sobre as mulheres, por meio das mais diversas formas de controle. O patriarcado, segundo a autora, nada mais é do que o sexismo institucionalizado, ou seja, formas discriminadas de se comportar, para mulheres e homens, diferencialmente. Desse modo, impõe padrões estereotipados de feminilidade e de masculinidade, os quais passam por uma transmissão culturo-comportamental, assim contribuindo para a manutenção dessa cultura patriarcal (para mais reflexões sobre patriarcado, ver o capítulo 2, de Morais & Laurenti, neste volume).

Silva e Laurenti (2016) referem-se ao patriarcado como um conjunto de práticas sociais que estabelecem uma relação de opressão e dominação sobre as mulheres e desconsideram a diferença entre sexo e gênero, assim facilitando a naturalização dos papéis femininos e masculinos. As autoras, partindo da perspectiva de Beauvoir, ressaltam que o sexo se refere ao biológico, enquanto o gênero se refere aos repertórios comportamentais adquiridos durante a história de vida da pessoa conforme o contexto social no qual está inserida. Destaca-se que, para a Análise do Comportamento, essa divisão entre fatores biológicos ou sociais que influenciam o comportamento é didática, referindo-se aos níveis de seleção do comportamento em conjunto (respectivamente, o nível filogenético e o cultural).

O comportar-se discriminado conforme o gênero implica conflitos frequentes nas relações, decorrentes de responsabilidades mal divididas e pouca habilidade de expressão de necessidades. Silva e Vandenberghe (2008) descrevem que o bem-estar de parceiros conjugais está relacionado ao contexto do relacionamento amoroso, visto que o acúmulo de conflitos mal resolvidos ao longo da relação causa perturbações entre os casais devido à comunicação agressiva e falta de habilidade para resolução de problemas. Com isso, os autores discorrem sobre tópicos importantes no que diz respeito à comunicação, que se apresenta de forma diferente quando é feita a comparação entre conversas com desconhecidos e entre cônjuges. A diferença entre esses dois eventos se referiu à quantidade de vezes em que o(a) companheiro(a) interrompe a fala do outro, ou mesmo às formas de expressão de críticas e cobranças. Desse modo, o diálogo tende a se tornar um contexto aversivo para ambos, dificultando mais ainda a resolução de conflitos entre os pares, uma vez que um dos parceiros passará a se esquivar de tais situações, comportamento mantido por reforçamento negativo em curto prazo, diante da possibilidade de evitar o contato momentâneo com estímulos aversivos. Contudo, os comportamentos de esquiva na relação também inviabilizam o contato com a satisfação da resolução do atrito e os reforçadores em longo prazo.

Os autores compreendem que a comunicação punitiva leva o indivíduo a emitir, também, o comportamento de fuga. O punidor, ao emitir estratégias de controle aversivo, não consegue perceber que a vontade do outro é de se distanciar dessa relação. No entanto, o cônjuge, ao não ter suas expectativas atendidas, frequentemente recorre a estratégias coercitivas, sendo elas na forma de violências psicológica, verbal e/ou física. A comunicação de forma aversiva mostra-se pouco efetiva no que se refere à manutenção das relações, tendo em vista que, diante de um comportamento agressivo do falante, o ouvinte provavelmente responderá com a mesma ou maior intensidade, possibilitando que sempre haja um contra-ataque e inviabilizando a resolução do problema que estava em questão anteriormente. Casais com ou sem brigas frequentes, normalmente apresentam os mesmos problemas conjugais, porém o que os coloca em grupos distintos é a habilidade de resolução de problemas e de manter uma comunicação assertiva e respeitosa. Além disso, é necessário alinhar as expectativas e exigências que cada um possui em relação ao que compreendem por casamento e o que esperam um do outro dentro da relação (Silva & Vandenberghe, 2008).

Ganzert (2019) aponta que diferentes princípios comportamentais podem ser aplicados à análise da decisão de sair de um relacionamento ou não, como: punição, alto custo da resposta para sair da relação, privação de reforçadores ao sair da relação, entre outros. A punição, segundo Martin e Pear (2015), é um evento que reduz a frequência de uma resposta, caso seja apresentado imediatamente após a emissão do comportamento, podendo ser mencionada também como um evento aversivo. O alto custo da resposta pode ser classificado como punição, o que Soares et al. (2017) descrevem como a retirada de um reforçador, em seguida havendo alterações no ambiente, provocando uma maior exigência do comportamento para que o organismo seja reforçado novamente. Um exemplo seria uma mulher que está em um casamento em que o marido é abusivo, e ela se comporta no sentido de sair da relação. Porém, ao se separar, ela perderá alguns reforçadores, precisará arrumar um emprego devido à falta de autonomia financeira nessa relação e terá que cuidar dos filhos praticamente sozinha (considerando a previsão de que esse marido, uma vez que se torne ex, será ainda menos presente nas responsabilidades com as crianças), além de ficar vulnerável a algumas perdas afetivas, entre outras situações desafiadoras as quais terá que enfrentar com o rompimento da relação conjugal. Assim, essa diversidade de fatores pode afetar a probabilidade de ocorrência do comportamento de "sair da relação", visto que se trata de uma resposta de alto custo. Além disso, caso decida pelo rompimento, a mulher pode não ter mais contato com alguns "benefícios" que possuía ao estar na relação, ficando privada desses reforçadores.

A decisão de permanecer na relação pode ser compreendida como uma resposta em um esquema concorrente[54], já que, permanecendo na relação, a pessoa tem acesso a reforçadores imediatos (*e.g.*, ter uma casa, esquivar-se de julgamentos e críticas, evitar chantagens etc.), porém perde os potenciais reforçadores de médio/longo prazo que decorreriam da separação (como o afastamento definitivo das situações de risco da relação violenta, a liberdade para fazer novas escolhas, a disponibilidade de diferentes novos reforçadores e de outras relações, a reconstrução da autonomia etc.). Nessas situações de escolha, como a de permanecer ou sair de uma relação amorosa, devem-se analisar não apenas as consequências da resposta, mas também as consequências discriminadas para as respostas alternativas. A título de exemplificação, se respostas relacionadas a "sair da relação" foram previamente punidas (portanto, diminuídas de frequência), isto aumentaria a probabilidade da resposta "permanecer na relação". Não havendo mais consequências aversivas, isto reforçaria negativamente a permanência no relacionamento (para mais detalhes sobre esses procedimentos, ver Moreira & Medeiros, 2019).

As desigualdades relacionadas a questões de gênero estão presentes nos mais diferentes contextos. Morais e Freitas (2019) falam sobre a expressão "cultura do estupro", a qual é descrita, na perspectiva da Análise do Comportamento, como um conjunto de contingências que incentivam e permitem práticas sexuais violentas e sexualmente abusivas. As autoras descrevem como características presentes na cultura do estupro: culpabilização da vítima ao sofrer agressões; responsabilização da mulher por crimes sexuais; naturalização do comportamento do agressor, ou até mesmo explicações psicopatológicas que supostamente justificariam seus comportamentos violentos; pareamento entre sexo e violência; papéis de gênero estereotipados atribuídos a cada sexo, entre

---

[54] Esquemas concorrentes: quando há duas ou mais fontes de reforçamento disponíveis simultaneamente, de modo que a escolha de uma delas implica necessariamente abrir mão da outra (Moreira & Medeiros, 2019).

outros fatores os quais contribuem para a manutenção de uma cultura que permite as mais variadas formas de violência contra a mulher, seja física, seja sexual, psicológica, patrimonial e/ou moral, assim como descreve a Lei n.º 11.340, de 7 de agosto de 2006 (Lei Maria da Penha) (para mais reflexões sobre relações violentas, ver capítulo 14, de Oliveira, Alencar & Nery, neste volume).

No que se refere a padrões relacionais atravessados pelas questões de gênero que podem contribuir para interações abusivas ou violentas, Costa (2019) fala dos papéis atribuídos à mulher dentro de uma relação, destacando como principais: honestidade, fidelidade e responsabilidade por manter o equilíbrio emocional da relação. Enfatiza-se que são formas de controle social, que deixam a mulher sobrecarregada física e emocionalmente, e que validam o poder masculino, promovendo uma cultura de valorização dos sacrifícios pela família e colaborando para a responsabilização exclusiva da mulher sobre os afazeres domésticos, o cuidado dos filhos e do cônjuge. Essa sobrecarga de responsabilidades conjugais/familiares atribuída somente à mulher favorece ciclos de abuso, os quais perpassam: tensão e brigas, em que costumam ocorrer ciúmes, ordens, isolamento e ameaças; explosão, com controle, agressões (físicas e/ou psicológicas) e medo; reconciliações, com chantagens emocionais, justificativas, desculpas e remorso; e a "lua de mel", com promessas e "amor", quando o controle volta a ser aplicado, desta vez com uso de reforçadores. Vale ressaltar que o ciclo violento tende a se repetir.

Comumente, diante das desigualdades descritas, é possível identificar relacionamentos abusivos/violentos/desrespeitosos e/ou com déficits de comunicação. Outro fator que contribui para o prejuízo das relações é a falta de habilidades para discriminar e validar sentimentos e necessidades. Pinheiro e Oshiro (2019) apresentam como validação a capacidade de reconhecer as expressões emocionais do outro, ou mesmo considerar sentimentos ou falas. Nesse sentido, as autoras ressaltam ainda que, segundo Skinner, emoções são decorrentes das contingências ambientais em vigor, ou seja, as emoções relatadas por um indivíduo são subprodutos de eventos ambientais, mesmo que estes não sejam identificados facilmente. Destaca-se que é a partir da validação de sentimento que é possível desenvolver um repertório para discriminar emoções. Assim, compreende-se que um contexto cultural patriarcal impossibilita que os indivíduos aprendam a identificar eventos privados (*e.g.*, pensamentos, sentimentos) e eventos ambientais, pois socialmente esta compreensão é atribuída a aspectos individuais (*e.g.*, sexo, classe social, etnia, questões raciais). Nesse contexto, merecem destaque as condições especialmente desafiadoras enfrentadas pelas mulheres negras, as quais tendem a ser mais invalidadas ainda em suas expressões, uma vez que estas mulheres majoritariamente são vistas como "objetos sexuais" e têm seus sentimentos negligenciados, assim como discorrem Mizael e Hunziker (2021) sobre a solidão da mulher negra (para mais reflexões sobre a interseccionalidade entre gênero e racismo, sugerimos ver o capítulo 3, de Mizael & Pereira, neste volume).

É possível exemplificar a invalidação em termos de metacontingência, uma vez que Ferraz et al. (2019) descrevem metacontingência como a interação entre Contingências Comportamentais Entrelaçadas (CCEs), as quais geram um produto agregado. As CCEs são respostas de mais de uma pessoa, de modo que o comportamento de uma servirá de ambiente para que a outra se comporte, e assim por diante. O resultado dessas interações comportamentais entre os organismos produzirá um conteúdo final, o chamado produto agregado. Esse produto poderá, ou não, ser selecionado em decorrência das consequências em nível cultural para os indivíduos emitentes das CCEs. Sendo assim, faz-se relevante analisar, por exemplo, o contexto cultural no qual ocorre uma contingência comportamental entrelaçada, como no caso em que indivíduos afirmam, sobre a expressão de uma perspectiva e/ou o sentimento de uma mulher, que "isso é coisa de mulher" ou "ela está de TPM". Comentários estes que podem diminuir ou desconsiderar a fala ou a emoção da mulher e são fortalecidos pelas consequências produzidas por outros indivíduos (CCEs), que punem os relatos femininos (produto agregado), e, como consequência, há a manu-tenção desta cultura (consequência cultural) de invalidação da expressão das mulheres.

A invalidação, explicada por Pinheiro e Oshiro (2019), pode ter caráter explícito, por exemplo: Ana (nome fictício) tenta explicar para seu companheiro que está cansada, pois trabalhou e estudou o dia todo, e gostaria que ele pudesse esquentar e servir o próprio jantar, para que ela pudesse tomar banho e descansar. No entanto, seu cônjuge responde "você nunca está disponível quando eu chego em casa. Agora só se preo-cupa com as suas coisas. Como você pode estar cansada? Você passou o dia em casa". A resposta que Ana recebe é explicitamente invalidante, sendo punido o comportamento de expressar sentimento e fazer pedidos.

Outras formas de invalidação podem ser expressas como um "cuidado", no entanto geram como efeito insegurança, medo e comportamentos de esquiva ou fuga. Um exemplo é o caso de Camila (nome fictício), que trabalha o dia todo, faz controle de suas finanças e, sempre que sobra um dinheiro, gosta de comprar algo para si. Certa vez Camila fez uma compra e compartilhou com seu companheiro que estava muito feliz por ter comprado algo que queria muito, e ele a respondeu "nossa, você faz muitas compras. Tem que ter cuidado para não ficar apertada. Me preocupo que isso prejudique você". Mesmo que pareça cuidado, Camila sente-se mal por ter comunicado a seu companheiro algo que foi relevante para ela e passa a emitir comportamento de esquiva, deixando de contar sobre suas novas compras. Assim, a motivação para compartilhar com o parceiro suas experiências diminui, pois, em momentos anteriores, a expressão de Camila foi punida com a fala de seu companheiro, a qual se apresenta como um julgamento.

Outros exemplos podem ser mencionados, como o de Júlia (nome fictício), que, em conversas informais com seu companheiro, ao dar opiniões sobre diferentes assuntos, recebe como respostas "urra, nunca! Acho que é bem diferente" ou "nossa, acho que não tem nada a ver isso que você falou", ou outras frases que dão a impressão de que Júlia está exagerando em sua resposta ou que a opinião de Julia não corresponde ao contexto. Ao vivenciar tais situações repetidas vezes, há uma redução na frequência de sua expressão de opiniões para o cônjuge. Esse contexto de recorrente invalidação de sua expressão afeta sua autoestima, contribuindo para pensamentos como "sou burra", "não faço nada certo", entre outros relatos para si mesma que questionam sua capacidade e suas habilidades.

Autoestima, segundo da Silva e Marinho (2003), é um conjunto de comportamentos que são selecionados no decorrer da vida do sujeito. Desde a infância esses comportamentos são reforçados diferencialmente, de acordo com o que os pais acreditam ser desejável, ou punidos de forma recorrente (o que torna o ambiente extremamente aversivo). Os autores enfatizam que indivíduos que se desenvolvem em ambientes muito aversivos comumente se consideram inadequados ou incapazes. Na vida adulta, ao relacionarem-secom outras pessoas, frequentemente terão dificuldades para expressar sentimentos ou emitir comportamentos de afeto. Considerando que a autoestima é constituída por comportamentos selecionados na ontogênese daquele indivíduo e que este aprenderá a se expressar e descrever seus comportamentos com base nos modelos que teve, uma pessoa com baixa autoestima poderá ter uma série de dificuldades relacionadas a criar e fortalecer vínculos, visto que há um histórico de eventos aversivos que sugerem que ela não é boa o suficiente, e, por conseguinte, ela tende a acreditar nisso, segundo regras/autorregras como "nunca faço nada direito".

No contexto das relações conjugais, na perspectiva de Plentz e Andretta (2014), é importante que haja um ambiente seguro e livre de julgamentos para que os indivíduos possam se expressar. As autoras complementam falando que um dos principais motivos para a busca de terapia de casal é a dificuldade para a resolução de problemas e expressão de sentimentos. Sendo assim, um dos aspectos mais relevantes, nesse contexto, é a habilidade de comunicação. No entanto, atualmente os casais têm optado cada vez mais pela separação, visto que o custo da resposta para a resolução dos problemas conjugais é alto. A decisão pelo rompimento da relação diante dos desafios é frequentemente mantida por reforço negativo (fuga).

É importante compreender, assim como as autoras mencionadas apontam, a dinâmica dessas relações, buscando avaliar variáveis como: divisões de tarefas; disponibilidade para diálogo; se, no momento de expressão de emoções, ambas as partes estão dispostas a ouvir e validar os sentimentos uma da outra; possibilidade de reajustar a rotina para que um possa ter mais tempo livre (e vice-versa). Destaca-se também a importância de observar a capacidade que o casal tem para validar sentimentos, realizar comemorações de eventos importantes para o outro ou demonstrar gratidão, entre outros fatores que podem favorecer uma relação com mais reforçadores disponíveis, e que sinalize que é um ambiente seguro. No entanto, é necessário que haja variações dessas atividades, pois, uma vez que se tornam rotineiras, acabam perdendo seu valor reforçador, já que estão sempre disponíveis (Plentz & Andretta, 2014).

Intervenções na terapia de casal

Como intervenção na terapia de casal, Asse e Garcia (2018) falam sobre a Terapia de Casal Integrativa, a qual tem por objetivo possibilitar que os indivíduos, por meio de um ambiente seguro, tenham condições de avaliar e decidir quão viável a relação é para continuar. No contexto terapêutico, os pares podem se entender por meio da aceitação e mudança.

O trabalho de aceitação tem como proposta que ambos identifiquem os comportamentos indesejados na relação, os quais acreditam ser inaceitáveis, para que seja possível modelar a compreensão idealizada de marido/esposa/namorado/namorada, de modo a oportunizar o desenvolvimento de uma maior tolerância aos comportamentos que antes eram desagradáveis.

Os autores falam sobre o procedimento apresentado por Jacobson e Christensen, para chegar à aceitação e à mudança, denominado elaboração da formulação pelo terapeuta, que se compõe por três elementos, os quais devem ser aderidos pelos cônjuges, sendo: o tema, etapa em que descreve-se o conflito principal do casal; o processo de polarização, que se refere à dificuldade que um (ou ambos) apresente de modificar comportamentos do(a) parceiro(a), dificuldade essa ocasionada pela pouca habilidade de expressão de sentimentos e solução de problemas; e a armadilha mútua, que é o momento de maior atrito, em que os pares não conseguem se compreender e/ou resolver os problemas, o que pode ocasionar uma separação.

Algumas metas e diretrizes do contexto de terapia familiar foram adaptadas por Taibbi (2016) para a terapia de casal. Um dos pontos destacados refere-se à importância da melhora da comunicação, tendo em vista que essa habilidade pode contribuir para uma interação menos agressiva, com os parceiros aprendendo a expressar sentimentos, discriminar momentos em que se deve falar ou ouvir, desenvolver uma escuta empática e sem julgamentos.

Ainda nesse tema, pode-se complementar com a proposta da Comunicação Não Violenta (CNV), de Rosenberg (2006), que descreve quatro componentes importantes para uma comunicação respeitosa. O primeiro elemento da CNV é a observação, que consiste na capacidade de compreender e descrever os fatos sem atribuir julgamento. O segundo é o sentimento, pois, ao observar uma dada situação, é preciso identificar também os próprios sentimentos relacionados ao fato ocorrido (alegre, triste, assustado, chateado, divertido etc.). O terceiro, refere-se às necessidades identificadas, que estão relacionadas ao dado evento. Por exemplo, uma pessoa, ao ver seu cônjuge jogar videogame durante todo o dia enquanto ela faz as tarefas da casa sozinha pode sentir-se chateada, pois precisa (necessidade) de equilíbrio na divisão de tarefas e responsabilidades para manter a casa em ordem sem ficar sobrecarregada, já que este é um espaço de uso comum. O quarto e último elemento é o pedido, ou seja, o que se pode solicitar ao outro para enriquecer a própria vida, devendo ser realizado da forma mais descritiva possível, evitando uma comunicação ambígua ou ênfase no que não é desejado. Na comunicação deste elemento, destaca-se a importância de se especificar o que é esperado e quais seriam os comportamentos desejados; além disso, é interessante buscar formas de certificar-se de que a mensagem foi recebida de forma clara.

Além da identificação dos quatro elementos descritos, a CNV propõe ainda que é necessário expressar-se honestamente e receber com empatia. No processo terapêutico, essa comunicação pode ser desenvolvida ao se identificarem situações que eliciam determinados sentimentos, para que posteriormente seja possível avaliar com a pessoa qual a necessidade dela naquela situação e, em seguida, formular, treinar diferentes maneiras de organizar os elementos da CNV ou, se necessário, dar exemplos que possam servir de modelos/referências de como se expressar.

Retomando o caso de Ana, que tem dificuldade de ser compreendida pelo seu companheiro ao pedir para que ele coma o jantar sozinho, pois ela gostaria de descansar, vamos acrescentar uma informação: em discussão anterior, Pedro (companheiro de Ana) sinalizou que jantar com Ana é uma atividade importante para ele, mas novamente expressou-se de forma agressiva e invalidante.

Dada essa situação, é possível oferecer como modelo de expressão honesta e empática para Ana a seguinte referência: "Pedro, eu entendo que esse momento de jantarmos juntos é muito importante para você e que esteja frustrado por não fazermos isso agora" (Ana valida a necessidade/o sentimento que o parceiro expressou, demonstrando empatia). A seguir, vem a descrição da situação e a expressão de seu próprio sentimento: "Hoje eu trabalhei e estudei o dia inteiro, estou acordada desde as 6 h da manhã. Quando ouço você dizer que não posso estar cansada porque não faço nada (descrição dos fatos), eu fico muito chateada (sentimento), pois gostaria de ser respeitada em minha necessidade de descansar (necessidade), e essas palavras me magoam (sentimento)". E então vem o pedido: "Gostaria de lhe propor que, terças e quintas-feiras, que são dias de mais sobrecarga para mim, em que preciso conciliar uma rotina de estudo e trabalho, você pudesse jantar sozinho para que eu possa descansar e dormir mais cedo. Nos outros dias da semana, poderíamos jantar juntos e assistir àquela série que estamos acompanhando. O que acha?"

O segundo aspecto listado por Taibbi (2016) é a interrupção da violência, o qual propõe que o terapeuta esteja alerta e oriente o casal sobre padrões violentos e o quanto são inaceitáveis no processo, frisando que não deve haver lugar em um relacionamento para a violência, seja ela física, seja psicológica, ou de qualquer outro tipo. Pode ser importante identificar situações que servem como deixas (estímulos antecedentes) para comportamentos violentos. Por exemplo, a pessoa não suporta que lhe virem as costas ignorando, ou que apontem o dedo em sua cara. Nesse contexto, determinados comportamentos de um dos parceiros podem servir de deixa/gatilho (estímulo antecedente) para que o outro venha a ter um episódio de comportamentos agressivos. Destaca-se, portanto, a importância de que terapeutas realizem análises funcionais cuidadosas diante de episódios de violência com o objetivo de que os clientes possam compreender os padrões desrespeitosos que se repetem na relação e desenvolvam recursos para romper o ciclo. Junto a isso, pode ser feito um contrato de não violência, como sugere o autor (para mais reflexões sobre como identificar violência/desrespeito nas relações de casal, ver o capítulo 14, de Oliveira, Alencar & Nery, neste volume).

Educar os clientes sobre relacionamentos e sentimentos é o quarto aspecto listado pelo autor, buscando entender o que mantém os padrões de agressividade e os de assertividade. Faz-se isso avaliando como foi desenvolvido o repertório de expressão de sentimentos e incentivando que o casal possa se expressar de outras formas, compreendendo outras emoções além da raiva, por exemplo. Almeida Neto e Lettieri (2018) falam sobre o autoconhecimento, que se refere ao tornar-se consciente de seus próprios comportamentos, e, para obter tal consciência, é necessário que haja um processo de aprendizagem para que o indivíduo seja capaz de descrever as variáveis das quais seus comportamentos são função. Esta aprendizagem ocorre a partir das interações sociais, quando outras pessoas nomeiam os comportamentos desse indivíduo, oferecendo modelos, reforçando diferencialmente e emitindo regras que selecionam comportamentos, também ensinando a expressar sentimentos. Por exemplo, em nossa cultura, é comum falar para uma criança do sexo/gênero masculino "não chore, homem não chora". Regras como essa impõem formas discriminadas para se comportar, punindo a expressão de emoções que não são consideradas masculinas (tristeza, medo, nojo etc.) e impossibilitando que este indivíduo consiga tatear seus sentimentos de forma precisa/acurada em outros momentos, o que prejudica sua habilidade de identificação e expressão de sentimentos.

Taibbi (2016) fala sobre a criatividade na resolução de problemas, a qual é uma habilidade relevante a ser trabalhada na terapia de casal, visto que ela possibilita que os indivíduos se comportem, manipulando o ambiente, para obter acesso a reforçadores na relação. No entanto, é importante observar que o comportamento criativo envolve comportamentos aprendidos anteriormente, sendo descrita por Barbosa (2003) como a capacidade do indivíduo de manipular variáveis de forma que em algum momento emitirá uma resposta capaz de produzir consequências reforçadoras, ou seja, vai além de simplesmente encontrar a resposta, consiste em se movimentar e modificar seu ambiente para isso. Um dos principais aspectos da resolução de problemas envolve comportamento privado de pensar em soluções, considerando que este tem um menor custo de resposta, já que o contato direto com as consequências não é necessário. Nesse caso, não é preciso estar em contato com a situação-problema para analisar alternativas. Destaca-se que o desenvolvimento de repertórios de criatividade e solução de problemas no contexto terapêutico possibilita uma maior variabilidade de respostas para obter acesso à solução (reforçadores), já que o problema seria a ausência de uma resposta capaz de produzir uma consequência que seja reforçadora.

O desenvolvimento do comportamento criativo em uma relação que apresenta, por exemplo, uma divisão desigual de tarefas poderia contribuir para uma redução de sobrecarga para um dos membros da relação. Essa variabilidade comportamental para se alcançar tal consequência reforçadora poderia ser trabalhada por meio do desenvolvimento da comunicação, possibilitando expressão de sentimentos, necessidades e a realização de pedidos diretos. Recursos terapêuticos diferentes e criativos, como a apresentação de filmes, séries e/ou trechos de livros, também podem contribuir com novas possibilidades, modelos ou referências comportamentais.

Analisando novamente o caso de Júlia, que frequentemente se percebia diminuída quanto ao seu conhecimento e às suas contribuições em conversas, foi usado como recurso, além do compartilhamento de informações e estratégias sobre comunicação e expressão de sentimentos, a indicação de livros e séries. Nesse contexto, a cliente podia assistir ao material indicado com o companheiro e usar algumas situações como referência para exemplificação e identificação de como se sentia em situações semelhantes, possibilitando trocas e conversas aprofundadas sobre situações quotidianas da relação, o que favoreceu que seu parceiro também entrasse em contato com as demandas da relação e identificasse o que estava acontecendo. Assim, ambos puderam dialogar e buscar alternativas aos comportamentos que emitiam anteriormente.

Considerações finais

O conhecimento sobre variáveis de gênero no trabalho em terapia de casal é fundamental, assim como outras variáveis, como classe e raça, frequentemente negligenciadas nas análises funcionais de terapeutas comportamentais, apesar de sua grande importância para compreender as relações. O estudo das variáveis de gênero, por parte da(o) terapeuta, possibilita definir estratégias e intervenções mais eficazes e compatíveis com a demanda do casal, favorecendo uma maior sensibilidade às contingências dos níveis cultural e ontogenético, e facilitando, até mesmo, a compreensão da função dessas contingências que fortalecem padrões machistas de sofrimento, sobrecargas, dificuldade de expressão de sentimentos e violências (seja psicológica, seja física, moral etc.).

Outro fator a ser considerado é como estereótipos de gênero podem favorecer perspectivas distintas de mundo entre homens e mulheres, selecionadas socialmente de acordo com o gênero. Nesse contexto, homens e mulheres devem seguir regras específicas e exercer tarefas discriminadas para cada um. Essas regras passam pela transmissão culturo-comportamental, replicadas por gerações e reforçadas, de modo a serem bem estabelecidas, a ponto de, mesmo mulheres perdendo acesso a alguns reforçadores, ainda assim, continuarem reproduzindo determinados comportamentos.

Assim, em nossa cultura, homens e mulheres, divididos em grupos distintos de indivíduos, em suas histórias de vida passam por aprendizagens diferentes de como deve funcionar um relacionamento. Diante dessas diferenças na criação, ao estarem juntos, precisam aprender a lidar e aceitar as diferenças um do outro. Dessa maneira, ao se encontrarem em uma relação de casal, indivíduos de sexos/gêneros diferentes precisam de habilidades de comunicação para que possam compreender quais as expectativas, o que pensam sobre estar em uma relação, quais as dificuldades e facilidades em sua comunicação, como pretendem dividir tarefas, entre outros fatores relevantes para o funcionamento da relação.

Destaca-se, diante das análises descritas, a importância do letramento de gênero para terapeutas que trabalham com queixas amorosas, seja em um processo terapêutico de casal, seja individual, pois esse conhecimento pode contribuir para a formulação de análises funcionais muito mais precisas, das quais dependem o desenvolvimento de habilidades necessárias a uma comunicação respeitosa, assim como o aprimoramento de repertório criativo e de solução de problemas/desafios relacionados aos atravessamentos das interações pelas questões de gênero.

Referências

Asse, J. F., & Garcia, M. R. (2018). Integrative couple therapy: uma proposta de intervenção com casais na terapia analítica comportamental. *Revista Terra & Cultura: Cadernos de Ensino e Pesquisa, 23*(45), 49-56.

Barbosa, J. I. C. (2003). A criatividade sob o enfoque da análise do comportamento. *Revista Brasileira de Terapia Comportamental e Cognitiva, 5*(2), 185-193.

Costa, A. I. (2019). Contribuições do feminismo para a compreensão e intervenção em casos de relacionamento abusivo. In T. Mizael, & R. Pinheiro, *Debates sobre feminismo e análise do comportamento* (pp. 244-263). Imagine Publicações.

Ferraz, J. C., Peixinho, H. L. S., Vichi, C., & Sampaio, A. A. S. (2019). Uma análise de metacontingências e macrocontingências envolvidas em práticas de gênero. In R. Pinheiro, & T. Mizael (Orgs.), *Debates sobre feminismo e análise do comportamento* (pp. 64-83). Imagine Publicações.

Glenn, S. S. (2003). Operant contingencies and the origin of cultures. *Behavior Theory and Philosophy*, 223-242.

Glenn, S. S. (2004). Individual behavior, culture, and social change. *The Behavior Analyst, 27*, 133-151.

Glenn, S. S., & Malott, M. E. (2004). Complexity and selection: Implications for organizational change. *Behavior and Social Issues, 13*, 89-106.

Ganzert, J. V. (2019). *Perspectivas da análise do comportamento sobre violência contra a mulher: Uma revisão literária.* Universidade Federal do Paraná.

hooks, b. (2018). *O feminismo é para todo mundo: Políticas arrebatadoras*. Rosa dos Tempos.

Lei nº 11.340, de 7 de agosto de 2006. (2006).

Martin, G., & Pear, J. (2015). *Modificação de comportamento: O que é e como* fazer (8a ed.). Rocca.

Matos, D. C., & Micheletto, N. (2014). Análise dos efeitos do atraso e da probabilidade do reforço em condições com esquemas concorrentes simples. *Revista Brasileira de Análise do Comportamento*, 10(1).

Mizael, T. M., Barrozo, S. C. V., & Hunziker, B. M. H. L. (2021). Solidão da mulher negra: Uma revisão da literatura. *Revista da ABPN*, 13(38), 212-239.

Morais, A. O., & Freitas, J. C. C. (2019). Métodos de investigação sobre a cultura do estupro: O que a análise do comportamento tem a aprender com as contribuições de outras áreas do conhecimento. In T. Mizael, & R. Pinheiro, *Debates sobre feminismo e análise do comportamento* (pp. 84-112). Imagine Publicações.

Moreira, M. B., & Medeiros, C. A. (2019). *Princípios básicos de análise do comportamento* (2a ed.). Artmed.

Neto, E. C. A., & Lettieri, D. (2018). O autoconhecimento na terapia comportamental: Revisão conceitual e recursos terapêuticos como sugestões de intervenção. In A. K. C. de-Farias, F. N. Fonseca, & L. B. Nery, *Teoria e formulação de casos em análise comportamental clínica*. Artmed.

Pinheiro, R. C. S., & Oshiro, C. K. B. (2019). Variáveis de gênero que terapeutas devem estar atentas no atendimento à mulher. In T. Mizael, & R. Pinheiro, *Debates sobre feminismo e análise do comportamento* (pp. 220-243). Imagine Publicações.

Plentz, R. D., & Andretta, I. (2014). A eficácia das terapias comportamentais de casal na satisfação conjugal. *Revista Brasileira de Psicoterapia*, 16(3), 30-43.

Rosenberg, M. B. (2006). *Comunicação não-violenta: Técnicas para aprimorar relacionamentos pessoais e profissionais*. Ágora.

Saconatto, A. T., & Andery, M. A. P. A. (2013). Seleção por metacontingências: Um análogo experimental de reforçamento negativo. *Interação em Psicologia*, 17(1).

Silva, A. I., & Marinho, G. I. (2003). Auto-estima e relações afetivas. *Universitas: Ciências da Saúde*, 1(2), 229-237.

Silva, E. C., & Laurenti, C. (2016). BF Skinner e Simone de Beauvoir: "A mulher" à luz do modelo de seleção pelas consequências. *Perspectivas em Análise do Comportamento, 7*(2), 197-211.

Silva, L. P., & Vandenberghe, L. (2008). A importância do treino de comunicação na terapia comportamental de casal. *Psicologia em Estudo, 13*, 161-168.

Skinner, B F. (2007). Seleção por consequência. *Revista Brasileira de Terapia Comportamental e Cognitiva, 9*(1), 129-137.

Soares, P. G., Costa, C. E., Aló, R. M., Luiz, A., & Lima Cunha, T. R. (2017). Custo da resposta: Como tem sido definido e estudado? *Perspectivas em Análise do Comportamento, 8*(2), 258-268.

Taibbi, R. (2016). *Fazendo terapia familiar: Habilidades e criatividade na prática clínica* (2a ed.). Roca.

Todorov, J. C. (2007). A psicologia como o estudo de interações. *Psicologia: Teoria e Pesquisa, 23*(especial), 57-61.

Zanello, V., Antloga, C., Pfeiffer-Flores, E., & Richwin, I. F. (2022). Maternidade e cuidado na pandemia entre brasileiras de classe média e média alta. *Revista Estudos Feministas, 30*(2).

SOBRE OS AUTORES

Alexandre Santos de Oliveira

Graduado em Ciências Econômicas pela Universidade Católica de Salvador. Psicólogo pelo Centro Universitário do Distrito Federal. Especialista em Terapia Cognitivo-Comportamental pela Pontifícia Universidade Católica do Paraná. Atuação clínica individual e casal nas abordagens: Terapia Cognitivo-Comportamental e Terapia do Esquema. Orcid: 0009-0005-3856-6127

Aline Picoli

Psicóloga clínica com especialização em Análise Comportamental Clínica pelo Instituto Brasiliense de Análise do Comportamento, com pós-graduação lato sensu na mesma modalidade pela Faculdade São Marcos. Mestra pelo Programa de Pós-Graduação em Ciências do Comportamento da Universidade de Brasília. Estuda questões culturais e sociais, em específico sobre gênero. Atuou como docente no ensino superior em 2022 e hoje conduz um grupo de pesquisa sobre variáveis de gênero na clínica. Orcid: 0000-0003-0688-2692

Allana Lara Ataíde Lopes

Psicóloga clínica desde 2012. Especialista em Análise Comportamental Clínica pelo Instituto Brasiliense de Análise do Comportamento. Colíder do Capítulo de Brasília no Projeto Global Viva com Consciência, Coragem e Amor, em colaboração com Mavis Tsai [coautora da Psicoterapia Analítico-Funcional (FAP)]. Psicoterapeuta de adolescentes e adultos (individual e casal). Colunista FAP na revista *Comporte-se*, de Análise do Comportamento. Assuntos de interesse: epidemia de solidão e recursos de enfrentamento, mecanismos da resiliência, comunicação não violenta, *mindfulness*, presença de coração aberto, compaixão, consciência, coragem, amor, conexão interpessoal, terapias comportamentais contextuais (FAP, ACT, DBT), suporte afirmativo à população LGBTQIAPN+. Orcid: 0009-0002-5139-1470

Amanda Landi de Brito

Escritora e poetisa, está no último ano de graduação em Psicologia da Pontifícia Universidade Católica de Goiás. Tem experiência como assistente de pesquisa na coleta e análise de dados qualitativos de uma dissertação de mestrado em que houve a aplicação de um protocolo de grupo terapêutico para idosos enlutados, na ótica das terapias comportamentais contextuais. Durante a graduação, afeiçoou-se à avaliação psicológica em seus diferentes contextos, entendendo-a como fundamental recurso terapêutico. Em seu estágio obrigatório final, aprofundou-se na prática pelas áreas organizacional e clínica. Ao finalizar a sua graduação, pretende aprimorar o seu repertório em avaliação psicológica, com anseio também pela docência e oportunidades para confluir psicologia e arte. Orcid: 0009-0002-6243-8721

Amanda Oliveira de Morais

Graduada em Psicologia e mestra em Análise do Comportamento pela Universidade Estadual de Londrina (UEL). É psicóloga clínica autônoma e doutoranda em Análise do Comportamento na UEL. Atende casos clínicos nas modalidades individual e casal e atua como supervisora de clínica analítico-comportamental. Como pesquisadora, os principais temas de estudo são violência sexual, relações entre clínica analítico-comportamental e terapias feministas e conexões entre teorias feministas e Análise do Comportamento. Orcid: 0000-0001-7445-0715

Amanda Rafaela Lima Silveira

Psicóloga graduada pela Faculdade Católica Dom Orione, Araguaína, Tocantins. Pós-graduada em Análise Comportamental Clínica pelo Instituto Brasiliense de Análise do Comportamento. Atua como psicóloga clínica realizando atendimento com o enfoque voltado para mulheres e demandas de relacionamento. Orcid: 0009-0009-0247-2996

Ana Karina C. R. de-Farias

Psicóloga, mestra em Psicologia pela Universidade de Brasília. Exerce as funções de psicóloga e supervisora clínica, no Centro de Atenção Multiprofissional (Brasília). É coorganizadora/organizadora de sete livros em Análise do Comportamento, Análise Comportamental Clínica, e Psicologia da Saúde. Instagram: @camtos.multiprofissional. Orcid: 0000-0002-8799-8656

Anna Laura Leal Freire

Psicóloga clínica, especialista em Terapia Comportamental pelo Instituto Goiano de Análise do Comportamento, mestra em Psicologia pela Pontifícia Universidade Católica de Goiás (PUC Goiás) e doutoranda em Psicologia também na PUC Goiás. No mestrado, criou e aplicou um protocolo de grupo terapêutico para idosos enlutados à luz das terapias comportamentais contextuais e do modelo de processo duplo do luto. No doutorado, dispôs-se a estudar os impactos emocionais da eutanásia nos animais de companhia: do ponto de vista dos tutores e também dos médicos-veterinários. Enquanto docente, ministra cursos e aulas de terapias comportamentais contextuais aplicadas à clínica e a grupos sob diversos recortes. É uma das organizadoras do livro *Luto: Teoria e Intervenção em Análise do Comportamento*. Em sua prática clínica, trabalha lutos e outras perdas com clientes adultos e idosos. Orcid: 0000-0002-8130-3788

Bruna Maciel de Alencar

Farmacêutica, mestra e doutora em Ciências Farmacêuticas pela Universidade de Brasília (UnB). Especialista em Farmacologia Clínica pela UnB. Especialista em Vigilância Sanitária pela Universidade Católica de Goiás. Graduada em Farmácia pela Universidade Federal do Ceará. Experiência em farmácia comunitária, dispensação de medicamentos de programas estratégicos do Ministério da Saúde, condução de terapia cognitivo-comportamental em grupo no controle do tabagismo, farmácia hospitalar e manipulação de quimioterápicos e de fórmulas magistrais, Núcleo Docente Estruturante, reforma curricular e prática laboratorial. É acadêmica de Psicologia. Orcid: 0009-0000-4477-4532

Carlos Augusto de Medeiros

Psicólogo, doutor em Ciências do Comportamento e mestre em Processos Comportamentais pela Universidade de Brasília. Atua como docente de graduação e mestrado do Centro Universitário de Brasília. Também como psicólogo clínico e diretor-presidente da Pragmática: Psicoterapia e Cursos. Desenvolve pesquisas em comportamento verbal, correspondência verbal, independência funcional, relações de equivalência, comportamento verbalmente governado e pesquisas de processo em clínica. Coautor do livro *Princípios Básicos de Análise do Comportamento*. Criador do modelo de terapia analítico-comportamental denominado Psicoterapia Comportamental Pragmática. Orcid: 0000-0003-0661-9739

Carolina Laurenti

Graduada em Psicologia pela Universidade Estadual de Londrina (UEL), mestra e doutora em Filosofia pela Universidade Federal de São Carlos. É professora associada do Departamento de Psicologia na Universidade Estadual de Maringá, e credenciada no Programa de Pós-Graduação em Análise do Comportamento (UEL). Atua principalmente nos seguintes temas de pesquisa: epistemologia da psicologia comportamentalista, interpretação relacional de fenômenos sociais contemporâneos (gênero, dominação masculina), interface entre Análise do Comportamento e outras ciências, e com estudos feministas. Orcid: 0000-0002-5247-9610

Danrley Pereira de Castro

Psicólogo pela Universidade São Judas, com ênfase em Clínica Cognitivo-Comportamental. É doutorando em Psicologia Social e do Trabalho pelo Instituto de Psicologia da Universidade de São Paulo, onde integra o grupo de pesquisa Psicologia e Relações Étnico-Raciais. Dedica-se a pesquisa nas áreas de relações raciais, estudantes negros universitários e famílias negras, além do interesse pelos estudos e a atuação na temática das masculinidades. Orcid: 0000-0003-4114-3422

Edhen Laura Torquato de A. Lima Velloso

Graduada em Psicologia pela Universidade de Brasília (UnB), com mestrado e doutorado em Processos Comportamentais também pela UnB. Parte do doutorado foi cursada na West Virginia University, onde permaneceu por quase dois anos. Ministrou aulas para cursos de graduação na UnB, no Instituto de Ensino Superior de Brasília, e na pós-graduação em Psicologia do Instituto Brasiliense de Análise do Comportamento. Trabalhou, ainda, como assessora e entrevistadora de solicitantes de refúgio no Brasil no Comitê Nacional para Refugiados. Realiza atendimentos clínicos para adultos, casais e famílias há mais de 20 anos. Orcid: 0009-0005-8631-9729

Isadora Carneiro Ávila

Cursando o seu último ano de Psicologia na Pontifícia Universidade Católica de Goiás, colaborou para uma dissertação de mestrado na qualidade de assistente de pesquisa ao auxiliar a coleta e análise de dados qualitativos na aplicação de um protocolo de grupo terapêutico para idosos enlutados, com os preceitos das terapias comportamentais contextuais.

Adquiriu, portanto, competências de pesquisa, de terapia em grupo, terceira idade e luto. Estagiou na área de Avaliação Neuropsicológica com crianças e adolescentes, e pretende, muito em breve, especializar-se nessa proposta. Orcid: 0009-0002-6914-2843

João Gabriel Carvalho

Graduado em Psicologia pela Universidade de Brasília e mestrando no Programa de Pós-Graduação de Psicologia Clínica e Cultura da mesma instituição. Desenvolve pesquisas nas áreas de psicologia crítica latino-americana, subjetividade na formação social brasileira, e interfaces entre a psicologia e as políticas públicas, tendo participado do grupo de pesquisa e extensão Psicologia e Ladinidades. Além da psicologia, tem interesse pelos campos da teoria estética marxista, cinema, música, fotografia e literatura. Orcid: 0000-0002-4035-8715

João Mendes Gomes Brasil de Holanda

É pai do Nícolas, psicólogo e mestre em Psicologia pelo Centro Universitário de Brasília. Tem formação em Terapia de Aceitação e Compromisso (Atitude Cursos) e está finalizando uma formação em Terapia de Casais pelo Instituto Brasiliense de Análise do Comportamento. Atua na área clínica com foco no atendimento a homens e casais. Realiza pesquisas sobre psicologia, gênero, sexualidade e educação; e seu trabalho de conclusão de curso da graduação foi vencedor do Prêmio Silvia Lane, organizado pela Associação Brasileira de Ensino em Psicologia. Orcid: 0000-0001-6349-9417

Karen Vargas de Araújo

Psicóloga clínica perinatal. Especialista em Análise Comportamental Clínica pelo Instituto Brasiliense de Análise do Comportamento. Mestra em Ciências do Comportamento pela Universidade de Brasília. Aprofundamento em demandas da perinatalidade pela Escola de Profissionais da Parentalidade. Orcid: 0009-0009-8834-9795

Lorena Bezerra Nery

Psicóloga e supervisora clínica na Eixo Norte Psicologia, com experiência no atendimento a adolescentes, adultos, casais e famílias há mais de 15 anos. Graduada em Psicologia pela Universidade de Brasília (UnB).

Mestra em Ciências do Comportamento pela UnB. Especialista em Análise Comportamental Clínica pelo Instituto Brasiliense de Análise do Comportamento (IBAC). Capacitação em Terapia de Casal e Família e em Pré-Natal Psicológico. Professora de cursos de pós-graduação no IBAC e no GuardaChuva – Psicologia, Tanatologia e Psicoterapia do Luto. Psicóloga da Secretaria de Estado de Saúde do Distrito Federal. Coorganizadora do livro *Teoria e Formulação de Casos em Análise Comportamental Clínica* (Artmed, 2018). Idealizadora e coordenadora, em parceria com Marianna Braga, do primeiro Curso de Formação em Terapia de Casal do IBAC. Principais áreas de interesse e atuação: Análise Comportamental Clínica, terapia de casais e famílias, parentalidade, relacionamentos amorosos, gênero e sexualidade, luto. Contato: lorenanery.psi@gmail.com. Orcid: 0000-0001-9190-6040

Luana Karina dos Santos Pereira

Psicóloga formada pela Universidade Federal da Bahia. É psicóloga clínica, vice-presidente da Associação Baiana de Analistas do Comportamento (Casa Comportamental) e ex-coordenadora do Grupo de Trabalho de Questões Raciais e Análise do Comportamento da mesma Associação (2020-2021). Pesquisa sobre questões raciais e prática clínica analítico-comportamental voltada para a população negra. Orcid: 0000-0002-3880-6304

Marina Rangel de Lima

Graduada em Psicologia pela Universidade de Brasília. Trabalhou com casais, famílias, adolescentes e crianças por meio do estágio clínico, sob abordagens sistêmicas, e foi participante do grupo de pesquisa e extensão Psicologia e Ladinidades. Entre seus interesses estão literatura, escrita, política, não monogamia, estudos de gênero e de sexualidade. Orcid: 0009-0002-0746-6033

Marianna Braga de Oliveira Borges

Psicoterapeuta e supervisora clínica na Eixo Norte Psicologia Clínica. Graduada em Psicologia pelo Centro Universitário de Brasília. Especialista em Análise do Comportamento pelo Instituto Brasiliense de Análise do Comportamento (IBAC). Coordenadora clínica do IBAC (2009-2017). Idealizadora e coordenadora, em parceria com Lorena Nery, do primeiro Curso de Formação em Terapia de Casal do IBAC. Capacitação em Terapia de Casal e Família. Atua como psicóloga clínica há mais de 15 anos, com experiência no atendimento de adultos, adolescentes, famílias e casais. Orcid: 0009-0006-8480-9473

Natalia M. Aggio

Graduada em Psicologia pela Universidade Estadual de Londrina. Mestra e doutora pela Universidade Federal de São Carlos, onde também realizou seu pós-doutorado. É professora adjunta do Departamento de Processos Psicológicos Básicos da Universidade de Brasília e orientadora de mestrado e doutorado no Programa da Pós-Graduação em Ciências do Comportamento. Orcid: 0000-0002-9719-6067

Patrícia Luque

Psicóloga clínica desde 2004. Doutora em Ciências do Comportamento e mestra em Psicologia pela Universidade de Brasília (UnB). Graduada em Psicologia pelo Centro Universitário de Brasília, e em Administração de Empresas pela UnB. Supervisora de estágio e professora no Instituto Brasiliense de Análise do Comportamento. Professora no Instituto Continuum. Pesquisadora nas áreas de comportamento do consumidor, economia comportamental, tecnologia & comportamento. Orcid: 0000-0003-1639-2988

Renata Bellato Menezes

Graduanda em Psicologia pela Pontifícia Universidade de Goiás e jornalista pela Universidade Federal de Goiás. Para ampliar o seu conhecimento valendo-se de outras perspectivas, fez intercâmbio na Faculdade de Psicologia e Ciências da Educação na Universidade de Coimbra (Portugal). Observou, colaborou e aprendeu imensamente enquanto assistente de pesquisa na coleta e análise de dados durante o mestrado da Ma. Anna Laura Leal Freire, cuja aplicação de um protocolo em um grupo terapêutico para idosos enlutados de acordo com as terapias comportamentais contextuais demonstrou resultados notáveis. Orcid: 0009-0009-3614-179X

Táhcita Medrado Mizael

É pesquisadora de pós-doutorado em Psicologia Experimental na Universidade de São Paulo (USP), psicóloga clínica (CRP 06/161558) e docente nas seguintes pós-graduações: curso de formação e pós-graduação em Análise do Comportamento voltada para o Autismo e outras Neurodivergências, do Instituto Brasiliense de Análise do Comportamento; MBA em Gestão Escolar da USP (Esalq), e especialização em Terapia de Aceitação e Compromisso do Centro Brasileiro de Ciência Comportamental Contextual. Graduada, mestra e doutora em Psicologia pela Universidade de São Carlos. Especialista em Gênero e Sexualidade pela Universidade do Estado do Rio de Janeiro. Contato: tahcitammizael@gmail.com. Orcid: 0000-0002-5543-1188

Valeska Zanello

Graduada em Psicologia e Filosofia pela Universidade de Brasília (UnB). Doutorado em Psicologia pela UnB, com período sanduíche de um ano na Université Catholique de Louvain (Bélgica). Professora associada do Departamento de Psicologia Clínica da UnB. Orientadora de mestrado e doutorado no Programa de Pós-Graduação em Psicologia Clínica e Cultura. Coordena o grupo de pesquisa Saúde Mental e Gênero (foco em mulheres) no Conselho Nacional de Desenvolvimento Científico e Tecnológico. Orcid: 0000-0002-2531-5581